GUIDE D'ÉCRITURE

GUIDE D'ÉCRITURE

La composition de A à Z

Nadine de Moras

BRESCIA UNIVERSITY COLLEGE, UNIVERSITY OF WESTERN ONTARIO

NELSON / E D U C A T I O N

NELSON / EDUCATION

Guide d'écriture: La composition de A à Z

by Nadine de Moras

Associate Vice President, Editorial Director:
Evelyn Veitch

Editor-in-Chief, Higher Education:
Anne Williams

Acquisitions Editor:
Anne-Marie Taylor

Executive Marketing Manager:
David Tonen

World Languages Editor:
Roberta Osborne

Photo Researcher/Permissions Coordinator:
Joanne Tang

Senior Content Production Manager:
Imoinda Romain

Production Service:
Pre-PressPMG

Copy Editor:
Cy Strom

Manufacturing Coordinator:
Loretta Lee

Design Director:
Ken Phipps

Managing Designer:
Franca Amore

Interior Design:
Pre-PressPMG

Cover Design:
Johanna Liburd

Cover Image:
Brand X Pictures

Compositor:
Pre-PressPMG

Printer:
Webcom

Catalogage avant publication de Bibliothèque et Archives Canada

de Moras, Nadine

Guide d'écriture : la composition de A à Z / Nadine de Moras.

Comprend un index.

978-0-17-647349-5

1. Français (Langue)—Français écrit. 2. Français (Langue)—Grammaire. I. Titre.

PC2410.M668 2009
448.2   C2009-905440-X

ISBN-13: 978-0-17-647349-5
ISBN-10: 0-17-647349-1

PRÉFACE

Après avoir enseigné le français pendant une quinzaine d'années dans les universités canadiennes, corrigé les copies de nombreux étudiants de la première à la quatrième année, je me suis rendu compte que les fautes de langue des étudiants étaient sensiblement (*approximately*) les mêmes, en partie à cause de l'interférence de l'anglais : anglicismes et calques.

J'ai aussi constaté que les problèmes de contenu et d'organisation étaient également présents chez les étudiants d'autres disciplines. Mes collègues en psychologie, sociologie, etc. m'ont affirmé que leurs étudiants avaient les mêmes difficultés à organiser des idées, construire un devoir en parties et paragraphes, faire ressortir les idées importantes (*thesis statement*) et analyser les faits de manière personnelle et originale.

S'exprimer dans une langue seconde présente de nombreuses difficultés. Les problèmes de structure, d'organisation et d'argumentation sont d'autant plus visibles si la qualité de la langue est moindre et si le style demande à être travaillé. Le résultat en est que les compositions sont bien au dessous du potentiel des étudiants et au dessous de ce que les professeurs attendent.

Le Canada est en train d'adopter les critères du *Cadre européen commun de référence pour les langues : apprendre, enseigner, évaluer* (CECR) ou *Common European Framework of Reference for Languages* (CEFR) qui permet d'établir des niveaux de compétences. D'après le site http://www.coe.int/t/dg4/linguistic/Source/Framework_FR.pdf :

- Au niveau B1, l'apprenant « [...] Peut produire un discours simple et cohérent sur des sujets familiers et dans ses domaines d'intérêt. Peut raconter un événement, une expérience ou un rêve, décrire un espoir ou un but et exposer brièvement des raisons ou explications pour un projet ou une idée. »
- Au niveau B2, l'apprenant « [...] Peut s'exprimer de façon claire et détaillée sur une grande gamme de sujets, émettre un avis sur un sujet d'actualité et exposer les avantages et les inconvénients de différentes possibilités. »
- Au niveau C1, l'apprenant « [...] Peut utiliser la langue de façon efficace et souple dans sa vie sociale, professionnelle ou académique. Peut s'exprimer sur des sujets complexes de façon claire et bien structurée et manifester son contrôle des outils d'organisation, d'articulation et de cohésion du discours. »

Autrement dit, à tous ces niveaux, les critères pour déterminer le niveau de l'étudiant sont non seulement les qualités de la langue écrite (et recherchée) mais aussi les compétences organisationnelles et rhétoriques de l'étudiant. Ce manuel se concentre sur ces compétences.

Quelques lignes directrices et quelques conseils pratiques peuvent nettement améliorer la qualité des compositions. Tant que certains aspects ne sont pas étudiés en détail et en profondeur, les apprenants continueront à rencontrer les mêmes problèmes. Il arrive que des étudiants reçoivent les mêmes notes, année après année, dans tous les cours, ainsi que les mêmes commentaires de professeurs différents. Cela peut être frustrant pour les étudiants comme pour les professeurs.

Toutefois, les problèmes qui les empêchent d'avancer ne peuvent pas être résolus tant que ces problèmes n'ont pas été réglés à la base. Les étudiants ne peuvent pas trouver de solutions s'ils ne comprennent pas vraiment comment un système fonctionne, pourquoi leur production est insuffisante ou fautive et comment améliorer ce qui ne va pas (manque d'organisation, de précision, d'argumentation, etc.).

Pour s'améliorer, les étudiants ont besoin de directives simples expliquant ce qu'il faut faire et comment le faire, avec des exercices pratiques pour chaque catégorie. Pour que la méthode soit efficace, il fallait commencer au niveau le plus simple. On ne peut pas apprendre à courir, tant qu'on ne sait pas marcher ou se tenir debout.

J'ai donc essayé de trouver un manuel qui expliquerait ce dont les étudiants avaient besoin. Les livres d'écriture que j'ai consultés ne correspondaient pas à mes attentes parce qu'ils supposaient que les étudiants avaient déjà certaines bases, ce qui n'est pas le cas. J'ai ainsi élaboré ce guide d'écriture au cours des années, à partir des problèmes que j'ai rencontrés le plus souvent dans les copies des étudiants, au fur et à mesure de leurs questions, commentaires, réactions et progrès. J'ai testé avec eux ce qui semblait produire les meilleurs résultats.

J'ai aussi élaboré ce manuel à partir de mes propres erreurs et à partir des cours particuliers (*tutoring*) que j'ai reçus et donnés. J'ai consulté des ouvrages de plusieurs pays, de plusieurs niveaux, des ouvrages s'adressant à différents publics (français langue première, français langue seconde, anglais langue première, anglais langue seconde…). J'ai analysé tout ce qui pouvait être utile, pratique et efficace dans différents systèmes d'éducation (notamment les systèmes français, canadien et américain). J'y ai trouvé quelques conseils et méthodes que j'ai développés et approfondis.

En revanche, les conseils les plus précieux étaient les critiques constructives de mes professeurs à l'école secondaire et à l'université et les conseils que j'ai donné à mes étudiants. C'est-à-dire que la plupart de ce que je trouvais important n'était présent nulle part de façon aussi détaillée (comment trouver des idées, comment être convaincant, comment rédiger une introduction et une conclusion efficaces, comment éviter les fautes les plus fréquentes etc.).

Ce manuel est une sorte de lien entre ce que ce que font les étudiants et ce qu'attendent les professeurs à un niveau universitaire, entre ce que les étudiants savent déjà et ce qu'il faudrait qu'ils sachent. Il donne les bases nécessaires qui permettront d'utiliser des manuels plus spécialisés d'écriture (qui aborderont les façons d'écrire un compte-rendu, un commentaire de texte, etc.), ou qui permettront simplement de mieux écrire une composition dans un cours de langue.

Les universités reçoivent de plus en plus de directives pour intégrer une partie
« écriture » à leur curriculum. En effet, savoir communiquer à l'écrit et à l'oral est une
compétence essentielle dont les étudiants ont besoin pour rédiger leurs compositions et
examens, mais aussi lorsqu'ils cherchent un travail et une fois qu'ils l'ont obtenu. Les
employeurs s'attendent à ce que des diplômés de faculté des lettres sachent rédiger des
documents de façon claire, concise et organisée et présentent des arguments de façon
convaincante.

Ce qui constitue l'intérêt de ce guide, c'est qu'

- Il va droit au but avec des explications simplifiées même si les concepts sont eux, assez complexes.
- Il donne des explications et des conseils très détaillés sur chaque étape à suivre.
- Il tient en compte les différents types d'apprenants et de personnalités et propose plusieurs pos-
  sibilités pour que les étudiants puissent choisir les techniques qu'ils préfèrent.
- Il se concentre sur les besoins des étudiants anglophones apprenant le français langue seconde.
  On y trouve régulièrement des comparaisons entre le français et l'anglais, notamment une liste
  des erreurs et anglicismes les plus fréquents (chapitre 9) et les mots difficiles sont traduits en
  anglais entre parenthèses, en italique.
- Il est facile d'utilisation pour les étudiants comme pour les professeurs.
- Il rend les attentes des professeurs plus transparentes.
- Il explique ce qu'il faut faire et ce qu'il ne faut pas faire en donnant des exemples concrets.
- Les exercices comme les chapitres sont construits sur le principe de l'échafaudage (*scaffolding*).
  L'apprentissage est progressif et l'étudiant acquiert de nombreuses compétences pas à pas. Ce qui
  a été vu dans les premiers chapitres s'utilise dans les chapitres suivants. Les principes se rajoutent
  les uns aux autres permettant ainsi une révision des principes étudiés et un accroissement rapide
  des compétences.

En quelle année, dans quel cours peut-on utiliser ce manuel?

On peut utiliser ce manuel dans tout cours qui demande d'écrire en français : cours de
grammaire, vocabulaire, littérature ou civilisation et bien sûr, cours d'écriture. Il s'adresse
plutôt aux étudiants anglophones de deuxième, troisième ou quatrième année d'université
(dépendant du niveau des étudiants). En outre, les étudiants non anglophones, francophones
de n'importe quel niveau et les étudiants anglophones de niveau plus avancé qui n'ont jamais
étudié ces sujets auront aussi intérêt à le consulter.

On peut l'utiliser comme complément à un cours de littérature ou à un cours de
langue, soit comme manuel principal dans un cours d'introduction à l'écriture. On peut
l'utiliser pour des cours d'un ou deux semestres, selon le temps que l'on peut passer chaque
semaine, selon le niveau et les progrès des étudiants et selon le nombre d'heures de cours
par semaines.

Les principes de ce guide

Les principes de ce guide sont les suivants : on commence avec les outils indispensables et les principes généraux (recherche des idées, analyse du sujet, etc.) pour se diriger vers des concepts de plus en plus précis et de plus en plus difficiles (l'argumentation).

La première partie de ce guide propose quelques conseils sur comment étudier un sujet, trouver et sélectionner des idées, faire un plan, rédiger une introduction, un développement, construire des parties et paragraphes, une conclusion. Il propose des suggestions et des stratégies pour trouver de bons arguments et exemples et décrit les principaux problèmes rencontrés dans chaque catégorie, pour pouvoir mieux les éviter.

Les six derniers chapitres sont utiles à tous les étudiants dans tous les cours de langue : vocabulaire utile, fautes fréquentes à éviter, améliorer le style. Le chapitre 9 se concentre sur les fautes « classiques » dont on peut retrouver une partie dans tout ouvrage se spécialisant dans les fautes des étudiants, mais il comprend aussi des listes assez complètes de problèmes rarement abordés (faux-amis, structures, style, orthographe), fautes que l'on retrouve même chez les étudiants de niveau avancé.

Il existe des manuels plus complets sur les faux-amis, la grammaire, l'orthographe et le style, etc., mais les chapitres de ce guide se concentrent sur l'essentiel. Plutôt que d'étudier des milliers de faux-amis que les étudiants n'utiliseraient probablement jamais, la liste est restreinte à ce que les étudiants utilisent le plus souvent. Les exercices permettent de pratiquer les concepts étudiés.

Les corrections et commentaires des textes sont relativement simples pour que les étudiants puissent comprendre les principes et voir exactement ce qu'il faut faire et ce qu'il vaut mieux éviter.

Certains apprenants pensent parfois qu'ils ne sont pas « doués », comme s'ils avaient atteint un plafond et qu'il n'y avait plus rien à faire. Ils croient parfois qu'ils ne sont pas créatifs, qu'ils manquent d'imagination ou de mémoire. Pourtant, leurs problèmes ne sont pas ceux qu'ils croient. La créativité, l'imagination et la mémoire sont justement des compétences qui sont données à tous : les enfants sont tous créatifs, ont tous de l'imagination et ont tous une bonne mémoire. Même si certains sont un peu plus doués que d'autres sur certains points, ils ont tous des qualités et un grand potentiel.

Les « dons » sont souvent, au départ, un intérêt, un goût, une curiosité pour une activité. Si on s'intéresse à un sujet, on veut en savoir plus. Si on s'intéresse à ce qu'on lit, on s'en souvient et on peut le réutiliser. Bref, on devient vite compétent. La créativité, l'imagination et la mémoire, ainsi que la plupart des compétences, s'acquièrent et se perfectionnent avec des cours, de la pratique, du travail et de l'intérêt dans le domaine.

Tout étudiant peut faire un devoir de bon niveau, en appliquant certains principes et en pratiquant régulièrement les principes étudiés. On peut dire que les étudiants « doués » sont

ceux qui ont compris ces principes avant les autres et mieux que les autres, et ceux qui ont
eu plus de pratique que les autres. Les étudiants qui se croient être « moins doués » sont ceux
qui n'ont pas encore appris, compris et maîtrisé certains concepts. Pourtant, tout est une
question de temps, d'expérience, d'efforts, de travail, de volonté et d'attention aux détails.
Ce sont justement les étudiants les plus faibles qui ont le plus à gagner, parce que ce sont eux
qui peuvent faire le plus de progrès.

Le but de ce guide n'était pas de redire ce qui existe déjà dans d'autres manuels ou sur
l'internet, ces sujets-là ont été abordés ici brièvement; mais l'intérêt était plutôt de se concentrer sur des sujets abordés nulle part ailleurs autant en détail. Ce guide propose un survol de
certains principes généraux et vise à améliorer certains aspects du français.

Il n'approfondit pas tous les types d'écrits : résumés, commentaires de texte, etc. Il existe
pour cela des manuels spécialisés. Il ne traite pas en détail de sujets largement couverts dans
d'autres manuels (citations, bibliographie, plagiat). Il propose des bases applicables à la majorité
des exercices écrits, principes également applicables aux autres disciplines (histoire, anglais etc.).

NOTES

Dans ce manuel, le masculin est utilisé à titre épicène (masculin et féminin) pour simplifier
les structures et éviter d'utiliser le masculin et le féminin (l'étudiant/l'étudiante) ou le pluriel.
Le masculin comprend le féminin.

Il existe différents termes en français pour le mot anglais « *composition* » : rédaction, composition et dissertation. Le mot « rédaction » est utilisé en France pour les petites histoires que
racontent à l'écrit les enfants à l'école primaire. Le mot « dissertation » est celui qui est employé
en France pour les discussions de sujets plus compliqués à l'école secondaire et à l'université
et se traduit en anglais par « *composition* » et parfois « *essay* ». En revanche, étant donné que le
mot anglais « *dissertation* » a un sens différent du mot français, j'ai préféré ne pas l'utiliser car il
risquerait d'induire les étudiants en erreur. J'ai donc choisi d'utiliser le mot « composition » en
français, car c'est le mot le plus souvent utilisé dans les universités canadiennes.

Remerciements

Je voudrais remercier toutes les personnes qui ont participé de près ou de loin à la création
de ce manuel.

Je tiens à remercier :
Jeff Tennant (Université de Western Ontario) qui en tant que professeur et directeur de thèse
m'a donné les commentaires les plus exhaustifs et utiles qu'un professeur puisse donner, m'a
aidée à améliorer mes compétences écrites et m'a enseigné comment évaluer et commenter tout
travail écrit ou travail de recherche. Sans ces commentaires, ce livre n'aurait jamais vu le jour.

Tous mes étudiants et étudiantes qui lors de leurs questions, commentaires et devoirs ont directement contribué à la création de ce manuel.

Ma collègue Sister Mary Francis du Brescia University College qui m'a fourni du matériel très utile, m'a donné d'excellents conseils et m'a encouragée; mes anciennes collègues du Huron University College : Marilyn Kidd, Mariana Ionescu et Servane Woodward de l'Université de Western Ontario qui lors de nos discussions m'ont inspirée pour la création et la publication de ce manuel.

Mes anciennes collègues de l'Université de Simon Fraser qui m'ont permis d'enseigner mon premier cours d'écriture, m'ont suggéré quelques documents et manuels utiles et qui m'ont fait des critiques très constructives.

Alain Thomas (Université de Guelph) qui lors de la conférence de l'ACLA m'a fait connaître le logiciel VocabProfil et ses utilisations.

Scott Couling qui m'a encouragée à présenter le manuel à Nelson Education.

Roberta Osborne qui m'a donné d'excellents conseils pour améliorer ce livre et a été une source d'inspiration sur tous les plans.

Enfin, je voudrais remercier mon mari, Eugène Tatarchenko pour ses encouragements, sa patience et son aide précieuse.

Les correcteurs et examinateurs externes qui ont permis, grâce à leurs critiques constructives, de grandement améliorer ce manuel :

Frédérique Arroyas, University of Guelph
Catherine Elena Buchanan, University of Ottawa
Tanja Collett-Najem, University of Windsor
Nathalie Courcy, University of Alberta
Astrid Heyer, Brock University
Svetla Kaménova, Concordia University
Obed Nkunzimana, University of New Brunswick, Saint John
Jean Ntakirutimana, Brock University
Pia Karrer O'Leary, University of Western Ontario, Brescia University College
Chantal Richard, University of New Brunswick
Marie-Noëlle Rinne, Lakehead University
Egor Tsedryk, Concordia University

Nadine de Moras
Brescia University College, University of Western Ontario
juillet 2009

Table des matières concise

Table des matières

INTRODUCTION

Être performant dans une matière dépend en grande partie du travail, de l'assiduité, de l'expérience, de l'entraînement et des méthodes utilisées. Toute tâche, même la plus simple sera faite plus vite, plus facilement et avec plus de plaisir, si elle est mieux organisée. Nous verrons dans ce manuel comment améliorer les points essentiels d'une composition : le contenu (les idées, les citations etc.), l'organisation et la langue.

Les façons d'organiser une activité dépendent de la tâche elle-même, de la difficulté de la tâche, du niveau de la personne, du temps et des conditions mises à disposition. Par exemple, une composition de quatrième année d'université demandera beaucoup plus de compétences qu'une composition de première année.

De même, la personnalité de l'étudiant joue un rôle important. Selon les forces, préférences, intérêts et personnalité de chacun, les tâches peuvent s'effectuer de manière différente. Il vous est proposé plusieurs méthodes ou possibilités dans chaque section, pour que vous puissiez choisir celles qui vous conviennent le mieux pour améliorer votre français écrit et décider de celle à adopter dans une situation particulière.

Les dons personnels, l'intelligence, la mémoire et d'autres qualités personnelles ne sont pas les critères les plus importants; si le don fera la différence entre un très bon étudiant et un étudiant exceptionnel, il n'en reste pas moins que même les plus doués (*gifted*) doivent être organisés et travailler dur. D'ailleurs, il arrive souvent qu'un étudiant qu'on appelle « doué » ou « intelligent » soit en réalité un étudiant qui a appris certaines méthodes et qui maîtrise certaines techniques lui permettant de mieux exécuter une tâche. L'important est d'avoir de bonnes méthodes, de faire son travail scrupuleusement, longtemps à l'avance.

Les principes sont souvent les mêmes pour des tâches ou des activités pourtant différentes. Il s'agit d'abord de comprendre un principe, de se familiariser avec celui-ci, de comprendre ses applications et de savoir les mettre en pratique, pour que cela devienne facile et naturel, jusqu'à ce qu'il n'y ait plus besoin d'y penser.

Diviser le travail en sous-parties le rend plus facile, intéressant et plus valorisant. Plutôt que de penser qu'on doit lire un livre de 300 pages, il est plus réconfortant de penser : cette semaine je vais lire un chapitre de 20 pages. Sinon, on risque de se décourager en pensant à tout ce qu'il faut faire. Ce manuel est divisé en chapitres se concentrant chacun sur un seul élément à la fois. Séparer les difficultés et n'en voir qu'une seule à la fois facilite l'apprentissage et la pratique de chaque élément isolé.

Toute personne qui maîtrise les principes de ce guide et a acquis les compétences visées devrait être capable d'écrire avec plus de facilité, tout en ayant plus de chances d'atteindre son potentiel.

Le niveau de familiarité et de compétences avec lesquelles on appréhende une tâche est directement lié aux sentiments qu'on lui attribue. Plus on apprend de nouvelles techniques et compétences, plus on est capable de mener à bien sa tâche, de façon rapide et agréable, ce qui donne confiance en soi. Devenant expert dans le domaine, on aime de plus en plus certains exercices parce qu'on sait qu'on est capable de les faire, parce qu'on sait comment faire, et parce qu'on voit ses propres progrès ainsi que des résultats concrets.

Toute personne novice dans un domaine passera par des étapes d'incertitude et de frustrations. Toutefois, avec de la persévérance, de la méthode et du travail ces étapes seront couronnées de succès. Toute personne maîtrisant un domaine le fera avec plus d'aisance et de plaisir.

L'une des difficultés de l'écriture est que tout est lié : l'organisation dépend des idées et du type d'écrit. La langue est présente dans tous les cas, les idées déterminent la langue, la langue précise les idées. Les recherches alimentent les idées, les idées permettent les recherches. Les idées déterminent l'argumentation et l'organisation. L'organisation détermine le choix des idées… la difficulté est donc de mettre de l'ordre dans ses idées, de savoir par où commencer et quelles directions suivre.

Voici ci-dessous une petite représentation des liens entre les compétences d'écriture. Ces compétences sont liées les unes aux autres et chaque partie dépend intimement de l'autre.

Nous verrons dans ce manuel les étapes nécessaires à la création d'une composition. En maîtrisant quelques techniques et en séparant les activités par sections et sous-sections, la tâche deviendra plus facile, plus agréable et surtout plus productive.

Chapitre 1

Se préparer à écrire

Introduction

Les normes de l'écrit et de l'oral sont différentes. Alors qu'à l'oral, l'important est de communiquer quelques faits, mais surtout des impressions ou des émotions, l'important à l'écrit est de communiquer des idées basées sur *des faits*, tout en produisant des impressions positives chez le lecteur.

Étant donné qu'à l'écrit, la communication va dans un seul sens (du destinateur vers le destinataire), le texte doit être très organisé, clair, concis et exempt de fautes. Tout a un impact sur le lecteur puisqu'il n'y a ni geste, ni autres indices propres à la communication orale. Il est donc préférable d'utiliser certaines techniques pour présenter des idées.

La première étape consiste à trouver des idées pertinentes et, si possible, originales qui seront les fondations du devoir. Il convient donc de réfléchir avant de commencer à écrire afin de trouver les meilleures idées. Avant de commencer, il est utile de vous poser des questions générales et des questions plus précises pour orienter vos pensées dans la bonne direction et de noter vos idées sur un papier ou à l'ordinateur. Puis, vous pouvez commencer à faire quelques recherches (selon le type de devoir), noter vos connaissances, pensées et impressions. Au fur et à mesure que les pensées se préciseront, vous les classerez et les organiserez.

Bien comprendre les sujets

Comment bien comprendre un sujet?

La plupart des compositions se réfèrent généralement à un sujet donné, que celui-ci soit vague ou précis. La première étape est de vous assurer que vous comprenez bien le sujet. Il peut arriver de mal comprendre ou interpréter un sujet et de partir sur une mauvaise piste, en allant trop vite. Voilà

LES ÉTAPES À SUIVRE

1. Préparation Réflexion Maturation	Analyser le sujet Trouver des sources Citations, statistiques Trouver, classer des idées	Souligner les mots-clés. Faire des recherches sur l'internet dès qu'on a le sujet. En parler autour de soi. Réfléchir, commencer à trouver des idées.
2. Recherche des idées Prise de notes Questions : professeur et autres	Remue-méninges (On attend plusieurs jours) Nouvelles idées Classement des idées par thème et importance	Après avoir lu et réfléchi on fait une liste d'idées en vrac. On met ces idées dans un tableau. On organise les idées principales et secondaires et des exemples. On abandonne certaines idées. On réunit des sources (éviter le plagiat). On trouve des exemples.
3. Plan	Plan	On note les idées et exemples dans le plan.
4. Rédaction	Première ébauche	On suit les principes de l'introduction, de la conclusion et du développement et on sépare les idées dans des parties et paragraphes. On veille à l'organisation : une idée principale par partie et une idée secondaire par paragraphe. On travaille surtout le contenu et l'organisation.

quelques conseils pour éviter cela. Ce n'est qu'une fois que vous aurez bien compris tous les sujets que vous pourrez choisir celui qui est le plus approprié à vos goûts et à vos connaissances.

- Considérer d'abord le thème général du sujet puis les particularités du sujet.
- Lire le sujet ou les sujets plusieurs fois et *souligner les mots-clés* (*key words*).
  Cette partie est souvent omise si vous allez trop vite. Si les mots-clés sont des concepts abstraits, vous les cherchez dans le dictionnaire, même si vous en connaissez ou croyez en connaître le sens. Le dictionnaire unilingue peut donner plusieurs contextes du mot et vous donner des idées auxquelles vous n'auriez pas pensé. Si vous n'avez pas accès au dictionnaire (pour un devoir en classe), soulignez les mots-clés et réfléchissez-y quelques secondes. Que veulent-ils dire? À quoi font-ils référence? Quel lien ont-ils entre eux?

- Se renseigner
  Quel que soit le sujet, il est plus facile et plus agréable de parler de ce qu'on connaît. Pour un sujet général (l'environnement, les vacances) comme pour un sujet plus précis (le système universitaire canadien…) faites quelques recherches sur le sujet.
- Considérer le contexte de la citation
  Si le sujet est tiré d'une œuvre (littéraire, philosophique, politique…) considérer le contexte dans lequel une citation ou un texte a été écrit, en savoir un peu plus sur l'œuvre dont le passage est tiré, ainsi que la vie, les théories et la philosophie de l'auteur vous permettra de mieux comprendre les idées de l'auteur et le sujet.
- Considérer un sujet comme une pièce d'un puzzle
  C'est en faisant ressortir ce qui est spécifique à une situation, à une œuvre, que vous pourrez tirer des conclusions plus universelles.
- Décider d'un sujet et le relire plusieurs fois
  Relisez régulièrement le sujet, au fur et à mesure des étapes (idées, plan, introduction, etc.), pour ne pas le perdre de vue. Vous risquez sinon de vous en éloigner et de faire un hors-sujet partiel.

Se poser des questions sur le sujet

Une fois le sujet choisi, il est temps de vous poser des questions plus précises, ce qui permet d'orienter vos pensées et d'anticiper les éventuelles (*possible*) difficultés. Cela permet aussi de mieux choisir et de mieux traiter le sujet.

- Que suggère le sujet?
  Que faut-il faire exactement? Raconter une histoire, convaincre, expliquer la pensée d'un auteur, résumer des idées?
- Le sujet est-il très précis?
  Si oui, concentrez-vous sur le sujet. Le sujet est-il vague? Si oui, considérez l'ensemble mais restreignez-vous à un ou deux aspects seulement.
- Quel est le contexte?
  Un même sujet peut être traité différemment selon le cours (littérature, cours de langue…), l'année et d'autres facteurs. Évaluer le contexte dans lequel le sujet a été vu détermine l'orientation du travail. Si le sujet est une réflexion par rapport à un texte vu en classe, il conviendra alors de mentionner les idées essentielles du texte et les sujets qui ont été discutés en classe. Toutefois, les commentaires des professeurs ne devraient pas être les seules idées de votre devoir, mais plutôt un point de départ pour vos propres idées. Une composition se veut personnelle, et uniquement répéter les paroles du professeur serait insuffisant.
- Quelles sont les normes du devoir?
  Que faut-il faire et comment? Généralement les professeurs vous donneront des directives à suivre. Vous pouvez aussi vous renseigner sur les normes des différents devoirs sur l'internet et dans des ouvrages spécialisés même si vous croyez les connaître. Par exemple, les normes du résumé en français sont légèrement différentes en anglais.
- Quel type de plan semble le plus approprié?
  Le sujet suggère-t-il un plan, des parties? Le plan est souvent donné dans le sujet, dans ce cas, essayez de vous y tenir (*stick to it*).

- Quelles sont les attentes du professeur?

  S'agit-il de mettre en pratique certains principes? Lesquels? Quel rapport y a-t-il entre ce devoir et ce qui a été vu précédemment?

- Quels sont les enjeux et les difficultés du sujet?

  De quelles informations et compétences avez-vous besoin? Faut-il avoir lu un ou plusieurs livres? Lesquels? Quelles sources primaires, quels critiques ou autres éléments sont nécessaires? Quelles sources secondaires sont recommandées, pourquoi?

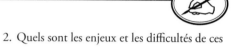

INVITATION À ÉCRIRE

Considérez les sujets de réflexion-discussion 36-42 en annexe A, concernant l'apprentissage d'une langue seconde.

1. Évaluez les connaissances nécessaires pour discuter de ces sujets.

2. Quels sont les enjeux et les difficultés de ces sujets?

3. Posez au moins cinq questions pour chaque sujet.

4. Trouvez des idées pour les sujets 36, 38 et 41.

Le remue-méninges (*brainstorming*)

Il arrive souvent que les sujets soient assez «larges». Bien que cela permette une certaine liberté (liberté de discuter de questions variées ou d'aspects particuliers), cela peut aussi être frustrant et créer un blocage. Voici quelques suggestions qui peuvent aider à trouver des idées et à les développer.

Il existe autant de façons de trouver des idées que d'idées possibles. Vous pouvez utiliser ce que vous préférez, ou au contraire ce qui est tout à fait nouveau pour vous. Vous pouvez vous inspirer des dictionnaires, des citations et des proverbes, et pour utiliser une autre partie du cerveau des dessins, des flèches, des mots avec des bulles, des mots ou idées que vous surlignerez (*highlight*) avec des couleurs différentes, etc.

Vous pouvez :

- **Partir de l'analyse des mots-clés du sujet**

  Analysez vos premières impressions et idées, notez-les, classez-les et développez-les. Pour commencer, vous pouvez vous assoir avec une feuille de papier ou devant un ordinateur dès que vous avez le sujet et noter vos idées, même si elles sont simples. Par exemple, quand je pense au mot *odeur*, je pense à un bon souvenir. Donc, *odeur* est pour moi synonyme de souvenir et de souvenir plutôt agréable de l'enfance. Pourquoi?

- **Trouver un lien entre les mots-clés du sujet**

  Pour développer vos idées, surtout pour un sujet de discussion, vous pouvez associer des mots aux mots-clés : odeur = nourriture, enfance = bonheur; puis vous pouvez établir un lien entre les différents mots-clés. Par exemple, pourquoi quand je pense à «enfance», je pense à «bonheur»? Parce que toute la famille était ensemble, tout le monde était encore vivant (grands-parents), parce que les enfants n'ont pas de responsabilités et de soucis, parce que les adultes ont des rapports différents avec les enfants, etc. Si vous n'avez pas d'idées dans les premières minutes, ce n'est pas très grave; cinq ou dix minutes plus tard, vous en aurez sûrement.

- **Développer un peu les mots-clés du sujet**

  Une fois que vous avez noté quelques mots et idées, vous pouvez les développer un peu. Parfois, le fait d'encercler, de souligner, de surligner ou de faire des flèches peut mettre en évidence certains aspects de votre pensée, de vos réactions et émotions et les points à développer, ce sont ici quelques-uns des principes du «mind-mapping». Reproduisez les mêmes étapes en attendant deux ou trois jours pour que les idées mûrissent. Notez toutes les idées, le tri se fera plus tard.

- **Discuter avec d'autres personnes**

  Discutez longtemps à l'avance du sujet avec plusieurs personnes. Des perspectives différentes peuvent apporter des idées nouvelles vous permettant de considérer le sujet avec plus d'objectivité et de recul (*hindsight*). Non seulement ces personnes peuvent vous apporter des idées nouvelles, mais vous pouvez ainsi développer vos propres pensées.

- **Améliorer vos connaissances (rapidement) sur le sujet**

  Plus on connaît le sujet, plus on a le choix d'idées, plus les idées peuvent être profondes et originales. Soyez ouverts pour trouver toutes sortes d'informations en relation avec le sujet : articles, livres, films, documentaires, etc. Il est toujours bienvenu de trouver des ouvrages spécialisés sur le domaine (des critiques littéraires, journaux spécialisés…). Une possibilité est de commencer avec des recherches générales sur l'internet, pour diriger vos recherches au début et finir par des ressources publiées dans des revues spécialisées.

INVITATION À RÉFLÉCHIR

Discussion en classe. Voir les sujets de réflexion-discussion sur la santé 55, 57 et 58 en annexe A. Comparaison des idées et réflexion sur le processus de recherche des idées.

1. Trouvez des idées par vous-mêmes (sans chercher sur l'internet) et écrivez-les.
2. Discutez avec vos amis de ces sujets et notez ce que ces personnes ont dit.
3. Cherchez au moins cinq faits, chiffres, citations ou autres ressources sur l'internet et notez-les. Citez vos sources.
4. Déterminez quelles sont les meilleures idées du groupe, pourquoi vous les trouvez meilleures et comment ces idées ont été trouvées.

Points de départ pour différents types d'écrits

LE RÉSUMÉ

Le résumé est un exercice très important et très utile car il entraine celui qui le fait à savoir condenser des idées. Maîtriser les techniques du résumé facilitera les études universitaires et de nombreuses tâches de la vie professionnelle. Pour séparer l'important de l'anecdotique et mieux vous souvenir de ce que vous allez apprendre ou avez appris, il est utile de faire des résumés de tout ce qui est important : des chapitres de grammaire, des œuvres lues en littérature ou de tout autre texte, livre ou cours. Il s'agira ensuite de relire régulièrement ces résumés.

Le résumé consiste à dire en ses propres mots, et en un nombre restreint de mots, les informations présentes dans un texte ou un livre. Pour faire un résumé il est utile de :

- **Lire plusieurs fois le texte**

  La première étape est celle de la lecture qui consiste à bien comprendre le texte et s'en imprégner (*to let it sink in*). Pour cela vous lisez le texte plusieurs fois. Une première lecture permet de repérer ce qui semble important, les idées essentielles, le sens général du texte. Une deuxième lecture permet de repérer et comprendre les idées principales et secondaires, et de séparer ce qui est une idée de ce qui est une explication, une illustration ou un exemple. Une troisième lecture permettra de remarquer la structure du texte, les paragraphes, etc. Donner un titre à chaque partie permet de repérer les idées et l'organisation du texte.

- **Se poser des questions sur le texte**

  Quel sorte de texte est-ce : un article de journal, une publicité de magazine, un texte littéraire ?
  Quel sorte de texte littéraire est-ce : un roman, une comédie, une tragédie, un poème, une nouvelle (*short story*) ?
  Qu'est-ce qui constitue ce passage : une description, un dialogue, une comparaison ?
  Quel est le message et quel est le ton du texte ?
  Le message a-t-il pour but de convaincre le lecteur ?
  Le ton est-il humoristique, sarcastique ?
  Le résumé devrait conserver le message et le ton du texte.

- **Bien comprendre tous les détails**

  On ne peut pas résumer un texte correctement tant qu'on ne le comprend pas parfaitement. Pour cela vérifiez, si nécessaire, les mots inconnus ou ambigus dans le dictionnaire. S'il n'est pas nécessaire de comprendre tous les mots lorsque vous lisez une œuvre littéraire, c'est indispensable pour un résumé qui demande de la précision à tous les niveaux.

L'ÉCRITURE

Une fois le texte bien compris, les idées essentielles et l'organisation du texte repérées, tout comme pour la lecture, l'écriture se fera en plusieurs étapes. Le nombre d'étapes dépend des conditions de travail.

Dans un premier temps notez quelques mots-clés pour les titres de chaque paragraphe. Puis rajoutez les idées essentielles, sans répéter des phrases entières du texte. Il s'agit ici seulement de retranscrire les propos de l'auteur et non de faire des commentaires du texte. On ne donne aucune opinion personnelle dans un résumé (« l'auteur dit que » ne doit pas apparaitre dans un résumé).

Une fois que vous avez terminé la première version, comptez le nombre de mots pour vous assurer que votre texte correspond aux normes demandées. Si votre texte contient trop de mots, enlevez les exemples ou les explications et ne gardez que les idées importantes. Si votre texte contient moins de mots, vous pouvez rajouter quelques informations supplémentaires et peut-être des exemples représentatifs.

Une fois que vous avez fini la dernière version de votre résumé, vérifiez qu'il contient toutes les idées importantes, peu de répétitions et qu'il n'y a pas de fautes de langue. C'est en relisant plusieurs fois votre résumé et le texte d'origine, et en les comparant plusieurs fois que vous pourrez remarquer ce qui manque ou ce qui n'est pas indispensable. Vérifiez aussi que vous n'avez pas utilisé des phrases entières du texte, mais plutôt vos propres mots.

INVITATION À ÉCRIRE

1. Lisez l'article « L'Express du nord » en annexe B.
2. Faites un résumé du texte d'environ 500 mots.
3. Faites un résumé du texte d'environ 300 mots.

4. Comparez vos résumés avec les exemples donnés en annexe B. Quelles sont les différences?

LE COMPTE RENDU

POURQUOI CET EXERCICE?

Le compte rendu est un exercice très important, entre autres parce qu'il est souvent demandé dans le monde du travail ou même dans la vie de tous les jours.

Il consiste à recueillir les informations sur un sujet donné (dans un cours de langue, il s'agira le plus souvent d'un livre ou d'un film), de donner les informations sur l'œuvre (auteur/réalisateur, personnages/acteurs, genre, etc.), puis de faire un résumé de l'histoire et de donner une opinion objective sur divers aspects de l'œuvre.

Dans le monde du travail, le compte rendu a pour but d'économiser du travail à une personne (qui lit le compte rendu) en lui présentant, sous forme abrégée, tout ce qu'il est important de savoir sur le sujet. Par exemple, le travail d'un attaché d'ambassade consiste, entre autres, à se documenter chaque jour sur les nouvelles du monde, l'économie et la politique en cours, et de faire un compte rendu à l'ambassadeur.

Dans une conversation avec des amis, être capable de faire un bref compte rendu permet de donner des informations importantes à la personne qui n'a pas vu le film ou lu le livre. Dans un cours de langue, il s'agit de proposer des faits à d'autres personnes : les étudiants de la classe et le professeur, et surtout de montrer au professeur ce que vous avez lu et compris et l'interprétation que vous en faites. Le compte rendu permet au lecteur de se faire une idée précise d'un texte (ou d'un film) qu'il est censé ne pas connaître.

Pour cela :

- **Situez l'œuvre dans son contexte** (qui l'a créée, quand, où, pourquoi, comment…)
  Il est utile de faire quelques recherches, trouver une biographie de l'auteur et des renseignements sur l'œuvre elle-même. Si c'est un film, est-ce une première version? Est-ce une version américaine d'un film français? Si oui, qu'est-ce qui a été rajouté, enlevé? Est-ce une version cinématographique d'une œuvre littéraire?

- **Faites un résumé**
  Que ce soit un compte rendu de livre, d'article ou de film, il s'agira de souligner les éléments importants, avec un résumé de l'intrigue, une présentation des personnages et des lieux, du genre et du style. Par exemple, s'il s'agit d'une tragédie, quels sont les éléments qui font de cette œuvre une tragédie?

- **Évaluer l'œuvre**
  La dernière partie consiste à évaluer l'œuvre, à donner votre avis. Vous pouvez expliquer en quoi cette œuvre est différente des autres ou considérer l'œuvre d'un auteur par rapport à d'autres

œuvres du même auteur, par rapport à d'autres œuvres du même style. Vous pouvez aussi parler de ce que vous avez trouvé efficace, pertinent, utile ou de ce que vous avez trouvé plus problématique. Quelle est la portée du texte? Quelles en sont les limites? Cette œuvre est-elle un classique du genre? Pourquoi?

Si vous voulez exprimer une opinion personnelle, vous le ferez de manière indirecte, en analysant certains points, en les comparant avec d'autres, mais en évitant de donner les opinions tels que «je n'ai pas aimé cette œuvre, je ne suis pas d'accord avec l'auteur». Ainsi vous laisserez le lecteur le soin de juger lui-même, d'après votre texte.

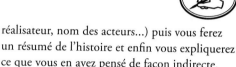

INVITATION À ÉCRIRE

Le compte rendu

1. Considérez l'exemple de compte rendu en annexe B.
2. Faites un compte-rendu d'un film qui vous a plu d'environ 500 mots.

Vous donnerez d'abord quelques informations essentielles sur le film (date de sortie, nom du réalisateur, nom des acteurs...) puis vous ferez un résumé de l'histoire et enfin vous expliquerez ce que vous en avez pensé de façon indirecte. Pour cela, vous ferez des recherches en français sur le film et trouverez du vocabulaire du cinéma.

LE RÉCIT

Pour ce genre d'exercice, il y a moins de contraintes (*restrictions*). Il n'y a pas besoin de faire des recherches (pas de citations, pas de statistiques, pas de critiques), les exemples sont plus faciles à trouver. Finalement, il suffit de trouver les idées et de trouver les détails qui vont illustrer les idées. Voici quelques points à considérer en ce qui concerne le contenu.

Vous pouvez:

- **Choisir un sujet qui vous intéresse**

  Avec la narration, c'est presque toujours possible, dans la mesure où il y a beaucoup plus de choix que pour les autres sujets. En plus du sujet lui-même, vous avez le choix de décrire des lieux, des personnages et des situations qui vous intéressent.

  Pensez à une histoire qui vous plaît, à un bon souvenir d'enfance, à quelque chose qui vous fait rire, à un film ou un livre qui vous a plu, ou fait réfléchir, à pourquoi il vous a plu et essayer d'utiliser ces éléments pour créer votre propre texte. Plus vous êtes enthousiaste, plus le lecteur le sera aussi.

- **Commencer avec ce que vous connaissez, ce qui est familier**

  Les plus grands écrivains se sont souvent inspirés de faits divers (*news and trivia*) et d'histoires vraies. Il est plus facile de développer, d'enrichir et d'extrapoler à partir de ce qu'on connaît, lorsqu'on a déjà en tête les grandes lignes et les détails.

  Trouver une histoire vraie est souvent plus facile que d'essayer d'inventer une histoire à partir de rien. L'idéal est de faire un amalgame (*blend*) de plusieurs histoires. On dit que les meilleurs mensonges se basent toujours sur des vérités!

- **Réfléchir à des situations vécues**
  Remémorez-vous un endroit insolite, un personnage original, un rêve étrange, une discussion bizarre; en mélangeant des souvenirs, des événements vécus à ce que vous avez lu, vu dans un film ou entendu, vous avez à présent de nombreux éléments uniques à votre histoire. Vous n'avez pas besoin d'inventer, vous pouvez simplement vous souvenir de certains faits, lieux et personnes. Vous avez ainsi des personnages, une intrigue et des détails riches en couleur et intéressants pour le lecteur.

- **Emprunter aux autres**
  Il est possible de commencer une histoire avec l'histoire de quelqu'un d'autre, un passage de film ou de livre et d'y ajouter interprétations et détails personnels, jusqu'à ce que l'histoire devienne la vôtre. C'est ce qu'on appelle «s'inspirer» d'un auteur ou d'une œuvre pour créer. Ce n'est pas du plagiat, si l'histoire finale est vraiment la vôtre.
  Par exemple, le thème de l'île déserte a été repris par de nombreux auteurs et cinéastes. Daniel Defoe a écrit Robinson Crusoé en 1719 et Johann David Wyss Le Robinson suisse en 1812; Jules Verne a écrit L'Oncle Robinson en 1870 et L'île mystérieuse en 1875. Chacun y a ajouté des éléments personnels créant ainsi une œuvre unique, pourtant sur le même thème.

- **Trouver des idées «généralisables» à d'autres histoires et à d'autres personnes**
  Par exemple, l'île déserte est présente dans l'imaginaire collectif. On retrouve cette idée dans des films relativement récents tels que "Seul au monde" (version française de Cast Away) sorti en 2000. Une des idées généralisables est l'analyse des instincts humains et le rapport entre l'homme et la nature par opposition à la culture.

- **Adopter un genre**
  Si l'on vous demande d'écrire une histoire dans un style particulier (roman policier, conte de fées), réfléchissez aux éléments qui composent ce style pour pouvoir les utiliser. Par exemple, dans les contes de fées, il y a toujours de la magie, le personnage principal est plutôt bon et pur, un personnage cruel et insensible veut tuer, blesser, voler ou profiter du personnage principal, le bien l'emporte sur le mal, etc.
  Si vous allez écrire une histoire dans un style particulier (aventure, policier, amour, suspense…), prenez cinq ou six livres du même genre que vous avez déjà lus (ou que vous pouvez lire rapidement), ou au cas échéant, des films du même genre; prenez les caractéristiques communes à ces œuvres, et les points qui vous ont plu (ou déplu). Si le texte est bien écrit, le lecteur devrait reconnaître le genre que vous avez adopté après avoir lu seulement quelques lignes.

- **Ajouter du suspense**
  Lorsque vous réfléchissez à votre texte, pensez déjà, avant même d'avoir commencé à l'écrire, à l'histoire générale. Écrivez un bref résumé de l'histoire en deux ou trois lignes. Puis, réfléchissez à comment vous pouvez rendre le texte intéressant et comment vous pouvez y ajouter du suspense.
  Pour avoir du suspense, il faut y avoir des problèmes (qui seront résolus), des imprévus (*the unexpected*), des éléments qui empêchent le bon déroulement des événements (*the sequence of events*); puis, des personnages ou événements qui viennent simplifier ou résoudre les problèmes. Pour garder l'attention du lecteur, vous insérerez régulièrement au texte un élément auquel le lecteur ne s'attendait pas pour le mener vers une fausse piste, tout en lui donnant plusieurs indices. Ces principes sont présents dans différents genres littéraires.

Si après avoir presque fini un texte, celui-ci manque de suspense, il est toujours possible de modifier le dénoument (*outcome, conclusion*) pour avoir un retournement de situation; et aussi de rajouter quelques détails dans le texte, pour donner au lecteur des indices (*hints*), des fausses pistes pour que des personnages, ou des situations insolites (*unusual*) résolvent les problèmes de manière inattendue, au dernier moment.

- **Ajouter des détails**

  Le lecteur ne pourra comprendre et imaginer les scènes que (*only*) s'il y a suffisamment de détails qui lui permettent de dessiner ce que vous décrivez, à l'aide de renseignements tels que taille, grosseur, hauteur, âge, humeur (*mood*) des personnages, temps qu'il fait, paysages, etc. Étant donné que l'histoire est la base d'un tel travail, trouver et améliorer les détails de l'histoire est essentiel. Les détails insolites sur les personnages seront frappants (*striking*): apparence physique: des yeux cernés (*shadows under his eyes*); détails sur l'humeur (*mood*): l'air inquiet; les vêtements: un capuchon (*hood*); la façon de se déplacer: il monte les escaliers en courant; un détail bizarre du personnage: il porte des bottes et une veste (*jacket*) en plein été. Des détails originaux rendront vos descriptions et votre histoire unique et originale et tiendront le lecteur en haleine (*hold the reader breathless*). Vous voulez que le lecteur se demande pourquoi ces détails sont là pendant tout votre texte et ait une réponse à la fin de votre texte. Pour cela, vous lui donnez des indices. Par exemple, un personnage portait des bottes et une veste parce qu'il passait du temps à couper ses victimes en morceaux dans une salle frigorifique (*refrigerated*).

- **Veiller à ce que l'histoire ait une certaine *logique***

  Une introduction situera l'histoire (qui, où, quand); le développement, construit en paragraphes, amènera du suspense; et la conclusion résoudra une énigme ou apportera une réponse aux questions posées. Tout texte, autre qu'un résumé, doit contenir une introduction, un développement et une conclusion, y compris pour un récit.

- **Vous mettre à la place du lecteur**

  Pendant que vous réfléchissez aux idées et à votre texte, et aussi pendant que vous écrivez votre texte, vous tiendrez en compte le lecteur en vous posant les questions suivantes: Que va-t-il penser? Va-t-il trouver du suspense dans votre histoire? Peut-il prévoir le paragraphe suivant et la fin de l'histoire? Lui avez-vous tendu des pièges pour le conduire sur une fausse piste? L'histoire va-t-elle provoquer des réactions? Lesquelles?

- **Provoquer chez le lecteur des réactions et émotions variées**

  Pendant que vous cherchez vos idées et réfléchissez à votre texte, vous pouvez penser à ce qui peut faire réagir le lecteur, le faire sourire, réfléchir, l'inquiéter (*worry*), l'intriguer, le faire pleurer, etc. Pour cela, vous pouvez penser à certains clichés: Qu'est-ce qui fait rire? Une situation inattendue. Qu'est-ce qui fait pleurer? Un enfant perdu qui retrouve sa maman, des amoureux qui se retrouvent, la mort d'un être cher... Qu'est-ce qui fait peur? Il existe des peurs universelles présentes dans les films d'horreur: insectes, serpents, monstres, diable, obscurité, etc. Par exemple, être perdu dans une grotte, dans un étroit tunnel sous-terrain interpelle plusieurs peurs: la claustrophobie, la peur du noir, des insectes et autres bêtes, la peur de mourir de faim, d'être seul et perdu, etc. Qu'est-ce qui ajoute au suspense? Une disparition, une mort, une agression, des événements insolites. Par exemple, des bijoux retrouvés dans un lieu insoupçonné et personne qui vient les chercher. Un employé banal, apparemment sans histoires, dont on ne connaît pas grand-chose a disparu. A-t-il été kidnappé? S'est-il enfui avec de l'argent qu'il avait volé petit à petit depuis des années? Y a-t-il une aventure amoureuse cachée?

Bref, pour la narration, les détails et le suspense sont aussi importants que l'histoire elle-couper la phrase. l'histoire elle-même. Il s'agit donc de veiller aux détails et au suspense comme s'ils faisaient partie du sujet. Si possible, amusez-vous en écrivant, puisque c'est vous qui choisissez en partie le sujet!

INVITATION À ÉCRIRE

Choisissez parmi les sujets 20, 21, 22, 28, 31, 36, 44, 46 de la partie I (raconter une histoire) en annexe A.

Racontez une petite histoire d'environ 200 mots.

1. Trouvez des idées et des détails très particuliers.
2. Trouvez des détails qui vous apportent des émotions positives (rire, bon souvenir d'enfance, etc.).

3. Quelles émotions et réactions pensez-vous que votre histoire va provoquer chez le lecteur?

4. Écrivez à la fin de votre histoire pourquoi vous avez aimé écrire votre histoire.

ÉTUDIER UN TEXTE LITTÉRAIRE

La dissertation littéraire consiste à expliquer certains concepts d'un livre ou discuter d'une problématique liée à un sujet littéraire.

L'analyse littéraire, le commentaire composé, commentaire de texte ou explication de texte représentent essentiellement la même chose: analyser et expliquer un texte.

L'explication de texte consiste, comme son nom l'indique, à analyser un texte de façon à expliquer le message transmis par l'auteur, en considérant les techniques littéraires utilisées. On peut considérer que le principe est d'expliquer le texte en se posant les questions suivantes: quoi, comment, pourquoi?

Les exercices de ce type ont plusieurs buts parmi lesquels faire réfléchir le lecteur au message de l'auteur, aux différents courants et techniques littéraires et au rôle de la langue dans la communication et la perception. Le but essentiel est de comprendre comment la langue est utilisée pour transmettre un message. Pour expliquer un texte, on commence par:

- **Identifier le thème**
  Quelle est la problématique? Quelles sont les idées directrices du texte, la thèse de l'auteur? Sous quel angle l'auteur aborde-t-il le sujet?

- **Identifier l'organisation, le plan du texte**
  Y a-t-il des parties et sous-parties? Pourquoi sont-elles dans cet ordre-là? Y a-t-il une évolution?

- **Trouver les mots-clés et donner leur définition**
  D'une part, cela permet de vous assurer que vous comprenez le texte, d'autre part cela vous guide dans certaines directions. Des termes anciens peuvent avoir changé de sens, ou être polysémiques;

par exemple, le bourdon auquel Arthur Rimbaud fait référence dans « Chanson de la plus haute tour » (1872) :

> « Au bourdon farouche
> De cent sales mouches »

peut être un insecte (*bumblebee*) mais aussi une grosse cloche ou le son grave (*drone*) d'une cornemuse (*bagpipe*) ou d'un orgue. Le piège serait ici de ne considérer que le premier sens de l'insecte. Il est important de chercher les mots dans un gros dictionnaire, même si on les connaît ou croit les connaître.

- **Travailler les champs lexicaux**
  Classez les mots par thèmes après en avoir cherché les définitions. Cela vous aide aussi à déterminer les thèmes importants du texte, sous quel angle l'auteur les aborde, et à mieux comprendre le lien entre les idées, parties et sous-parties. Vous pouvez faire un tableau avec des colonnes, et mettre les mots appartenant à une même catégorie syntaxique dans la même colonne.

- **Situer un texte**
  Dans quel contexte a-t-il été écrit (historique, politique, vie personnelle de l'auteur…)? De quel courant littéraire fait-il partie? Quelle est sa date de parution? Qu'est-ce qui est typique de cet auteur? Pour cela, vous pouvez faire rapidement quelques recherches sur l'auteur, le texte et le genre littéraire.

Ensuite, vous pouvez :

- **Partir de vos impressions et émotions**
  Quelles sont vos impressions sur le texte? Qu'avez-vous remarqué de particulier dans ce texte? Qu'est-ce qui vous frappe et pourquoi? Vous pouvez commencer avec ce qui vous a plu, ce qui vous séduit et déterminer pourquoi. Pourquoi aimez-vous ce passage? Que provoque-t-il en vous? Comment l'auteur parvient-il à communiquer cette émotion chez le lecteur?

- **Partir de ce qui est complexe**
  Qu'est-ce qui n'est pas clair? Il arrive fréquemment qu'un texte ait plusieurs sens, plusieurs explications possibles. À partir de ce qui vous paraît un peu abstrait ou complexe vous pouvez trouver des idées pertinentes, car si le texte pose des questions particulières, cela vaudra la peine d'en discuter. Quelques recherches et réflexions sur le sujet rendront plus clair ce qui était difficile. Enfin, il sera intéressant de travailler ce que vous n'aviez pas compris au début et d'expliquer votre cheminement (*line of thought*).

- **Partir de ce qui est flou ou ambigu**
  Il est souvent possible de comprendre ou ressentir un texte de plusieurs façons. Lorsque l'interprétation n'est pas évidente, ce flou permet, au contraire, de laisser libre cours à son imagination et à sa personnalité.
  Une des possibilités est de vous poser des questions auxquelles il n'y a pas de réponse immédiate. Par exemple, pourquoi le poème « Demain, dès l'aube » de Victor Hugo n'a-t-il pas de véritable titre? (Le titre est celui qui lui a été donné plus tard et qui est le premier vers.) Est-ce pour que le lecteur ne sache pas exactement de quoi il s'agit, le laisser volontairement dans le doute? En effet, on pourrait penser qu'il va retrouver une femme qu'il aime, qu'il est pressé en se levant, d'aller la retrouver. Ce n'est qu'au dernier vers qu'on apprend qu'il va fleurir une tombe, celle de sa fille.

- **Travailler le vocabulaire en détail**

  Tout travail littéraire portant sur un texte court, et en particulier, un poème, demande de connaître parfaitement tous les mots : leur sens, leur utilisation et leurs connotations. Il est important de consulter un ou plusieurs dictionnaires. Les traductions du dictionnaire bilingue et les définitions, exemples et synonymes du dictionnaire unilingue fourniront des aides précieuses pour mieux évaluer et interpréter le sens des mots.

  Pour vous assurer que vous comprenez bien le vocabulaire du poème, vous pouvez chercher des traductions sur l'internet. Par exemple, on trouve sur l'internet des versions françaises et anglaises des poèmes « Demain dès l'aube » et « L'albatros » en tapant le nom de l'auteur, le titre du poème et « traduction anglaise ». Les différences de traductions pourront donner quelques idées sur les différentes interprétations possibles.

- **Analyser certains procédés littéraires**

  Il est utile de connaître les principales figures de style pour pouvoir repérer et analyser les différentes techniques littéraires. Voir annexe C pour un résumé des figures de style qui vous aideront à analyser les images, le symbolisme, les sonorités et le rythme du texte. Vous pouvez utiliser vous-mêmes ces figures de style dans vos propres textes.

  Pour mieux comprendre et analyser les sonorités, une possibilité est de trouver un fichier sonore, le poème lu par un francophone. Ceci est important pour compter les syllabes, comprendre les rimes, etc. On peut trouver les poèmes français « classiques » assez facilement sur l'internet, par exemple, sur le site :
  http://www.wheatoncollege.edu/Academic/academicdept/French/ViveVoix/Home.html.

- **Évaluer la forme**

  Dans le poème de Jacques Prévert, « Le message », pourquoi y a-t-il toutes ces répétitions ? Pourquoi les compléments d'objet direct et compléments circonstanciels sont-ils systématiquement placés en début de phrases ?

- **Étudier les personnages**

  Quelle est la personnalité, quels sont les traits spécifiques des personnages et leur rôle ? Les personnages principaux ont souvent des traits communs : ils sont bons et sont souvent victimes de machinations de personnes vénales. Les personnages secondaires servent soit à mettre en relief les personnages principaux, soit à leur tendre la perche (*to throw a line*) pour que ceux-ci puissent devenir des héros, prendre conscience de certains phénomènes, etc. Autrement dit, les personnages secondaires jouent un rôle très important.

  Par exemple, dans *Candide*, Candide est naïf et influençable. Il n'est pas capable de penser par lui-même au début de l'œuvre. C'est grâce à ses expériences, ses mésaventures et aux personnages secondaires que ses pensées et sa personnalité se développent jusqu'à atteindre maturité à la fin de l'œuvre.

- **Faire des liens avec le contexte social et historique**

  Afin de vous familiariser avec le contexte des œuvres que vous étudiez (l'histoire se déroule dans un pays autre que le Canada, à une autre époque), il sera utile de faire quelques recherches sur l'époque à laquelle le livre a été écrit, la vie à cette époque, la vie de l'auteur, le pays, etc. et ainsi avoir quelques connaissances sur la culture, le contexte social, politique, économique, historique…

- Par exemple, en faisant quelques recherches sur *Le malade imaginaire* vous pourrez répondre brièvement aux questions suivantes : Quelles étaient les pratiques (*practices*) des médecins de l'époque? Quelles étaient les maladies de l'époque? Comment les médecins étaient-ils considérés?

  Nous avons tous tendance à considérer, de manière inconsciente, que notre culture est la norme (puisque c'est *notre* norme). Il s'agira d'interpréter un texte, non pas à la lumière de votre culture et de votre expérience, mais à la lumière des vos connaissances sur la vie de l'époque. Pour comprendre des événements qui se passent dans une culture différente, il ne s'agira pas de juger (il est hypocrite, elle est superficielle…) mais plutôt de réunir le maximum d'informations et de se limiter dans un premier temps, à des faits.

- **Réunir des informations sur le sujet**

  Plus vous connaissez de faits, plus vous pouvez utiliser des faits et non des opinions subjectives dans votre devoir. Il sera utile, pour commencer, de faire quelques recherches et de bien comprendre tout ce qui est expliqué en cours. Par exemple, le fait que *Le malade imaginaire* soit la dernière œuvre de Molière, que Molière lui-même était très malade (il avait la tuberculose) quand il l'a écrite et qu'il soit mort pratiquement (*virtually*) sur scène, en train de jouer cette pièce est significatif (*significant*). Le fait qu'il soit très malade lui-même peut indiquer par exemple qu'il s'agit d'une satire des docteurs et de la médecine, plutôt qu'une critique des malades, comme il le semblerait au premier abord (*initially*).

- **Évaluer le contexte de création de l'œuvre**

  Il s'agit de se poser des questions sur le fond. Quel est le thème de l'œuvre? Y a-t-il un message? Dans quelles conditions l'auteur l'a-t-il écrite? Par exemple, Victor Hugo a écrit le poème « Demain, dès l'aube » quatre ans après la mort tragique de sa fille Léopoldine. Ronsard a écrit « Mignonne, allons voir si la rose » pour tenter de séduire la jeune Cassandre.

- **Considérer d'autres œuvres du même auteur**

  Pour savoir si l'auteur a écrit d'autres œuvres sur un sujet similaire, il suffit de chercher les autres œuvres du même auteur, d'en lire les résumés et de déterminer s'il y a des points en commun entre les œuvres. Vous trouverez ainsi que le thème des médecins malhonnêtes se répète dans *Le médecin malgré lui*. Le titre des pièces fournit aussi une indication sur le sujet. Avoir quelques connaissances sur des œuvres qui ne sont pas au programme et les mentionner dans vos compositions (du moment que le lien est pertinent), rajoutera à la profondeur de l'analyse. Si vous avez quelques connaissances sur d'autres œuvres du même auteur, vous pourrez mieux comprendre celle que vous étudiez en ce moment.

Exemple

Dans *Le malade imaginaire,* Molière fait une satire des médecins, il évoque leur incompétence mais surtout leur malhonnêteté, leur fourberie (*deceitfulness, treachery*), leur hypocrisie et leur avidité (*greed*). Dans *Le médecin malgré lui,* il se moque des médecins qui utilisent des théories et des termes compliqués en latin pour que personne ne comprenne rien. Ceux-ci ne guérissent personne mais se trouvent toujours vainqueurs, quelle que soit la situation, après s'être enrichis. On retrouve donc le thème de l'incompétence et de l'avidité des médecins dans les deux pièces. Dans *Le malade imaginaire,* les défauts des médecins sont traités à travers les défauts du patient.

- **Utiliser ce que vous avez appris en dehors du cours**

  En plus des éléments essentiels vus en cours, il sera bienvenu d'ajouter des éléments venant d'autres sources. Cela rendra aussi la composition originale et personnelle. Si vous pouvez utiliser ce que vous avez étudié dans d'autres cours, faites-le (psychologie, littérature d'autres pays, sociologie, histoire, etc.). Quelques recherches personnelles vous permettront de trouver des informations extérieures au cours (les découvertes en médecine de ce siècle, la médecine en France…). Si le lecteur apprend quelque chose de nouveau en lisant votre texte, c'est de toute évidence un signe que le contenu de votre texte a été soigné, que vous avez réfléchi et vous êtes intéressé à votre travail, mais aussi que vous connaissez beaucoup de choses. Bref, cela ne peut provoquer que des impressions positives chez le lecteur.

  Le fait de vous poser des questions permet d'orienter vos pensées et vos recherches même si les interprétations restent modestes, l'important est de proposer une réflexion personnelle et originale.

- **Partir d'un commentaire sur l'œuvre**

  Vous pouvez trouver au dos de nombreux livres des passages-clés ainsi que des commentaires sur les thèmes principaux. Cela vous indique les thèmes que vous pouvez chercher. Par exemple, il est écrit au dos de l'édition en livre de poche de *Candide*: «La verve et l'ironie voltairiennes font merveille: voici un conte à la fois grave et cocasse, qui soulève avec légèreté des questions philosophiques fondamentales.» Vous pouvez chercher «Voltaire, philosophie voltairienne, ironie voltairienne» puis, vous cherchez, selon ce que vous trouvez, d'autres thèmes: la guerre, la désillusion, la mort d'un rêve, l'amour, etc. Vous aurez déjà une idée de l'œuvre, du message de l'auteur et de ses caractéristiques.

Les pistes possibles pour trouver des idées et les développer sont très nombreuses si on prend le temps de faire quelques recherches et de réfléchir à l'avance au sujet.

NOTER LES ÉTAPES DE VOS PENSÉES ET RÉFLEXIONS

Si vous voulez commenter un texte assez court, vous pouvez faire plusieurs photocopies du même texte. En effet, vous n'aurez pas la place de faire beaucoup d'annotations sur un seul et même texte, d'où l'utilité d'en faire sur plusieurs. Vous pouvez aussi imprimer un texte de l'internet à double interligne pour pouvoir faire des annotations. Vous pouvez travailler par étapes, en faisant différentes annotations sur chaque copie. Par exemple, sur une première copie vous indiquerez le sens des mots que vous aurez cherché dans le dictionnaire. Sur la deuxième copie, vous écrirez les sensations que provoquent chez vous les mots, expressions, vers ou paragraphe, ou bien tout ce que vous remarquez d'intéressant et de spécifique au texte.

Vous pouvez noter vos sensations ou ce qui n'est pas clair. Par exemple, pour le poème de Prévert, «Le message», vous indiquez: «le fruit que quelqu'un a mordu» peut se référer à la pomme du jardin d'Eden, la tentation, le pécher… ou bien une histoire d'amour. Bref, vous mettez toutes vos idées sur le papier. Les annotations (sur différentes pages) peuvent se faire avec des couleurs différentes, par exemple, en rouge vos impressions, en vert les questions, etc.

Vous relirez ensuite les annotations des différentes copies, et grâce aux différentes couleurs, pourrez retrouver rapidement ce que vous cherchez. Vous choisirez les idées que vous voulez développer et abandonnerez celles qui ont abouti à une impasse (*dead end*). Bien souvent, les questions posées sont plus intéressantes et utiles que les réponses qui ne sont que des hypothèses, des tentatives (*attempts*) d'explications.

Vous pouvez employer plus ou moins les mêmes méthodes pour l'analyse d'une œuvre. Bien sûr vous ne faites pas de photocopies et vous travaillez moins en détail, mais vous pouvez aussi faire des annotations dans votre livre : mettre en haut des pages un certain type d'annotations, en bas des pages un autre type d'annotations, par exemple des questions que vous voulez poser au professeur.

Une fois que vous avez quelques informations et idées, vous les notez, puis vous les laissez « mijoter » (*simmer*) quelques jours. Vous pouvez alors y revenir quelques jours plus tard. Vous écrivez vos idées en vrac (*jot down*), vous les sélectionnez et les classez rapidement. Si vous attendez quelques jours, les nouvelles idées devraient être meilleures que les idées initiales.

Pendant que vous prenez des notes en faisant vos recherches, vous pouvez utiliser des couleurs, des polices de caractère (*fonts*) ou des styles différents en prenant des notes sur l'ordinateur, pour que les citations, les chiffres, les idées et les symboles soient facilement reconnaissables (MB p. 3 pour *Madame Bovary* page 3). Par exemple, vous tapez votre idée en noir et lorsque vous résumez un passage ou prenez l'idée de ce que vous lisez, vous changez la couleur ou la police de caractère. Il sera alors beaucoup plus clair de distinguer ce qui est vraiment de vous de ce qui est emprunté à quelqu'un d'autre. Vous n'aurez plus qu'à insérer les citations ou les références d'après les couleurs correspondantes.

INVITATION À ÉCRIRE

Lisez le poème « Le plat pays » de Jacques Brel que vous trouverez sur l'internet, puis trouvez la version sonore (http://www.dailymotion.com/video/xnp2j_le-plat-pays-1962_music). Faites un bref commentaire composé en utilisant l'annexe C sur les figures de style.

Quelques directions possibles pour l'analyse de ce poème :

– Cherchez le maximum de vocabulaire dans un dictionnaire bilingue et dans un dictionnaire unilingue (français).

– Cherchez une traduction en anglais.
– Quels sentiments évoquent ce poème?
– Quels procédés littéraires sont utilisés et quels effets provoquent-ils chez le lecteur?
– En quoi ce poème est-il particulier?
– Pourquoi cette chanson est-elle si célèbre?

Résumé

Toute idée est acceptable et bonne si elle est bien argumentée et si elle s'appuie sur des exemples judicieux. Ce sont les connaissances qui permettent de trouver des idées et de choisir celles qui sont les plus pertinentes. Pour cela, il est primordial de chercher un maximum d'informations dès que vous avez le sujet du devoir. C'est en y réfléchissant longtemps à l'avance que les idées pourront mûrir et se développer.

Des idées personnelles argumentées et justifiées par des exemples concrets, en plus des explications et conseils du professeur permettront de faire un excellent travail. Il reste alors à savoir les présenter et les organiser de façon à les mettre en valeur.

Récapitulons

En faisant votre prochain devoir cochez les cases suivantes. ☑

☐ Puis-je reformuler facilement le sujet (l'ai-je bien compris)?

☐ Ai-je assez réfléchi pour trouver le maximum d'idées?

☐ Ai-je assez de connaissances sur le sujet pour en discuter à mon aise?

☐ Me suis-je donné assez de temps pour laisser mûrir mes idées?

☐ Ai-je fait du remue-méninges?

☐ Ai-je discuté avec d'autres personnes pour trouver de nouvelles idées?

☐ Ai-je des idées personnelles et originales?

☐ Ai-je fait l'analyse (ou cherché les traductions) des mots-clés?

☐ Ai-je assez d'idées et d'informations, ai-je fait assez de recherches pour faire un plan et commencer le devoir?

☐ Ai-je des exemples précis?

Exercices

1. Questions de réflexion. Discussion en paires ou en groupes :
   a. Quels conseils donneriez-vous aux étudiants qui disent qu'ils ne sont pas créatifs?
   b. Quels conseils donneriez-vous aux étudiants qui ne font que répéter les notes de cours?

2. Cherchez des idées principales pour le sujet suivant et trouvez des détails qui ajouteront du suspense. Racontez une histoire qui fait peur.

3. Cherchez des idées principales pour le sujet suivant et trouvez des détails particuliers qui ajouteront de l'intérêt au texte. Décrivez le meilleur cours que vous ayez suivi (sujet 23 de la partie I en annexe A).

4. Composez une suite à la trilogie *Le seigneur des anneaux* de J. R. R. Tolkien. Vous faites un résumé du livre que vous comptez envoyer à la compagnie de production.

   Pour cela, vous lirez avec attention le résumé de l'œuvre, en français, que vous trouverez sur l'internet. Vous chercherez plusieurs points particuliers à cette œuvre tels que les noms donnés aux personnages, les lieux et les «détails». Vous emploierez le vocabulaire typique de ce genre de conte pour évoquer la magie et l'imaginaire et vous utiliserez les conseils de ce chapitre.

5. Analyse littéraire. Vous allez bientôt étudier l'œuvre en classe. Vous voulez vous préparer pour votre composition et pour votre lecture. Vous avez déjà le sujet de votre composition : Étudiez l'optimisme dans *Candide* de Voltaire. Pour cela,
   - Faites des recherches générales sur l'œuvre;
   - Trouvez un résumé de l'histoire;
   - Trouvez des sources sur ce sujet;
   - Cherchez les définitions des mots-clés que vous avez trouvés dans vos recherches;
   - Faites un plan de ce que vous pensez étudier.

Chapitre 2

LES RECHERCHES ET CITATIONS

Introduction

Après avoir réfléchi au sujet, fait du remue-méninges, choisi quelques idées et les avoir notées sur du papier ou sur l'ordinateur, il est temps de commencer vos recherches. Celles-ci sont les fondations du devoir. Elles permettent de préciser des idées et d'expliquer certains concepts abstraits à l'aide de citations les mettant en relief. Les idées présentes au début vont évoluer au fur et à mesure de vos lectures. Avant d'orienter et de préciser vos recherches il convient de déterminer exactement de quoi vous avez besoin. Réfléchir à ce que vous voulez obtenir comme résultat final peut vous apporter quelques pistes à suivre.

Être organisé et travailler toujours de la même façon, dans le même ordre, jusqu'à ce que cela devienne un automatisme facilitera grandement le travail. Les exemples donnés dans ce chapitre se rapportent plutôt à l'analyse littéraire, mais ils peuvent également s'appliquer à n'importe quel genre d'écriture et n'importe quel sujet. Voyons donc comment organiser vos recherches.

Faire des recherches

RESTREINDRE LE SUJET ET LES SOURCES

Étant donné la multitude de sources dans tous les sujets, vous avez besoin de déterminer ce que vous voulez trouver et pourquoi. Sinon, vous courez le risque de vous éparpiller, de trouver trop de sources qui ne pourront pas toutes être utilisées, d'où (*hence*) une perte de temps. Il vaut mieux en trouver et en lire moins mais que ce soient des sources de qualité et surtout des sources que vous puissiez utiliser.

DÉVELOPPER VOTRE PENSÉE EN MÊME TEMPS QUE VOS RECHERCHES

Au fur et à mesure des recherches, les idées vont évoluer. Chaque idée devrait demander des recherches, et chaque recherche devrait modifier la prochaine idée. Prenons comme exemple le sujet suivant : « Les études universitaires devraient-elles être gratuites? » Une des premières idées qui vient à l'esprit est que si l'université était gratuite, cela impliquerait une augmentation des impôts, et personne ne veut en payer davantage.

Mais pour vous assurer que cette conclusion est bien fondée, il vaut mieux d'abord trouver quelques chiffres : chiffres du budget de l'éducation, pourcentage de l'impôt sur le revenu dans le budget de l'éducation, etc. Il est aussi possible de trouver des chiffres sur d'autres pays, pour comparer avec plus de discernement. Quelques recherches devraient engendrer de nouvelles questions. Il y a quelques décennies (*decades*), quand les frais de scolarité (*tuition fees*) étaient moins élevés, les impôts étaient-ils supérieurs? Les habitants de pays dans lesquels l'université est gratuite payent-ils beaucoup plus d'impôts que les Canadiens? Le budget de l'éducation est-il beaucoup plus élevé dans les pays où l'université est gratuite? Ces quelques questions donneront lieu à des recherches qui répondront, au moins en partie, à ces questions.

C'est en faisant cela que vous orienterez vos recherches sur des points précis : les frais de scolarité depuis les 20 dernières années (et le budget de l'éducation par rapport au budget global); ou bien des chiffres d'autres pays tels que le montant des frais de scolarité, les pourcentages des revenus et des dépenses. Vous pourrez ainsi vous forger une opinion informée, éviter les stéréotypes et expliquer pourquoi, par exemple, certains pays ayant un budget de l'éducation d'un montant similaire à celui du Canada ont l'université presque gratuite.

En vous étant posé ces questions, en ayant trouvé des chiffres et en comparant des chiffres de plusieurs pays, vous pouvez alors en venir à une conclusion qui sera beaucoup plus pertinente. Lorsque l'écrivain présente des faits, le lecteur peut difficilement être contre.

DÉTERMINER LA QUALITÉ DES SOURCES

Si votre professeur permet ou recommande d'utiliser des sources pour des compositions, quelles sources sont préférables? Uniquement littéraires, philosophiques, des critiques d'œuvres littéraires? Quelles sont les sources primaires et secondaires?

L'idéal est de chercher dans des journaux ou magazines spécialisés et reconnus. Une façon de trouver des sources de qualité est de chercher dans les catalogues électroniques des bibliothèques en utilisant des programmes tels que RefWorks (voir plus loin). De nombreux journaux sont à la disposition du public en format électronique. Vous pouvez donc trouver sur l'internet des sources de qualité, les télécharger et les imprimer. Les ouvrages spécialisés, en version électronique, devraient être les premiers à être consultés. Si vous ne savez pas comment chercher, ou prenez beaucoup de temps à trouver des sources et n'êtes pas sûrs de leur qualité, demandez l'aide des bibliothécaires.

Considérez les références de la personne qui écrit. Si les sources viennent d'un organisme connu tel que Statistique Canada, cela sera plus fiable qu'un sondage effectué par une compagnie inconnue. Plutôt que de reporter les propos de quelqu'un, il vaut mieux, autant que possible, trouver les sources originales quand il s'agit de faits (chiffres, résultats d'une étude, statistiques...). Les sites de non-professionnels, tels que des sites de bavardage (*chat lines*), et autres sites de discussions sont à éviter.

De même, les encyclopédies en ligne de type « Wikipédia » ne sont pas toujours des sources sûres. D'une part, le texte peut contenir des fautes de langue, d'autre part les informations ne sont pas toujours au niveau que l'on attendrait. Wikipédia peut être consulté pour donner des informations générales, pour donner quelques idées et commencer des recherches, mais **pas** comme recherches finales et encore moins en citation.

Si vous n'êtes pas trop sûrs de ce que vous cherchez, il est possible de faire quelques recherches préliminaires, ce qui conduira non seulement à orienter vos recherches, mais aussi à réfléchir et donc à trouver des réponses aux questions posées pendant la lecture qui suivra.

Ensuite, une fois que vous avez une idée de ce que vous voulez trouver, vous lirez les résumés des livres ou articles, s'il y en a, sinon vous lirez au moins l'introduction et la table des matières avant de commencer la lecture du texte intégral. Cela permettra de sélectionner les chapitres ou les sujets les plus pertinents (*relevant*) et surtout de vous assurer que c'est bien ce que vous cherchez. Il serait fâcheux de commencer à lire un article ou un livre, et de vous rendre compte après avoir passé quelques heures à lire, que finalement ce n'était pas ce que vous cherchiez!

CHERCHER DIRECTEMENT EN FRANÇAIS

Pour des anglophones, il peut parfois paraître plus facile et plus rapide de faire des recherches en anglais parce que c'est plus rapide de lire en anglais quitte à (*even if it means*) traduire ensuite en français. Toutefois, si les recherches ont été faites en anglais, les citations et les notes devront finalement être traduites en français. Mais attention : à moins d'être parfaitement bilingue, les traductions sont généralement une source de problème qu'il vaut mieux éviter. Les traductions peuvent changer le sens de la phrase originale et certainement en changer les nuances. Si vous devez traduire de l'anglais, précisez que c'est votre traduction (note en bas de page « notre traduction »).

Il est bien sûr possible de garder les citations originales dans des travaux de recherches très avancés (maîtrise ou doctorat) dans la mesure où les conditions de travail sont différentes. Mais pour un travail de recherche de premier cycle, puisqu'il ne s'agit pas de trouver toutes les références existant dans le domaine, il vaudra mieux vous concentrer sur les sources en français. La seule raison de citer en anglais serait de citer un chercheur très connu dans le domaine, dont les citations sont célèbres.

UTILISER DES SOURCES COMMUNES

Si c'est du plagiat d'utiliser le même devoir pour des cours différents, il est tout à fait possible d'utiliser certaines sources pour plusieurs devoirs, du moment que ce ne sont pas toutes les mêmes sources et les mêmes idées. Il peut donc être utile de créer un fichier avec toutes sortes de notes, résumés et citations, fichier que vous pouvez utiliser pour un devoir final ou pour un autre cours. Par exemple, en étudiant *Madame Bovary*, vous pouvez parler des médecins et pharmaciens et les comparer avec ceux du *Malade imaginaire* ou du *Médecin malgré lui*.

Exemple de « recyclage » des sources et informations

L'incompétence des médecins se retrouve dans Madame Bovary *: Charles rate l'opération du pied bot* (club-foot) *et le pauvre garçon doit se faire amputer dans des souffrances atroces. Cela prend beaucoup de temps à Charles Bovary de comprendre que sa femme s'est empoisonnée et il ne trouve pas avec quoi. Une fois qu'il l'a compris, il ne lui fait pas de lavage d'estomac* (pump her stomach) *suffisamment tôt et ne prend pas les mesures* (measures) *nécessaires. Il fait appeler un grand docteur* *qui sait ce qu'il faut faire, mais c'est trop tard, Emma meurt empoisonnée. Nous voyons donc l'incompétence des médecins, ce qui peut créer des effets comiques dans les pièces de Molière mais des effets tragiques dans* Madame Bovary.

Si vous étudiez *L'amant*, de Marguerite Duras, vous pouvez mentionner d'autres œuvres que vous avez lues qui parlent d'amour ou d'aventures amoureuses chez les femmes (*Madame Bovary*). Il sera agréable pour le lecteur de trouver comme référence dans une composition d'autres sources que les œuvres obligatoires du cours. Les professeurs apprécient les compositions dans lesquelles les étudiants utilisent les connaissances et compétences acquises dans le passé, dans d'autres cours, avec d'autres professeurs et dans d'autres matières. Ils souhaitent que les étudiants **réfléchissent** et utilisent tout ce qui est à leur disposition.

SE SIMPLIFIER LA TÂCHE

Pour simplifier et accélérer votre travail vous pouvez, par exemple, utiliser les ressources suivantes.

REFWORKS

Une façon de trouver des références, de les organiser efficacement dans des fichiers, d'établir des citations et une bibliographie très rapidement est d'utiliser RefWorks.

Comme indiqué sur le site de RefWorks (notre traduction) :

> RefWorks permet aux utilisateurs de créer des banques de données et de les utiliser pour différentes activités de recherche. Les références sont importées facilement et rapidement à partir de fichiers sous formes de textes ou de banques de données. Ces données peuvent être utilisées pour organiser, sauvegarder et partager des informations.
>
> Les utilisateurs peuvent insérer automatiquement les références à partir de leur banque de données dans leurs textes et constituer des bibliographies et manuscrits en quelques secondes.

Pour cela, vous pouvez aller sur le site de RefWorks et suivre les consignes. Ce qui semble toutefois le plus facile est d'aller à la bibliothèque universitaire et de demander qu'on vous explique comment faire. Avec une ou deux heures d'explications et même moins, vous pourrez économiser des heures de travail.

Aussi, le gros avantage est que vous pouvez avoir accès à tous les fichiers et à toutes les ressources que vous avez créés sur RefWorks n'importe où et vous pouvez les partager avec qui vous voulez. Cela peut être très utile pour un travail de groupe. Toutefois, si RefWorks fait les trois quarts du travail et permet d'économiser beaucoup de temps, il convient tout de même de vérifier et d'apporter, au cas échéant, quelques corrections (notamment pour les accents).

SITES DE CONJUGAISON

Il est plus rapide de trouver des conjugaisons sur l'internet que de chercher dans un livre de conjugaisons. Vous tapez « conjugaisons » ou « conjugueur » et vous avez alors plusieurs sites (dont http://www.leconjugueur.com/). Vous pouvez ainsi utiliser le passé simple, le subjonctif et ne faire ainsi aucune faute de conjugaison.

SITES DE GRAMMAIRE, DE TRADUCTIONS, DICTIONNAIRES EN LIGNE

Si vous n'avez pas avec vous des ouvrages de référence, vous pouvez en utiliser en ligne. Vous pouvez aussi acheter des versions électroniques des dictionnaires et encyclopédies. Mais attention aux dictionnaires en ligne (tels que *Reverso* ou *Babel Fish*). Ils peuvent être utiles pour traduire des mots concrets mais s'avèrent désastreux pour traduire des expressions idiomatiques ou imagées, au même titre que les petits dictionnaires. Plus les dictionnaires sont complets, plus ils peuvent vous aider.

DES CORRECTEURS DE GRAMMAIRE ET D'ORTHOGRAPHE ÉLECTRONIQUES

Vous pouvez utiliser plusieurs correcteurs, y compris le correcteur de l'ordinateur (dont vous aurez au préalable sélectionné les langues) et le correcteur gratuit sur internet : http://bonpatron.com/. Parfois les départements de français ou salles d'ordinateurs ou bibliothèques universitaires possèdent un correcteur de grammaire. Il vaut mieux demander aux employés et aux professeurs.

Si vous faites une analyse littéraire, il vous sera utile de trouver :

- **Des sites contenant l'œuvre littéraire à étudier**
  Plutôt que de recopier des passages pour les citations, ce qui demanderait du temps et serait parfois une source de fautes, il suffit de faire copier et coller. Pour trouver l'œuvre en format électronique il suffit de taper le nom de l'auteur et/ou de l'œuvre. Toutefois, lorsque vous recopiez un passage, faites particulièrement attention à l'orthographe, en relisant plusieurs fois lettre par lettre, en lisant à haute voix lettre par lettre le texte d'origine et votre texte. Mais si vous voulez taper plus qu'une ligne ou deux, assurez-vous toujours que le texte n'existe pas en version électronique.

- **Des sites contenant l'œuvre littéraire traduite**
  Plutôt que de chercher de nombreux mots dans le dictionnaire, il est plus simple de trouver directement des versions traduites, surtout si le passage est court, comme un poème. Vous travaillerez alors avec la version française, mais vous aurez la version anglaise à votre disposition pour vérifier le sens des mots. Vous pouvez même chercher plusieurs traductions, étant donné que les traductions peuvent varier selon le traducteur.

  Chercher dans le dictionnaire n'est pas une perte de temps, si vous ne pouvez pas faire autrement; par contre, s'il est possible de trouver les traductions, pourquoi passer du temps?

- **Des sites contenant l'œuvre en fichier sonore**
  Vous pouvez écouter l'œuvre plusieurs fois afin de bien vous en imprégner, apprécier les sonorités de la langue et mieux comprendre certains passages grâce à l'intonation du lecteur. Aussi, vous pourrez vous souvenir de certains passages par cœur, sans efforts, ce que vous pouvez toujours utiliser pour des devoirs en classe, dans un examen oral, ou dans une conversation portant sur la littérature.

INVITATION À RÉFLÉCHIR

1. Quelles ressources pouvez-vous trouver sur l'internet qui vous feront économiser du temps?

2. À quoi faut-il faire attention?

LES RECHERCHES SUR LE VOCABULAIRE

Les recherches consistent surtout à trouver du vocabulaire précis, recherché et spécialisé. Pour cela, vous pouvez partir « en sens inverse ». Alors que d'habitude on cherche les idées d'abord, puis on cherche les mots pour exprimer ses pensées, il est pertinent de faire d'abord une liste de mots et expressions que vous avez l'intention d'utiliser, avec, de préférence, des groupes de mots, plutôt que des mots isolés. De toute façon, si vous avez choisi ces mots, c'est que vous avez déjà des idées, même si elles ne sont encore qu'à un état embryonnaire. Puis, vous les classez selon leur sens. Vous pouvez aussi associer des idées déjà présentes aux expressions que vous souhaitez utiliser.

La raison pour laquelle partir « en sens inverse » est une technique valable est que de bonnes idées exprimées avec des mots peu précis et de nombreuses répétitions ne pourront jamais produire une bonne impression. Idées et vocabulaire vont main dans la main : un vocabulaire précis permettra de préciser sa pensée et permettra surtout de la rendre plus claire pour le lecteur. Vous trouverez du vocabulaire précis et spécialisé dans des ouvrages tels que *Vocabulaire progressif du français — Niveau avancé,* ou *Voyage au bout de l'écrit.* Vous serez surpris en faisant cet exercice « à l'envers », car lorsque vous trouvez du vocabulaire précis, cela peut vous donner des idées que vous n'aviez pas eues jusque là.

Il arrive parfois que des étudiants considèrent que l'important c'est le fond (les idées) et que la forme n'est qu'un détail. **Toutefois, la qualité du français est la première chose que les professeurs considèrent et notent.** Les meilleures idées seront gâchées par les fautes et le vocabulaire limité, ce qui attirera l'attention sur ce qui est négatif. Il est donc important de vous concentrer sur la qualité de la langue et de faire des recherches en conséquence : grammaire, vocabulaire, structures, etc.

Des stratégies de recherches

POUR UN SUJET DE DISCUSSION GÉNÉRALE

Vous ne pouvez pas présenter d'arguments valables sans faits précis. Pour un sujet de discussion générale, il n'est pas obligatoire de trouver des journaux spécialisés : quelques chiffres et statistiques suffiront à illustrer vos idées.

Par exemple, si le sujet est le bilinguisme au Canada, vous trouverez des informations telles que le pourcentage de personnes bilingues, le pourcentage de francophones bilingues, d'anglophones bilingues, peut-être un bref historique des lois régissant le bilinguisme et quelques chiffres sur les emplois bilingues. Vous donnez des faits avec des citations, puis vous les interprétez.

INVITATION À ÉCRIRE

Vous allez faire un devoir sur le rôle des odeurs (sujet 22 de la partie I en annexe A).

1. Déterminez vos besoins et trouvez quelques sites internet. Choisissez quelques citations.

2. Trouvez du vocabulaire précis sur les odeurs.
3. Faites la composition en utilisant des citations et du vocabulaire précis.

POUR L'ANALYSE LITTÉRAIRE

Une analyse littéraire demande d'avoir de solides connaissances qui ne s'acquièrent qu'avec des lectures et des recherches. Pour bien comprendre et interpréter un texte, on a besoin de connaître l'auteur, ses œuvres, les différents genres littéraires, les faits historiques et politiques marquants ainsi que quelques théories littéraires. Il s'agit aussi de déterminer une approche analytique. Par exemple, pour analyser un roman classique (*La Princesse de Clèves* de Mme de Lafayette), romantique (*Notre-Dame de Paris* de Victor Hugo) ou naturaliste (*L'assommoir* d'Émile Zola), il faut d'abord comprendre et connaître ce qui caractérise ce genre littéraire. En effet, l'un des éléments d'analyse sera justement ce qui est typique de cette œuvre, de ce genre et de cet auteur. Il conviendra d'orienter vos recherches et vos lectures de façon méthodique.

Avant quoi que ce soit, il vous faut être bien équipé et posséder (ou savoir où emprunter) les manuels et dictionnaires nécessaires. Il est utile de vous renseigner sur les versions électroniques de ces ouvrages, de façon à pouvoir, si c'est possible, trouver rapidement toutes les informations.

Des ouvrages de référence expliquent les principaux concepts, des livres et sites web fournissent des listes assez complètes des figures de style, des thèmes récurrents d'un auteur, d'un genre ou d'une œuvre et *Le dictionnaire des termes littéraires* est une aide précieuse. Consultez aussi les figures de style résumées en annexe C.

INVITATION À ÉCRIRE

1. Dans un mois, vous allez commencer à étudier *Le survenant*, mais vous souhait-eriez vous familiariser un peu avec l'auteur, l'œuvre et le genre littéraire avant de com-mencer à lire.
   a. Que pouvez-vous faire comme recherches pour faciliter votre travail?
   b. Faites les recherches préliminaires.

2. Vous allez étudier en classe le poème « L'albatros », de Charles Baudelaire. Vous l'avez lu mais vous ne le comprenez pas très bien.
   a. Que pouvez-vous faire comme recherches pour vous aider et pour rendre votre tra-vail plus intéressant?
   b. Faites les recherches préliminaires.

DES STRATÉGIES DE LECTURE

Lire dans une langue seconde/étrangère peut être intimidant. Pourtant, lire dans une autre langue est, comme tout, une question d'habitude. Si on lit des livres portant sur le même domaine (la littérature, la linguistique), on retrouvera rapidement le même vocabulaire, le même format et le même type d'argumentation et la lecture s'en trouvera facilitée. D'autre part, la lecture demande quelques tech-niques qui sont déjà utiles en langue maternelle, mais qui le sont d'autant plus en langue seconde. Les stratégies de lecture s'appliquent ici surtout à la littérature mais s'appliquent aussi à n'importe quelle sorte de lecture en langue seconde.

ANTICIPER

En imaginant ce que vous pouvez trouver avant de lire un roman ou un article, vous vous posez des questions. Il y a de fortes chances pour que les questions suggèrent des réponses, et que ces réponses

correspondent au contenu du texte à lire. De plus, la lecture répondra aux questions posées indirectement et rendront ainsi la lecture plus intéressante et plus compréhensible. C'est ce qu'on appelle faire
une lecture active.

Pour anticiper ce qui va se passer dans un film, on peut considérer l'histoire générale, mais ce sont
surtout les détails qui seront révélateurs : un regard, un geste, une parole, un gros plan, un détail qui
parait insignifiant, etc. Il en est de même dans la lecture d'œuvres littéraires, les « détails » jouent un
rôle majeur. Avoir quelques notions de ce qui constitue les éléments littéraires aidera à reconnaître et à
interpréter ces détails. Tout d'abord, vous avez besoin de connaître l'histoire générale (vous trouverez
un résumé de l'intrigue sur l'internet) et les mœurs de l'époque et du pays. Par exemple, *Madame
Bovary* est un roman français paru en 1857. On ne peut anticiper qu'en sachant comment vivaient les
femmes (et les gens en général) en France à cette époque-là. Si vous connaissez peu le sujet, vous établi-
lirez des analogies avec d'autres œuvres écrites à la même époque et en viendrez à certaines conclusions
concernant la vie des femmes de cette époque.

Par exemple, considérons Emma, l'héroïne que l'on rencontre au début du roman *Madame Bovary*.
Celle-ci a été envoyée au couvent à l'âge de 13 ans. Cette situation est assez rare, la plupart des filles de
paysans n'allaient pas à l'école après 13 ans. Elle n'a connu pendant son adolescence que les sœurs, très
strictes, et ses camarades (des filles) du couvent. Sa mère est morte quand elle était jeune. Son père est
un paysan sans éducation et sans finesse. Pendant son enfance et son adolescence, elle n'est jamais allée
nulle part, n'a jamais rien fait d'intéressant, n'a pas eu d'affection de ses parents, n'a pas eu beaucoup
de joies et pas de vraies amies. D'après ces informations, que peut-on imaginer sur l'intrigue? Que
peut-il se passer?

Voici quelques questions possibles au début du roman et quelques réponses :

Exemple 1

Question : *Comment une jeune fille vivant dans ces conditions va-t-elle réagir? Que peut-elle faire pour
rendre sa vie plus agréable, sachant qu'elle ne sort jamais et ne fait rien qui l'intéresse vraiment?*
Réponse : *Elle s'évade dans la lecture. Elle lit des romans à l'eau de rose* (sentimental stories). *Elle rêve
à l'amour, au bonheur, à une vie idéale.*

Exemple 2

Question : *Que va-t-il se passer quand elle va rentrer chez elle, à la ferme, après avoir terminé ses
études? Que peut-elle espérer de la vie? Peut-elle accepter son destin et se marier avec un paysan alors
qu'elle a fait des études, lu de nombreux romans, rêvé d'amour et d'une vie romantique?*
Réponse : *Cette vie est à l'opposé de ce à quoi elle aspire. Elle ne peut pas se marier avec un paysan. Sa
seule possibilité d'accéder à une meilleure vie est de se marier. À cette époque, les femmes se mariaient
jeunes. Dès qu'elle rencontrera un garçon un peu mieux que les autres, elle sera forcée de l'épouser.*

Il est possible, au fur et à mesure de la lecture, d'évaluer la situation, de comprendre les personnages et l'intrigue, par déduction. Anticiper les prochains chapitres aide à comprendre une grande
partie de l'œuvre, de compenser les problèmes linguistiques et de s'intéresser au livre.

TROUVER DES QUESTIONS UNIVERSELLES

Considérer le problème dans son ensemble plutôt que comme un problème ou un élément isolé,
permettra de discuter de questions universelles et de mieux comprendre l'œuvre. La vie d'Emma dans
ce roman, en elle-même, ne présente pas un grand intérêt. Par contre, ce qui est passionnant, c'est

d'essayer de comprendre ce personnage. Se rebelle-t-elle contre sa condition? Se résigne-t-elle à sa situation? Est-elle une féministe? Que pouvaient faire les femmes à cette époque-là? Quelle est la morale de l'époque? Cette morale est-elle différente de celle d'aujourd'hui? Vivre selon les règles de la morale rend-il les gens heureux? La religion rend-elle les gens heureux? La situation des femmes aujourd'hui est-elle très différente?

D'autres sujets universels sont l'amour et le bonheur. Une femme peut-elle être heureuse sans amour, sans but, sans travail, sans ami, sans famille (autre que son mari et sa petite fille)? Si l'on compare d'autres œuvres littéraires traitant de la vie des femmes à cette époque, que peut-on en déduire?

Les œuvres littéraires abordent des problèmes universels qui transcendent les pays et les siècles. Par exemple, parmi les sujets abordés dans *Madame Bovary*, on trouve, entre autres, les thèmes suivants : la condition des femmes, le mariage, le bonheur et l'adultère. Ce sont des thèmes généraux que l'on retrouve dans d'autres œuvres qui nous font réfléchir à des éléments de notre vie quotidienne ou à la vie d'autres personnes. On peut aussi comparer la situation des femmes à celle des hommes. Les sujets universels sont toujours d'actualité.

COMPRENDRE LA LANGUE

Il peut être un peu difficile au début de lire un livre entier en français. La lecture peut être ralentie par les problèmes linguistiques et chercher les mots dans le dictionnaire prend beaucoup de temps. Connaissez-vous tous les mots quand vous lisez dans votre langue maternelle? Il est tout à fait normal, même pour des francophones, de ne pas tout comprendre et tout connaître. En effet, les francophones rencontrent certains mots recherchés inconnus; de nombreux termes spécialisés (d'architecture, d'agriculture…) et parfois des termes anciens. Vous avez besoin de travailler des techniques d'inférence qui consistent à deviner les mots inconnus et à combler les lacunes. S'il s'agit de la description d'une cathédrale (comme dans *Notre-Dame de Paris*), vous n'avez pas besoin de connaître tous les termes d'architecture, pour comprendre qu'il s'agit d'une description détaillée de la cathédrale.

Si vous connaissez plus de 30–40 % des mots que vous lisez, vous devriez être capable de lire des livres entiers en français. Si vous connaissez moins de 30 % des mots, une possibilité est de lire d'abord le livre en anglais (pendant les vacances) et ensuite en français. Il faut tout de même garder à l'esprit que lire en anglais ne permet pas de comprendre le style du texte original et que les traductions ne sont pas toutes fidèles au texte. Le style de l'auteur étant la priorité dans l'analyse littéraire, la version anglaise est tout à fait insuffisante pour une analyse littéraire mais permet seulement d'enlever une partie du stress et la peur de l'inconnu. Vous pouvez toujours trouver des résumés de l'intrigue sur l'internet, ainsi que des résumés ou des analyses de texte en anglais. Vous pouvez aussi chercher en anglais une biographie de l'auteur, une explication du courant littéraire et des éléments particuliers du siècle (événements politiques, historiques, économiques et scientifiques).

Le but est de comprendre l'essentiel, de vous souvenir de certains détails significatifs et surtout de comprendre le style de l'auteur, le style de l'œuvre et son originalité à tous les niveaux. Voici quelques techniques qui facilitent la lecture.

• Relire certains passages
  Généralement le début et la fin d'un chapitre, où certains passages sont plus importants que d'autres. Il peut être utile de relire les passages importants, notamment ceux mentionnés en cours.

• Lire les passages-clés et des commentaires généraux
Certaines anthologies (telles que celle de Lagarde et Michard) sélectionnent certains passages
d'une œuvre, posent des questions, fournissent des commentaires et annotations, des informations sur le siècle, le genre littéraire, l'auteur et ses œuvres. Il est particulièrement utile de vous y
référer.

Il est important de ne pas vous inquiéter si vous ne comprenez pas tout, mais de trouver de bonnes
techniques pour rendre la lecture plus rapide et efficace. Si la lecture est trop lente, même en langue
maternelle, il existe des cours et des logiciels qui accélèrent la rapidité, améliorent la compréhension
et la rétention. Lire un peu tous les jours sera plus efficace que lire une fois par semaine pendant plus
longtemps.

INVITATION À ÉCRIRE

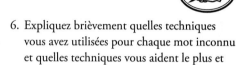

À partir du texte suivant (*Kamouraska* d'Anne
Hébert) :

1. Faites un résumé du texte en une ou deux
   phrases après l'avoir lu deux fois, sans rien
   chercher, sans réfléchir au sens précis des
   mots.
2. Quel pourcentage de mots pensez-vous connaître? (Ce passage contient 118 mots. S'il
   y a moins de 12 mots inconnus, vous connaissez plus de 90 %.)
3. Devinez le sens des mots inconnus d'après
   les techniques vues dans ce chapitre. Trouvez
   un ou plusieurs synonymes. Ne les cherchez
   pas encore dans le dictionnaire pour cette
   question.
4. Après avoir trouvé des synonymes,
   cherchez les mots inconnus dans le
   dictionnaire.
5. Comparez les traductions avec les synonymes or sy-nonymes que vous aviez
   devinés. Les traductions sont-elles très
   différentes des synonymes que vous aviez
   trouvés? Si non, vous avez bien compris les
   techniques. Si la plupart des traductions
   ont un sens très différent des synonymes,
   vous avez besoin de travailler encore les
   techniques d'inférence.

6. Expliquez brièvement quelles techniques
   vous avez utilisées pour chaque mot inconnu
   et quelles techniques vous aident le plus et
   pourquoi.

   Son mari allait mourir et elle éprouvait
   une grande paix. Cet homme s'en allait
   tout doucement, sans trop souffrir, avec
   une discrétion louable. Mme Rolland
   attendait, soumise et irréprochable.
   Si son cœur se serrait, par moments,
   c'est que cet état d'attente lui paraissait
   devoir prendre des proportions inquié-
   tantes. Cette disponibilité sereine qui
   l'envahissait jusqu'au bout des ongles
   ne laissait présager rien de bon. Tout
   semblait vouloir se passer comme si le
   sens même de son attente réelle allait lui
   être bientôt révélé. Au-delà de la mort
   de l'homme qui était son mari depuis
   bientôt dix-huit ans. Mais déjà l'angoisse
   exerçait ses défenses protectrices. Elle
   s'y raccrocha comme à une rampe de
   secours. Tout plutôt que cette paix
   mauvaise.

Les citations

Un peu comme un policier, un avocat ou un agent d'assurance qui réunirait des preuves pour défendre une affaire, tout écrivain réunira des sources, des « preuves » ou des explications de ce qu'il avance avant même de commencer à écrire. Il s'agira alors de trier les informations les plus pertinentes pour ne garder que (*only*) les meilleures.

Pendant la lecture d'une œuvre littéraire, prenez des notes du livre lui-même, faites un résumé de l'intrigue, notez les caractéristiques des personnages, de l'œuvre, etc. et notez vos impressions et tout ce que vous pouvez. Vous pouvez aussi surligner d'une autre couleur les passages qui vous paraissent révélateurs et significatifs et ceux que vous avez l'intention de citer. Une fois que vous voudrez les citer, vous n'aurez qu'à aller sur un site internet et copier et coller les passages que vous avez surlignés.

RÉUNIR, TRIER ET COMPARER LES INFORMATIONS ET CITATIONS

Après avoir fait quelques recherches et réfléchi au sujet, l'un des problèmes possibles est d'avoir trop d'idées et d'informations. Essayer d'utiliser toutes les sources et informations et de traiter toutes les idées, aurait pour effet de les voir trop superficiellement étant donné les restrictions de longueur du devoir ou encore d'avoir un devoir désorganisé. Plus n'est pas toujours mieux.

Pour une composition littéraire, il est donc préférable de vous concentrer sur seulement deux ou trois idées mais de les développer en détail avec des sous-parties, des explications, citations et exemples. Trois parties (trois idées) suffisent largement. Le but n'est pas la quantité mais la qualité, ce qui sera possible en utilisant seulement les informations les plus pertinentes.

Les sources et citations ont pour but d'illustrer une idée, un concept. Si elles sont un atout quand elles sont bien utilisées, elles ne doivent ni remplacer les idées, ni être trop nombreuses. Si les citations sont mises les unes à la suite des autres, sans véritables explications, cela donne l'impression que ces sources n'ont aucun rapport entre elles, un peu comme si elles avaient été copiées et collées au hasard de ce que vous avez trouvé. Cela donne l'impression que le texte est désorganisé, qu'il n'y a pas de logique, pas de fil directeur et pas de véritables pensées.

Aussi, est-il préférable de mettre dans votre composition moins de sources et citations, mais de les choisir de façon très sélective pour qu'elles illustrent parfaitement une idée.

Plutôt que d'utiliser toutes les informations et citations prises en note, triez-les et ne gardez que les meilleures. Ce qui pouvait paraître important au début des recherches, l'est probablement beaucoup moins à la fin. Normalement les résultats des recherches vont amener de nouvelles pistes. Étant donné que vous vous concentrerez seulement sur quelques idées (deux ou trois), ce n'est qu'à la fin des recherches que vous déciderez, avec du recul, ce qui paraît être le plus important et le plus pertinent. De plus, un devoir contenant trop d'idées et de citations paraîtra parfois touffu (*dense*) et désorganisé. Enfin, les devoirs ont généralement des restrictions en termes de longueur. Vous êtes donc obligé de ne garder que les meilleures sources.

En outre, c'est en comparant différentes sources que vous pourrez en déterminer la qualité et l'originalité et aussi mieux les comprendre. Si trois auteurs ont des opinions différentes, ce peut être un point intéressant à développer car cela indiquerait des possibilités d'interprétation. Si certains auteurs et critiques ont une interprétation différente, il sera alors pertinent de présenter et d'expliquer les divergences et peut-être de prendre parti.

ÉVITER LE PLAGIAT

Qu'est-ce que le plagiat? Pourquoi en entend-on souvent parler?

Si l'on peut redire ce que le professeur a dit en classe, mot pour mot, sans avoir besoin de le citer (bien qu'il soit toutefois recommandé de préciser qu'il s'agit de notes de cours et de donner la date), toute source utilisée dans les mots comme dans les idées doit être mentionnée dans le texte et dans la bibliographie. Le plagiat ne consiste pas seulement à prendre les paroles de quelqu'un d'autre mais aussi à reprendre les idées de quelqu'un d'autre sans préciser qui en est l'auteur.

Ceci est rarement un problème quand il s'agit de citer des passages d'un roman. Il suffit de citer en mettant les guillemets, les pages, l'auteur, etc. Le problème se pose plutôt en faisant des recherches sur des questions générales, ou des recherches sur des critiques d'œuvre. Il arrive fréquemment, qu'en lisant plusieurs articles ou résumés d'articles, on ne sache plus à qui appartiennent les idées, et qu'on pense même que ces idées sont les nôtres. C'est la raison pour laquelle, si vous lisez un article, un résumé d'article ou de livre, il est toujours utile de prendre tout de suite en note les sources, d'écrire une phrase de résumé, même si et surtout si les idées de l'auteur correspondent aux vôtres.

On est parfois tenté de penser qu'on prendra les notes bibliographiques plus tard, pensant que ce n'est pas la peine de les prendre maintenant, si on ne sait pas encore ce qu'on va utiliser.

Pourtant, si vous attendez d'avoir fini votre travail pour commencer le travail bibliographique vous risquez de ne plus retrouver la source d'origine, ou bien de ne plus savoir qui a dit quoi quand. Il vaut mieux taper toutes les informations, y compris la bibliographie, les citations, le numéro de page, etc. au fur et à mesure que vous les trouvez et que vous les lisez et qu'on les lit, même si vous ne les utilisez pas toutes, plutôt que d'avoir des citations incomplètes, ne plus retrouver certaines sources et devoir abandonner la citation parce qu'elle est incomplète. Pour éviter le plagiat il est important:

- D'identifier l'auteur des citations et des idées, ainsi que les références complètes (date, titre de l'œuvre, pages, etc.). Si vous résumez un texte, ou reprenez les pensées d'un auteur, vous préciserez que les idées appartiennent à cet auteur.
- De ne pas rendre le même travail pour plusieurs cours. Vous pouvez utiliser certaines recherches, lectures, notes ou idées, mais le travail final doit être différent.
- De ne pas faire une traduction d'une langue à l'autre sans mentionner qu'il s'agit d'une traduction. Vous mentionnerez « notre traduction » en bas de page.

Il n'est généralement pas acceptable dans un cours de langue que quelqu'un corrige votre travail. Par contre, il est souhaitable que vous demandiez de l'aide et que la personne vous indique vos problèmes (« tu dois travailler les accords », « il te faut chercher les mots suivants dans le dictionnaire », etc.) pour que vous les corrigiez vous-mêmes. La limite est parfois un peu trouble, et il vaut mieux demander au professeur avant, ce qu'il accepte ou non, en cas de doute.

COMMENT CITER

Utiliser des sources correctement demande une certaine rigueur. Ce manuel utilise le format recommandé (2009) par la MLA (*Modern Language Association*).

- Que doit apparaître dans la citation?
  Le nom de l'auteur et la page d'où la citation est tirée doivent apparaître dans le devoir.
  Si vous citez une autre source du même auteur, vous ajoutez le titre de l'œuvre ou une forme abrégée (*short form*) du titre. Tous les autres renseignements apparaîtront à la fin, en bibliographie.

Il est possible de donner le nom de l'auteur et la page entre parenthèses :

Exemple

Comme l'évoque Flaubert (86), Emma est comme enivrée.

• Ou bien de donner le nom de l'auteur et la page tous les deux entre parenthèses :

Exemple

Comme le souligne ce passage (Flaubert 86), Emma est comme enivrée.

• Où doit apparaître la citation?

Étant donné la construction qu'a généralement un paragraphe (voir chapitre 6), la meilleure place pour la citation est en milieu de paragraphe. En effet, l'idée principale se place en début de paragraphe, puis vous expliquez de façon plus détaillée l'idée principale, et c'est là qu'apparaît la citation : comme exemple de l'explication. Une fois la citation terminée, il convient de faire une petite conclusion du paragraphe.

Toutefois, une citation peut apparaître n'importe où : en début ou en fin de paragraphe ou partie de texte, dépendant de comment et pourquoi elle a été utilisée. Par exemple, une citation peut se trouver en début de paragraphe si elle constitue l'idée du paragraphe et va être expliquée plus loin. Une citation peut se trouver en début d'introduction pour susciter la curiosité du lecteur, ou encore en fin de conclusion, pour clore un débat.

• On met deux points avant les guillemets alors qu'on met une virgule en anglais.

Exemple de citation

Comme le dit R. Devos : « les gens croient n'importe qui ».
• Pour une citation longue (d'au moins cinq lignes), la MLA recommande de mettre la citation en retrait sans utiliser de guillemets. On utilise souvent un interligne simple et une police de caractère de 10. Pour mieux séparer la citation du reste du texte, on peut aussi utiliser une autre police de caractère (Times New Roman pour le texte et Arial pour la citation).

Exemple

Dans ce sketch, le thème principal est la relation entre l'homme et l'animal. Devos nous fait réfléchir aux excès qui peuvent survenir lorsque les maîtres traitent les animaux comme des êtres humains:

Il se prend pour un être humain, et je n'arrive pas à l'en dissuader. Ce n'est pas tellement que je prenne mon chien pour plus bête qu'il n'est... mais que lui se prenne pour quelqu'un, c'est un peu abusif! Est-ce que je me prends pour un chien, moi? Quoique... Quoique... Dernièrement, il s'est passé une chose troublante qui m'a mis la puce à l'oreille! Je me promenais avec mon chien que je tenais en laisse... Je rencontre une dame avec sa petite fille et j'entends la dame qui dit à sa petite fille : « Va! Va caresser le chien! » Et la petite fille est venue me caresser la main! (2)

• Si l'on coupe des parties de la citation, on l'indique avec des crochets **et** trois points à l'intérieur des crochets : [...]

Exemple

R. Devos utilise de nombreuses expressions en rapport avec les animaux afin de souligner le lien étroit qui nous unit à eux: « Ce n'est pas tellement que je prenne mon chien pour plus bête qu'il n'est [...]

il s'est passé une chose troublante qui m'a mis la puce à l'oreille! *[...]* Je n'étais pas de très bon poil!
[...] Il était allé aux Puces » *(2–3)*.

- Les normes pour les citations dépendent du style et des disciplines. Par exemple, le format APA
(*American Psychological Association*) est celui qui est le plus utilisé pour les sciences sociales alors
que le format MLA est utilisé en littérature et en lettres. Il vaut mieux vous renseigner sur les
normes en vigueur dans votre discipline, ainsi que sur les préférences du professeur.
- Il est inutile de citer ce que tout le monde connaît et ce qu'on peut trouver dans des œuvres sans
citations. On ne cite pas non plus les expressions que l'on peut trouver dans le dictionnaire, dans
des livres de vocabulaire et autres ouvrages de référence. On ne cite ni les faits connus de tous
(la terre tourne), ni les proverbes connus, ni les principes connus.
- Pour éviter les problèmes de formatage et autres problèmes de transfert de format HTML, en
citant des sources de l'internet en faisant « *cut* » et « *paste* », il vaut mieux faire : « *paste special* »
puis « *unformatted text* », plutôt que directement « *paste* ». Vous éviterez ainsi des couleurs différentes, des éléments soulignés, des lignes difficiles à enlever, les lettres avec des accents répétés
deux fois et autres soucis…

PROBLÈMES LIÉS AUX CITATIONS

Si les citations utilisées en nombre raisonnable constituent un atout pour un devoir, elles deviennent
un handicap si elles sont mal utilisées ou si elles sont trop nombreuses.

- **Trop de citations**

  Si l'étudiant insère trop de citations dans son devoir, cela donnera l'impression que les citations
  remplacent les idées personnelles. S'il y a trop de citations, ou que celles-ci sont trop longues,
  vous pouvez résumer les informations présentes dans ces citations en précisant les sources, ce qui
  en raccourcira la longueur tout en gardant le contenu. Sinon, le plus simple est de ne garder que
  les meilleures citations et de se restreindre à un certain nombre (qui dépend de la longueur, du
  type de devoir et d'autres critères).

      Par exemple, plutôt que de dire « Prévert place les COD en début de phrases : la porte que,
  la porte que, la lettre que, le fruit que, le chat que… », un seul exemple suffit.

Exemple

Prévert place les COD au début de phrases tels que : « la porte que quelqu'un a ouverte ».

- **Les citations comme béquille (*crutch*)**

  Un autre piège à éviter est de se servir des citations comme de béquilles. Si vous enlevez toutes les
  citations et que le texte s'écroule (*collapses*) comme un jeu de carte, c'est que les citations rempla-
  çaient le contenu du devoir.

      Il ne faut pas perdre de vue que les citations doivent expliquer, illustrer une idée, servir
  d'exemple et non pas remplacer les idées. Les citations ne devront être ni trop longues, ni trop
  nombreuses, ni répétitives, ni remplacer le devoir. Pour vous assurer que les citations ne « remplacent » pas le devoir, vous pouvez lire tout le devoir sans les citations, voir si le devoir a toujours
  du sens et si les idées essentielles sont toutes là. Si ce n'est pas le cas, des modifications s'imposent.

      Une autre façon d'évaluer la quantité des citations, c'est aussi de séparer le texte d'un côté et
  toutes les citations de l'autre. Vous pouvez ainsi compter le nombre de mots et voir la proportion
  entre un et l'autre.

- **L'ordre et la logique des citations**

Si les citations ne suivent pas un ordre linéaire et que cet ordre n'a pas de raison apparente, cela donnera l'impression au lecteur que les citations ont été choisies au hasard, sans véritable réflexion ou sélection. C'est pourquoi, soit vous suivrez un ordre linéaire, soit vous vous assurerez que votre choix de citation et l'ordre des citations est clairement exprimé.

Si vous voulez utiliser plusieurs exemples du texte, il est préférable de les citer d'un point de vue chronologique tels qu'ils apparaissent linéairement dans le texte, s'il s'agit de la même idée et qu'il n'y a pas de raison apparente de les avoir dans un autre ordre. Un ordre chronologique permettra au lecteur de mieux suivre le raisonnement.

Toutefois, si vous voulez donner des exemples dans un ordre dicté par d'autres facteurs que la linéarité, par exemple un ordre croissant d'intensité ou de précision, il est possible de les citer de façon non chronologique. L'important est qu'il y ait un **ordre logique** dans les citations et que le lecteur comprenne facilement pourquoi telle citation vient avant telle autre.

- **L'explication des idées et des citations**

Un problème fréquent est de redire en d'autres mots ce qui est dit dans la citation. Cela donne l'impression que l'étudiant n'a pas d'idées. Pour éviter ce problème, il faut toujours vous poser la question suivante : ai-je bien expliqué un problème? Si la citation et l'explication veulent dire la même chose, c'est que l'explication n'est pas une véritable explication. Par exemple, le fait de dire « Argan est hypocondriaque, il se croit malade mais ne l'est pas » suivi d'une citation ne rajoute rien à l'analyse mais ne fait que répéter le texte. En effet, tout le texte indique clairement qu'il se croit malade mais ne l'est pas, y compris le titre lui-même (*Le malade imaginaire*). Il ne faut jamais « redire » la même chose, mais il faut expliquer certains points ambigus.

- **La reformulation des idées**

Il faut éviter de citer trop de passages qui ne sont pas vraiment pertinents ou représentatifs. Cela donnera l'impression que vous les utilisez pour ne pas avoir à créer vos propres phrases.

Pour résumer, expliquer ou souligner le contenu ou les idées d'un texte, il vaut mieux reformuler les points importants avec vos propres mots plutôt que de donner plusieurs citations. Vous éviterez donc de prendre des phrases entières du texte.

- **La séparation des activités**

Une difficulté est de ne pas mélanger les idées de l'auteur et les vôtres. Ne mélangez pas les tâches. Soit vous résumez le texte : dans ce cas, vous ne faites que donner les idées essentielles du texte, sans y ajouter d'opinion personnelle. Soit vous faites une analyse : dans ce cas vous expliquez les idées essentielles sans trop vous attarder sur l'histoire. Pour une analyse, le résumé est toujours bref, car ce sont les explications, la défense des arguments qui constitueront la majorité du devoir. Si vous citez, vous ne redites pas la même chose que la citation, mais expliquez une idée que la citation illustrera.

- **Les idées de l'auteur**

Si vous résumez ou reprenez des idées de l'auteur, sans les prendre comme citation entre guillemets, vous encourez le risque de mal interpréter le texte et de faire passer vos opinions pour celles de l'auteur. C'est-à-dire que vous risquez de faire dire à l'auteur ce qu'il n'a pas dit. Vous distinguerez donc clairement ce qui est dans le texte et l'interprétation que vous en faites pour que le professeur sache ce qui est une idée personnelle ou ce que vous croyez être celle de l'auteur.

ÉTABLIR LA BIBLIOGRAPHIE

Après avoir cité l'auteur et la page et mis la citation entre guillemets dans le texte, vous réserverez une page à la fin du devoir pour la bibliographie. Vous classerez alors les auteurs par ordre alphabétique, d'après leur nom de famille. À la fin de ce chapitre se trouve une bibliographie partielle selon le format MLA.

Le format le plus général est le format MLA (nouvelle édition 2009). Vous indiquez le nom de famille de l'auteur, mettez une virgule, puis le prénom et un point.

Puis vous indiquez le titre du livre en le mettant en italique, le lieu de l'édition, la maison d'édition et la date. Selon le nouveau guide MLA, vous indiquez « Version imprimée » (« *Print* ») après la date. Vous pouvez également souligner le titre de l'œuvre au lieu de le mettre en italique. Le titre d'un article, d'un chapitre, d'une nouvelle, etc. se met entre guillemets.

Exemples

Frye, Northrop. « Turning New Leaves ». The Bush Garden. 2e éd. Toronto : Anansi, 1995. 159–64. Version imprimée.
Wordsworth, William. Lyrical Ballads. London : Oxford UP, 1967. Version imprimée.

- S'il y a jusqu'à trois auteurs, vous citez tous les auteurs. Mais s'il y a plus de trois auteurs, vous notez le premier auteur et vous indiquez tous les autres par « et al. »
- Si vous citez un site internet, selon le nouveau guide MLA, la date de création (modification) du site suit le nom du site, puis on spécifie « Web ». Ensuite on indique la date de consultation, mais sans écrire « consulté » ou « lu » ni ajouter l'adresse web (URL). Pour un livre imprimé mais qui a été consulté sur l'internet, on indique la date de publication après l'éditeur. La date de création (modification) du site suit le nom du site, suivi de « Web ». Puis on indique la date de consultation.

Exemples

Flaubert, Gustave. Madame Bovary. Paris : Charpentier, 1873. Web. 12 juillet 2009.
Jacot, Paul-Éloi. Mon site web. 6 mai 2007. Web. 12 juillet 2009.
Tremblay, Élise-Véronique. « À propos de Flaubert ». Journal Savant 9.24 (2007) : 124-35. Web. 12 juillet 2009.

- Les critères pour les citations dépendent de la matière et du format spécifique à un journal. C'est pourquoi il vaut mieux demander aux professeurs ou aux personnes susceptibles de vous aider. Selon les formats choisis, on met en italique ou on souligne les titres. Pour certains domaines on met la date juste après l'auteur; pour d'autres on met la date à la fin.

VÉRIFIER LE CONTENU, LES RÉFÉRENCES ET LES CITATIONS

Une fois les références du texte notées et la bibliographie terminée, assurez-vous que:

- Toutes les sources ont été présentées dans le format demandé;
- Les citations ne contiennent pas de fautes. Pour cela vous relisez au moins deux fois, à haute voix en vérifiant, mot par mot, lettre par lettre;
- Les auteurs cités dans le texte sont bien présents dans la bibliographie. Pour cela vous vérifiez auteur par auteur, en cochant dans le texte et la bibliographie, pour vous assurer qu'il ne manque rien;

- Les auteurs sont classés par ordre alphabétique et que tous les détails sont les mêmes pour toutes les références. En copiant d'un site internet ou de sources différentes, vous risquez d'avoir une source en format MLA, et une autre dans un autre format. Vérifiez donc que toutes les références ont le même format et qu'elles suivent le même protocole.

Si vous n'avez pas l'habitude de faire une bibliographie, une fois votre travail de citations terminé, vous pouvez demander l'aide des bibliothécaires ou aussi vous rendre dans un atelier d'écriture (ou les deux) pour vos premiers travaux.

Nous n'avons pas mentionné en détail tous les cas possibles dans une bibliographie ou dans les citations. Vous pouvez trouver tous ces renseignements dans les centres d'écriture, à la bibliothèque universitaire et sur l'internet. Il serait utile de créer une liste détaillée des cas que vous utilisez la plupart du temps et de les garder avec vous.

Résumé

Vous pouvez trouver de nombreuses ressources sur l'internet, y compris des œuvres publiées mises à disposition du public. La lecture peut être grandement facilitée par quelques techniques de base et par l'habitude. Les ressources, les faits et les citations permettent de développer la pensée et servent à illustrer les idées. De plus, les citations montrent aussi le sérieux du travail. Un nombre trop restreint de citations, des fautes dans les citations, ou un format fautif donnerait l'impression que le devoir a été vite fait et sans soin. Au contraire, un travail méticuleux produit des impressions positives. Vous pouvez demander de l'aide dans les centres d'écriture et dans les bibliothèques universitaires.

Récapitulons

Prenez votre prochain devoir et considérez seulement votre utilisation des citations en vous posant les questions suivantes. Cochez-les. ☑

❏ Sont-elles des sources reconnues par des spécialistes?

❏ Les citations illustrent-elles bien les idées?

❏ Les citations sont-elles en nombre suffisant?

❏ Y a-t-il trop de citations?

❏ Les citations longues sont-elles placées en retrait?

❏ Les coupures de citations sont-elles indiquées par les crochets et les trois points?

❏ Ai-je bien recopié les citations (en français) sans fautes?

❏ Les citations répondent-elles au protocole de la MLA (ou autre protocole demandé)?

❏ Ai-je vérifié que chaque citation correspond à un auteur de la bibliographie?

❏ Ai-je bien indiqué le nom de l'auteur, la date de l'article et la page pour les citations?

Exercices

EXERCICE 1

Sujet : Le bilinguisme au Canada.

1. Considérez les citations suivantes, qui sont suivies de la source originale; déterminez comment elles sont présentées et utilisées.

   Pour déterminer si ces sources ont bien été utilisées, ne vous préoccupez pas des « détails » de protocole de citation (format MLA, virgule, alinéa, etc.) ce qui se fera dans l'autre exercice, mais concentrez-vous sur les aspects les plus importants des citations. Pour cela, posez-vous les questions suivantes, selon les cas et les citations. Certaines questions sont plus pertinentes pour certaines citations, car il y a des problèmes différents dans chaque citation. Vous n'avez pas besoin de chercher les citations originales sur l'internet, car tout ce qui est important vous est donné en citation juste après le commentaire de l'étudiante.

   a. L'étudiante a-t-elle utilisé ses propres mots?

   b. L'étudiante a-t-elle cité directement la source en la mettant entre guillemets?

   c. L'étudiante a-t-elle bien rapporté les informations du document original?

   d. L'étudiante a-t-elle sélectionné les informations les plus pertinentes?

   e. La longueur de la citation vous paraît-elle adéquate? La citation aurait-elle pu être coupée avec des crochets ou résumée?

   f. Le contenu de la citation vous paraît-il clair et pertinent pour le sujet?

   g. L'explication de la citation est-elle suffisante ou redit-elle la citation sans l'expliquer? L'explication est-elle bien une idée, une explication?

2. Que pensez-vous après avoir lu ces citations? Quelles citations préférez-vous, pourquoi?

   Si une citation vous semble bien faite, expliquez pourquoi elle vous paraît bonne.

Il est possible que vous trouviez d'autres problèmes que ceux mentionnés en correction.

Exemple a

Selon les dernières données émises en 2007 par Statistique Canada, il y a 57,8 % des Canadiens dont la langue maternelle est l'anglais, 22,1 % le français et 20,1 % une autre langue. Or, 74,8 % des Canadiens parlent officiellement l'anglais au quotidien, 23,6 % le français et 1,6 % une autre langue. Toujours selon Statistique Canada, il n'y a seulement que 17 % des Canadiens qui sont bilingues. C'est au Québec où il y a le plus haut taux de bilinguisme avec 40,6 %, suit le Nouveau-Brunswick avec 33,4 %. Pour le reste des provinces et territoires, le taux de bilinguisme varie entre 4 % et 12 %.

L'étudiante a puisé ses informations du paragraphe ci-dessous:

Selon les dernières données émises en 2007 par Statistique Canada, il y a 57,8 % des Canadiens dont la langue maternelle est l'anglais, 22,1 % le français et 20,1 % une autre langue. Or, 74,8 % des Canadiens parlent officiellement l'anglais au quotidien, 23,6 % le français et 1,6 % une autre langue. Toujours selon Statistique Canada, il n'y a seulement que 17 % des Canadiens qui sont bilingues. C'est au Québec où il y a le plus haut taux de bilinguisme avec 40,6 %, suit le Nouveau-Brunswick avec 33,4 %. Pour le reste des provinces et territoires, le taux de bilinguisme varie entre 4 % et 12 %. http://www.canoe.com/infos/quebeccanada/archives/2008/08/20080829-153509.html

Exemple b

*Un pays bilingue doit proposer des services dans
les deux langues et des traducteurs pour ces deux
langues. Or ce n'est pas toujours le cas :*

« **2006** *Le gouvernement fédéral conserva-
teur abolit le Programme de Contestation judi-
ciaire permettant aux minorités francophones
d'avoir une aide financière devant les cours de
justice afin de défendre le droit à l'égalité des
langues officielles. Cette abolition replonge
le gouvernement fédéral dans une politique
de l'indifférence (comme il s'en est toujours fait
dans plusieurs provinces), et au sein de laquelle
les acteurs principaux espèrent que l'inaction
gouvernementale fera de facto disparaître la
langue française du Canada. »
http://fr.wikipedia.org/wiki/
Bilinguisme_au_Canada*

Exemple c

*Au Canada, presque la moitié de la population
est bilingue. Les francophones sont bilingues dans
74 % des cas d'après le site (3). Par contre, 68 %
des anglophones ne sont pas bilingues.*

*L'étudiante a puisé ses informations du para-
graphe ci-dessous du site mentionné (3) :*

En pensant aux deux langues officielles,
si 43 % des Canadiens se déclarent
bilingues, dont 12 % parfaitement, plus
de un Canadien sur deux, soit 57 %,
n'est pas du tout bilingue. Près des trois
quarts des francophones (74 %) et des
Québécois (73 %) seraient bilingues,
dont le quart environ (respectivement
27 % et 23 %) le seraient parfaitement.
En revanche, plus des deux tiers des
anglophones (68 %), des Ontariens
(67 %), des résidants des Prairies (71 %)
et des Albertains (70 %) ne seraient
pas du tout bilingues, si on pense aux
deux langues officielles. (5) http://
www.legermarketing.com/documents/
spclm/030407FR.pdf pp. 1–9

Exemple d

*D'après Jennifer Macdonald, de la Commission
de la fonction publique du Canada et Larry
Vandergrift, de l'Institut des langues officielles
et du bilinguisme (2007) : « La proportion
de Canadiens et de Canadiennes qui sont
bilingues est passée de 12 % à 18 % au cours des
30 dernières années. » p. 2*
coe.int/t/dg4/.../Source/SourceForum07/
Canada_Mercredi17h15_FR.ppt

Exemple e

*Selon J. Macdonald et L. Vandergrift, quelques-
uns des problèmes liés à l'enseignement du
français viennent du fait qu'il n'existe pas de
véritable contrôle ni de ce qui devrait être
enseigné, ni des progrès réalisés, ni du cadre
décrivant et notant les compétences langagières
des apprenants :*

*« Il n'existe pas de programme commun
d'enseignement des langues secondes. Il n'existe
pas d'outil commun permettant d'assurer un
contrôle objectif des progrès réalisés à l'égard de ce
but. Il n'existe pas de cadre permettant d'établir
des paramètres communs pour décrire et mesurer
la compétence linguistique. » p. 4*
coe.int/t/dg4/.../Source/SourceForum07/
Canada_Mercredi17h15_FR.ppt

Exemple f

*Au Canada, il est important d'être bilingue
(français-anglais) car cela augmente les chances
d'obtenir un emploi et surtout donne accès à
certains emplois qui ne sont ouverts qu'aux
employés bilingues. En effet, d'après les statistiques du Canada, presque la moitié des emplois
de la fonction publique sont bilingues :*

*« Environ 66 000 postes bilingues
40 % des postes de la fonction publique fédérale
sont bilingues.*

*65 % des postes dans la région de la capitale
nationale sont bilingues. » p.10*
coe.int/t/dg4/.../Source/SourceForum07/
Canada_Mercredi17h15_FR.ppt

Exemple g

Le bilinguisme présente de nombreux avantages comme le suggère le site (7) : non seulement il ne coûte pas très cher (seulement 0.6 % du budget), mais il permet aussi d'éviter « l'éclatement » du pays, en l'unifiant et le fortifiant. Le bilinguisme présente donc de nombreux avantages pour le pays.

L'étudiante s'est inspirée du passage suivant du site mentionné (7) :

Le **Canada** est un État fédéral bilingue. Sa minorité est imposante: elle représente 25,6 % de la population. De plus, elle est concentrée à 96 % au Québec et dans les régions limitrophes du Nouveau-Brunswick et de l'Ontario. Sans bilinguisme au sein des institutions fédérales, le Canada n'existerait plus depuis longtemps. Le bilinguisme anglais-français est l'une des conditions essentielles pour maintenir la fédération canadienne. La minorité francophone du Canada représente sept millions de locuteurs. Il est vrai que, à l'instar des cas cités plus haut, le bilinguisme canadien ne représente qu'une somme infime, soit 0,6 % du budget fédéral annuel. En fait, le bilinguisme coûte moins cher que l'éclatement du pays. Il permet, cependant, des avantages politiques considérables: une État unifié plus grand pour mieux se défendre contre son puissant voisin. De plus, le bilinguisme canadien est surtout attribuable au poids politique du Québec, mais il permet par ricochet d'assurer une protection fédérale à la minorité anglophone du Québec. On fait ainsi d'une pierre deux coups. http://www. tlfq.ulaval.ca/axl/Langues/3cohabitation_ causes_biletatique.htm

Exemple h

Si le Canada se dit être un pays bilingue, on ne peut véritablement parler de bilinguisme que pour les francophones. En effet d'après Statistique Canada : « À l'échelon national, 43,4 %
des francophones ont déclaré être bilingues, par comparaison à 9,0 % des anglophones. » http://www12.statcan.ca/francais/census01/products/analytic/companion/lang/bilingual_f.cfm

EXERCICE 2

Trouvez dans les exemples suivants des erreurs de « détails » dans le protocole de citation. Chaque citation est considérée séparément (comme si c'était la seule).

1. Comme l'indique Bertrand Lauret, « L'habitude de decouper les mots est difficile a vaincre, surtout après l'éxposition a l'écrit orthographique. Il est donc souvent nécessaire de travailler l'enchaînement des mots comme une difficulté à part » (59).

2. Comme l'indique Lauret, les approches communicatives n'ont pas prévu de véritable approche quant à l'enseignement de la prononciation. Le seul principe est que la prononciation n'entrave pas la communication.

3. Comme l'indique Bertrand Lauret : « L'habitude de découper les mots est difficile à vaincre, surtout après l'exposition à l'écrit orthographique. Il est donc souvent nécessaire de travailler l'enchainement des mots comme une difficulté à part . Le principe de "syllabation ouverte" appliqué aux syllabes qui chevauchent deux mots se réalise soit par l'enchaînement … soit par la liaison …" (59) ».

4. Comme le mentionnent de nombreux auteurs, il est nécessaire de travailler l'enchainement des mots.
   Ouvrages Cités
   Devos, Raymond. « Mon chien c'est quelqu'un ». Libre expression. Éd. Anne-Marie Connolly. Montréal: Guérin, 1992. 2-3. Version imprimée.
   Flaubert, Gustave. Madame Bovary. Paris : Éditions Gallimard Folio Classique, 1972. Version imprimée.
   Hébert, Anne. Kamouraska. Paris : Éditions du Seuil, 1970. Version imprimée.

Chapitre 3

La thèse et le plan

Introduction

Qu'est-ce qu'une thèse?

Tout travail qui demande d'exprimer des idées, demande de défendre une opinion. L'opinion c'est ce qu'on appelle « la thèse ». La thèse constitue l'idée ou les idées essentielles du texte.

La thèse permet au lecteur de comprendre clairement de quoi il s'agit. Si le lecteur ne sait pas exactement quelles étaient les idées essentielles du texte après l'avoir lu, c'est que la thèse n'était pas assez clairement exprimée (et le devoir pas assez organisé); le but premier du devoir est de présenter des idées de façon aussi claire et organisée que possible pour que ces idées soient bien comprises.

La thèse est une opinion basée sur des faits et non un jugement sans fondements. Les idées s'organisent de façon à mettre en lumière des perspectives différentes d'une même question, ou des opinions divergentes sur un même point. Il s'agit d'énoncer des faits, puis de les commenter et de les interpréter à l'aide d'exemples, de citations et de sources.

Comme une maison doit avoir de puissantes fondations pour pouvoir affronter les intempéries (*to withstand the bad weather*) et les épreuves du temps, un devoir se bâtit à partir d'un plan pour soutenir toute la charpente du devoir. Après avoir trouvé la thèse et les idées à défendre, et fait tout le travail de recherche, il s'agira alors d'organiser les idées de façon à ce qu'elles paraissent claires et logiques. Le plan sert à organiser un devoir en idées principales, idées secondaires et illustrations de ces idées (tertiaires). Voici quelques suggestions pour mieux organiser vos idées et mieux les mettre en valeur.

La thèse

TROUVER UNE PROBLÉMATIQUE

Avant de commencer à écrire, il est essentiel de trouver une problématique : une idée, une opinion, une thèse à défendre. Qu'est-ce qu'une problématique? Dans le mot *problématique*, se trouve le mot *problème*. Toute dissertation à un niveau universitaire demande de discuter de problèmes qui incitent (*encourage*) à la discussion, à l'approbation (*approval*) ou à la désapprobation (*disapproval*) et à la réflexion. Une opinion est plus que des faits : c'est une idée soutenue par des faits.

Si vous avez fait des recherches sur un domaine précis, et avez dressé dans votre devoir une liste de tout ce que vous avez trouvé, en vous arrêtant à cette étape, ce ne sera qu'un résumé. Si votre texte n'est qu'un résumé, il n'aura pas de problématique. Si vous avez une opinion, mais que celle-ci ne se base pas sur des faits, le texte n'aura pas de problématique non plus.

Il convient donc de vous poser des questions sur votre opinion. D'abord, vous aurez des faits que vous aurez trouvés dans vos recherches. C'est la première étape. Puis, vous émettrez un avis personnel sur la question. Êtes-vous d'accord avec ce que vous avez trouvé, oui, non, pourquoi? Comment expliquez-vous certains concepts ou phénomènes?

Par exemple, si le titre de votre devoir est « Le Canada et l'environnement », il ne s'agira pas seulement de faire une liste de tout ce que le Canada fait ou ne fait pas pour améliorer l'environnement. D'ailleurs, faire un bon résumé est un exercice assez difficile. Mais vous analyserez plutôt ce que fait le Canada, avec des chiffres et des statistiques, puis vous déterminerez si cela a du succès, oui, non, pourquoi.

Enfin vous ferez une critique personnelle sur la question (mais en évitant tout ce qui marque trop clairement une opinion personnelle tel que « je » et les expressions telles que « d'après moi, à mon avis… »). Il s'agira d'évaluer ce qui est efficace (*effective*), ce qui ne l'est pas, ce qui est insuffisant et surtout de proposer des solutions et des alternatives et d'arriver à une déduction et une conclusion logiques.

Exemple de phrase qui a une problématique

Bien que le Canada fasse des efforts pour améliorer l'environnement, en incitant les citoyens à faire du recyclage, et à utiliser des énergies renouvelables, ces efforts sont insuffisants.

Il y a ici une opinion (les efforts sont insuffisants) qui est basée sur des faits (le recyclage et les énergies renouvelables). Il s'agit maintenant d'expliquer en quoi ces efforts sont insuffisants et/ou quelles sont les solutions ou alternatives.

Exemple de phrase qui n'a pas de problématique

Le Canada fait des efforts pour améliorer l'environnement en faisant du recyclage.

Cette phrase est une évidence, tout le monde est d'accord, il n'y a rien à discuter. D'ailleurs tous les pays développés font du recyclage. Cette idée ne présente aucun intérêt si elle n'est pas développée d'avantage. La thèse doit être une opinion à défendre; ici, il n'y a pas d'opinion mais seulement un fait non précis, non comparé, insuffisant.

FORMULER UNE THÈSE

Une seule idée sur une même question, abordée sous un seul angle donnerait l'impression que l'auteur n'aborde pas une question avec objectivité, et ne reconnaît pas des opinions différentes. Une telle thèse ne serait pas très convaincante, car il serait facile de trouver des arguments contraires.

Il s'agit donc soit d'aborder plusieurs questions, soit d'aborder une même question sous des angles différents. Dans tous les cas, il sera important d'anticiper des opinions contraires en défendant vos arguments.

Pour avoir une thèse de qualité vous éviterez de donner des opinions personnelles, de juger les personnages, une situation ou un auteur et vous ferez plus que résumer une œuvre ou des informations. Il s'agira plutôt d'expliquer une idée ambiguë, que ce soit celle de l'auteur, ou que ce soit une idée personnelle.

Sujet : L'amour dans *Le survenant*

Exemple 1

Dans Le survenant, *le héros choisit la liberté à l'amour et à la sécurité. Il fait ce choix parce qu'il comprend qu'il ne pourra jamais faire partie de cette communauté* (**Thèse**). *Il ne sera jamais accepté, il sera toujours un étranger* (**Explication 1 de l'idée principale**). *De plus, ce n'est pas la vie à laquelle il aspire* (**Explication 2 de la thèse**). *Cela pose, entre autre, la question des choix que nous faisons et des répercussions que ces choix ont sur notre bonheur mais aussi sur notre entourage* (**Importance de la thèse, généralisation d'un problème**).

L'exemple 1 est basé sur des faits et tente d'expliquer des questions importantes de l'œuvre. Une même question (sa décision de partir) est abordée sous plusieurs angles : 1) il ne pourra jamais faire partie de cette communauté ; 2) ce n'est pas le style de vie qui le rend heureux ; 3) son choix a des répercussions sur son bonheur et celui des autres. C'est une thèse bien construite qui peut donner naissance à un devoir de qualité.

Exemple 2

Dans Le survenant, *le héros choisit la liberté à l'amour et à la sécurité. Je ne suis pas d'accord avec son choix. Je crois qu'il fait le mauvais choix car il trahit les personnes qui l'aiment (Angélina et le père Didace) et les quitte sans même leur dire au revoir.*

L'exemple 2 ne répond pas aux attentes d'un travail de niveau universitaire. Même si la première phrase est une thèse acceptable, sans explications satisfaisantes, la thèse est incomplète, voire inexistante. Le but d'une composition n'est pas de discuter de si vous avez aimé (ou non) l'histoire, les héros et si vous êtes d'accord avec eux. Par contre, vous devez expliquer au moins le message de l'auteur, ses procédés (*methods*) littéraires et commenter certaines idées, certains thèmes. Il n'y a rien de tout cela dans l'exemple 2. Une telle thèse ne peut pas soutenir un devoir universitaire.

Exemple 3 : exemple 2 « amélioré »

Dans Le survenant, *le héros choisit la liberté à l'amour et à la sécurité* (**Thèse**). *Il trahit les personnes qui l'aiment (Angélina et père Didace) et part comme un lâche sans même leur dire au revoir et sans expliquer son choix* (**Explication et précision de la thèse**).

Ce choix pose plusieurs questions. Tout d'abord pourquoi part-il ainsi, à la dérobée (secretly)*? Pourquoi fait-il ce choix ? Quelles sont les conséquences de ce choix ? Va-t-il trouver le bonheur?* (**Questions et explication indirecte pour orienter la réflexion et les sous-parties du texte**).

L'exemple 3 est meilleur que l'exemple 2 parce qu'il est basé sur des faits et tente d'expliquer certains points plutôt que de donner une opinion personnelle sans fondements.

Poser des questions et tenter d'y répondre (modestement) est une bonne technique.

LES CARACTÉRISTIQUES DE LA THÈSE

Une thèse doit contenir les caractéristiques suivantes :

- La problématique, c'est-à-dire une idée/opinion est un peu ambiguë; tout le monde ne serait pas d'accord avec cette idée avant de lire votre texte.
- L'opinion se base sur des faits reconnus, de source sûre.
- Il n'y a qu'une seule idée principale (qui se divise en deux ou trois sous-parties au maximum).

INVITATION À ÉCRIRE

Considérez les sujets 1-10 de la partie II (réflexion-discussion) en annexe A, et trouvez au moins trois problématiques pour chaque sujet.

Le plan

BUTS DU PLAN

On peut parfois penser qu'il n'est pas nécessaire de faire un plan, parce qu'on manque de temps, parce que ce n'était pas obligatoire dans les cours précédents, ou parce qu'on croit que les idées viendront au fur et à mesure qu'on écrit, ou bien qu'on a les idées dans sa tête.

Toutefois, il est fortement recommandé de faire un plan, et ce, quel que soit le sujet si vous voulez que votre texte soit organisé. Si le devoir est clair pour l'auteur, ce n'est pas toujours le cas pour le lecteur! L'important est que le devoir soit clair *pour celui qui le lit*.

Le plan consiste à organiser ses idées et à les mettre en valeur (*highlight*). Le devoir sera logique, organisé en parties, sous-parties et paragraphes pour que le lecteur puisse vous suivre facilement. L'organisation du devoir sert à justifier l'ordre des idées et le choix des idées. Ce sont, entre autres, les phrases de liaison qui expliqueront l'ordre des idées.

Si le plan est bien construit, le devoir sera bien construit. Il est donc utile de faire un plan, même si vous disposez de peu de temps. Vous pouvez faire un plan en moins de cinq minutes. L'idéal est que la construction du plan devienne une habitude, un réflexe. Plus vous ferez de plans, plus il deviendra facile et rapide d'en faire.

Si vous réfléchissez, que vous trouvez des idées et que vous les organisez dans un plan, vous savez où vous allez, et surtout le lecteur sait où vous le menez. Il ne reste qu'à suivre l'itinéraire tracé. Par contre, commencer le devoir sans avoir fait de plan, c'est comme partir sur la route sans avoir consulté de carte et sans connaître l'itinéraire. Le conducteur mal préparé perd du temps, risque de se perdre en route et même de ne jamais arriver à destination. Plus vous aurez réuni d'informations avant de commencer, plus elles seront classées et organisées, plus vous écrirez vite, et meilleur sera le résultat.

Une fois que vous avez trouvé et écrit des idées en vrac (*jot some ideas down on paper*), vous les sélectionnez, les organisez et les classez. Ensuite, vous faites des parties et sous-parties et vous trouvez des exemples (citations ou sources trouvées lors des recherches).

AVANTAGES DU PLAN

Les avantages de faire un plan sont les suivants :

- Un bon plan = un devoir bien construit.
  Un devoir bien organisé est clair, facile à lire et à comprendre et paraît plus logique. Les idées sont mises en relief, le devoir atteint son potentiel.
- Un bon plan = un guide qui facilite le travail.
  Le plan contient toutes les étapes importantes, il dit quoi, quand et comment faire. C'est le squelette du devoir. Il ne reste plus qu'à développer les idées déjà présentes.
- Le plan = un devoir équilibré, de bonne longueur.
  Le plan ne sera pas trop long, parce que sinon, cela prendra trop de temps à le faire ce qui aura pour résultat que vous ne le ferez plus. S'il est trop long, il sera plus difficile à suivre et il risquerait de restreindre la création. Le plan reflète le devoir, il doit être concis pour vous aider à construire un devoir aux parties équilibrées.
- Le plan = de bonnes idées.
  Le plan met en évidence les idées. Il est possible, lors de cette étape, de vous rendre compte que les idées sont insuffisantes ou inadéquates ; il est impossible de faire un plan sans idées. Faire un plan, c'est une façon de se forcer à avoir des idées.
- Le plan = un devoir cohérent, une logique transparente.
  Le plan contient les idées principales, les idées secondaires et les exemples. Étant donné que vous aurez décidé de l'ordre des idées et de ce qui va appartenir à telle ou telle partie, il ne restera plus qu'à travailler les détails pour rendre ce choix transparent.

CLASSEMENT DES IDÉES DANS LE PLAN

Après avoir noté plusieurs idées, vous allez maintenant les trier (vous garderez uniquement les plus pertinentes et les plus originales) et les organiser dans un ordre précis.

Vous présenterez vos idées de façon à les rendre les plus attrayantes possibles (comme si vous vouliez convaincre le lecteur) avec des explications, des exemples, des chiffres, des statistiques et vous utiliserez des techniques d'argumentation (chapitre 4).

Vous organiserez vos idées selon un ordre logique et évident en parties et paragraphes reliés par des mots et phrases de liaison. L'ordre et la logique dépendent du sujet. Par exemple, pour un sujet en rapport avec l'histoire, vous pouvez utiliser un ordre chronologique. Pour un commentaire de texte, vous pouvez suivre le texte de façon linéaire, ou bien classer les questions par thèmes.

Un plan assez général suggère l'ordre suivant :

Partie 1 : Idées principales

Idées secondaires   sous-parties des idées principales, explications, précision
                               Exemples
                               Phrase de liaison (va dans le prochain paragraphe)

Partie 2 : Idées principales

Idées secondaires   sous-parties des idées principales, explications, précision
                               Exemples
                               Phrase de liaison (va dans le prochain paragraphe ou au début de la
                               conclusion)

Le nombre de parties dépend de la longueur du devoir et peut varier de deux à trois parties. Quel que soit le sujet (sauf pour une narration ou un résumé) vous aurez au moins deux parties avec au moins deux idées principales pour chaque partie. Il n'y a qu'une seule idée par paragraphe.

Nous verrons plus en détail la construction de paragraphe plus tard (voir chapitre 6), mais pour la construction du plan et l'organisation des idées, considérez le fait que dans un paragraphe l'idée principale (l'idée primaire) se place en début de paragraphe, puis cette idée est expliquée plus en détail (l'idée secondaire) et elle est suivie d'un exemple et/ou d'une citation (l'idée tertiaire) et enfin, une phrase de conclusion termine le paragraphe.

LES DIFFÉRENTES SORTES DE PLAN

Les idées sont sélectionnées et classées selon le type de plan, ce qui dépend du sujet. Ces plans ne sont que des suggestions de base, vous pouvez les adapter, les modifier ou mélanger plusieurs plans. Le but est d'organiser vos idées selon un certain ordre de façon à être le plus efficace et convaincant possible.

Les plans les plus fréquemment utilisés sont les suivants :

1. le plan **dialectique**,
2. le plan **comparatif**,
3. le plan **explicatif**,
4. le plan pour **discuter d'un problème**.

LE PLAN DIALECTIQUE

Le plan dialectique s'utilise si vous voulez analyser un même sujet sous des angles différents. Il s'utilise surtout pour défendre une opinion, pour un sujet de discussion générale. Ce plan consiste à montrer différents aspects d'un même problème. Le lecteur considère alors (si le sujet est bien traité) que vous avez été objectif dans votre réflexion et aussi que vous faites preuve d'une certaine maturité en tenant en compte diverses opinions, y compris une opinion que vous n'épousez pas forcément.

Ce plan se compose de trois parties :

1. **La thèse :** consiste à défendre une idée, une opinion.
   Par exemple, si le sujet est « la télé contribue à l'éducation des enfants », la thèse sera : « oui, elle contribue à l'éducation des enfants ».
2. **L'antithèse :** s'oppose partiellement ou entièrement à la thèse.

Par exemple, pour le même sujet, l'antithèse sera : « non, elle ne contribue pas à l'éducation des enfants » (s'oppose entièrement) ou bien « certains programmes y contribuent mais la plupart des programmes ne sont pas éducatifs » (s'oppose partiellement).

3. **La synthèse :** réunit les arguments de la thèse et de l'antithèse et propose de nouvelles perspectives. Cette partie constitue généralement la conclusion.

Pour un sujet tel que « la télé contribue à l'éducation des enfants » voici un plan possible :

Partie 1

Idée primaire 1	la télé est éducative
Idée secondaire 1	bonne pratique de la langue avec chansons, répétitions, comptines
	Exemple : programme pour jeunes enfants avec des vidéos et chansons
Idée secondaire 2	connaissances générales sur le monde, les animaux, les pays
	Exemple : *Diego, Dora*

Partie 2

Idée primaire 2	la télé n'est pas éducative
Idée secondaire 1	perte de temps à regarder des pubs, des vidéoclips, des émissions ou films qui n'apportent rien, qui montrent de la violence, des meurtres, des bagarres
	Exemple : le film *Transformers*
Idée secondaire 2	il vaut mieux faire autre chose (lire, faire du sport, etc.)
	Exemple : cause partielle d'obésité aux Etats-Unis. % d'enfants obèses lié au nombre d'heures qu'ils regardent la télévision (ou jouent à des jeux vidéo)

LE PLAN COMPARATIF

Le plan comparatif présente les similarités et/ou les différences entre deux ou plusieurs concepts. Avec ce plan vous étudiez les rapports entre les concepts.

La structure du plan comparatif est la suivante :

1. **Les similarités,**
2. **Les différences,**
3. Une **opinion personnelle** sur les deux parties et de nouveaux concepts.

Ce genre de plan et d'organisation est particulièrement efficace dans le monde du travail, si un employé doit faire un rapport dans lequel il évalue certaines méthodes, publicités, etc. C'est aussi ce genre d'organisation qui est très utile pour prendre une décision mûrement réfléchie.

Exemple

Sujet : *Comparez l'éducation en France et au Canada.*

Choix de l'étudiant de délimiter l'éducation au système primaire et secondaire

Les similarités	1. Les matières étudiées (sciences de la terre, histoire, géographie, etc.) 2. Le nombre d'élèves par classe 3. Les méthodes pédagogiques
Les différences	1. Les attentes des professeurs et des parents 2. Le groupement des élèves par classe (au Canada, tous les élèves sont mélangés, y compris les élèves ayant des difficultés d'apprentissage ou des handicaps physiques ou mentaux; en France, les élèves sont séparés par niveau et ceux qui ne réussissent pas dans le système « classique » vont apprendre un métier dans une école technique) 3. Un système plus élitiste en France
Une opinion personnelle	Le système français permet aux bons élèves d'obtenir un bon niveau général mais il met à l'écart de nombreux élèves en plaçant beaucoup en situation d'échec. Le système canadien permet à presque tous de réussir jusqu'à obtention d'un diplôme d'école secondaire, y compris ceux qui ont des difficultés d'apprentissage. L'idéal serait de prendre le meilleur des deux. Est-ce possible?

LE PLAN EXPLICATIF

Le plan explicatif s'utilise surtout pour expliquer une pensée, une notion. Une pensée peut se diviser en sous-parties qui se composent de plusieurs paragraphes avec une explication suivie d'un exemple. Vous pouvez prendre position en élargissant le problème présenté dans le sujet. Ce plan est souvent utilisé pour des devoirs universitaires étant donné qu'on demande aux étudiants de réfléchir à des sujets variés et on leur demande d'être capables d'expliquer certains concepts.

Exemple

Sujet : *Expliquez les effets de certaines techniques poétiques du poème (qui est aussi une chanson) « Le plat pays » de Jacques Brel.*

Réflexion sur le sujet

Vous lirez le poème trouvé sur l'internet et vous ferez quelques recherches sur la vie de l'auteur. De quel pays parle-t-il? Si vous ne savez pas où se trouve la Belgique, vous regarderez brièvement sur une carte pour voir au moins quels sont les pays frontaliers, le relief, la taille du pays. Quels sont le climat, l'architecture, les paysages? Imaginez pendant vos recherches que vous allez faire un petit voyage (virtuel) en Belgique. Pouvez-vous trouver un petit résumé de l'histoire de ce pays? La musique de Brel, la voix, les arrangements musicaux rajoutent-ils des éléments nouveaux au texte? Quelles sont vos impressions en lisant le texte, puis en écoutant la chanson? Que remarquez-vous en écoutant la chanson plusieurs fois?

Considérez les figures de style en annexe C. Lesquelles trouvez-vous dans le texte?
Quels effets produisent-elles?

Gardez à l'esprit que plus vous avez de connaissances sur un sujet, plus vous avez d'idées et d'informations, plus le niveau du devoir est élevé et plus vous pouvez être original. Quelques idées d'après les recherches:

- enfance de l'auteur plutôt triste
- le temps que l'auteur a passé dans des écoles catholiques
- rôle de la religion dans le pays
- échec à l'école, échec au travail
- ennui dans sa vie d'écolier, à l'école, au travail
- le fait que la Belgique soit un très petit pays qui est influencé par ses voisins (d'un point de vue culturel, économique et linguistique)
- la date de ce poème: 1962 (Brel est né en 1929 et mort en 1978)
- le succès que Brel connaît en France et le fait qu'il soit l'un des chanteurs belges les plus connus dans le monde

Exemple de plan possible

Plan explicatif	
Partie 1	Étude des champs sémantiques
	L'eau: vague, dune, marée basse...
	La religion: cathédrale, pierre, diable...
	Les émotions: cœur, perdu, pendu…
Partie 2	Les répétitions: la monotonie, l'ennui, la tristesse
	1. De sons (consonances et allitérations. Son /r/: mer, Nord, pour, dernier, terrain, pour, arrêter, rochers, marées, cœur, marée, brumes, venir, tenir, etc.)
	2. De mots (avec, vague, vent, gris…)
	3. De phrases ou parties de phrases (répétition de: « écoutez le chanter », « le plat pays qui est le mien » à chaque strophe)
Partie 3	La description allant du nord au sud: l'espoir
	1. Description physique des régions (nord, craquer, sud, le blé)
	2. Images des points cardinaux (nord, est, ouest, sud)
	3. Évolution du reste du poème en rapport avec les saisons

LE PLAN POUR DISCUTER D'UN PROBLÈME

Le plan pour discuter d'un problème s'utilise si le sujet demande une opinion. Pour ce genre de plan vous pouvez:

- Présenter le problème. Pourquoi y a-t-il problème? Quelle est la nature du problème? Vous donnez des exemples concrets, des statistiques pour servir de base à vos idées.

- Faire un résumé des causes du problème et proposer une solution avec des exemples concrets.
- Proposer des solutions générales.

Alors que le plan dialectique s'utilise plutôt avec une question de type « êtes-vous d'accord, oui ou non? », le plan pour discuter d'un problème s'utilise plutôt pour répondre à la question « pourquoi? ».

Exemple de plan pour le sujet : « La télévision incite les enfants à la violence » (sous-entendu : qu'en pensez-vous?)

---

1. **Présentation du problème :** La violence est en recrudescence aux Etats-Unis. La télé en est partiellement responsable.
   Exemples de violence à la télévision : *Batman, Spider Man, Transformers*, etc.
2. **Résumé des causes du problème :** la violence est dûe à plusieurs facteurs
   – Les exemples de la télévision, les exemples de l'entourage, l'enfant laissé à lui-même.
   – Facteurs cumulatifs
3. **Proposition de solutions possibles**
   – Programmes de « dépistage » (*screening*) de la violence et mise en place de programmes.
   – Sensibilisation des jeunes à la violence et à l'analyse des informations.
   – Diminution obligatoire (imposée par l'état) de la violence dans les médias.

CHOISIR UN PLAN

Il est possible d'adapter les plans en fonction des sujets et de faire un mélange de plusieurs plans. Il n'est pas nécessaire de se tenir strictement à un type de plan. L'important c'est qu'il y ait des parties séparées, une suite logique, un lien entre les parties et une seule idée par paragraphe.

Vous déterminerez le plan le plus approprié, non seulement par rapport à ce qui est le plus logique, mais aussi par rapport à ce qui met le mieux vos idées en relief afin de créer des effets particuliers sur le lecteur (comparer, convaincre, expliquer, etc.).

Dans un petit devoir (500 mots ou moins) il n'est pas toujours possible d'avoir plusieurs parties et plusieurs paragraphes par partie. Vous ferez tout de même un plan avant de commencer. Dans un devoir plus court, il y aura moins d'idées primaires (par exemple, deux au lieu de trois), mais plus d'idées secondaires. Si le devoir est très court, il est possible de n'avoir qu'une seule partie avec des sous-parties.

Si le sujet suggère un plan particulier (par exemple, comparez le thème de l'amour dans *Madame Bovary* et dans *L'amant*), les mots-**clés** vous dirigeront pour trouver les parties du plan : penser, discuter, expliquer, analyser, comparer, opposer, distinguer, etc.

EXEMPLES DE PLANS

Sujet 1 : Est-il malhonnête d'utiliser les odeurs subliminales pour vendre des produits?

Thèse : Oui, c'est malhonnête, mais toutes les techniques de ventes le sont.

Si on accepte les autres techniques, il est normal d'accepter celles-ci. D'ailleurs personne n'est jamais forcé d'accepter quoi que ce soit et il y a des lois pour protéger les consommateurs. Oui, c'est malhonnête, mais c'est au consommateur de s'informer et de choisir.

Plan possible : plan dialectique

Partie 1

Thèse	Oui, il est malhonnête d'utiliser les odeurs.
Idée principale	C'est malhonnête d'utiliser les odeurs parce que les consommateurs sont manipulés, contre leur gré.
Idée secondaire 1	manipulation (malhonnête) du consommateur pour faire vendre plus
	Exemple : le maïs soufflé (*popcorn*) dans les magasins de vidéos
Idée secondaire 2	Joue sur les émotions, le souvenir contre le gré du client. Les odeurs ont un grand pouvoir de séduction.
	Exemple : Dans le roman *Le parfum*, de Patrick Süskind, le héros, Jean-Baptiste Grenouille, qui possède un sens olfactif très développé, fabrique un parfum qui le rend tout puissant. Il peut utiliser les odeurs pour faire tout ce qu'il veut : obtenir l'amour et le pouvoir.

Partie 2

Antithèse	Toutes les techniques de vente manipulent les consommateurs, beaucoup plus que les odeurs, pourtant elles sont acceptables et acceptées.
Idée principale	Toutes les publicités sont en partie malhonnêtes (les odeurs subliminales ne sont pas pires que les autres techniques de vente).
Idée secondaire 1	Les publicités attirent les enfants qui poussent les parents à la consommation.
	Exemple : un dessin de Scoubidou sur une boîte de biscuits, des bonbons en forme de Bisounours (*Care Bears*)
Idée secondaire 2	Les vendeurs sont prêts à tout pour toucher une commission. Ils sont malhonnêtes, mentent et leurrent (*delude*) les clients.
	Exemple : Ils vendent une assurance en supplément alors que le producteur du produit acheté couvre exactement ce que couvre l'assurance. L'assurance ne fera rien d'autre que contacter le producteur et l'assurance ne paiera rien du tout. C'est une arnaque (*scam*).
Conclusion	Oui, le marketing olfactif est malhonnête mais acceptable. Presque toutes les techniques de vente sont malhonnêtes mais autorisées. Le consommateur peut ne pas acheter et choisir ce qu'il achète. Il doit s'informer et ne pas se laisser influencer.

Sujet 2 : Discutez des avantages et des inconvénients de la télévision.

Lorsqu'une question a comme réponse oui, ou non, en principe le lecteur s'attend à ce que vous voyiez les deux côtés : oui si…, non si on considère… Ce genre de question demande plutôt d'utilisez le plan dialectique.

Thèse : La télé peut être éducative et avoir un rôle positif si le téléspectateur l'utilise à bon escient (*advisedly*), et peut être une perte de temps si elle mal utilisée. Ce n'est pas la télé qui joue un rôle, mais ce sont les choix de la personne qui déterminent l'impact de la télé sur celle-ci.

Plan possible : plan dialectique

Introduction : Statistiques sur la télé, moyennes d'heures que les adultes et les enfants passent devant la télé dans plusieurs pays.

Partie 1

Thèse	Les avantages de la télévision
Idée principale 1	La télé est une source d'information sur le monde.
Idée secondaire 1	Les documentaires, émissions et nouvelles sur ce qui se passe dans le monde. Souvent la seule source d'information pour les personnes qui ne lisent pas.
	Exemples et citations: les nouvelles au jour le jour de la guerre en Irak
Idée secondaire 2	Informations utiles à notre vie quotidienne.
	Exemple: la météo, les chaînes locales température, état de l'air, de la pollution
Idée principale 2	Une compagnie pour les gens seuls (contact humain écouter des personnes parler, écouter les histoires des autres).
Idée secondaire 1	Les personnes âgées qui restent seules chez elles.
	Exemples et citations: une personne très handicapée par la vieillesse, les enfants sont loin. Semblant de contact humain. Les héros des feuilletons (*soap operas*) deviennent des personnes familières.
Idée secondaire 2	Un passe-temps quand on est trop fatigué.
	Exemple: On est content de penser à autre chose après le travail.

Partie 2

Antithèse	Les inconvénients de la télévision
Idée principale 1	La télé peut être une perte de temps.
Idée secondaire	Si on n'apprend rien et si on passe trop de temps à regarder des émissions « bêtes ».
	Exemples et citations: d'autres passe-temps sport, temps avec famille, amis, lecture, etc.
Idée principale 2	C'est mauvais pour la santé.
Idée secondaire	Prise de poids, radiation, mauvais effets sur les yeux…
	Exemple: trop d'heures/semaine, on mange devant la télé, on mange plus

Conclusion	Vu le grand nombre de chaînes, le relatif faible coût du câble, des télés et des lecteurs de DVD, presque tout le monde a accès à des émissions éducatives; la télé peut facilement être éducative si les gens choisissent de s'éduquer. Il est possible en appuyant sur la télé-commande (*remote control*) de savoir tous les programmes qui vont être présentés et d'en avoir un résumé. Il est facile de trouver et de choisir des émissions éducatives pour tous les âges. Si on ne trouve toujours rien, on peut toujours emprunter des films et documentaires éducatifs à la bibliothèque. Le temps n'est jamais « perdu », si on aime « perdre son temps ».

Sujet 3 : La Seconde Guerre mondiale.

Le sujet est vague, il faudra le restreindre. Pour discuter de ce sujet, on a besoin de connaître tous les événements. Plusieurs approches sont possibles. En voici quelques-unes.

Il est possible de choisir un plan chronologique ou un plan explicatif.

POSSIBILITÉS DE PLANS

Plan chronologique

Pour expliquer un phénomène historique, politique, culturel ou autre, il s'agira de trouver les événements marquants par ordre d'apparition dans le temps (ordre chronologique).

Exemple de plan chronologique

Déroulement chronologique, historique (les causes et la guerre elle-même)

1. Les séquelles de la Première Guerre mondiale
2. Les événements qui ont déclenché la guerre
3. Les événements marquants de la guerre

Conclusion : L'après-guerre

Exemple de plan explicatif

Par thèmes	Les causes
	La guerre elle-même
	Les conséquences
Par thèmes	Le rôle des pays dans la guerre et leurs intérêts économiques
Par thèmes	Le rôle de l'antisémitisme

REFAIRE LE PLAN APRÈS AVOIR FINI LE DEVOIR

Il arrive parfois que les idées évoluent pendant l'écriture et qu'elles évoluent à un tel point qu'elles n'aient plus rien à voir avec les idées initiales du plan. Cela est acceptable, du moment que le devoir reste organisé.

Pour vous assurer que les idées ne partent pas dans tous les sens, vous pouvez faire « le chemin inverse ». C'est-à-dire que vous relisez votre texte en essayant d'en dégager (*bring out*) les idées des parties et des paragraphes. Vous donnez un titre à chaque partie et à chaque paragraphe. Si vous pouvez trouver les idées essentielles et leur donner un titre rapidement, c'est que le devoir est assez bien construit. Vous faites donc le plan après avoir fait le devoir, puis vous y réfléchissez. Les idées sont-elles organisées avec logique? Y a-t-il une raison pour que cette partie soit avant celle-là? Le devoir suit-il plutôt une organisation de type plan dialectique ou explicatif? Ce type d'organisation est-il le plus efficace pour ce que vous vouliez montrer? Dans quelle direction va le devoir?

Si votre texte est bien organisé, la première phrase de chaque paragraphe correspond approximativement aux idées principales du plan (voir chapitre 6). Vous vérifierez ainsi que les idées des parties et paragraphes sont bien organisées et correspondent à l'introduction et la conclusion.

Bien souvent, il y a des inadéquations entre certains éléments. Par exemple, ce qui est dans le devoir ne correspond pas bien à ce qui était prévu dans l'introduction. Ou bien la conclusion et l'introduction n'ont rien en commun. Ce n'est pas grave, il suffit de les changer. De toute façon, ce n'est que la première version qui sera retravaillée au moins quatre ou cinq fois.

Résumé

Le plus important dans un devoir est de faire ressortir les idées principales (la thèse).

Faire un plan permet d'organiser les idées principales, secondaires et tertiaires, de rendre le travail plus logique, plus facile et plus agréable à lire. Mieux le plan est construit, plus le devoir sera organisé. Pour que le plan soit plus vite fait, vous pouvez utiliser seulement des mots-clés et un style télégraphique.

Le plan permet de mieux mettre en valeur les idées et l'argumentation. L'organisation est particulièrement importante pour une langue seconde, car elle compense en parties les problèmes linguistiques et culturels qui entravent la communication.

L'important est de classer les idées avec des parties et sous-parties selon une certaine logique. Si vous lisez votre plan et/ou votre devoir à une autre personne et que vous ressentez le besoin de rajouter des explications, c'est que votre plan ou votre devoir n'est pas suffisamment bien construit. Un plan bien construit est clair en lui-même pour le lecteur.

Le devoir reflète le plan car il suit exactement la même organisation.

Récapitulons

Dans votre prochain devoir considérez les questions suivantes et cochez-les. ☑

    ❏ 1. Ai-je fait un plan?

    ❏ 2. Ai-je mis dans le plan les idées principales, secondaires et tertiaires?

    ❏ 3. Ai-je classé les idées selon un ordre logique?

❏ 4. Ai-je utilisé seulement les idées les plus pertinentes?

❏ 5. Ai-je choisi le meilleur plan possible pour ce sujet?

❏ 6. Mon plan est-il assez clair pour que quelqu'un d'autre le comprenne sans explications supplémentaires?

❏ 7. Est-ce que je ressens le besoin d'expliquer le plan (ou est-il assez clair tel qu'il est)?

❏ 8. En suivant l'ordre prévu dans le plan, le devoir paraît-il logique et bien structuré?

Exercices

Trouvez des idées et faites un plan pour les sujets suivants après avoir fait quelques rapides recherches sur le sujet et déterminé les difficultés et les enjeux des sujets :

1. Discutez des avantages et des inconvénients de séparer les élèves par niveau de compétence à l'école primaire et secondaire.
2. L'amitié entre les hommes et les femmes est impossible. Qu'en pensez-vous?
3. Les touristes détruisent la nature en la polluant et en changeant son écosystème; par conséquent le tourisme devrait être limité et mieux contrôlé. Êtes-vous d'accord?
4. Les Canadiens sont très soucieux de l'environnement. Qu'en pensez-vous?
5. Le coup de foudre (*love at first sight*) n'existe que chez les jeunes.
6. L'université devrait être gratuite au Canada. Qu'en pensez-vous?
7. L'étude du français à l'école devrait être obligatoire toutes les années et de nouvelles mesures devraient être prises si le Canada veut devenir un pays bilingue.

Chapitre 4

―――――――

L'ARGUMENTATION

Introduction

Savoir utiliser correctement les principes de l'argumentation est nécessaire dans la vie de tous les jours, au travail comme dans les relations avec les autres. Que ce soit pour justifier une action ou une opinion, pour une publicité ou pour un devoir, les principes sont les mêmes. Mieux savoir argumenter permet aussi de mieux comprendre les arguments des autres et donc de mieux communiquer en général. Défendre ses opinions de façon à être le plus convaincant possible demande des arguments étayés (*backed up*) par des explications, des exemples, des chiffres, des statistiques ou des citations.

Ce chapitre décrit quelques éléments importants de l'argumentation. Les exemples sont basés sur des idées relativement difficiles à défendre pour expliquer les procédés. Pour la plupart des devoirs, les arguments ne seront pas aussi engagés et difficiles à défendre. Toutefois, si vous comprenez et arrivez à faire un exercice difficile, il sera aisé de traiter un sujet où les idées sont plus faciles à défendre.

Dire : « je suis d'accord, je ne suis pas d'accord » ne justifie rien et n'explique rien. Il s'agit de **justifier** votre opinion avec des arguments valables. Si l'argumentation est bien faite, le lecteur est presque obligé d'être d'accord avec vous. Si le lecteur peut tout de suite réfuter votre argument, c'est que l'argumentation n'est pas bien menée.

Pour être valables, les arguments vont être :

- en rapport direct avec le sujet,
- basés sur des faits,
- reconnus par les spécialistes du domaine,
- généraux mais précis, c'est-à-dire « généralisables » pour être applicables à des situations ou conditions différentes, tout en étant particuliers au texte.

Les arguments doivent toucher les côtés intellectuel et émotionnel.

Toucher le côté intellectuel

Il s'agit de **convaincre** le lecteur que l'idée est vraie et objective. Le raisonnement se base sur des faits établis par des sources sûres (exemples, statistiques, opinions de spécialistes du domaine...), des faits qu'il serait difficile de contredire. C'est pourquoi la qualité de la source est primordiale. Les preuves données en exemple doivent être précises et représentatives d'un problème.

Afin d'être plus neutre, objectif et général, il vaut mieux éviter :

- les histoires qui ne sont pas reconnues par des spécialistes et qui ne sont pas «généralisables»,
- les théories récentes qui ne sont pas forcément reconnues (par manque d'études à long terme),
- les sources trouvées dans des journaux non spécialisés.

DES PREUVES

DES PREUVES PRÉCISES

Sujet 1 : Les diplômes sont nécessaires pour trouver un bon emploi.

Exemple 1

Selon…. [origine de la source] 95 % des étudiants qui ont reçu un diplôme de droit (law) *obtiennent un travail en Ontario dans le droit et dans le domaine qu'ils ont choisi.*

Si le fait de donner un chiffre (95 %) est précis et concret, le reste de l'argumentation est un peu incomplet parce que le lecteur ne sais pas de quel diplôme il s'agit : baccalauréat (licence en France), maîtrise, doctorat et de quel emploi il s'agit (notaire, avocat, juge).

Exemple 2

Un diplôme de français permet de trouver un poste dans le domaine qu'on aime. Selon…. [origine de la source] 98 % des étudiants qui ont reçu un diplôme de 4 ans en français et ont leur diplôme en éducation obtiennent un poste d'enseignant en Ontario. C'est l'une des raisons pour lesquelles de nombreux étudiants choisissent de faire des études de français. Ils sont certains d'obtenir un emploi dans le domaine qui les intéresse, du moment qu'ils ont obtenu des notes suffisantes et qu'ils répondent à certains critères. C'est donc une matière que l'on peut étudier pour le plaisir et pour obtenir un emploi.

La logique est claire, transparente, évidente; on ne peut pas nier ces faits.

DES PREUVES REPRÉSENTATIVES

Sujet 2 : Les enfants apprennent une L2 (langue seconde) mieux que les adultes.

Exemple

Les enfants bénéficient de conditions plus favorables que celles des adultes pour apprendre une langue seconde (L2). Selon plusieurs études (par exemple, celles de Birdsong et de Bongaerts) un maximum de 10 % des apprenants arrivés après l'âge de 12 ans parviennent à parler la L2 sans accent. Par contre, 100 % des enfants arrivés avant l'âge de 5 ans ayant des rapports avec les locuteurs de la langue cible (à l'école et ailleurs), parviennent à parler une L2 sans accent. Il apparaît donc que les enfants bénéficient de conditions supérieures à celles des adultes puisqu'ils ont de meilleurs résultats qu'eux.

La question est de savoir quels sont les éléments qui facilitent leur acquisition, éléments qui semblent également faciliter l'apprentissage des 10 % des adultes ayant réussi aussi bien que les enfants.

Des faits concrets reconnus par des spécialistes mettent en relief l'idée; l'exemple représente l'idée, on ne peut pas nier ces faits.

INVITATION À ÉCRIRE

Trouvez des preuves (pour toucher le côté intellectuel) pour les sujets suivants :

La chirurgie esthétique est en pleine expansion.

Le taux de criminalité est en rapport avec le taux de chômage élevé.

Le taux de chômage est beaucoup plus bas chez les personnes possédant un diplôme universitaire.

FAITS VS. OPINIONS

Pour être convaincants, les arguments sont soutenus par des faits. Toutefois, il peut parfois arriver de confondre opinions et faits, surtout quand ceux-ci sont inter-reliés. Un fait est vérifiable et il est difficile de le contredire. Il ne porte pas de jugement. Une opinion, par contre, peut toujours être contredite, surtout si elle n'est pas étayée par des faits; c'est un jugement (parfois basé sur un fait, parfois basé sur rien d'autre qu'une simple impression ou un stéréotype). Parfois une phrase peut être à la fois un fait et une opinion et peut être vraie et fausse en même temps, selon comment on considère la question.

Exemple 1

La terre est plate.

Ceci était considéré comme un fait pendant longtemps, mais ce n'était pas la vérité, c'était seulement l'opinion d'une majorité de cette époque-là. Autrement dit, la question de la vérité est cruciale.

Exemple 2

Le ski est un sport dangereux.

Ceci est en partie vrai car de nombreux accidents de ski se produisent pour les débutants comme pour les professionnels. Toutefois, la phrase est plutôt une opinion, dans la mesure où elle sous-entend que c'est toujours le cas; de plus, cette phrase ne contient pas d'exemples précis et pas de chiffres concrets. Si la phrase manque de précision, elle semble plutôt être une opinion.

Exemple 3

Les Français mangent bien.

Ceci est partiellement un fait, dans la mesure où la nourriture est importante pour les Français et que ceux-ci font tout pour avoir du plaisir et du temps quand ils mangent ainsi qu'une bonne qualité de goût et qualité diététique du produit. Toutefois, on ne peut pas dire que tous les Français mangent bien. Cela paraît être un stéréotype, tant que la phrase n'est pas développée avec des exemples précis.

INTERPRÉTATION DES PREUVES

Parfois tous les faits sont justes, mais c'est la déduction ou l'interprétation qui ne l'est pas. Il est donc important de se poser les questions suivantes : Est-ce toujours le cas ? Est-ce le cas pour toutes les personnes qui se trouvent dans cette situation ? Les raisons évoquées sont-elles les seules qui puissent mener à cette conclusion ?

Exemple 1

Les enfants apprennent une langue étrangère beaucoup plus rapidement et facilement que les adultes parce que leur cerveau est comme une éponge.

On entend régulièrement ce genre de commentaire, comme si c'était une vérité reconnue de tous. Toutefois, que veut dire « rapidement » et « facilement » ? Peut-on considérer que deux ou trois ans est « rapidement » ? Qu'est-ce qui prouve que les enfants apprennent plus rapidement que les adolescents ou les adultes ? Ces différences sont-elles uniquement dans le cerveau qui est « une éponge » chez les enfants et pas chez les adultes ? Y a-t-il d'autres facteurs qui participent à l'apprentissage d'une langue qui sont aussi importants et même plus importants que des raisons physiologiques en rapport avec le cerveau ? Avez-vous des sources, des études linguistiques qui soutiennent ces faits ?

Cette idée est basée sur le fait que les enfants parviennent à parler une langue comme des locuteurs natifs, s'ils l'on apprise avant la puberté, alors que les adultes ont, pour la majorité, des difficultés à apprendre une deuxième langue et ne parviennent que rarement à la parler comme un natif. Toutefois, cela ne veut pas dire que c'est à cause du cerveau, et cela ne veut pas dire qu'ils apprennent mieux et plus vite. Le fait qu'à long terme ils aient de meilleurs résultats est vrai, mais c'est *l'interprétation* du fait qui est fausse. C'est un problème d'argumentation, c'est un paralogisme (voir annexe C). L'argument ainsi présenté est inacceptable. Par contre, précisé un peu avec certaines restrictions, il peut devenir acceptable.

Exemple 2 : exemple 1 corrigé

Il est toujours incroyable de comparer des parents et des enfants arrivés en même temps dans un pays étranger et de voir à quel point les résultats des enfants sont supérieurs à ceux des adultes en ce qui concerne l'acquisition d'une L2 et surtout de la prononciation de celle-ci. Au bout de quelques années, les jeunes enfants arrivent à parler la langue cible comme des locuteurs natifs alors que la plupart des parents auront un accent très marqué et feront des fautes toute leur vie dans la langue cible, malgré tous leurs efforts.

Toutefois, pour que les enfants puissent parler la langue cible à un niveau natif, ils doivent arriver avant « l'âge critique » (terme linguistique), c'est-à-dire avant l'âge de 10–12 ans environ. On peut se demander quelles en sont les causes ? Le cerveau des jeunes enfants est-il supérieur à celui des adultes ? C'est ce qu'on a cru longtemps. Toutefois des études récentes en linguistique et en psychologie ont montré que les facteurs sont dûs autant à des facteurs sociologiques, psychologiques, émotionnels et pédagogiques qu'à des facteurs physiologiques (cf. Birdsong, Bongaerts).

Le paragraphe ci-dessus soulève une problématique : il explique un phénomène et vise à en déterminer les causes. L'auteur n'est pas catégorique, et ne dit pas que c'est seulement sociologique et pas du tout physiologique. Il suggère : « autant à... sociologique que... ». L'opinion est soutenue par des linguistes réputés dans le domaine, c'est donc un fait et non plus une opinion basée sur un simple stéréotype comme le paragraphe précédent.

De plus, le paragraphe suscite la curiosité du lecteur qui a envie d'en savoir plus, le fait réagir (Ah, bon : mais c'est quoi alors ?). Il y a plus de faits que d'opinions, même si le lecteur peut entrevoir indirectement l'opinion de l'auteur qui pense sans doute que l'apprentissage d'une langue n'est pas un phénomène physiologique.

INVITATION À ÉCRIRE

Voici des arguments, interprétez-les, développez-les et écrivez un paragraphe pour chacun.

– La publicité, les médias et la mode sont en partie responsable de l'anorexie des jeunes filles.
– La musique développe certaines parties du cerveau et certaines compétences qu'il est possible d'utiliser dans d'autres matières.
– Le taux de divorce est en augmentation.
– Les enfants et adolescents lisent de moins en moins.

LES PREUVES LITTÉRAIRES

Dans le domaine de la littérature, les « faits » peuvent être sujets à interprétation. Cependant, il faut observer la distinction entre émettre des opinions sans fondements et soutenir une thèse. Un des buts des cours universitaires, notamment des cours de littérature, est de faire réfléchir les étudiants à des sujets auxquels ils ne pensent pas forcément, de les inciter à penser autrement et de les aider à devenir plus ouverts d'esprit, plus ouverts aux autres.

D'après la définition du *Petit Robert* (« ouvert, erte », *déf.* II.3) une personne qui est ouverte c'est une personne « qui s'ouvre facilement aux idées nouvelles, qui comprend ou admet sans peine, sans préjugé ». Bien comprendre une œuvre littéraire consiste à s'ouvrir à de nouvelles idées et à ne pas avoir de préjugés. (Extrait de l'article *ouvert, erte* du *Petit Robert de la langue française,* 1993.)

Pour s'ouvrir à de nouvelles idées et éviter les préjugés, la première condition est, dans un premier temps, de ne pas porter de jugements et de considérer seulement les faits. Il ne s'agit pas de juger les personnages (ce qui est de toute façon peu pertinent), mais d'établir des faits pour mieux comprendre les personnages et le message de l'auteur.

Par exemple, il n'est pas question de donner votre opinion sur certains concepts tels que l'adultère, le meurtre, le suicide, le vol ou le mensonge. Il s'agit plutôt de comprendre et d'imaginer pourquoi des personnages agissent comme ils le font. Les questions ne sont pas : Est-ce que je suis d'accord ou non ? Est-ce que je trouve ce personnage intéressant ou non ? Mais les questions sont plutôt : Qui est l'héroïne ? Pourquoi agit-elle ainsi ? Quels sont les faits ? Que fait-elle et pourquoi ? Ses actions révèlent-elles des problèmes psychologiques et affectifs, pourquoi, comment ? D'autres personnages dans la même situation agiraient-ils de même ? Les femmes d'aujourd'hui sont-elles similaires ? Oui, non, pourquoi ?

Les personnages des romans ont, pour la plupart, un âge, une expérience, une façon de penser, une éducation et des intérêts très différents des vôtres. C'est pourquoi lors de la lecture, il s'agira d'imaginer un personnage autre que vous-mêmes, dans une autre situation, une autre époque, un autre pays et de comprendre les faits, sans les juger.

Exemple 1

Fait : *Emma s'ennuie. Pour remplir le vide de son mariage sans amour et de sa vie sans joie, elle cherche l'aventure et le bonheur dans des aventures extraconjugales, mais elle ne trouve ni l'amour, ni le bonheur.* Opinion : *Ce n'est pas bien de tromper son mari parce qu'on ne peut pas être heureux en commettant l'adultère. Emma ferait mieux de s'occuper de son mari et de sa fille, plutôt que d'avoir des aventures qui ne mènent à rien.*

Dans cet exemple, même s'il y avait au début un jugement basé sur des faits, rapidement les faits font place à une simple opinion de l'étudiante sur ce qu'elle pense de l'adultère et des femmes qui trompent leur mari. Dans cette remarque, il n'y a pas de questions universelles, mais un jugement stéréotypé sur l'héroïne (l'étudiante est contre l'adultère) et sur la situation. Il serait plus pertinent d'expliquer pourquoi l'héroïne ne peut pas être heureuse, ce qui la pousse à agir ainsi, ce qu'a voulu montrer l'auteur en la faisant agir ainsi, etc.

Exemple 2

Ce roman est ennuyeux, il ne se passe rien. L'héroïne passe son temps à se plaindre, à être malheureuse, à pleurer et finit par se suicider.

Cet exemple traite du même thème de l'ennui mais c'est un jugement (donc arbitraire). L'étudiante parle de ses sentiments et non de ceux des personnages (ce qui n'est pas la question pour le moment). Pour qu'un roman soit intéressant, faut-il toujours de l'action? Pour éviter les préjugés et les stéréotypes, il vaut mieux donner des faits, et ensuite, on peut commenter les faits.

Exemple 3

Dans ce roman, on ressent l'ennui de l'héroïne. Le temps coule lentement, rien ne se passe pour elle, en dehors de ses aventures sentimentales. Elle attend ce qui ne vient pas (l'amour) ou, pire encore, un rêve irréalisable, ce qu'elle a lu dans les romans. L'ennui est l'un des facteurs déterminants du malheur d'Emma.

Cet exemple traitant du thème de l'ennui, ne porte pas de jugement mais décrit ce qui se passe dans le roman : les faits. Le lecteur ne peut pas être contre des faits. Il reste maintenant à expliquer cette idée avec des détails et des citations et à les interpréter un peu plus tard. Les questions à se poser sont quoi, pourquoi et comment? Ce n'est qu'après avoir répondu à ces questions, qu'il sera possible d'exprimer une opinion basée sur des faits concrets.

Exemple 4

Fait : *Emma s'ennuie. Pour remplir le vide de son mariage sans amour et de sa vie sans joie, elle cherche l'aventure et le bonheur dans des aventures extraconjugales. Toutefois, cela ne peut pas lui apporter le bonheur, parce que ce qu'elle recherche, personne ne peut le lui donner et surtout pas des hommes qui ne cherchent qu'à profiter d'elle.*
Fait/opinion (opinion basée sur des faits) : *Ce qu'elle espère de ces relations, ne correspond pas avec ce que veulent ses amants. Pour eux c'est de l'amusement, un simple plaisir physique; pour elle c'est le sentiment d'exister, le sentiment d'être aimée, de compter pour quelqu'un, l'espoir d'une vie meilleure, l'illusion de l'amour et du bonheur.*
Opinion, interprétation personnelle : *On retrouve ces mêmes questions dans* Anna Karénine *de Tolstoï, publié en 1877. Bien que l'histoire se déroule en Russie, on retrouve chez les héroïnes des deux romans, les*

mêmes problèmes de couple, un comportement et une fin tragique similaires : les deux héroïnes se suicident. Emma Bovary et Anna Karénine évoquent les problèmes de nombreuses femmes malheureuses à travers les pays et les époques. Ces deux romans évoquent aussi la situation d'enfermement dans lesquelles se trouvent les femmes.

Elles sont condamnées à se marier avec un homme qu'elles n'aiment pas, parce que ce sont les hommes qui choisissent, et non les femmes à cette époque-là, et quand elles choisissent un amant, et ont momentanément le sentiment d'exister, d'être aimées et d'être heureuses, ce n'est que pour réaliser que tout n'était qu'illusion et que ce qu'elles attendent est impossible. C'est leur refus de la médiocrité qui les conduit au désastre. Que peuvent donc faire les femmes ? N'y a-t-il donc pas d'autre solution pour refuser cette condition ?

Même s'il y a un jugement, celui-ci est largement basé sur des faits, il est très nuancé et se fait de manière indirecte. L'étudiante parle de ce qui se passe dans le roman, et ailleurs. L'étudiante se base sur des éléments concrets pour poser des questions universelles, ce qui est un bon point.

De plus, le fait de comparer le roman avec une autre œuvre littéraire non discutée en classe est particulièrement pertinent. Non seulement cela montre les connaissances et l'ouverture d'esprit de l'étudiante, mais cela illustre aussi ses pensées et ses arguments.

LA LOGIQUE

Le cheminement de la pensée doit être transparent pour que le lecteur puisse mieux comprendre la logique du raisonnement.

Sujet 3 : Passer du temps dans un pays étranger est nécessaire pour apprendre une langue.

Exemple 1

La seule façon de parler correctement une langue est de passer du temps dans le pays d'origine. En effet, sans pratique, on ne peut pas apprendre et maîtriser une langue.

Cet argument n'est pas très logique bien qu'on entende souvent ce genre de phrase stéréotypée. Tout le monde est d'accord que la pratique d'une langue est nécessaire pour la maîtriser. Un apprenant peut rester en Ontario et pratiquer le français s'il partage un appartement avec un francophone, qu'il va au club de français, écoute la radio, la musique et la télé en français. Par contre, de nombreuses personnes vont en France ou au Québec, ne pratiquent pas le français et parlent leur langue maternelle avec des concitoyens (*fellow citizens*). Pratiquer et passer du temps dans le pays ne sont pas forcément synonymes.

Exemple 2 : exemple 1 « précisé et amélioré »

Comme pour la musique, la théorie ne suffit pas. Maîtriser une langue demande beaucoup de pratique. Il est difficile de pratiquer le français en Ontario si l'on est très occupé et qu'on n'a le temps de rien faire d'autre qu'étudier et travailler.

En outre, ce qui fait l'intérêt de la langue, ce sont les différences culturelles. C'est pourquoi, l'idéal est de partir dans une région francophone, rencontrer autant de francophones que possible et parler le français avec eux. Il est particulièrement utile d'avoir des amis francophones. Cela peut aussi se faire en restant chez soi, mais c'est un peu plus difficile à réaliser, vu que le nombre de francophones est beaucoup plus restreint en région non francophone.

De plus, en étant dans une région francophone, on peut pratiquer le français dans toutes les activités quotidiennes : en faisant les magasins, en attendant le bus, en allant à la banque, dans une file d'attente, etc. C'est cette plus grande variété et aussi la quantité d'heures passées à pratiquer la langue qu'il est presqu'impossible de trouver chez soi. C'est pourquoi un séjour linguistique est une aide précieuse dans l'apprentissage d'une langue seconde (ou langue étrangère).

Dans cet exemple, l'étudiant est beaucoup plus nuancé : il ne dit pas que c'est la seule façon, mais plutôt une « aide précieuse » ; il reconnaît différentes possibilités et opinions : il est possible de pratiquer en restant chez soi et pratiquer n'est pas synonyme de passer du temps ailleurs. Le texte est plus logique que le précédent parce qu'il est plus précis. Les exemples donnés permettent de comprendre exactement ce que l'étudiant veut dire. Cet exemple est donc clair et facile à comprendre. On ne peut pas être contre.

RÉFUTER UN ARGUMENT

Une façon de défendre une opinion est de commencer avec deux arguments qui se contredisent ou s'affrontent ou de commencer avec un argument qui semble réfuter celui qu'on veut défendre. Il s'agira alors de prouver pourquoi ce n'est pas le cas, ou pourquoi c'est le cas. Par exemple, dans le sujet suivant, la thèse que la personne défend c'est que les étudiants connaissent les règles de grammaire bien qu'ils fassent des fautes de grammaire. Ces deux arguments semblent se contredire. La façon dont les idées sont amenées est ainsi plus pertinente, car cela permet de considérer le problème sous un angle différent.

Sujet 4 : Les étudiants de français connaissent-ils bien les règles de grammaire?

Exemple

Les étudiants de français langue seconde connaissent bien la plupart des règles de la grammaire française. Pourtant ils font de nombreuses fautes de grammaire, notamment des fautes d'accord : accord sujet-verbe, adjectif-nom, etc. On pourrait donc penser qu'ils ne connaissent ou ne comprennent pas ces règles ou qu'ils les ont oubliées.

Toutefois, ce n'est pas le cas. Ils les ont vues et revues plusieurs fois dans leurs cours de français. Ils les appliquent assez bien dans des exercices de grammaire « simples », tels que remplissez les blancs. Il n'est d'ailleurs pas très difficile de comprendre et de se souvenir que si le nom est au féminin, l'article et l'adjectif doivent aussi être au féminin ou qu'un verbe doit s'accorder avec son sujet. Les explications se trouvent ailleurs que dans des problèmes de compréhension et de connaissances.

Les habitudes et les attitudes des étudiants sont plutôt la cause du problème. S'ils considèrent que l'accord de l'adjectif et du verbe est un « détail », car l'important est de communiquer, alors les problèmes ne sont pas leurs connaissances en grammaire, mais l'attention qu'ils y portent et l'importance qu'ils y attachent.

L'argumentation est bonne. L'explication est convaincante et on finit par être d'accord.

CONCÉDER UN ARGUMENT

Afin d'être plus convaincant, vous pouvez considérer un problème sous plusieurs aspects. Pour cela, vous reconnaîtrez la validité d'autres opinions sur la question, tout en démontrant pourquoi celles-ci sont moins valables que les vôtres. Reconnaître l'opinion des autres, c'est ce qu'on appelle

« concéder ». Concéder permet de mieux mettre en relief votre propre opinion et de montrer que vous êtes plus objectif.

Vous veillerez alors à :

- soumettre l'idée à défendre dans la première phrase (*topic sentence*),
- reconnaître et souligner des opinions adverses,
- expliquer l'idée en donnant un exemple, des chiffres reconnus,
- trouver un lien logique entre la source et l'idée,
- toucher le lecteur intellectuellement et affectivement en provoquant chez lui des réactions,
- conclure le paragraphe avec la dernière phrase.

Idée à défendre : Le cinéma peut remplacer les livres, car

- il est plus rapide de voir une œuvre littéraire adaptée au cinéma que de lire 500 pages,
- il y a aussi le pouvoir des images, du son et de la musique.

Opinion des autres : Le cinéma ne peut pas remplacer les livres. La lecture améliore de nombreux aspects de la langue : le vocabulaire, le style et l'orthographe; elle encourage l'imagination et la créativité. Le but n'est pas seulement d'obtenir des informations rapidement mais c'est avant tout d'avoir du plaisir en lisant.

Exemple d'argument prenant en considération une opinion adverse

Même si le cinéma est loin de remplacer les livres, il peut participer à instruire les téléspectateurs et à faire connaître certaines œuvres classiques. Les films qui sont des adaptations cinématographiques d'œuvres littéraires, permettent aux spectateurs de se familiariser avec des chefs-d'œuvre qu'ils n'auraient sans doute pas lus autrement.

C'est ainsi que même les moins instruits ont quelques connaissances sur, pour n'en citer que quelques-uns, Les misérables, Notre-Dame de Paris, Le rouge et le noir, Le nom de la rose, Germinal. *Si le cinéma ne peut remplacer les livres, il a au moins l'avantage d'en avoir certaines qualités : faire réfléchir les gens et les faire rêver.*

INVITATION À ÉCRIRE

Réfutez les arguments suivants et construisez un paragraphe :

- Ce n'est qu'en choquant que l'on peut faire changer les autres.
- John Lennon a créé une chanson à partir d'un simple dessin de son fils (« Lucy in the Sky with Diamonds »). Peu de personnes sont aussi créatives.

Concédez les arguments suivants et construisez un paragraphe :

- Les sociétés occidentales basent leur culture sur l'écrit.
- La peine (*grief, sorrow*) a inspiré les plus belles œuvres.

Toucher le côté affectif

Après avoir donné des faits qui ont touché le côté intellectuel, il est temps de **persuader** le lecteur en touchant le côté affectif. Les arguments efficaces vont :

- créer un effet sur le lecteur,
- provoquer une réaction,
- considérer le destinataire (*person addressed*) : sa personnalité, ses opinions.

L'idéal est de trouver des arguments qui touchent plusieurs côtés (intellectuel et affectif) en même temps.

Exemple

Parler une langue, c'est aussi connaître la culture de la langue cible pour pouvoir communiquer efficacement. Pour pouvoir communiquer avec des francophones, il est utile de connaître leurs attentes et d'avoir quelques compétences sociolinguistiques. Par exemple, lorsqu'un client francophone excédé (furious) *se plaint* (complains) *d'avoir reçu une facture* (bill) *qu'il a déjà payée, si un employé ne l'interrompt pas, non seulement la conversation risque de durer longtemps, mais en plus, le client sera furieux, pensant que l'employé se fiche* (does not care) *complètement de ce que le client lui raconte et ne l'a peut-être pas écouté ou compris. Alors que dans un contexte anglophone, il serait impoli d'interrompre l'interlocuteur, cela se fait couramment dans le monde francophone et c'est même parfois une façon de montrer son intérêt. Connaître la langue, c'est savoir quoi dire et comment le dire comme les locuteurs natifs dans une même situation.*

Cet exemple touche le côté affectif parce que le lecteur peut bien imaginer une telle situation. Des émotions sont en jeu : un client énervé, un employé qui ne sait pas comment réagir, une incompréhension entre deux personnes de culture différente. Le lecteur peut presque voir ou entendre la discussion et c'est presque drôle. La réflexion est ici mêlée aux émotions.

CONSIDÉRER LE LECTEUR

Selon le public auquel on s'adresse, on modifiera le contenu et la forme. Selon que l'on parle à une personne proche ou à un employeur pendant un entretien d'embauche (*job interview*), on ne parlera pas de la même façon. Il s'agit donc de cibler (*target*) le destinataire pour trouver l'argumentation et les exemples les mieux adaptés. On retrouve ce principe en publicité. On établit un problème reconnu par tous, puis on trouve une solution qui touche les lecteurs ou les téléspectateurs affectivement et intellectuellement.

Voici une publicité pour un programme d'amaigrissement :

Exemple d'argument en publicité

Voulez-vous avoir le corps de vos rêves? Les régimes draconiens et les nombreuses heures d'exercice n'ont pas donné de résultats satisfaisants?

Votre chemin de croix est finalement terminé. Grâce à notre programme simple et efficace, n° 1 en Amérique du Nord, des millions de personnes au Canada et dans le monde entier ont perdu du poids rapidement et sans efforts, et ce, de façon durable.

Appelez maintenant et essayez notre programme gratuitement pendant un mois.

La question interpelle (*involve*) le lecteur surtout sur le plan affectif en lui posant deux questions. Toute personne qui a voulu maigrir sait bien combien il est difficile de perdre du poids et sera probablement d'accord avec la publicité. Le fait que la compagnie soit «n° 1 en Amérique du Nord» touche le côté intellectuel. Si cette compagnie est n° 1, c'est que ses produits sont forcément de bonne qualité.

«Le chemin de croix» fait référence à tout ce qui n'a pas marché dans le passé (les régimes, les privations, frustrations et déceptions) produisant une image émotive forte et évoquant ainsi la concurrence tout en mettant en valeur le produit.

En publicité, il y a toujours dans la conclusion une phrase ou un mot qui résume l'important de la publicité, aide à se souvenir de la marque et donne envie de l'utiliser.

Dans cette publicité, l'argument est facile à comprendre : on veut maigrir mais c'est impossible. Toutefois en utilisant le programme de la compagnie on obtiendra ce qu'on veut. L'argument bien que simpliste est convaincant. Cette publicité illustre les techniques consistant à toucher les côtés affectif et intellectuel.

Voici quelques exemples d'argumentation problématique. C'est en «décortiquant» (*dissect*) les détails et les arguments un par un, qu'on peut mieux cerner (*define*) les différents problèmes, les corriger et les éviter.

Exemple d'argument (domaine personnel) :

Anatole n'a pas répondu au téléphone à sa petite amie Katie pendant deux mois. Celle-ci considère que leur relation est terminée. Anatole s'explique sur son comportement et veut reprendre leur relation, mais celle-ci ne veut plus le revoir et ne répond pas à ses appels. Il lui écrit une lettre pour la convaincre de reprendre leur relation.

> ### LETTRE 1
>
> Ma chère Katie,
>
> Je sais que je n'ai pas répondu à tes appels téléphoniques pendant longtemps. Je ne me sentais pas bien et j'avais beaucoup de travail. Maintenant, je vais mieux, j'ai plus de temps et nous pouvons nous revoir quand tu veux. Je t'aime et tu me manques. J'espère que nous nous verrons bientôt.
>
> Anatole

Quels sont les éléments qui créent une mauvaise impression? Pourquoi la lettre n'est-elle pas convaincante? Croit-on Anatole?

La lettre n'est pas convaincante parce que le lecteur ne sait pas exactement de quoi il s'agit quand il dit: «je ne me sentais pas bien et j'avais beaucoup de travail». Le jeune homme a probablement de bonnes raisons de ne pas avoir contacté sa petite amie mais sa lettre n'explique pas ce qui s'est passé, pourquoi il ne lui a pas parlé au téléphone, ce qui peut ne prendre que quelques secondes.

L'auteur de la lettre ne considère pas la destinataire. Il ne considère ni ses pensées et émotions passées, ni ses pensées présentes. Katie a été blessée puisqu'il n'a pas répondu à ses appels et il ne s'excuse même pas. Il n'y a rien qui explique émotionnellement les sentiments de l'homme et le retournement de situation. Il ne prend pas en considération l'humiliation et les sentiments de Katie. Lui demander de la revoir, sans excuses ni explication rajoute à l'humiliation, comme si elle était à sa disposition.

Le résultat est qu'on ne croit pas le jeune homme, on n'est pas convaincu de sa bonne foi. On a l'impression qu'il ment ou qu'il cache quelque chose. Puisqu'il manque des explications, on peut en inventer : Il en a assez d'être tout seul, alors il vient la chercher? La fille avec qui il était l'a quitté? Non seulement la lettre n'est pas convaincante, mais elle produit même l'effet inverse. Elle peut énerver la jeune fille, lui donner des doutes sur la vérité et la profondeur des sentiments du garçon. Avec une telle lettre, Katie ne voudra probablement pas le revoir.

Pour mieux convaincre Katie, à quelles questions devrait répondre la lettre? Que devrait faire le garçon s'il veut se faire pardonner? Que devrait-il faire pour que Katie ait envie de le revoir?

INVITATION À ÉCRIRE

Refaites la lettre d'Anatole, de façon à convaincre Katie.
Comparez votre lettre avec la lettre ci-dessous.

LETTRE 2 (LETTRE 1 CORRIGÉE)

Ma chère Katie,

J'espère que tu vas lire cette lettre jusqu'à la fin, avant de porter un jugement. Je sais que je n'ai pas répondu à tes appels téléphoniques et à tes lettres. Tu as dû m'en vouloir, ce qui est bien normal. Je comprends que tu n'aies pas voulu répondre à mes appels et que tu ne souhaites pas me revoir. Toutefois avant que tu ne prennes une décision définitive, je voudrais t'expliquer brièvement ce qui s'est passé.

Lorsque je t'ai rencontrée, je venais de perdre mon emploi et j'en cherchais un autre. Je restais chez ma sœur, ce qui me déprimait beaucoup. Comme j'avais déjà beaucoup de sentiments pour toi, j'avais peur que tu penses que j'étais un minable (*loser*). C'est pourquoi, comme je me sentais très mal, je voulais attendre que ma situation s'améliore pour que notre relation n'en pâtisse (*suffer*) pas.

Je pensais que cette situation n'allait durer que quelques jours, voire (*if not*) plusieurs semaines, mais cela a duré plusieurs mois, jusqu'à la semaine dernière. J'ai enfin obtenu un poste à la hauteur de mes ambitions : un poste de directeur des ventes chez 3M. J'ai aménagé hier dans mon nouvel appartement. Maintenant que ma vie est redevenue normale, je peux avoir une relation sentimentale.

Je sais que j'ai eu tort et que j'aurais dû t'expliquer la situation plus tôt ce qui aurait évité des problèmes. J'étais trop fier pour t'avouer ma situation. Mon comportement a été stupide et égoïste, je n'ai pensé qu'à moi. J'ai eu le temps de réfléchir et je regrette vraiment d'avoir agi ainsi. Me donneras-tu une autre chance? J'espère que tu me pardonneras et que nous nous verrons bientôt.

Anatole

Comparez la lettre 1 et la lettre 2. Quelles sont les différences?

L'auteur prend en considération la lectrice (Katie) : il s'excuse, reconnaît ses torts, reconnaît les sentiments et les frustrations de la jeune femme. Il explique avec précision son comportement (pas de travail, vivait chez sa sœur, peur du jugement). Les paragraphes se suivent logiquement, on comprend très bien ce qui s'est passé, le comportement du jeune homme, et on le croit.

Les arguments peuvent toucher la lectrice intellectuellement parce qu'elle comprend les faits, mais aussi affectivement car elle comprend le désarroi d'Anatole et comprend qu'il avait honte de lui et de sa situation. Elle est plus susceptible de lui pardonner car il semble se repentir de ses erreurs, il admet qu'il a mal agi. Le texte est beaucoup plus convaincant que le premier alors que la base était exactement la même. Nous voyons ici que la présentation et l'argumentation sont très important tes pour mettre en valeur le contenu et les idées.

Analyse de l'argumentation

Évaluez, du point de vue de l'argumentation, les lettres suivantes

Les deux lettres suivantes vous paraissent-elles convaincantes, pourquoi? Qu'est-ce qui est le plus problématique au niveau de l'argumentation? Transformez les arguments non convaincants en arguments convaincants. Comparez vos commentaires et réponses avec les suggestions suivantes. Vous pouvez vous poser les questions suivantes avant de lire le texte, par rapport au sujet : Comment peut-on convaincre l'employeur qu'on est meilleur que les autres? Quels arguments vont être convaincants? Que veut savoir l'employeur?

Lettre 1 : Une étudiante voudrait obtenir un poste de secrétaire dans une compagnie.

> Cher Monsieur,
>
> Je vous écris pour poser ma candidature au poste de secrétaire bilingue. Tout d'abord, j'ai beaucoup d'expérience avec les ordinateurs. Je parle couramment le français car je suis allée dans une école d'immersion pendant cinq ans et je suis bilingue. Enfin, je suis organisée car j'ai travaillé dans un camp de vacances avec des enfants. Vous pouvez donc constater que je suis une parfaite candidate pour ce poste.

Commentaires lettre 1

La candidate donne une liste des qualités qu'elle possède pour le poste. Pourtant, la lettre n'est pas convaincante parce qu'elle ne touche le lecteur ni intellectuellement, ni affectivement.

Le côté intellectuel

- La personne donne des opinions sans fondements au lieu de faits : « j'ai beaucoup d'expérience avec les ordinateurs… je parle couramment le français… je suis organisée… je suis une parfaite candidate… ». Il manque des preuves (des faits concrets) de ce qui est avancé. Qu'est-ce qui prouve qu'elle est bilingue?

- Le lien entre les idées n'est pas clair (quel lien entre ordinateurs, français et organisation?); on ne suit pas facilement la pensée de la personne. Les conclusions ne correspondent pas aux explications : ce n'est pas parce qu'on a travaillé dans un camp de vacances qu'on est organisé, ce n'est pas parce qu'on a été cinq ans en école d'immersion qu'on est vraiment bilingue.
- Les faits manquent de précision et d'explications : pendant combien de temps a-t-elle travaillé dans des camps de vacances et en ayant quel poste? Quelles étaient les responsabilités? Quel est le rapport entre ce poste et l'organisation?
- La conclusion («je suis une parfaite candidate »), n'a pas de rapport avec le reste de la lettre. L'argumentation de la lettre ne permet pas d'arriver à la conclusion espérée.

Le côté affectif

La candidate ne considère pas «la concurrence », c'est-à-dire qu'elle n'est capable de se mettre ni à la place de l'employeur, ni à la place des autres candidats.

- La lettre ne prend pas en considération le lecteur (l'employeur) qui va lire des centaines de lettres et qui a peut-être mis plusieurs annonces pour plusieurs postes.
- Elle ne prend pas en compte les arguments présentés par les autres candidats.

INVITATION À ÉCRIRE

Refaites la lettre de la candidate, de façon à convaincre l'employeur.
Comparez votre lettre avec la lettre ci-dessous.

Lettre 2 (lettre 1 corrigée)
Comparez la lettre 1 et la lettre 2. Quelles sont les différences?

NOM Prénom
Adresse
Téléphone Mobile / Fixe
Adresse-Email

Nom de l'entreprise destinataire
Nom et poste du recruteur destinataire
Adresse de l'entreprise
Paris (ville), le .... (date)

Objet : candidature au poste de secrétaire n° 212

Madame, Monsieur,

Je voudrais par la présente poser ma candidature au poste de secrétaire bilingue posté dans l'annonce n° 30125 du 12 décembre 2010 sur votre site web.

Tout d'abord, j'ai beaucoup d'expérience en informatique et en secrétariat puisque j'ai travaillé cinq ans comme secrétaire à l'agence de publicité *Infopub* dans laquelle j'ai utilisé les logiciels tels que *ColdFusion, Flash et Excel*.

Je parle couramment le français car j'ai fait toute ma scolarité dans une école d'immersion, j'ai passé deux mois au Québec et j'ai obtenu le certificat de français pratique l'an dernier à l'université en ayant une moyenne de 85 %.

Enfin, mes expériences professionnelles diverses m'ont permis de développer de nombreuses compétences. Par exemple, lorsque j'ai organisé des activités pour le personnel de la compagnie *Infopub*, telles que le congrès des publicistes du Canada en 2002, la campagne de sensibilisation sur le SIDA en 2003 et lorsque j'ai dirigé cinq secrétaires pendant quatre années, j'ai dû faire preuve d'initiative et d'organisation.

Maîtrisant la plupart des logiciels informatiques, étant bilingue, ayant des expériences et des compétences variées, je suis une excellente candidate pour ce poste. Je me tiens à votre entière disposition pour tous renseignements complémentaires.

Prénom Nom

Cette lettre est plus convaincante que la première parce qu'elle est mieux organisée et plus logique. La candidate a tenu compte du destinataire qui doit se poser ces questions-là. L'impression générale de la lettre est que la candidate est une perfectionniste, elle est dynamique, possède les compétences et l'expérience. L'employeur voudra la rencontrer!

Résumé

L'argumentation est autant une question de présentation, d'explication et d'organisation que les idées elles-mêmes. Mêmes les meilleures idées ne seront pas reconnues, si elles sont mal présentées. Des arguments basés sur des faits, la qualité des sources et la précision des idées renforcent l'argumentation et mettent en relief les idées.

Récapitulons

Pour votre prochain devoir, considérez-en seulement l'organisation et l'argumentation avec les questions suivantes. Cochez-les. ☑

Les preuves :

❏ Les idées sont-elles basées sur des faits?

❏ Les faits sont-ils reconnus par des spécialistes du domaine?

❏ Les faits sont-ils suivis d'une interprétation, d'une opinion personnelle sur la question?

❏ L'interprétation des faits est-elle la seule possible étant donné les éléments fournis?

❏ L'interprétation des faits est-elle logique?

❏ L'interprétation des faits est-elles en accord avec les citations et les exemples?

L'argumentation :

❏ L'argumentation est-elle logique et compréhensible?

❏ Les arguments touchent-ils les côtés intellectuel et émotif?

❏ Les citations et exemples mettent-ils en relief les arguments et idées?

❏ Suis-je convaincant?

Exercices

EXERCICE 1

Trouvez des arguments convaincants (et vrais) pour les sujets suivants :

- L'esclavage existe encore aujourd'hui, même dans les pays occidentaux.
- La télévision ne peut pas remplacer les livres.
- Les enfants n'ont plus autant d'imagination qu'avant.
- Les pays occidentaux respectent peu les personnes âgées.
- Pourquoi l'écrit a-t-il tant d'importance quand on apprend une langue?
- Connaître la littérature d'un pays est une façon de connaître le pays et ses habitants.
- Pour vous qu'est-ce que la poésie?
- Quel est votre livre préféré ? Pourquoi?

EXERCICE 2

Sélectionnez des arguments
Sujet : L'inconscience des automobilistes sur la route
Voici des arguments visant à prouver l'inconscience d'un bon nombre d'automobilistes. Lesquels vous semblent convaincants? Pourquoi? Classez-les par ordre croissant d'importance. Travaillez chaque argument pour qu'il soit le plus convaincant possible.

Une fois que vous aurez sélectionné les arguments que vous jugez être les plus convaincants, organisez-les dans un plan et faites un devoir d'environ 300 mots.

- Ce sont surtout les femmes qui conduisent mal.
- Ce sont les jeunes conducteurs peu expérimentés qui sont dangereux.
- Les personnes âgées sont les plus dangereuses.
- La fatigue cause des accidents.
- L'alcool et la drogue sont les facteurs déterminants dans les accidents.
- La sécurité des enfants n'est pas toujours assurée.
- Les automobilistes roulent trop vite et ne respectent pas les panneaux de signalisation.
- Les automobilistes sont étourdis.
- Rares sont les automobilistes qui vérifient la pression des pneus de leur véhicule.

– Les hommes et surtout les hommes jeunes sont dangereux parce qu'ils conduisent vite et veulent se faire remarquer (*show off*).
– Il est dangereux de conduire la nuit.
– Les gens qui parlent au téléphone ou qui fument causent des accidents.
– La neige et le verglas causent des accidents si les conducteurs roulent trop vite.

EXERCICE 3

1. Trouvez des arguments pour et contre les sujets suivants quelles que soient vos opinions personnelles. Les sujets ont été choisis parce qu'ils sont sujets à controverse.

   a. On ne peut pas être heureux si on est seul.
   b. L'amour ne peut pas être éternel.
   c. L'ignorance participe au bonheur.
   d. Vingt ans n'est pas le plus bel âge.

2. Écrivez une composition de 300 mots sur le sujet de votre choix (a, b, c ou d).

EXERCICE 4

Sujet: Quelles sont les difficultés que l'on rencontre en apprenant une langue étrangère? Trouvez des arguments convaincants, faite un plan, puis écrivez un petit texte de 300 mots.

Chapitre 5

L'INTRODUCTION

Introduction

Avant de commencer à lire, le lecteur pensait peut-être à autre chose. L'introduction sert à orienter les pensées du lecteur et à lui donner le temps de se placer dans un nouveau contexte. Pour cela, l'introduction amène le sujet «de loin» et va petit à petit restreindre et préciser le sujet. L'introduction doit attirer l'attention du lecteur, lui donner envie de lire la suite, lui expliquer de quoi il s'agit et donner une impression générale de toute la composition. L'introduction présente, explique et parfois restreint le sujet.

L'introduction a trois parties à peu près égales : la phrase d'accroche, l'explication du sujet et l'annonce du plan. Les trois parties sont reliées par des mots de liaison (c'est pourquoi, ainsi) et se suivent logiquement.

Il y a un certain équilibre entre l'introduction, le développement et la conclusion. L'introduction constitue environ 10 % du devoir, le développement environ 80 % (chaque partie et chaque paragraphe ont, si possible, une longueur approximativement égale) et la conclusion 10 %.

L'introduction a un lien direct avec le devoir et avec la conclusion. Dans les introductions et les conclusions des films, on remarque que le début est souvent similaire à la fin, mais avec des modifications qui font que la même scène est maintenant différente. Alors que la première scène sert d'introduction, le film entier sert à expliquer ce que l'on ne comprendra qu'à la conclusion, une fois éclairé (*informed*) par le développement. La conclusion ayant des éléments nouveaux donne alors tout son sens à l'introduction. Il y a ainsi un lien logique entre l'introduction, le développement et la conclusion.

L'introduction peut se comparer à un entonnoir dans la mesure où l'on part du plus général pour arriver au plus précis, afin d'arriver à la présentation du plan (des parties du texte).

Voyons les trois parties de l'introduction : la phrase d'accroche, la présentation du sujet et l'annonce du plan.

La phrase d'accroche (*the lead sentence*)

Cette partie de l'introduction sert à attirer l'attention du lecteur, à l'intéresser, et à le faire réagir. Pour cette partie, le choix est vaste. Il existe plusieurs possibilités, vous choisissez ce que vous préférez. Pour attirer l'attention et impliquer le lecteur voici quelques possibilités :

- poser une question et une problématique,
- illustrer une idée avec des chiffres ou des statistiques,
- commencer avec une citation littéraire,
- raconter une anecdote sur des personnages ou des événements connus.

Il est aussi possible de mélanger plusieurs de ces techniques (en utilisant, par exemple, une citation et une question).

UNE QUESTION (RHÉTORIQUE OU NON)

Il est efficace de poser une question partielle complexe parce que cela force le lecteur à réfléchir au sujet et l'y plonge automatiquement. Il s'agit de poser une question qui demande une opinion et une certaine réflexion. Voici quelques exemples possibles pour commencer une introduction avec une question.

Sujet 1 : Pression sociale, éducation, génétique : Qu'est-ce qui semble jouer le plus grand rôle, selon vous, dans le choix de carrière des femmes?

Exemple 1 : question rhétorique

Quelle femme n'a jamais rêvé de gagner beaucoup d'argent et de faire ce qu'elle aime vraiment?

Le lecteur se dit : oui c'est sûr, toutes les femmes en ont rêvé. Mais pourquoi y a-t-il un si grand fossé entre le rêve et la réalité? Le lecteur est donc amené à réfléchir sur le sujet.

Exemple 2

Pourquoi les femmes choisissent-elles des métiers moins payés?

Exemple 3

Qui n'a jamais été victime de stéréotypes sexistes?

Les exemples 2 et 3 bien qu'un peu vagues, sont suffisamment précis pour poser une problématique. La question ne doit être ni trop générale, ni trop évidente. Si vous ne pouvez pas penser à une question pertinente assez originale, utilisez une autre technique.

Exemple 4 : question avec réponse

À quoi pensez-vous quand vous pensez au choix de carrière des femmes? Quand on pense à ce mot, on pense à la société et à la famille.

Si vous répondez à la question tout de suite après l'avoir posée, cela enlève tout l'intérêt et le suspense de la question, puisque le but était de faire réfléchir le lecteur. Il est plus efficace de ne pas répondre à la question et de laisser le lecteur y réfléchir.

Remarque

Étant donné que vous cherchez à utiliser le style le plus recherché possible, vous éviterez tout ce qui est familier et vous choisirez plutôt des expressions qui conviennent davantage au style académique. Le « on » général est préférable au « tu » ou « vous » qui s'adressent à des personnes particulières. Ce conseil s'applique aussi pour l'oral, lors d'un exposé en classe. À chaque fois que vous diriez « *you* » dans un sens général, vous utiliserez le pronom « on » en français plutôt que tu (ou vous).

Il ne faut pas confondre le « on » familier qui remplace le « nous » plus recherché avec le « on » général. « On y va » est synonyme de « allons-y » mais c'est plus familier. Dans la phrase « on met deux *n* au mot *environnement* », le on n'est pas synonyme de « nous », mais c'est un « on » général. C'est ce « on » général qui est utilisé dans ce manuel.

Pour l'interrogation, il vaut mieux utiliser l'inversion (registre plus soutenu) plutôt que « est-ce que » (plus familier, employé plutôt à l'oral).

Considérez les effets d'une question trop simple.

Exemple 5 : question trop simple

Pensez-vous que les femmes ont raison de faire ces choix ?

Le lecteur va penser et répondre « non ». Cette partie de l'introduction ne joue donc pas son rôle d'accroche car le lecteur ne réfléchit pas et ne se plonge pas dans le sujet. Une question totale (à réponse oui-non) demande moins de réflexion. De plus, la question est trop imprécise, il faudrait définir « ces choix ». Une question est plus efficace si vous utilisez un mot interrogatif et que vous précisez la question :

Exemple 6 : question 5 précisée

Pourquoi les femmes ont-elles tendance à choisir des métiers moins bien payés, ayant moins de responsabilités, étant moins reconnus que les métiers que choisissent les hommes ?

Cet exemple engage beaucoup plus le lecteur qui tout de suite se plonge dans la question en tentant d'y répondre.

INVITATION À ÉCRIRE

Trouvez trois questions qui pourraient être utilisées dans une introduction pour les sujets 53, 54, 59 de la santé (partie II en annexe A).

DES STATISTIQUES, DES CHIFFRES

Des statistiques peuvent illustrer l'importance du sujet tout en attirant l'attention du lecteur.

Exemple 7

« En Finlande et au Danemark, 80 à 90 % des femmes travaillent à plein temps. En Finlande notamment, cas unique au monde, les emplois des hommes et ceux des femmes sont parallèles[1]. »

Cet exemple fait réfléchir le lecteur à plusieurs niveaux. D'abord, il est intéressant d'étudier le même problème dans un autre contexte. Ensuite, les chiffres font réfléchir sur la place des femmes au travail, et enfin, le lecteur se demande ce qu'il en est au Canada. Bref, il a envie d'en savoir plus sur le sujet. Il est possible d'utiliser plusieurs techniques à la fois, en utilisant, par exemple, une question et des chiffres.

Exemple 8 : chiffres + question

D'après.... [sources] 55 % des étudiants faisant un diplôme de 3 ans sont des femmes
41 % des étudiants faisant une maîtrise sont des femmes
23 % des étudiants faisant un doctorat sont des femmes
Pourquoi les femmes font-elles moins d'études de haut niveau que les hommes?

Ces chiffres posent une problématique renforcée par la question. Le lecteur aura sans doute envie de lire le reste du devoir pour avoir la réponse à la question.

UNE CITATION

Les écrivains célèbres expriment avec des mots ce que les êtres humains ressentent. Ils ont le don de trouver le mot juste qui nous touche et nous fait réagir. Profitez-en! Vous pouvez choisir une citation qui correspond à ce que vous pensez et ressentez, et cette citation pourra toucher le lecteur autant que vous-même.

Exemple 9

« Si l'on veut gagner sa vie, il suffit de travailler. Si l'on veut devenir riche, il faut trouver autre chose », disait Alphonse Karr[2].

Cette citation répond à une question que nous nous posons tous : faut-il faire ce qu'on aime ou faut-il trouver un métier qui rapporte plus d'argent mais qui nous plaît moins?

INVITATION À ÉCRIRE

Il est possible de trouver toutes sortes de citations très rapidement sur l'internet. Trouvez une citation littéraire ou philosophique pour les sujets suivants :

– Le bonheur se trouve dans la simplicité.
– L'amour n'existe pas.
– La liberté n'est qu'une illusion.

Vous pouvez commencez vos recherches en consultant les sites suivantes :

> www.gilles-jobin.org/citations/
> www.les-citations.com/index.php
> www.evene.fr/citations/index.php
> www.lexilogos.com/citations.htm

UNE ANECDOTE, UNE PETITE HISTOIRE COURTE

Raconter une anecdote sur la biographie d'un personnage connu, sur un passage historique célèbre ou tout autre fait connu peut souligner certains principes ou en montrer la véracité tout en suscitant l'intérêt du lecteur. Le lecteur se pose alors la question : quel est le lien entre cette histoire et notre sujet ? C'est ce que vous allez faire : répondre à cette question. Cela permet d'amener le sujet de loin, et pousse le lecteur à réfléchir.

Exemple 10

Lorsque les deux Polonaises Marie Curie (née Marya Salomea Sklodowska) et sa sœur Bronia ont voulu faire des études universitaires, elles n'avaient ni les moyens financiers, ni la possibilité d'aller à l'université, entre autre, parce qu'elles étaient des femmes. « Une des sœurs de Marya, Bronia rêve d'étudier la médecine, mais il faudrait partir à l'étranger car en Pologne les femmes ne sont toujours pas admises à l'université. Par ailleurs, Bronia n'a pas de quoi se payer ses études. C'est alors que Marya propose de se placer comme gouvernante dans une riche famille et d'envoyer son salaire à Bronia. Quand celle-ci sera médecin, elle aidera à son tour Marya à financer ses études[3]. »

C'est ainsi que les deux femmes ont pu faire des études à Paris. Le 10 décembre 1903, Marie Curie et son époux reçoivent conjointement avec Henri Becquerel le prix Nobel de Physique. Cela représente bien la vie difficile qu'avaient les femmes qui voulaient faire des études universitaires à cette époque même pour les femmes les plus brillantes. Quelle est la situation des femmes de nos jours ?

Cette petite histoire est très efficace pour amener le sujet des femmes, parce que le lecteur est forcément intéressé par l'histoire de la première femme à obtenir un prix Nobel, femme exceptionnelle qui a marqué son temps (elle a aussi reçu un prix Nobel de chimie en 1911).

Les anecdotes doivent être pertinentes. Certains sujets permettent de raconter une histoire personnelle, notamment dans des récits. Toutefois, dans la plupart des devoirs académiques, des anecdotes sur des personnes célèbres seront plus pertinentes que des histoires personnelles.

Considérez l'exemple suivant sur le même sujet du choix de carrière des femmes.

Exemple 11

Je crois que les femmes choisissent ce qu'elles veulent. Je connais des femmes avocates, professeures d'université.

La question que se pose le lecteur est : « Et alors ? Qu'est-ce que cela prouve ? » Cela n'explique pas le choix de carrière des autres femmes. De tels commentaires ne sont pas utiles à la discussion et n'ont leur place ni dans l'introduction, ni ailleurs.

Récapitulons : La phrase d'accroche

Pour vous assurer que cette partie de l'introduction joue bien son rôle, vous vous poserez les questions suivantes : ☑

❏ La première phrase donne-t-elle envie de lire le reste du devoir ?

❏ La première phrase est-elle une phrase générale en rapport avec le sujet ?

❏ Cette phrase amène-t-elle le sujet de loin, oriente-t-elle les pensées du lecteur vers le texte ?

❏ Est-il possible de rendre cette phrase plus intéressante, plus originale?

❏ Ai-je utilisé une technique pour attirer l'attention du lecteur? Une question rhétorique? Des statistiques ou des informations? Une citation? Une anecdote?

❏ Produit-elle une impression sur le lecteur? Laquelle?

INVITATION À ÉCRIRE

Faites une phrase d'accroche pour les sujets de discussion générale 67, 68 et 73 de la partie II en annexe A.

La présentation du sujet = l'explication du sujet

La deuxième partie de l'introduction consiste à expliquer le sujet en vos propres termes. Vous indiquez au lecteur de quoi vous allez parler et sous quel angle vous allez aborder le sujet dans le développement. Cela permet aussi de vous focaliser sur un sujet précis et de le restreindre si besoin est. Il s'agit de restreindre ou d'élargir le sujet par rapport au **sujet de départ**. Si le sujet de départ était trop large, par exemple l'éducation, on pourra le restreindre à l'université. Si le sujet est un peu restreint, on peut l'élargir. Par exemple, si le sujet est restreint au bilinguisme avec les écoles d'immersion, on pourra l'élargir surtout en conclusion, en parlant du bilinguisme en général.

Toutefois, étant donné que l'introduction commence avec une phrase générale, il faudra progressivement restreindre **le sujet de l'introduction,** en allant du plus général au plus précis.

Cette partie met en relief l'importance du sujet, elle explique pourquoi il est important d'en parler et en quoi ce sujet nous concerne.

Remarque

Si vous avez un sujet à commenter, il ne faut pas répéter le sujet tel qu'il a été donné dans l'introduction. En *reformulant le sujet*, vous montrez au lecteur que vous avez bien compris le sujet et vous restreignez le sujet en montrant l'angle que vous allez aborder.

Exemple 1

De nos jours, les femmes choisissent les carrières qu'elles veulent. Elles font autant d'études que les hommes et sont de plus en plus présentes dans toutes les sphères de la vie publique (médias, arts, santé, éducation, etc.).

Ce sujet serait assez bien présenté, mais il manque un peu de précision. Dire que les femmes font autant d'études que les hommes est faux, si on ne précise pas dans quel domaine et à quel niveau. Certains domaines sont majoritairement masculins (ingénierie, sciences, technologie, etc.) et d'autres majoritairement féminins (métiers de la santé : infirmière, aide soignante; et métiers de l'éducation : institutrice, enseignante). D'après les statistiques générales, ce sont généralement les hommes qui font des études de haut niveau.

Étant donné que le choix de carrière des femmes est un sujet très général, il peut être abordé sous des angles très différents : du point de vue de l'éducation des filles, du point de vue culturel, social, économique, psychologique, etc. Le lecteur ne sait pas sous quel angle la personne va aborder le sujet : pourcentage des femmes dans différentes activités ? Présence des femmes dans tous les domaines ? Aspect sociologique, économique ?

Exemple 2

De nos jours, il semble que les femmes ont les mêmes droits et libertés que les hommes, qu'elles peuvent faire ce qu'elles veulent et que si elles choisissent telle ou telle carrière, c'est leur choix et qu'il n'y a donc aucun problème. Toutefois, la situation n'est pas aussi simple. Ce n'est le choix de personne d'être pauvre, d'être mère monoparentale avec un salaire qui ne peut pas subvenir aux besoins de la famille. Les chiffres.... [sources] sont révélateurs. Les hommes ont 75 % des emplois les mieux payés et les femmes constituent 65 % de la population vivant en dessous du seuil de pauvreté.... [sources]. Peut-on dire qu'il n'y a pas de problème ? Peut-on dire que les femmes ont choisi cette situation ? Les problèmes de choix de carrière des femmes sont beaucoup plus subtils qu'ils ne le paraissent.

Une fois précisée, cette partie devient beaucoup plus pertinente. Le lecteur comprend mieux ce que la personne a l'intention d'aborder. Cet exemple contient des chiffres, il concède l'opinion adverse (il semble que… mais ce n'est pas le cas… explication), il pose une question et attire l'attention du lecteur. Même si le lecteur n'est pas forcément d'accord avec les idées de l'auteur, il voudra lire le devoir pour savoir quels arguments et sources vont défendre ces opinions.

Exemple 3

Bien que la situation socio-économique des femmes se soit améliorée depuis les dernières décennies, ce sont les femmes qui sont les plus touchées par la pauvreté au Canada et dans le monde. Pourquoi les femmes se trouvent-elles dans cette situation ? C'est en analysant les raisons de leurs choix de carrière qu'on comprendra mieux leur situation économique.

Ici, l'auteur indique qu'il va aborder la question sous un angle socio-économique en tentant d'expliquer le rapport entre choix de carrière, statut socio-économique et pauvreté.

Récapitulons : La présentation du sujet

Vous vous poserez les questions suivantes : ☑

- ☐ Cette partie définit-elle et explique-t-elle bien le sujet ?

- ☐ Cette partie a-t-elle été reformulée avec vos propres termes ?

- ☐ L'introduction explique-t-elle pourquoi il est important de discuter de ce sujet ?

- ☐ Le lecteur sait-il selon quel angle le sujet va être traité ?

INVITATION À ÉCRIRE

Prenez les mêmes sujets de discussion générale 67, 68 et 73 de la partie II en annexe A et faites la partie 2 de l'introduction : la formulation du sujet.

L'annonce du plan = la présentation des parties du plan

La troisième partie est très importante car elle présente la thèse à débattre et permet au lecteur de comprendre la structure du texte. Si le lecteur connaît les grandes lignes (*outline*) du devoir il pourra mieux anticiper le contenu du devoir. Le fait d'énoncer clairement le plan du texte va aider le lecteur à mieux suivre le cheminement de l'argumentation.

Pour ne pas enlever du suspense au développement, cette partie ne présentera pas trop de détails, sinon l'introduction risque d'être trop longue. Il risquerait alors d'y avoir des répétitions entre l'introduction et le développement. Cette partie ne contient ni idées secondaires, ni exemples, ni citations, ni quoi que ce soit de précis. Tous ces détails iront dans le développement ou ailleurs.

Pour présenter les parties du plan, il est possible de poser des questions et d'annoncer les grandes parties de façon assez générale.

Exemple 1

Peut-on lire l'oeuvre d'un artiste quand on sait qu'il a commis un crime? Les questions qui se posent ici sont : quel est le lien entre l'auteur et son œuvre? Un artiste peut-il être un criminel et être un artiste de génie? La morale devrait-elle être une condition à l'art?

Il est aussi possible d'annoncer les parties de façon un peu plus précise.

Exemple 2

Dans une première partie nous discuterons des exagérations dans Candide, *puis nous analyserons l'utilisation des superlatifs pour rendre compte de la naïveté des personnages.*

Considérez les effets d'un manque de précision :

Exemple 3

Nous parlerons des avantages et des inconvénients de la télévision.

Ceci n'est pas assez précis. Le lecteur ne sait pas exactement quels points vont être abordés. Avantages d'un point de vue éducatif? Avantages de la télévision par rapport au cinéma? Avantages de la télévision et des films par rapport aux livres?

Exemple 4 : exemple 3 précisé

Tout d'abord nous verrons en quoi la télévision peut être éducative pour les enfants, puis nous verrons quels en sont les dangers.

C'est encore assez vague, mais quand même suffisamment précis pour que le lecteur sache approximativement de quoi il s'agit.

Exemple 5

Il s'agit dans un premier temps d'analyser les procédés stylistiques tels que les hyperboles, puis, dans un deuxième temps, de mettre en relief les autres procédés qui participent à l'humour.

Voilà un bon exemple. Cette partie est courte, mais le lecteur sait de quoi le texte va parler. Il vaut mieux utiliser des phrases générales du type «il sera question de, cette composition traitera de, parlera de, il s'agira de, etc. », plutôt que des expressions plus personnelles du type «je parlerai, j'analyserai... »

et tout ce qui montre trop clairement une opinion personnelle (« je pense, à mon avis… »). Vous pouvez utiliser «nous» à la place de «je».

Pour trouver des expressions utiles à l'introduction, vous pouvez consulter le chapitre 10.

La complexité des phrases choisies dépend du niveau de langue. Un étudiant de niveau plus avancé pourra utiliser des phrases impersonnelles et des voix passives telles que : «il sera question, le sujet… sera traité» et pourra employer des structures telles que : «Le consommateur est en droit de se demander si une telle technique de vente est morale et acceptable». À un niveau plus avancé, le français devrait être assez clair pour que le lecteur sache que c'est vous qui allez parler de ce sujet dans votre devoir, il y a donc moins besoin de préciser avec des phrases du type «dans une première partie nous aborderons… et dans une seconde partie…». Si le français est plus faible, ou pour un devoir en classe, sans documents autorisés, il vaut peut-être mieux utiliser des formules plus directes et plus simples pour éviter les risques de confusion et d'erreurs.

Exemple 6

En premier lieu, examinons (first, let us examine) *les obstacles généraux auxquels font face les femmes, puis concentrons-nous sur les problèmes familiaux qui les empêchent de réussir professionnellement.*

Exemple 7

Il convient tout d'abord *de se pencher sur* (turn one's attention to) *les circonstances qui ont poussé Emma à avoir des relations extraconjugales avant d'étudier les conséquences de ces relations.*

Exemple 8

*Nous **examinerons** l'éducation «idéale» des femmes selon les critères d'Arnolphe dans* Les femmes savantes *de Molière, puis nous la comparerons avec l'éducation idéale des femmes d'aujourd'hui, d'après quelques statistiques sur l'éducation des femmes et plusieurs sondages effectués auprès des hommes.*

Cette présentation des parties du plan est assez claire et joue bien son rôle.

Récapitulons : La présentation des parties du plan

Vous vous poserez les questions suivantes : ☑

- ☐ Y a-t-il une problématique? La thèse à débattre est-elle clairement formulée?
- ☐ Sait-on sous quel angle la question va être étudiée?
- ☐ Les thèmes traités correspondent-ils bien au sujet?
- ☐ Quelle est la structure du devoir? Les parties sont-elles annoncées clairement?
- ☐ La longueur de cette partie est-elle convenable?

INVITATION À ÉCRIRE

Reprenez les mêmes sujets de discussion générale 67, 68 et 73 de la partie II en annexe A et faites la partie 3 de l'introduction : la présentation du sujet.

Remarques générales sur l'introduction

- Le but de l'introduction est que le lecteur sache exactement de quoi vous allez parler et de lui donner envie de lire le reste du devoir.
- Si la première phrase doit être générale, elle doit quand même être assez précise pour se rapprocher du sujet et intriguer le lecteur.
- Chaque partie ne sera ni trop courte, ni trop longue. La longueur de l'introduction dépend de la longueur du devoir (environ 10 %).
- L'ordre des trois parties est fixe : la phrase d'accroche, l'explication du sujet, les parties du plan. Si vous en changez l'ordre, ou qu'il manque une partie, l'introduction ne joue plus son rôle : amener progressivement le lecteur au texte et lui donner envie de le lire.
- Ces parties ont un lien entre elles. Chaque partie découle (*follow*) naturellement de l'autre, grâce à des mots de liaison.
- Ce qui se trouve dans l'introduction ne se trouve nulle part ailleurs dans le texte.

L'introduction annonce la problématique, le développement répond à la question, la conclusion ferme la boucle et ouvre sur un autre sujet.

Attention!

- Les éléments mentionnés dans l'introduction doivent avoir un rapport direct ou indirect avec le reste du devoir. Si certains éléments étaient présentés dans l'introduction mais absents dans le devoir, ce que vous pouvez vérifier après avoir terminé le devoir, vous les enlevez.
- S'il manque une des parties, l'introduction est incomplète et trop courte (elle est censée constituer environ 10 % du devoir), elle ne remplit pas sa fonction.
- Si vous dites dans l'introduction de façon trop précise ce qu'il y aura dans la conclusion, le texte paraîtra répétitif. Donc, si des idées sont reprises, elles seront formulées différemment car il y a maintenant (dans la conclusion) des éléments nouveaux.
- Si l'introduction est trop longue, le lecteur risque de se perdre dans les détails.
- Si au contraire, l'introduction est trop courte et imprécise, non seulement le lecteur ne saura pas de quoi il s'agit, ne saura pas à quoi s'attendre et risquera de mal comprendre le texte, mais il risquera d'être un peu perplexe parce qu'il s'attendra à trouver certains éléments essentiels qu'il ne trouvera pas.

Il est donc important d'avoir ces trois parties très structurées dans l'introduction.

Analyse d'exemples

Sujet 1 : Pression sociale, éducation, génétique : Qu'est-ce qui semble jouer le plus grand rôle, selon vous, dans le choix de carrière des femmes?

Introduction 1

Comme le souligne Martine Turenne dans le texte « Les métiers ont encore un sexe », « les filles continuent à s'inscrire en coiffure, en soins esthétiques, en secrétariat et en soin de santé » (dans Thérien, 3).

En outre (moreover), *rares sont les femmes qui ont des postes demandant de faire de longues études, d'avoir de grandes qualifications, d'être compétitives et très performantes. Le problème n'est pas qu'elles choisissent certains secteurs typiquement « féminins », mais qu'elles choisissent les professions les plus « basses » dans ces secteurs. Si elles choisissaient des emplois de médecin, chirurgien, directeur d'hôpital, même si c'était dans le secteur de la santé, ce ne serait pas du tout un problème.*

Aussi, faut-il se poser la question de savoir ce qui influence le plus le choix de carrière des femmes : la famille ou la société ?

(C. Thérien, *Entre les lignes.* Toronto : Holt, Rinehart and Winston, 1998. Version imprimée.)

Commentaires de l'introduction 1

La phrase d'accroche : l'étudiant a amené le sujet de loin avec une citation tirée du texte étudié en classe. La phrase est bien choisie et en rapport avec le sujet.

La partie explication du sujet : comme le sujet est vague, l'étudiant l'a « restreint », défini et réécrit avec ses propres mots. Le sujet est bien formulé.

L'annonce du plan : le lecteur ne sait pas exactement de quoi l'étudiant va parler et suppose que dans une première partie il parlera du rôle de la famille et dans une deuxième partie du rôle de la société. Toutefois, ceci est un peu trop général. Quand on parle de la famille, est-ce le rôle des parents, leur exemple, leur aide ? Quand on parle de la société, s'agit-il des stéréotypes imposés par la société, des modèles féminins (ou de leur inexistence) ?

Impressions générales

Cette introduction est simple, mais claire; le lecteur comprend bien de quoi il s'agit car c'est logique. Les trois parties sont présentes, chaque partie découle (*follow*) logiquement l'une de l'autre, grâce aux mots de liaison : « en outre, aussi ». Il y a un effort de réflexion, une problématique, bien que celle-ci soit un peu vague. Le lecteur aura envie de lire le devoir.

Sujet 2 : « L'amour sans jalousie n'est pas de l'amour. »

Introduction 2

Savez-vous que 98 % des amoureux admettent qu'ils ont été jaloux à un moment ou un autre dans leur relation ? Un tel pourcentage montre que la plupart des gens connaissent la jalousie. D'ailleurs, bien connaître cette émotion ne veut pas dire qu'il est permis d'être jaloux. C'est pourquoi l'idée qu'on ne peut pas être amoureux sans ressentir de la jalousie est absurde.

En réalité, la jalousie détruit les liens personnels entre les amants. Prenons comme point de départ ce qui provoque la jalousie dans une relation, puis nous examinerons quels sont les conséquences de la jalousie dans les relations amoureuses et finalement, nous verrons des façons d'éviter la jalousie.

Remarques pour le contenu

Point positif : L'étudiant a fait des efforts pour mettre en pratique les parties de l'introduction : une question rhétorique pour commencer et impliquer le lecteur, explication du sujet et parties du plan.

Points à travailler :

- Utiliser une question avec un mot interrogatif plutôt qu'une question à réponse oui-non.
- Définir la jalousie. Quand on donne des pourcentages, surtout des pourcentages élevés, cela dépend en grande partie de la définition. Si l'on parle d'un simple sentiment, ou d'être prêt à frapper ou tuer, ce n'est plus du tout le même concept.
- Expliquer le sujet, l'importance de ce sujet.
- Parler « des façons d'éviter la jalousie » semble être hors-sujet.
- Éviter de parler de la conclusion dans l'introduction : « et finalement, nous verrons des façons pour éviter la jalousie dans les liaisons ». Cette partie devrait peut-être se trouver dans la conclusion et non dans l'introduction.
- Donner des faits, des chiffres plutôt que des opinions personnelles.
- Éviter d'être trop catégorique (*categorical*) et de juger qui ou quoi que ce soit directement : « l'idée [...] est absurde », « la jalousie détruit les liens personnels entre les amants ». Il vaut mieux démontrer par un raisonnement et une argumentation solide pourquoi c'est absurde et pourquoi cela tue une relation. L'argumentation sera plus efficace si c'est le lecteur qui en fait lui-même la conclusion.
- L'introduction ne joue pas son rôle parce qu'elle est trop courte et manque de précision. Elle ne donne pas envie de lire le texte.

Résumé

L'introduction sert à amener le sujet de façon agréable et efficace. Elle a pour but de donner envie au lecteur de lire le devoir. L'introduction d'un texte peut se comparer au début d'un film. Dès les premières minutes, on est intéressé ou pas, et on a (on devrait avoir) une idée du style du film. L'introduction amène le sujet, donne le ton du texte et explique brièvement de quoi il s'agit. C'est la raison pour laquelle il est possible et même conseillé de refaire l'introduction après avoir écrit le devoir. Vous vous assurerez alors que l'introduction annonce vraiment et uniquement ce qui est dans le texte.

Récapitulons

Pour votre introduction vous pouvez vous poser les questions suivantes : ☑

☐ Y a-t-il trois parties?

☐ Chaque partie découle-t-elle logiquement l'une de l'autre?

☐ Y a-t-il un lien évident entre les phrases, les idées et les parties de l'introduction?

☐ La phrase d'accroche attire-t-elle l'attention du lecteur?

☐ La seconde partie formule-t-elle clairement le sujet?

☐ La dernière partie annonce-t-elle clairement les parties du plan?

☐ L'introduction joue-t-elle bien son rôle?

❑ Quelles impressions a le lecteur après avoir lu l'introduction? (intéressé, surpris, intrigué, amusé, perdu, indécis…)

❑ L'introduction donne-t-elle envie de lire le devoir? Le lecteur se sent-il impliqué (*involved*)?

❑ Y a-t-il des mots et phrases de liaison, si oui, quelle en est la qualité?

Exercices

Faites une introduction pour les sujets suivants (ou choisissez un sujet en annexe A):

1. On est heureux quand on décide de l'être.
2. Quelles sont les qualités les plus importantes d'un bon professeur?
3. La différence d'âge n'est pas un obstacle quand on s'aime.
4. Depuis les vingt dernières années, les vacances idéales ont changé.

Notes

1. D'après le site http://www.lerucher.com/dossiers/1201/travail3.asp?from=expatriation.
2. D'après le site http://michbuze.club.fr/lavache/citations_pensees.htm.
3. D'après le site http://www.jesuismort.com/biographie_celebrite_chercher/biographie-marie_curie-447.php.

Chapitre 6

LE DÉVELOPPEMENT ET LES PARAGRAPHES

Introduction

Après avoir sélectionné les idées et les avoir classées par ordre logique dans le plan, vous les organiserez maintenant par **parties** et **paragraphes**. Organiser les idées et informations par parties et paragraphe c'est un peu comme ranger sa maison. On range les objets, par pièce, par catégories, par besoin : les vêtements dans des armoires, la vaisselle et la nourriture dans la cuisine et ce qu'on utilise moins au sous-sol ou dans la remise (*shed*). En séparant les idées par parties et paragraphes, on sépare les idées pour que le lecteur puisse mieux les comprendre et les analyser.

Les parties du devoir

La structure du développement correspond au plan : une idée principale (idée directrice) pour chaque partie du développement, avec des sous-parties (idées secondaires) constituées en paragraphes. Les idées se suivront logiquement. Le devoir se présente comme suit :

Introduction

1. Phrase d'accroche
2. Explication du sujet
3. Présentation des parties

Vous sautez deux lignes pour séparer l'introduction et le développement

Développement

1re partie du développement

Phrase de liaison, présentation de la partie

Paragraphe 1
Mot de liaison entre paragraphe 1 et 2 (va avec le prochain paragraphe)

Paragraphe 2
Vous sautez une ligne pour séparer la 1re et la 2e partie

2e partie du développement

Phrase de liaison entre la première et la deuxième partie

Paragraphe 1
Mot de liaison entre paragraphe 1 et 2 (va avec le prochain paragraphe)

Paragraphe 2
Vous sautez deux lignes pour séparer la 2e partie et la conclusion

Conclusion

1. Bref résumé du développement
2. Déduction logique
3. Ouverture vers un autre sujet

Points de départ

Voici quelques éléments à considérer avant de commencer la construction du développement et des paragraphes :

- L'interprétation des faits, la présentation et l'organisation des idées sont aussi importantes que les idées elles-mêmes, que les faits et données.
- Les idées primaires du plan constituent des parties et les idées secondaires des paragraphes.
- Les parties et les paragraphes sont de longueur à peu près égale, ce qui donne l'impression que le plan a été construit scrupuleusement et que le devoir est organisé et objectif.
- Chaque idée constitue un paragraphe. Chaque paragraphe n'a qu'une seule idée mais cette idée est expliquée en détail et en profondeur.
- Plus les idées sont « concentrées » plus elles produisent un effet sur le lecteur. Peser (*weigh*) chaque mot permet d'exprimer les idées plus clairement avec le moins de mots possible. À cet effet, vous éviterez les répétitions et phrases inutiles (on voit que, il est évident que…).
- Les idées sont expliquées clairement, à l'aide d'exemples et de vocabulaire précis, en utilisant toujours la même organisation (quoi, comment, pourquoi) pour que le lecteur habitué à une certaine structure puisse mieux comprendre les idées.
- Il y a des mots de liaison entre les paragraphes (tout d'abord, ensuite…) et des phrases de liaison entre les parties, entre l'introduction et le développement et entre le développement et la conclusion (voir le chapitre 10).

- Il y a un retrait à l'alinéa pour chaque nouveau paragraphe. Vous sautez une ligne entre la première et la deuxième partie; deux lignes entre l'introduction et le développement et deux lignes entre le développement et la conclusion.

Les parties du paragraphe

Pour un devoir tel qu'une analyse littéraire ou un devoir de réflexion (autre qu'une narration ou un résumé), le paragraphe suit la même structure que l'introduction et la conclusion, il a trois parties :

- La présentation de l'idée directrice (*topic sentence*)
- L'explication ou illustration de l'idée directrice
- La conclusion

1. PRÉSENTATION DE L'IDÉE DIRECTRICE (*TOPIC SENTENCE*)

Chaque paragraphe contient **une seule** idée principale. Lorsque vous présentez une autre idée, vous commencez un nouveau paragraphe.

Exemple d'idée directrice en début de paragraphe

On penserait que de nos jours les couples se marient plus tard qu'il y a quelques décennies, toutefois ce n'est pas le cas.

2. EXPLICATION OU ILLUSTRATION DE L'IDÉE DIRECTRICE

L'explication peut comprendre un exemple concret, des chiffres, des statistiques ou une citation. Le but de l'illustration est de démontrer ce que vous affirmez. La démonstration peut se faire grâce à des exemples, une comparaison, une concession suivie d'une réfutation, une mise en parallèle, etc.

Exemple d'explication

Pourtant d'après L'Encyclopédie canadienne *("Mariage et divorce"), « Dans les années 1950, l'âge moyen lors d'un premier mariage était de 28,5 ans chez les hommes et de 25,9 ans chez les femmes. Cinquante ans plus tard, l'âge moyen lors d'un premier mariage est de 30 ans chez les hommes et de 28 ans chez les femmes. »*

3. INTERPRÉTATION OU CONCLUSION DU PARAGRAPHE

Vous ajouterez une remarque qui résume en d'autres termes ce que vous avez voulu démontrer. Cette partie a pour rôle de vous assurer que le lecteur a bien compris l'idée du paragraphe. Vous pouvez aussi rajouter un fait nouveau qui découle (*follow*) du reste. Ce fait nouveau peut être une limite de ce qui a été expliqué, un aspect du problème qui éclaire (*enlighten*) le sujet. Après cette phrase, le lecteur est préparé à lire le prochain paragraphe.

Exemple de conclusion de paragraphe

Il est surprenant que l'âge moyen du mariage ait si peu augmenté étant donné que la vie est très différente d'il y a 50 ans. C'est très peu, si l'on considère les changements sociaux énormes qui ont eu lieu ces dernières décennies. Les femmes font des études et travaillent, elles sont indépendantes et vivent seules ou partagent un logement avec d'autres personnes, elles n'ont plus besoin de se marier pour quitter le domicile familial.

Il apparaît donc que le mariage est une tradition qui perdure à travers les décennies et que le mariage n'est pas du tout en voie de disparition (endangered).

Généralement, un paragraphe ne fait pas plus de la moitié d'une page tapée à double interligne. S'il y a moins de six ou sept lignes dans un paragraphe de devoir universitaire (argumentatif, explicatif) cela signifie qu'il manque probablement une ou plusieurs parties. S'il y a plus de douze lignes dans un paragraphe, sans citations, cela signifie qu'il y a probablement plusieurs idées mélangées et que le devoir manque de structure et d'organisation.

INVITATION À ÉCRIRE

Construisez un paragraphe (avec trois parties) pour les sujets suivants :

1. La télévision rend les gens passifs.
2. Les gens n'ont jamais été aussi seuls qu'aujourd'hui.
3. Il est préférable d'élever des enfants à la campagne.
4. La ville est un lieu dangereux.

Les exemples pour illustrer des idées

Un exemple sert à illustrer l'idée d'un paragraphe. Chaque paragraphe contient une idée importante et une explication avec au moins un exemple. Pour bien illustrer l'idée, l'exemple sera *clair, accessible à tous,* très précis pour que le lecteur puisse le comprendre facilement. L'exemple est plutôt concret, surtout pour illustrer un concept abstrait.

Exemple

Idée : Les gens communiquent de plus en plus.

Ils peuvent s'appeler à l'autre bout du monde à moindre frais avec un système de cartes et/ou d'abonnements bon marché, correspondre par courriel, avec la webcam *et regarder ensemble des photos et commentaires de photos sur* Facebook. *Il y a aussi les sites de bavardage* (chat lines) *et toutes sortes de cafés et d'endroits pour que les célibataires puissent se rencontrer.*

Exemple

Idée : La montagne est un lieu dangereux.

En effet, des catastrophes surviennent et ne sont pas toujours prévues par les météorologistes ou les spécialistes telles que les avalanches ou les glissements de terrain. De plus, de nombreux alpinistes dévissent (fall) *ou tombent dans des crevasses. La montagne cause chaque année la mort de centaines de personnes.*

Exemple

Idée : L'internet peut être dangereux pour les enfants.

Les pédophiles cherchent parfois leur proie sur l'internet en profitant de la naïveté des enfants. Ils connaissent leur psychologie et savent ce qui les attire. Ils se font passer pour des jeunes de leur âge pour leur donner rendez-vous.

Pour être plus objectif, cherchez des statistiques, des chiffres, des citations, des faits, des vérités incontestables.

Exemple

Idée : Les femmes passent plus de temps aux tâches ménagères que les hommes.

Par exemple, les Françaises font presque deux fois plus de travail domestique que les hommes : 2 h 41 min par semaine pour les hommes ; 4 h 42 min par semaine pour les femmes.[1]

Analyse de paragraphes, commentaires, corrections

Sujet : Analysez le poème (la chanson) de Jacques Brel « Le plat pays ».
Vous trouverez le poème sur l'internet en tapant le nom de l'auteur ou le titre du poème.

Paragraphe 1

Prenons comme point de départ les champs lexicaux et le vocabulaire. Cette œuvre utilise des mots évoquant une image visuelle forte de la Belgique. Avec des mots comme cathédrales, noirs clochers, diables en pierre, *et* s'écarteler, *Brel enrichit son poème. Dans la première strophe, il y a une polysémie avec le mot* vague *qui est répété quatre fois. Il écrit : « terrain vague », « des vagues de dunes », « les vagues » et « de vagues rochers ». Chaque utilisation du mot a un sens différent. Dans la première, il décrit la terre comme une terre désolée, puis il explique comment les vagues de dunes arrêtent les vagues sur le rivage, enfin, il décrit les rochers comme des vagues.*

Commentaire

Point positif : Les idées sont bonnes et assez originales : le rôle du vocabulaire, les images « fortes », la polysémie, les répétitions. C'est un bon point de départ.

Points à travailler : L'organisation générale du paragraphe

- La présentation de l'idée directrice est insuffisante et imprécise.
- L'explication de l'idée directrice : Le lien entre les images « fortes », la polysémie et les répétitions n'est pas clair. L'étudiant s'arrête à observer ce que l'auteur fait, mais n'explique ni pourquoi, ni comment, ni l'effet sur le lecteur, et n'explique pas assez le poème.
- La conclusion est absente. « Enfin, il décrit les rochers comme des vagues » n'est pas du tout une conclusion du paragraphe.

Tel qu'il est construit, ce paragraphe ne met pas en relief les idées. Il y a plusieurs idées (sous-parties), mais tout est vu superficiellement. Chaque idée devrait constituer un paragraphe séparé et devrait être plus développé. Il n'y a pas vraiment de logique, pas de lien entre les sous-parties.

Paragraphe 1 refait

L'un des aspects importants du poème de Brel est l'utilisation de procédés littéraires pour mettre en relief le vocabulaire. Tout d'abord les champs lexicaux variés provoquent des réactions différentes chez le lecteur. La religion : « cathédrales, noirs clochers, diables en pierre»; la mort : « s'écarteler, s'est pendu, craquer »; la vie et le bonheur à la dernière strophe : « mai, plaine, fumante, blé, rire, juillet ». Cela transporte le lecteur dans différentes saisons et endroits en lui faisant ressentir des émotions différentes, tour à tour, la tristesse, l'espoir, la peine, le malheur et le bonheur. À travers les répétitions et le vocabulaire, Brel parvient à partager avec le lecteur les différentes facettes de la Belgique. C'est pourquoi les Belges considèrent ce poème comme une ode à la Belgique.

Ce poème provoque aussi des réactions fortes chez le lecteur car l'auteur utilise de nombreuses répétitions. On trouve des anaphores telles que « Avec un ciel si bas […] Avec un ciel si gris […] », des épanalepses telles que « écoutez-le chanter / le plat pays qui est le mien », des antanaclases telles que que « terrain vague », « des vagues de dunes », « les vagues » et « de vagues rochers », des paronomases « Avec un ciel si bas qu'un canal s'est perdu […] Avec un ciel si gris qu'un canal s'est pendu » ainsi que des des allitérations et conso-nances. Ces répétitions créent une impression d'ennui et de monotonie ce qui évoque la monotonie et l'ennui de la vie en hiver et du temps qui passe trop lentement. (Voir annexe C sur les figures de style).

Commentaires des changements

Le contenu est à peu près le même et certains exemples ont été repris mots pour mots. Ce qui fait la différence c'est surtout l'organisation et la dernière partie du paragraphe. Les idées sont clairement séparées : d'abord l'idée générale, puis des explications (d'abord les répétitions et le vocabulaire) et la dernière phrase de conclusion. Comme il y avait deux idées dans le paragraphe d'origine, le paragraphe est divisé en deux dans le paragraphe refait.

Le lecteur ressent dans la deuxième version, beaucoup plus d'enthousiasme que dans le premier. Enfin, la dernière phrase souligne l'importance de tout ce qui a été dit. (Et voilà pourquoi tout ceci est important.)

Paragraphe 2

Brel aide le lecteur à sentir la Belgique avec les cinq sens et l'utilisation des deux champs lexicaux de l'abstrait et du concret. Il décrit la vue « des cathédrales pour uniques montagnes » et « des diables en pierre [qui] décrochent les nuages », le toucher du « vent du nord […] craquer » et l'humidité « de brumes à venir », le goût du sel dans « les vagues », l'ouïe : avec le vent « craquer » le « vent est au rire » et les chansons du vent du sud et aussi l'odorat de la « plaine […] fumante […] sous juillet ». Le poème est attrayant à beaucoup de niveaux. Un lecteur non-belge peut admirer la beauté de la langue et les images.

Commentaires

L'organisation demande à être retravaillée.

- L'idée principale est l'utilisation des cinq sens, mais la première phrase parle de l'abstrait et du concret, ce qui n'est pas le sujet.
- Le lien entre les idées n'est pas clair. Quel est le rapport entre l'utilisation des cinq sens, l'abstrait et le concret, la beauté de la langue et des images ?
- Les exemples donnés auraient pu être plus pertinents.
- Tout est vu superficiellement. Chaque partie devrait constituer un paragraphe séparé et devrait être plus développé.
- Il n'y a pas vraiment de logique, pas de lien entre les sous-parties.
- Il y a une conclusion mais celle-ci ne correspond pas au reste du paragraphe. C'est trop vague.

Paragraphe 2 refait

Afin de présenter les aspects variés de la Belgique, Brel a recours à des champs lexicaux en rapport avec les cinq sens. En même temps que nous voyons le pays sous des angles différents, nous pouvons ressentir l'influence des peuples qui la composent. Dans le texte, les cinq sens sont représentés. La vue avec « cathédrales, montagnes, mats de cocagne… », l'ouïe avec « écoutez-le craquer, chanter », le toucher

« *tenir, le vent (qui effleure les gens)* », *l'odorat avec* « *plaine fumante, blé (surtout le blé coupé et mis en gerbes)* » *et le goût avec* « *la mer (le sel), le blé (le pain)* ».

Ces images nous font ressentir différentes émotions qui correspondent à des régions : l'est, l'ouest, le nord et le sud forment chacune une strophe. Ces émotions et sensations peuvent correspondre soit à des régions différentes de Belgique, soit à différents peuples habitant en Belgique, soit à l'influence des pays frontaliers. En effet, la Belgique est près de la Grande Bretagne, de l'autre côté de la mer du Nord ; elle est entourée par la France à l'ouest et au sud, le Luxembourg au sud-est, l'Allemagne et les Pays-Bas au nord-est. Bref, les différents peuples forment différentes facettes du pays, et c'est, entre autre, ce qui constitue l'une des particularités de la Belgique, ce côté cosmopolite et hétéroclite.

Commentaires

Les exemples et les idées sont plus ou moins les mêmes dans les deux devoirs, mais il y a beaucoup plus d'analyse personnelle dans le deuxième. Dans le premier, l'auteur se contente de remarquer ce qu'il trouve dans le poème sans en expliquer réellement quels en sont les effets sur le lecteur et ce qu'évoquent ces exemples. Dans le deuxième, l'auteur explique le texte de façon personnelle.

Paragraphe 3

Après avoir étudié le vocabulaire et la polysémie, considérons maintenant les figures de style, comme la répétition. Par exemple, le mot le plus fréquemment répété dans le poème est « *avec* ». *Brel ouvre son œuvre avec* « *avec* » *et le répète encore treize fois. La troisième strophe est un exemple frappant de cette répétition car six des sept lignes s'ouvrent avec le mot* « *avec* ». *Cette répétition et la description de Brel des différentes saisons de l'année, permettent de penser que le temps passe lentement. Il semble que les éléments de la vie quotidienne ne changent que légèrement, la vie est monotone, l'hiver domine la plupart de la vie quotidienne. Le lecteur peut remarquer quelques cas de cacophonie qui sont les combinaisons de sons désagréables. Par exemple, dans les vers 19 et 20, Brel écrit* « *s'écarteler* » *et* « *écoutez-le craquer* ». *Les sons* « *durs* » *tels que le son /k/, surtout suivi du son /r/ sont assez désagréables à l'oreille. Brel utilise la périphrase au vers 10 quand il écrit* « *des diables en pierre décrochent les nuages* ». *Il donne la capacité humaine de destruction aux statues en pierre sur l'église.* « *Son utilisation intelligente de mots était saisissante et simple, exposant un vocabulaire très visuel et significatif,* » *selon le site web* Last fm — the social music revolution.

Commentaires paragraphe 3

Points positifs :

- Les idées sont bonnes et originales, l'analyse intéressante et personnelle.
- Les exemples sont bien trouvés : « écarteler, craquer ».
- La citation est bien trouvée et pertinente.

Points à travailler : Ce paragraphe manque d'organisation, les idées n'atteignent pas leur potentiel.

- Le paragraphe ne contient pas les trois parties telles qu'elles devraient être construites.
- L'idée directrice n'est pas expliquée assez clairement. Il y a plusieurs idées dans le même paragraphe : la répétition, la cacophonie, la périphrase. C'est pourquoi le paragraphe est un peu trop long et l'on ne distingue pas clairement ses trois sous-parties. Cela a pour résultat que l'étudiant n'explique pas les idées et chaque idée est vue trop superficiellement. Il vaudrait mieux que chaque idée constitue un paragraphe séparé, ce qui permettrait d'analyser les idées plus en détail et de mieux construire les paragraphes.

Paragraphe 3 « remanié »

Considérons maintenant les figures de style telles que les répétitions. Un exemple frappant, en est le mot « avec ». Brel ouvre son poème avec « avec » et le répète encore treize fois. Cette répétition sous-entend que la Belgique possède tous ces attributs : la mer, le vent, les cathédrales, c'est-à-dire que c'est un pays riche en architecture, en paysage et dans tous les domaines abordés. Cela produit l'impression que c'est un beau pays, et l'on comprend pourquoi l'auteur conclut « qui est le mien », parce qu'il en est fier.

Ce qui est intéressant, c'est que les attributs en question ne sont pas uniques à la Belgique : le vent, la plaine, le vent d'ouest, le vent d'est, la mer, les cathédrales, la brume, etc. Bien que peu exceptionnels pris séparément, lorsqu'ils sont assemblés, ils créent des impressions spécifiques telles que la tristesse ce qui est renforcé par le vocabulaire du texte : « le cœur à marée basse, brumes, tenir, noirs clochers, diables, nuages, bonsoir, perdu, pendu, s'écarteler, craquer... ». Cette tristesse est mêlée à d'autres sentiments, ce qui a pour résultat que l'on ressent surtout la nostalgie de l'auteur plus que la tristesse.

De plus, les nombreuses répétitions de phrases, mots et sons donnent l'impression que le temps passe très lentement. Il semble que tout est toujours pareil, la vie est monotone, l'automne et l'hiver dominent les autres saisons puisqu'ils constituent trois des quatre strophes. La répétition des phrases « avec..., écoutez-le, le vent, le plat pays qui est le mien » ajouté au manque de couleur : « gris, brume, noir », donnent une impression de monotonie, d'ennuie et de tristesse. Ces sentiments sont d'ailleurs liés aux champs lexicaux de la religion : « cathédrale, diables en pierre, pardonner, écarteler ». On peut en déduire que la religion participe à ce sentiment de tristesse et d'ennui.

L'ennui qui est le thème principal du poème représente peut-être l'ennui et la tristesse qu'a ressentis Brel quand il était enfant et adolescent : à l'école, à l'église et dans sa famille, puis dans la cartonnerie (cardboard factory) où il a été placé contre son gré où travaillait son père. Il a vécu des années sombres (dark), jusqu'à ce qu'il réussisse dans la musique, en allant à Paris. Il est toujours difficile de quitter son pays, même si on en a de mauvais souvenirs. C'est peut-être cette nostalgie qu'exprime le poète.

En revanche, ces sentiments de tristesse sont compensés par la dernière strophe, où l'on ressent le contraire de l'ennui et de la tristesse : un monde en effervescence, la joie, le bonheur. On voit cela dans le choix des mots : « l'Italie » représente la gaieté, l'amour ; « Avec de l'Italie qui descendrait l'Escaut », c'est comme si du sang nouveau coulait dans les veines du pays (l'Escaut est le fleuve belge). « Les fils de novembre nous reviennent en mai », on peut supposer que les jeunes hommes qui étaient allés travailler ailleurs sont maintenant de retour pour travailler dans les champs. Les familles sont heureuses de les retrouver. La plaine elle-même est heureuse de retrouver ses fils : elle est « fumante » et « tremble » de joie. Enfin, les mots « rire, blé, sud, chanter » symbolisent la joie. Cette dernière strophe s'oppose radicalement aux strophes précédentes, ce qui rend cette opposition d'autant plus significative.

Non seulement les mots représentent des sentiments plus agréables, mais les sonorités aussi. Les sons : /l/ l'Italie, l'Escaut, Blonde, la, plaine, tremble, le, le, blé, le, le », /f/ Frida, fils, fumante, /m/ Margot, mai, fumante, etc. sont plus agréables à l'oreille que des sons plus durs que l'on trouve dans les strophes précédentes tels que dans les mots « écartelés, craquer ». Dans la version chantée par Brel lui-même (qu'on trouve sur le site http://www.dailymotion.com/video/xnp2j_le-plat-pays-1962_music) ce n'est que dans la dernière strophe que le chanteur sourit et que l'on entend d'autres instruments (le piano), ce qui rajoute à la sensation de joie. Tout est mis en œuvre pour suggérer la joie.

La dernière strophe qui est beaucoup plus gaie pourrait indiquer que le présent et l'avenir sont bien meilleurs pour lui que le passé et qu'il y a toujours de l'espoir pour toute situation malheureuse. Ce poème est d'une telle beauté que l'on comprend que la Belgique voit en Brel un héro national.

Commentaires

Les idées du premier devoir sont originales, mais elles n'ont pas été suffisamment développées. Par contre, dans la deuxième version, on passe à sept paragraphes avec une seule idée par paragraphe, mais chaque idée est développée et constitue un paragraphe entier.

Ce qui fait aussi une grande différence, c'est que dans la deuxième version, il y a beaucoup plus d'idées personnelles et d'interprétations, les idées sont développées plus en profondeur. L'étudiant ne se contente plus de remarquer que l'auteur dit que… et utilise tel ou tel principe, mais il explique maintenant les effets que cette utilisation a sur le lecteur/auditeur/téléspectateur.

La conclusion montre aussi l'intérêt de l'analyse du poème. On voit le lien logique entre une idée et une autre, entre un procédé et un autre, entre origine et création. L'étudiant a véritablement expliqué et analysé certains concepts.

CONCLUSION DES COMMENTAIRES ET PARAGRAPHES REFAITS

Les trois textes avaient un bon potentiel mais ce potentiel n'a pas pu être atteint pour les mêmes raisons : les idées sont mélangées, ne sont pas assez développées, ne sont pas analysées avec assez de profondeur, les paragraphes manquent d'organisation, il manque une analyse personnelle. Soit il manque des parties au paragraphe, soit l'une des parties est mal construite, soit il y a plusieurs idées par paragraphe. Le manque de structure dénature les idées et limite la qualité du travail.

Les paragraphes, tels qu'ils sont construits, indiquent que les auteurs ont commencé à écrire sans avoir assez réfléchi, sans avoir suivi les consignes d'organisation et se sont arrêtés à la première étape : remarquer. Ils remarquent un aspect d'un problème qu'ils trouvent intéressant (ce qui est bien), disent ce qu'ils remarquent et s'arrêtent là. Ils traitent l'idée trop rapidement, trop superficiellement. En plus de dire ce qu'on remarque, il s'agit d'expliquer ce qui se passe : comment, pourquoi, et d'expliquer le résultat (la déduction logique) ainsi que l'importance de cet élément. La dernière partie est celle qui est le plus fréquemment omise ce qui rend l'analyse incomplète. Il s'agit de remarquer, d'analyser, et d'expliquer le texte.

En revanche, s'il n'y a qu'une **seule** idée par paragraphe, que les trois parties des paragraphes : présentation du sujet (introduction), explication et conclusion sont bien faites et qu'en plus de créer une bonne structure, l'étudiant analyse le texte avec des commentaires personnels, l'analyse est excellente. Les paragraphes refaits ont été construits avec les mêmes idées et certains exemples sont les mêmes, ce qui souligne l'importance de l'organisation et de la construction des paragraphes.

INVITATION À ÉCRIRE

Trouvez des exemples pour illustrer les idées suivantes :

1. Nous abusons des médicaments.
2. Les femmes vivent plus longtemps que les hommes.
3. Le sexisme joue un rôle négatif sur les femmes et sur les hommes.
4. L'adolescence est une période extraordinaire.
5. Il est difficile pour les femmes d'avoir des enfants après l'âge de 40 ans.

Lier les phrases du paragraphe

Pour mettre en relief le lien logique entre les idées, vous les grouperez à l'aide de conjonctions et petites phrases exprimant la comparaison, l'énumération, la conséquence, etc. Vous éviterez de faire des petites phrases séparées qui semblent n'avoir aucun lien entre elles.

Exemple

Nabokov a écrit Lolita *avant 1955 en anglais aux États-Unis. Aux États-Unis, le livre a provoqué un scandale. La censure a interdit de publier le livre. Le livre a pu être publié en France en 1955. Il a été censuré et n'a pu être publié qu'en 1958. Il a connu un grand succès en France et aux États-Unis.*

Commentaire

Les phrases courtes donnent l'impression que les idées sont très simples. Il y a des répétitions (livre, États-Unis). Les phrases semblent avoir peu de rapport entre elles. Le style est très impersonnel et finalement, le texte est peu clair. Le lecteur ne comprend pas très bien ce qui se passe. D'abord il est mentionné que le texte a été publié en France en 1955, puis, un peu plus loin qu'il « n'a pu être publié qu'en 1958 ». L'auteur semble presque s'être trompé (si on ne connaît pas bien le sujet). Les idées ne semblent pas logiques.

INVITATION À ÉCRIRE

Réécrivez le même paragraphe en y ajoutant des mots de liaison pour que le texte paraisse plus logique. Puis comparez votre texte avec le paragraphe suivant.

Exemple de phrases « reliées » entre elles

Nabokov, auteur russe naturalisé américain, a vu son œuvre Lolita *censurée, ce à quoi il s'attendait étant donné le thème très controversé (un homme d'âge mûr amoureux d'une jeune fille de 12 ans). Il a donc essayé de faire publier la version anglaise en France en 1955, où il a rencontré les mêmes problèmes d'interdiction et de censure qu'aux États-Unis. C'est toutefois en France que le roman a pu être publié en premier chez Gallimard en 1958. Ce n'est qu'après cette publication en France que les États-Unis lui ont enfin permis de publier aussi la même année. Dès sa sortie, le roman a connu un vif succès et s'est vendu à des milliers d'exemplaires.* Lolita *est un classique littéraire et cinématographique.*
        (D'après le site http://en.wikipedia.org/wiki/Lolita.)

   Comme on le voit dans ce texte retravaillé, le lien entre les phrases permet de rendre le texte plus clair, plus logique et plus intéressant. On en comprend mieux la structure et le contenu.

Résumé

Un paragraphe contient trois parties. La première phrase est l'idée directrice (*quoi*), la deuxième partie explique l'idée directrice avec un exemple, une citation ou des chiffres (*comment*) et la troisième partie est la conclusion logique du paragraphe (*pourquoi*).

Utiliser ce principe permet de mettre en relief les idées pour qu'elles atteignent leur potentiel. Il est important de donner son opinion, d'interpréter les faits dans la dernière partie, mais de façon indirecte et en veillant à l'argumentation (voir chapitre 4).

Récapitulons

Voici quelques questions à vous poser quand vous écrivez votre devoir : ☑

- ❑ Les parties du devoir correspondent-elles aux idées principales du plan?
- ❑ Y a-t-il plusieurs parties?
- ❑ Pouvez-vous facilement donner un titre à chaque partie et à chaque paragraphe?
- ❑ Les paragraphes contiennent-ils tous trois parties?
- ❑ La première phrase des paragraphes donne-t-elle l'idée directrice?
- ❑ La deuxième partie des paragraphes explique-t-elle l'idée directrice?
- ❑ La troisième partie des paragraphes conclut-elle bien le paragraphe?
- ❑ L'ordre des parties est-il clair et justifié?
- ❑ Y a-t-il une progression logique?
- ❑ Y a-t-il des mots de liaison entre chaque partie?
- ❑ Avez-vous soutenu vos arguments avec des faits? Y a-t-il une problématique?
- ❑ La problématique est-elle claire?
- ❑ La longueur des parties et paragraphes est-elle appropriée?

Exercices

1. Parmi les phrases suivantes, déterminez celles qui représentent une idée directrice (*topic sentence*), une explication ou un exemple.

Groupe 1

_____ Les personnes différentes de la majorité subissent souvent des préjudices pouvant aller jusqu'à la mort.

_____ Les différences ont toujours été sources de conflits et de discrimination.

_____ Dans le monde antique on tuait les enfants roux, chez les Bantous, les Ibos du Nigeria ou les M'bali d'Angola on tuait les jumeaux.

Groupe 2

_____ Les fruits et légumes regorgent de pesticides, insecticides et produits de synthèses et sont issus des OGM.

_____ Les poissons contiennent des PCB et autres produits chimiques.

_____ La viande contient des antibiotiques et des hormones de croissance.

_____ Il devient de plus en plus difficile de trouver de la nourriture saine.

2. Analysez le paragraphe suivant. Déterminez-en les trois parties et donnez-leur un titre.
Mais ces sentiments de tristesse sont compensés par la dernière strophe, où l'on ressent le contraire de l'ennui et de la tristesse : un monde en effervescence, la joie, le bonheur. On voit cela dans le choix des mots : « l'Italie » représente la gaieté, l'amour; « Avec de l'Italie qui descendrait l'Escaut », c'est comme si du sang nouveau coulait dans les veines du pays (l'Escaut est le fleuve belge). « Les fils de novembre nous reviennent en mai », on peut supposer que les jeunes hommes qui étaient allés travailler ailleurs sont maintenant de retour pour travailler dans les champs. Les familles sont heureuses de les retrouver. La plaine elle-même est heureuse de retrouver ses fils : elle est « fumante » et « tremble » de joie.

Enfin les mots « rire, blé, sud, chanter » symbolisent la joie. Cette dernière strophe s'oppose radicalement aux strophes précédentes, et c'est cette opposition qui est d'autant plus significative.

Idée principale :

Explication :

Conclusion :

Que pensez-vous de ce paragraphe? Pourquoi?

3. Créez un paragraphe pour chaque idée à partir du sujet : Il faut avoir un enfant pour comprendre ce que c'est d'être une femme. Expliquez les idées ci-dessous, illustrez-les avec des exemples, et faites une phrase de conclusion (utilisez les trois parties du paragraphe) :

a. Seules les femmes peuvent vivre la grossesse, l'enfantement et l'allaitement.

b. C'est à partir du moment où une femme peut procréer qu'elle se définit comme femme (voir définition du dictionnaire).

c. Les femmes qui n'ont jamais eu d'enfant ne peuvent-elles pas se sentir femmes?

d. Faut-il vraiment porter un enfant pour sentir l'instinct parental?

e. N'y a-t-il que les enfants qui produisent cet effet?

f. On peut se sentir femme sans avoir d'enfants.

4. Trouvez et organisez des idées pour créer un plan avec les idées principales, secondaires et les exemples d'après le sujet suivant :

Pression sociale, éducation, génétique : Qu'est-ce qui semble jouer le plus grand rôle, selon vous, dans le choix de carrière des femmes?

5. Organisez et classez les idées suivantes en parties et sous-parties. Les idées suivantes sont provocatrices et engagées. Vous veillerez donc à choisir celles qui sont le moins « engagées », à trouver des arguments convaincants et des exemples précis pour illustrer les idées. Faites un plan, puis écrivez une introduction et un développement avec des paragraphes.

Idées en vrac :

– Les femmes sont victimes de sexisme.
– Les femmes sont les plus touchées par la pauvreté.
– Les contes pour enfant encouragent la soumission et le manque d'ambition des femmes.
– Les jeunes filles manquent de modèles féminins.
– La société est faite pour que les hommes réussissent, et non les femmes.
– La famille aliène la femme.

- Les parents encouragent les garçons et découragent les filles à faire de longues études.
- Études, carrière et famille sont incompatibles : les femmes choisissent la famille au détriment de leur carrière.
- Les femmes manquent d'ambition.
- Dès l'adolescence, les jeunes filles comprennent qu'être intellectuelles les empêche d'être séduisantes.
- Le rôle et l'éducation des parents est capital.
- L'exemple des parents est l'exemple le plus important.
- Pour des raisons politiques et économiques la société décourage les femmes à poursuivre une carrière. La situation des femmes est purement politique.

- Lorsque les gouvernements souhaitent l'égalité des sexes, les mesures politiques et sociales le permettent : les femmes choisissent alors des carrières similaires à celles des hommes.
- Exemple : pendant la guerre, les femmes travaillaient comme ingénieur, mécanicien et occupaient tous les postes traditionnellement masculins.
- Dans les anciens pays communistes d'Europe de l'Est les femmes faisaient des études plus qu'ailleurs (plus de la moitié des médecins étaient des femmes).
- Exemple des pays scandinaves : les femmes au travail.

6. D'après les idées ci-dessus, choisissez celles que vous trouvez les plus pertinentes et écrivez un texte d'environ 500 mots.

Note

1. Guy Capelle, *Le nouvel espaces 3* (Vanves : Hachette, 1996), 46. Version imprimée. (Citation d'un article paru dans *Le Nouvel Observateur*, 9-15 novembre 1989.)

Chapitre 7

La conclusion

Introduction

Bien que la longueur de la conclusion ne soit que 10 %, son rôle est supérieur à ce chiffre dans l'impression générale qui participera à la note. La conclusion met en valeur tout le devoir, donne la dernière impression et confirme l'impression générale du lecteur. Si certains éléments n'étaient pas clairs, c'est le moment de les expliquer. C'est le moment de surprendre le lecteur, tout en lui rappelant les éléments essentiels du texte. Plus la conclusion sera bien faite et meilleure sera l'impression du lecteur.

Si cette partie du devoir est faite trop rapidement par manque du temps (surtout pour un devoir en classe) ou parce qu'il peut paraître superflu de fignoler (*polish*) cette partie, cela peut réduire considérablement la qualité du devoir entier. Pourtant, si vous avez déjà passé beaucoup de temps, autant parfaire (*it is worth perfecting*) cette dernière partie et mettre à profit vos efforts. Nous verrons dans ce chapitre comment faire une conclusion, puis nous analyserons plusieurs conclusions avec les commentaires de ces conclusions.

Le but de la conclusion

Si le ton de l'introduction reste assez neutre, la conclusion donne l'occasion à l'auteur de prendre position, bien que ce ne soit pas une obligation. La conclusion est aussi l'un des éléments les plus difficiles à réaliser correctement parce qu'elle demande une réflexion supérieure au reste du devoir. Il s'agit de résumer les idées du texte, d'analyser la portée de la discussion, de faire une déduction logique, de terminer le devoir en élargissant le sujet vers une question plus globale.

Alors que *l'introduction* se présente comme suit :

Figure 7.1 *L'introduction*

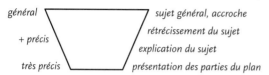

général   sujet général, accroche
         rétrécissement du sujet
+ précis   explication du sujet
très précis   présentation des parties du plan

la conclusion se présente comme suit :

Figure 7.2 *La conclusion*

très précis   résumé des idées du devoir
précis   déduction logique
+ général   élargissement du sujet
général   ouverture sur un sujet plus général

      La conclusion doit donner le sentiment que le sujet a été bien traité et que le livre a été fermé délicatement. Alors que l'introduction avait pour but d'intriguer le lecteur, la conclusion donnera un sentiment de satisfaction, de travail bien terminé (*a sense of closure*).

Les trois parties

La conclusion comprend trois parties :

1. UN BREF RÉSUMÉ

Vous faites une synthèse des idées principales du développement mais sans reprendre les mêmes phrases qui étaient dans l'introduction ou dans le développement. Pendant tout le devoir vous avez défendu un point de vue avec des arguments; vous reprenez dans la conclusion les idées essentielles, c'est-à-dire la thèse, la problématique du devoir.

2. UNE DÉDUCTION LOGIQUE

Vous pouvez ici donner quelques faits nouveaux qui viennent confirmer toute l'argumentation et la logique du devoir. Il est possible de sous-entendre votre point de vue personnel mais il vaut mieux ne pas le donner directement et laisser le lecteur juger par lui-même. Vous pouvez aussi proposer des solutions à des problèmes.

3. UN ÉLARGISSEMENT DES IDÉES PRINCIPALES

Après avoir défendu vos idées, vous ouvrez le débat sur un sujet plus large qui est en rapport *direct* avec ce qui a été discuté. Vous pouvez préciser, par exemple, les limites de l'analyse, ou rajouter une idée pour compléter l'analyse du devoir. Vous pouvez aussi terminer avec une question. Il s'agit d'ouvrir plutôt que de fermer le débat. Par contre, vous n'ouvrirez pas le débat sur un sujet trop éloigné de ce qui a été traité. Sinon, le lecteur aurait l'impression que le devoir n'est pas terminé et qu'on recommence une discussion à zéro.

Exemple de conclusion

Sujet : *Pensez-vous que la période critique pour apprendre une langue soit surtout due à un phénomène physiologique en rapport avec le cerveau? (Après la puberté il est difficile de parler une langue à un niveau « natif ».)*

- **Résumé des idées principales**

  L'âge des apprenants détermine les chances de succès dans l'apprentissage d'une langue seconde. Plus les personnes arrivent jeunes dans le pays de la langue seconde, moins elles auront de chances d'avoir un accent étranger. Plus les arrivants sont âgés, plus le taux de personnes parlant sans accent est faible.

- **Déduction logique**

  Les enfants de moins de douze ans apprennent une langue seconde mieux que les adultes non seulement pour des raisons physiologiques : latéralisation des hémisphères du cerveau, plasticité du cerveau et des organes de la parole, meilleure ouïe, etc., mais aussi pour des raisons psychologiques et sociales : plus on est âgé, plus il est difficile de s'adapter à une nouvelle culture, moins on s'intègre, moins on a de contacts avec les locuteurs natifs et avec la langue cible et la culture cible. C'est ainsi que plus les personnes sont âgées moins elles pratiquent la langue, avec moins de locuteurs natifs, dans des situations plus limitées dans des conditions moins favorables.

- **Élargissement**

  Pourtant, de nombreuses études, telles que celles de Birdsong et Bongaerts indiquent qu'environ 5 % des apprenants arrivés après la période critique arrivent à parler sans accent étranger. Si certains facteurs tels que la personnalité, l'intelligence, la motivation, la pratique orale notamment grâce à la phonétique corrective et les relations avec les locuteurs natifs peuvent expliquer une partie de la réussite, ces cas restent inexplicables pour les linguistes. On ne peut pas entièrement expliquer pourquoi, dans les mêmes conditions, certaines personnes réussiront mieux que d'autres.

Commentaires

Le résumé est concis et clair, c'est ce qu'on demande. La déduction logique sert de transition entre le passage précédent qui disait que l'âge d'arrivée est important et le paragraphe suivant qui explique que ce n'est pas seulement l'âge mais surtout les conditions d'apprentissage qui jouent un rôle dans l'acquisition. Cette partie rajoute des éléments nouveaux utiles à la conclusion qui suit. Finalement, l'auteur ajoute des faits nouveaux (statistiques et sources), propose une hypothèse (avec son opinion personnelle sous-jacente) et limite l'étude tout en ouvrant sur une question générale.

INVITATION À RÉFLÉCHIR

Voici plusieurs phrases dans le désordre faisant partie d'une conclusion. Mettez-les dans l'ordre puis analysez-les en repérant les étapes de construction. Vous pouvez rajouter des mots de liaison entre certaines phrases. Expliquez pourquoi vous avez choisi cet ordre.

1. Une fois motivées, sans le souci des enfants, sans problèmes d'argent, ce n'est qu'à ce moment-là qu'elles pourront profiter de bourses éventuelles (*possible*).
2. Il est peu utile de proposer des bourses en ingénierie tant que les femmes ont des entraves (*hindrance*) qui les empêchent d'étudier ou les découragent de commencer des études.
3. Seules des mesures politiques et socio-économiques cessant de désavantager les femmes permettront vraiment aux femmes de choisir une carrière et d'avoir l'égalité des chances.
4. Au Canada, les femmes ont peu d'aide (comparé à d'autres pays). Elles doivent souvent tout faire toutes seules : s'occuper des tâches ménagères et des enfants puisqu'il y a peu de services sociaux qui aident les femmes gratuitement.
5. Les femmes ne seront libres que quand toutes les entraves à l'égalité des sexes seront abolies.
6. Les facteurs sociaux-politiques sont donc aussi importants que l'influence de la famille.

REMARQUES SUR LA CONCLUSION

- La conclusion est obligatoire. Un devoir sans conclusion serait très incomplet. Même une narration est plus efficace si elle a une conclusion, ne serait-ce qu'une seule phrase.
- La conclusion sert à mettre les idées et la problématique en valeur. Elle souligne tout ce qui est positif dans le devoir (réflexion, rechercher, originalité, sources…).
- La conclusion sert à résumer ce qui a été dit, permet au lecteur de mieux comprendre le texte, de mieux apprécier tout ce qu'il vient de lire, et elle le laisse sur de bonnes impressions.
- Chacune des trois parties de la conclusion joue un rôle important, chaque partie découle l'une de l'autre. Ces parties ne sont pas interchangeables.
- Alors que l'introduction amenait le lecteur à se rapprocher du texte, la conclusion fait le contraire : elle amène le lecteur à s'en détacher. C'est la raison pour laquelle vous partirez du plus concret pour aller vers le plus général, en élargissant.

REMARQUES SUR LES EFFETS DE LACUNES DANS LA CONCLUSION

- Si la conclusion parle d'autre chose que ce qui était dans le développement, cela donnera l'impression que les idées n'étaient ni valables, ni intéressantes, puisque l'auteur lui-même ne veut plus en parler.
- S'il n'y a pas de déduction logique, le lecteur ne comprendra pas le but du devoir, ce qu'il a voulu montrer ou prouver.
- Si la conclusion redit ce qui était dans l'introduction et le développement, ou si la conclusion ouvre le sujet sur un débat qui n'est pas assez proche de ce qui a été dit précédemment et qui est trop vague, le lecteur aura l'impression que la personne n'a rien dit.

- Si les trois parties sont présentes, mais qu'elles manquent d'organisation, ne jouent pas leur rôle et semblent n'avoir aucun lien entre elles car elles ne sont pas reliées par des mots de liaison (ainsi, donc, c'est pourquoi), le devoir semblera manquer de logique et d'organisation.
- Si la conclusion est trop courte (moins de 10 % du devoir), cela donnera l'impression que le texte manque d'organisation et que le contenu n'est pas intéressant.
- Si la conclusion « rétrécit » au lieu « d'élargir » les idées, elle ne jouera pas son rôle qui est de bien terminer le devoir.

Analyse de conclusions

Afin de mieux comprendre les principes de la conclusion, examinons certains exemples de conclusion. Sans le texte entier, il est évidemment difficile d'évaluer si c'est un bon résumé, une bonne déduction et un bon élargissement. On peut néanmoins voir si la première partie est un résumé, si la deuxième partie découle logiquement de la première et amène progressivement le lecteur vers un sujet général en abordant une autre perspective et si la dernière phrase élargit le devoir et l'ouvre sur un sujet plus général.

Les conclusions suivantes sont suivies de commentaires et, si elles avaient trop de lacunes, de corrections.

Exemple 1

Sujet : *Il est important d'avoir un diplôme universitaire. Pourquoi?*

Avoir un diplôme universitaire permet d'acquérir de nombreuses compétences et connaissances, de mieux se connaître et d'être plus objectif et ouvert sur le monde. Cela permet aussi d'obtenir un meilleur emploi. Plus on a de diplômes, plus le poste obtenu peut être élevé et plus on a de choix et de possibilités de progresser et d'obtenir un poste à la hauteur de ses ambitions.

Toutefois un diplôme universitaire n'est pas forcément le seul critère de réussite professionnelle. De nombreux diplômés ne trouvent pas d'emplois ou pas celui qu'ils souhaitent, et de nombreux employés obtiennent un très bon poste sans diplômes (Bill Gates). D'autres facteurs rentrent aussi en compte. Ainsi, l'idéal est d'avoir un diplôme universitaire et les compétences et expérience nécessaires.

Commentaires

L'auteur a fait un résumé (les diplômes sont utiles), puis limite cette problématique, rajoute des faits nouveaux (les diplômes en eux-mêmes ne sont ni une condition, ni une garantie) tout en élargissant le problème : d'autres facteurs rentrent en compte (les compétences et l'expérience) et l'idéal est d'avoir tout ce qui est important (diplôme, expérience et compétences). C'est parfait!

Exemple 2

Sujet : *Qu'est-ce qui influence le plus les choix de carrière des femmes?*

La pression sociale, l'école et l'éducation influencent les choix de carrières des femmes. La famille et les personnes que rencontrent les jeunes filles jouent également un rôle déterminant. Pourtant des femmes parviennent envers et contre tout à avoir des carrières exceptionnelles. Même si le travail des femmes est loin d'égaler en quantité et en qualité celui des hommes, il s'est considérablement amélioré au cours des dernières décennies.

Commentaires

Cette conclusion est courte mais contient toutes les parties et joue son rôle. Elle reprend l'idée générale (plusieurs facteurs influencent leur décision), découle sur des éléments nouveaux (rôle de la famille et de l'entourage), limite la discussion et conclut après avoir concédé (« même si... »). Cette conclusion est bonne pour un devoir court. Dans un devoir plus long, chaque partie devrait être un peu plus développée. Aussi, il serait utile de rendre le lien entre les parties un peu plus clair.

Exemple 3

Sujet : *Est-il acceptable d'utiliser les odeurs subliminales pour vendre des produits?*

En somme, on peut voir qu'il y a du bon et du mauvais à utiliser les odeurs subliminales pour vendre des produits. Les aspects les plus positifs sont pour les entreprises au niveau des ventes et plus négatifs pour les consommateurs car cela peut les pousser à acheter des produits inutiles.

En dernière analyse, comme nous savons déjà que les commerces utilisent des odeurs subliminales pour nous attirer vers leurs produits, nous devons exercer un peu de prudence quand nous faisons notre magasinage pour éviter de gaspiller notre argent pour des produits inutiles.

Commentaires

Résumé des idées du texte?

La première phrase, « En somme, on peut voir qu'il y a du bon et du mauvais à utiliser les odeurs subliminales pour vendre des produits », résume le devoir mais elle le fait de façon maladroite. Cela donne l'impression que le devoir était très simple. « Bon » et « mauvais » sont des mots trop vagues qui peuvent s'appliquer à n'importe quoi. Cette partie ne met pas en valeur les idées du développement.

Déduction logique qui découle sur une autre perspective?

La deuxième phrase, « Les aspects les plus positifs sont pour les entreprises [...] les pousser à acheter des produits inutiles », joue assez bien son rôle : c'est une déduction logique avec des éléments nouveaux bien que peu originaux.

Ouverture et élargissement?

Cette partie, « En dernière analyse, comme nous savons déjà que les commerces utilisent des odeurs subliminales pour nous attirer vers leurs produits, [...] pour des produits inutiles», aurait pu être intéressante, mais telle qu'elle est présentée, elle ne fait que répéter ce qui était dans le paragraphe précédent, il n'y a rien de nouveau. Enfin, cette phrase n'élargit pas sur un sujet plus général, parce que ce qui est dit est trop évident. La dernière partie de la conclusion est pratiquement absente.

Commentaires généraux

Il y a eu un effort pour utiliser les trois parties de la conclusion. Toutefois les répétitions, le manque d'organisation et le manque d'idées nouvelles, font que cette conclusion est insuffisante. L'étudiant semble n'avoir rien à dire en répétant la même chose. De plus, dire que cela nous pousse à acheter des produits inutiles n'est pas très pertinent. Achetons-nous seulement des produits utiles? Utiles selon quels critères? Avons-nous besoin de vêtements, jouets, disques, vidéos, parfum, etc.? C'est justement le but de la publicité : nous faire acheter certains produits dont « l'utilité » est fort discutable! La question de l'utilité n'a pas sa place dans cette partie.

Exemple 3 « remanié »

Sujet : *Est-il acceptable d'utiliser les odeurs subliminales pour vendre des produits?*

Selon ce qu'on en fait, l'utilisation des odeurs subliminales pour vendre des produits peut être acceptable ou non. Il n'y a pas de raison pour que les compagnies ne puissent pas utiliser cette technique, au même titre que les autres pour vendre leurs produits. Toutefois, si le marketing olfactif utilise l'inconscient des consommateurs en les poussant à acheter des produits inutiles, ce n'est pas très éthique.

Il ne faut tout de même pas oublier que toutes les techniques de vente ont cette même tendance, qui consiste à jouer sur l'inconscient pour maximiser les ventes. Quant à la question d'utilité, de nos jours qu'est-ce qui est vraiment indispensable? a-t-on vraiment besoin du gâteau au chocolat, de ce pantalon ou de ce bijou? Ce qui pousse le plus les consommateurs à acheter, ce sont les vendeurs et les représentants, bien plus que n'importe quelle publicité ou technique olfactive ou visuelle. Nous devons exercer un peu de prudence quand nous faisons notre magasinage pour éviter de gaspiller notre argent pour des produits inutiles.

Voici la conclusion d'une analyse du conte *La Barbe bleue (Bluebeard)*. Ce conte de Charles Perrault écrit en 1697 est issu des *Contes du temps passé avec des moralités* parmi lesquels se trouvent entre autres, *La Belle au bois dormant (Sleeping Beauty)*, *Le Petit Chaperon rouge (Little Red Riding Hood)*, *Cendrillon (Cinderella)*. La thèse était que ce conte s'adresse plutôt aux adultes qu'aux enfants, puisque de nombreux symboles faisant allusion à la sexualité sont une mise en garde pour les couples des dangers de commettre l'adultère.

Exemple 4

Les enfants aimeraient La Barbe bleue *à cause de la violence et du suspense. Ils seraient aussi fascinés par la barbe bizarre du héros. Le suspense du récit gardera l'attention des enfants jusqu'à la fin de l'histoire. Mais le manque d'humour ne plaira pas aux enfants modernes qui ne peuvent pas se concentrer assez longtemps. L'histoire est un classique, et a une valeur de texte historique, mais n'est pas convenable pour les enfants modernes car la morale ne plaira pas aux lecteurs d'aujourd'hui.*

Commentaires
Résumé des idées du texte?
La première phrase « Les enfants aimeraient *La Barbe bleue* à cause de la violence et du suspense » ne résume pas le devoir. Dire que tous les enfants aiment la violence et le suspense est un jugement personnel au lieu d'un fait, et c'est un peu trop stéréotypé. D'ailleurs cela n'explique rien parce que ce n'est pas assez précis. Les enfants aiment-ils tous la violence et le suspense? Il est possible de défendre une telle opinion, mais en la soutenant avec des arguments ce qui n'est pas le cas ici.

Déduction logique et éléments nouveaux?
Ce qui est problématique dans la phrase « le manque d'humour ne plaira pas aux enfants modernes qui ne peuvent pas se concentrer assez longtemps », c'est qu'il y a des opinions sans fondements, sans faits, sans explications et ces idées sont, de plus, facilement contredites. L'étudiant utilise des idées préconçues sur les enfants : seules les histoires drôles plaisent aux enfants; les enfants ne peuvent pas se concentrer longtemps, etc.

Un conte n'a pas besoin d'être drôle pour être apprécié. En fait, c'est même le contraire : *Le Petit Chaperon rouge*, *Blanche-Neige* ou *La petite sirène* sont-ils drôles? C'est l'opposé, ces contes sont tristes, tragiques, surtout dans les contes originaux. Par contre, le suspense et le côté magique sont très importants, ce qui est présent dans *La Barbe bleue*.

On ne peut pas dire que les enfants modernes ne peuvent pas se concentrer et ne veulent plus lire. Les enfants arrivent à lire les milliers de pages de toute la série d'*Harry Potter*, ils aiment lire, et ils peuvent se concentrer. Les arguments de ce texte sont facilement réfutables parce qu'il n'y a pas de faits.

Non seulement les idées sont inexactes et mal argumentées, mais elles n'ont aucun rapport entre elles. On trouve aussi plusieurs idées dans une même phrase (classique, valeur historique, ne plaît pas aux enfants).

Ouverture et élargissement?

La phrase suivante n'est pas claire : « L'histoire est un classique, et a une valeur de texte historique, mais n'est pas convenable pour les enfants modernes car la morale ne plaira pas aux lecteurs d'aujourd'hui. »

Pourquoi le texte a-t-il une valeur historique? Cette histoire est-elle une histoire vraie? Est-ce que c'est parce que l'histoire reflète les mœurs d'une époque? Est-ce que c'est parce que le style de l'histoire reflète le style littéraire de l'époque? En quoi la morale ne plairait-elle pas aux lecteurs d'aujourd'hui? Les jeunes lecteurs se posent-ils des questions sur la morale? Quant aux lecteurs plus âgés, la morale n'a rien de très différent des autres contes : le méchant meurt à la fin (comme le loup, la sorcière, la marâtre, etc.). Cette conclusion sans aucun fondement n'ouvre pas vraiment le sujet. Cette partie ne convient pas.

Commentaires généraux

Les phrases n'ont aucun rapport entre elles. Il n'y a pas de mots de liaison. Aucune des parties de la conclusion n'est présente (résumé, déduction logique, élargissement). Quelques idées auraient pu être bonnes si elles avaient été argumentées et développées : classique, valeur historique, suspense, être fasciné par ce qui est bizarre et ce qui fait peur. Mais comme tout est mélangé, tout est abordé superficiellement, le texte parle de tout et de rien, c'est incomplet et donc insuffisant. Si les idées avaient été mieux organisées avec les trois parties et qu'elles aient été mieux argumentées, elles auraient été bien meilleures.

Exemple 4 « remanié »

Ce conte de fée comporte certains éléments communs à tous les contes, y compris les contes d'aujourd'hui : violence et suspense. Cette histoire fait peur. Les enfants aiment ce qui fait peur et seraient sans doute fascinés par la barbe effrayante du héros. Le suspense du récit devrait garder l'attention des enfants jusqu'à la fin de l'histoire.

Ce conte est un classique, au même titre que La Belle au bois dormant *ou* Cendrillon, *du même auteur, car il en a tous les attributs. L'horreur et la cruauté sont présents dans la plupart des contes.*

Perrault aurait puisé son inspiration dans le folklore populaire car on retrouve des histoires similaires à Barbe bleue dans d'autres pays, notamment au Canada et dans le reste de l'Europe. Certains disent qu'il se serait inspiré d'Henri VIII, d'autres pensent qu'il se serait inspiré de Gilles de Rais, célèbre pour ses crimes atroces[1].

Les enfants aiment lire et écouter des histoires qui font peur (fantômes, monstres, ogres, etc.). La peur est un thème universel. Il suffit de regarder les nombreuses versions et adaptations en pièces de théâtre, films, téléfilms et opéras pour comprendre que ce conte est un classique.

Exemple 5

Le conte La Barbe bleue *réunit tous les éléments des contes classiques : le méchant, l'héroïne pure et naïve, la magie et le succès de l'héroïne. Les contes avaient pour but d'inculquer la morale aux jeunes gens, d'après les mœurs de l'époque. Barbe bleue donne à sa femme les clés de toutes les pièces dans lesquelles se trouvent toutes ses richesses. Il lui dit d'inviter ses amies et sa famille et de bien s'amuser en son absence et lui accorde toute sa confiance. Toutefois, elle fait le jour-même la seule chose qu'il lui avait défendue. Cet acte n'est pas sans rappeler l'adultère et la trahison ce qui explique la colère excessive que cet acte provoque. Pourtant on peut remettre en question le thème et la morale du conte. La curiosité est-elle vraiment un vilain défaut? Dans le conte, il semble que oui, puisque toutes les précédentes épouses sont mortes à cause de leur curiosité. L'héroïne est-elle vraiment pure et naïve en désobéissant à son mari, en le faisant tuer et en se remariant avec un beau jeune homme dès que son premier mari décède? Est-il moral qu'une mère donne sa fille en mariage à un homme, vieux, laid, repoussant (repulsive), dont les anciennes femmes sont toutes mortes? Il semble que la raison qui a poussé la mère à accepter le mariage soit l'argent. En d'autres termes, la mère a vendu sa fille à un monstre et tout le monde trouve cela normal.*

La morale du conte porte surtout sur la curiosité des femmes. Cette curiosité a toujours été considérée comme un défaut grave, qui n'est pas sans rappeler le péché originel d'Ève qui a voulu goûter à la pomme. La curiosité est synonyme de désobéissance, ce qui est, à cette époque, inacceptable pour les femmes. Par contre, dans d'autres contes pour enfants tels que Le Petit Poucet, *c'est justement parce que les petits garçons désobéissent, qu'ils parviennent à sauver leur propre vie et celle de leurs frères et sœurs, car pour des garçons, la désobéissance est synonyme de pouvoir et d'intelligence. Autrement dit, ce que le conte réprouve, c'est plutôt le pouvoir des femmes.*

Commentaires

Résumé des idées du texte?

La première phrase est un bon résumé des idées du texte.

Déduction logique qui découle sur des éléments nouveaux?

La deuxième phrase est bien une déduction logique et comporte des éléments nouveaux.

Ouverture et élargissement?

La conclusion parle progressivement de la problématique de la morale, en élargissant sur la problématique de la morale de tous les contes.

Commentaires généraux

Cette conclusion fait exactement ce qu'elle est censée faire.

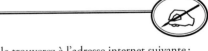

INVITATION À ÉCRIRE

Lisez le conte québécois *La chasse-galerie* après l'avoir trouvé sur l'internet. Analysez les aspects que vous trouvez typiquement canadiens et typiquement québécois. Vous vous renseignerez auparavant sur les particularités principales de la littérature québécoise et les particularités des contes. Quelles sont les idées principales et le message du conte? Quels sont les procédés de l'auteur? Comment l'auteur rend-il le conte vivant?

Vous le trouverez à l'adresse internet suivante : http://www.ph-ludwigsburg.de/html/2b-frnz-s-01/overmann/baf4/quebec/litterature/chasse galerie/La%20chasse-galerie%20facile.html ou à : http://feeclochette.chez.com/Chasse/chasse2.htm

Faites un plan avec les idées principales, puis faites une conclusion ayant les trois parties.

Résumé

La conclusion se compose de trois parties : le résumé des idées du devoir, la déduction logique (ce qui découle logiquement du devoir), et un élargissement vers un sujet plus général. Elle se veut courte, logique, facile à lire et à comprendre. S'il est possible de donner votre opinion, celle-ci se basera sur des faits concrets et ne sera pas une critique gratuite, une opinion sans fondement. Il vaut mieux donner votre opinion indirectement. La conclusion est ce qui donnera l'impression finale au lecteur, il est donc important de la travailler avec soin.

Récapitulons

Considérez votre prochain devoir et cochez les cases si vous pensez qu'il répond à ces questions. ☑

- ❒ La première phrase résume-t-elle les idées principales du devoir?
- ❒ Ces idées principales sont-elles celles de votre plan?
- ❒ Peut-on facilement identifier chaque partie?
- ❒ La première partie résume-t-elle les idées sans redire la même chose?
- ❒ Y a-t-il une déduction logique?
- ❒ Y a-t-il des éléments nouveaux?
- ❒ Y a-t-il une opinion basée sur des faits?
- ❒ Y a-t-il une ouverture sur un autre sujet? La conclusion élargit-elle le sujet?
- ❒ D'après la conclusion, le devoir semble-t-il bien organisé?
- ❒ Y a-t-il des mots de liaison entre chaque partie?
- ❒ Le lien entre chaque partie est-il évident?
- ❒ Les idées sont-elles claires, compréhensibles?
- ❒ Cette conclusion donne-t-elle des impressions positives?

Exercices

EXERCICE 1

Analysez les conclusions suivantes en répondant aux questions ci-dessous, puis réécrivez-les.

a. Quelles semblent être les idées de la conclusion? Pouvez-vous les résumer?

b. Quelles semblent être les idées du plan et du développement?

c. Les idées sont-elles claires, compréhensibles?

d. Semble-t-il y avoir un résumé des idées principales?

e. Y a-t-il une déduction logique? Laquelle?

f. Y a-t-il un lien évident entre les phrases et les idées?

g. Y a-t-il des mots et phrases de liaison?

h. Comment trouvez-vous le vocabulaire?

i. Le devoir vous semble-t-il bien organisé? Pourquoi?

j. Quelle est la qualité des paragraphes?

k. L'étudiant a-t-il tiré une conclusion et proposé des mesures à prendre?

l. Les idées sont-elles recherchées, profondes? Sont-elles originales?

m. Y a-t-il une ouverture sur un autre sujet?

n. Que pensez-vous des arguments? L'étudiant est-il convaincant?

o. L'étudiant a-t-il touché le lecteur d'un point de vue intellectuel ou émotionnel?

p. Quelles impressions avez-vous après avoir lu la conclusion? Comment vous sentez-vous (content, surpris, amusé, énervé, perdu…)?

q. Le devoir vous fait-il réfléchir, vous intéresse-t-il?

Conclusion 1

Sujet : *Une seconde langue (le français) devrait-elle être obligatoire chaque année à l'école pour le français cadre?*

Il apparait donc qu'un pays dit « bilingue » a pour devoir d'avoir des citoyens bilingues et que non seulement l'enseignement du français devrait être obligatoire, mais que le français devrait être enseigné plus que deux heures par semaine. Dans les écoles de nombreux pays non « bilingues », les élèves apprennent au moins deux langues étrangères. Par exemple, en France, les élèves sont obligés d'étudier l'anglais pendant sept ans, trois heures par semaine, et une deuxième langue étrangère telle que l'espagnol, l'allemand, l'italien ou le russe, un minimum de trois heures par semaine.

Le Canada a déjà fait de gros efforts en mettant en place des écoles francophones et des écoles d'immersion. Une partie de la population est déjà bilingue, il ne reste qu'à en augmenter le nombre.

Conclusion 2

Sujet : *Peut-on aimer sans être jaloux?*

En conclusion, il y a beaucoup d'avantages et d'inconvénients d'avoir de la jalousie dans une relation. Cependant, ces deux perspectives ne nous donnent pas d'explication claire sur la vérité. Nous devons considérer la qualité de la jalousie dans une relation. A l'avenir, on a besoin de plus de recherches sur le sujet de la jalousie. De plus, nous devons savoir comment nous pouvons éviter ce mot dans notre relation et nous pouvons peut-être aider une autre personne qui a des problèmes de jalousie.

Conclusion 3

Sujet : *Qu'est-ce qui influence le choix de carrière des femmes?*

Bien sûr, il y a du progrès dans la condition des femmes. Les hommes participent de plus en plus au soin des enfants. Les femmes ont de plus en plus de droits et reçoivent plus d'aides. Toutefois, la situation des femmes au Canada est loin d'égaler celle des Finlandaises et est loin d'être satisfaisante. On a besoin de plus de lois pour protéger et encourager les femmes.

EXERCICE 2

Faites une analyse de la nouvelle de Guy de Maupassant, « Boule de suif », et travaillez particulièrement la conclusion. Vous trouverez cette nouvelle sur l'internet en tapant « Boule de suif » ou en cherchant au nom de l'auteur Guy de Maupassant. Pour vous aider dans votre réflexion, prenez quelques notes de vos idées et impressions, cherchez quelques sources sur l'internet (ou ailleurs).

Note

1. D'après le site http://www.jouylemoutier.fr/content/heading3868906/content3869270.html.

Chapitre 8

ACCENTS, PONCTUATION, MAJUSCULES ET ABRÉVIATIONS

Introduction

Bien que peu importants comparés à la grammaire et au vocabulaire, les accents et la ponctuation participent à la qualité du texte, à la compréhension et aux impressions du lecteur. Nous verrons dans ce chapitre quelques règles de ponctuation et d'accents et quelques différences d'utilisation du français et de l'anglais.

Le clavier

LE CLAVIER FRANÇAIS CANADIEN

Les anglophones habitués à un clavier QWERTY trouveront beaucoup plus facile d'utiliser le clavier français canadien que le clavier français de France (AZERTY). Voici le clavier français de France.

Figure 8.1 *Le clavier AZERTY (de France)*

Pour taper des accents et des symboles sur un clavier QWERTY, le plus simple est d'utiliser le clavier français *canadien* car il a les signes diacritiques (*diacritical marks*) sur les côtés.

Si vous adaptez votre clavier comme décrit dans les paramètres (ci-après), le clavier canadien français est celui de la figure 8.2 ci-dessous.

Il faut toutefois préciser que les lettres et signes que vous obtenez dépendent de l'ordinateur et du logiciel.

Si vous achetez un clavier français canadien, celui-ci peut être différent de celui que vous obtenez en installant vous-même le clavier. Le clavier est alors le suivant :

Figure 8.2 *Le clavier français canadien*

LES PARAMÈTRES (*LANGUAGE SETTINGS*)

Pour accéder au clavier français canadien, vous devez l'activer. Il ne s'agit pas ici d'installer le logiciel (qui est déjà là), mais d'utiliser des fonctions qui étaient jusqu'à présent désactivées.

Si vous utilisez Microsoft, vous allez à :

- Start (en bas à gauche)
- Control Panel
- Region and Language
- Options

et vous choisissez la langue (français canadien).

Vous aurez alors le clavier de cette langue comme option. En bas à droite vous verrez les initiales de la langue que vous utilisez d'habitude (EN). Vous cliquez dessus et apparaissent alors les langues que vous avez installées (le français). Vous cliquez sur FR et vous avez maintenant le clavier en français canadien. Pour retrouver le clavier anglais, il vous suffit de cliquer sur FR puis de cliquer sur EN. Vous pouvez aussi appuyer sur les touches Shift et Alt en même temps et vous verrez apparaître les claviers installés. Vous choisissez alors le clavier que vous voulez (EN).

Si vous tapez souvent chez vous en français, mais n'avez pas de clavier français canadien, une possibilité est d'imprimer les signes différents (é, à, ç...) sur un papier autocollant plastifié et de coller les lettres sur votre clavier avec à gauche le clavier anglais canadien et à droite le clavier français canadien. Vous trouverez les informations à ce sujet sur le site web www.demoras.nelson.com.

Cela est particulièrement utile au début que vous utiliserez le clavier français canadien. Vous pouvez aussi imprimer le diagramme des touches qui se trouve sur le site web et l'afficher devant vous pour le consulter à chaque fois que vous en aurez besoin.

Le problème se pose si vous utilisez un ordinateur sur lequel il n'y a pas de clavier français canadien car celui-ci ne fait pas partie de votre logiciel. Cela peut être le cas si vous utilisez une ancienne version d'un logiciel ou un vieil ordinateur.

La dernière solution est de taper sur les touches qui sont à droite du clavier (et pas au dessus des lettres), ce qu'on appelle le pavé numérique (*numeric keypad*), en appuyant en même temps sur **Alt** à gauche. Pour obtenir les lettres de la colonne de droite (ç, à, é…) vous tapez les chiffres ci-dessous (130…) en vous assurant que vous avez d'abord appuyé sur **Num Lock** (vous avez alors un voyant rouge allumé en haut).

Alt + 128	ç	Alt + 144	É
Alt + 130	é	Alt + 147	ô
Alt + 131	â	Alt + 150	û
Alt + 133	à	Alt + 151	ù
Alt + 135	ç	Alt + 174	«
Alt + 136	ê	Alt + 175	»
Alt + 137	ë	Alt + 183	À
Alt + 138	è	Alt + 210	Ê
Alt + 139	ï	Alt + 212	È
Alt + 140	î		

Toutefois, les indications ci-dessus dépendent de l'ordinateur, du logiciel et de la version que vous avez. Par exemple, pour un Mac, cela peut être différent. Si cela ne correspond pas à ce que vous obtenez, tapez d'autres chiffres pour trouver les lettres recherchées.

Il est plus rapide d'utiliser le clavier français canadien, (en cliquant en bas à droite, sur EN, puis sur FR) que de taper **Alt** 130. Une fois que vous aurez l'habitude d'utiliser le clavier français canadien, vous taperez en français plus rapidement. Au cas où il ne serait pas possible d'accéder au clavier français canadien et/ou de taper **Alt** 130, la dernière possibilité est de corriger les accents manquants avec le correcteur d'orthographe, qui sera en français, dès que vous commencez à taper. Si vous ne pouvez pas accéder au correcteur d'orthographe en français, il est possible d'accéder à un correcteur gratuit sur l'internet. Il est donc possible d'éliminer la plupart des fautes d'accents.

LE CORRECTEUR D'ORTHOGRAPHE POUR LES ACCENTS

Le correcteur d'orthographe repère très bien les fautes d'accents. Il suffit de sélectionner la langue. Pour vous faciliter la tâche, il est préférable d'avoir le correcteur d'orthographe et de grammaire en français **avant de** commencer à taper.

Pour cela, vous allez à

- Tools
- Spelling and Grammar
- Dictionary language

et vous choisissez la langue (le français).

Mais là aussi, les étapes peuvent dépendre de l'édition du logiciel. Par exemple, pour Windows 2007, il faut faire : MS Office Button > Access Options > Proofing > Dictionary language.

Puis, vous tapez une phrase dans laquelle vous avez volontairement fait des erreurs pour contrôler si le correcteur fonctionne. S'il fonctionne, les mots avec les erreurs seront soulignés en rouge. Il ne vous reste alors qu'à corriger les fautes.

INVITATION À RÉFLÉCHIR

1. Vérifiez quels claviers sont disponibles sur votre ordinateur et à l'université et vérifiez que vous pouvez utiliser le clavier français canadien chez vous ou à l'université.

2. Tapez sur une feuille les emplacements de toutes les lettres du clavier français et accrochez-la où vous tapez le plus souvent. Faites-en plusieurs copies : une que vous gardez chez vous, une que vous gardez avec vous dans votre agenda (*planner*), que vous utiliserez à l'université ou ailleurs. Vous n'aurez ainsi pas à tâtonner (*to grope*) à chaque fois sur plusieurs lettres, si vous ne vous souvenez plus d'où sont les lettres différentes en français.

3. Installez le clavier français, assurez-vous que vous avez aussi installé le correcteur

d'orthographe en français avant de commencer à taper. Tapez plusieurs phrases avec plusieurs fautes de grammaire et d'orthographe, y compris les accents. Quelles fautes le correcteur repère-t-il ou ne repère-t-il pas? Que se passe-t-il avec les accents?

4. Quelles sont les touches du clavier qui sont différentes?

5. Pourquoi les anglophones ont-ils intérêt à utiliser le clavier français canadien plutôt que le clavier français de France?

6. Discussion : Comment tapiez-vous les accents jusqu'à présent? Que pensez-vous d'utiliser un clavier français canadien? Cela vous paraît-il utile? Pourquoi ou pourquoi pas?

Les signes diacritiques

Les signes diacritiques sont les accents, la cédille et le tréma. Nous allons voir quelques règles générales sur leur utilisation.

NOMS DE SYMBOLES ET SIGNES DIACRITIQUES

Voici quelques symboles et signes diacritiques fréquemment rencontrés. Il est utile de les connaître pour pouvoir les dicter au téléphone, notamment pour une adresse e-mail ou adresse internet (*slash, dot*…). Le genre est entre parenthèses (m = masculin, f = féminin).

Accent aigu	(m)	´
Accent grave	(m)	`
Accent circonflexe	(m)	∧
Accolades	(f)	{ }
Apostrophe	(f)	' ou '
Barre inscrite	(f)	-
Barre oblique	(f)	/
Barre inversée	(f)	\
Cédille	(f)	˛ (ç)
Chevrons	(m)	< >
Crochets	(m)	[ ]
Guillemets français	(m)	« »
Guillemets anglais	(m)	" " ou " "
Parenthèses	(f)	( )
Point	(m)	.
Deux points	(m)	:
Point-virgule	(m)	;
Points de suspension	(m)	…
Point d'exclamation	(m)	!
Point d'interrogation	(m)	?
Rond en chef	(m)	°
Tiret	(m)	—
Trait d'union	(m)	-
Touche d'espacement	(f)	s'appelle aussi touche de retour en arrière (*backspace*)
Tréma	(m)	¨ (ë, ï, ü)
Virgule	(f)	,

Symboles typographiques

Arrobase (ou arobase)	(f)	@ s'appelle aussi « *a* commercial »
Esperluette	(f)	&
Astérisque	(m)	*
Barre verticale	(f)	| ou ¦
Croisillon	(m)	#
Numéro	(m)	№
Copyright	(m)	©
Marque	(f)	®
Degré	(m)	°

Prime : minute, seconde et tierce	(f)	′′′
Paragraphe	(m)	§
Pied de mouche	(m)	¶
Puce	(f)	•
Tilde	(f)	~
Tiret bas	(m)	_
Tiret (demi-cadratin)	(m)	–
Tiret long	(m)	—

INVITATION À RÉFLÉCHIR

De quels signes vous souvenez-vous en français?

Pouvez-vous nommer les principaux signes de ponctuation?

Quels symboles vous semblent les **plus** importants? (nommez-les en français)

INVITATION À ÉCRIRE

1. Écrivez plusieurs e-mails comprenant plusieurs signes de ponctuation et symboles, puis dictez-les en français à votre voisin qui écrira ce que vous dictez.

2. Échangez les rôles : votre voisin vous dicte une adresse internet et vous l'écrivez.

3. Comparez ce que chaque personne a écrit avec le texte original, pour voir où sont les difficultés.

4. Refaites le même exercice avec les signes qui ont créé des problèmes.

LES SIGNES DIACRITIQUES DANS LES MAJUSCULES

Les signes diacritiques sont obligatoires pour les majuscules en français canadien et sont indiquées dans la plupart des dictionnaires. Toutefois, d'après l'Académie française, « l'usage est flottant » : on peut écrire **E**loïse ou **É**loïse. Puisque les accents sont obligatoires sur les majuscules au Canada, il vaut mieux toujours les utiliser. Les accents sur les signes diacritiques sont d'autant plus importants si une phrase ou un texte entier sont en majuscule ou s'il peut y avoir confusion entre certains mots (tue/tué).

UTILISATION DES SIGNES DIACRITIQUES

Les accents aigu, circonflexe et grave changent la prononciation du *e*.

Connaître le lien entre graphèmes (lettres écrites) et phonèmes (sons) peut aider à améliorer l'orthographe, surtout si vous travaillez en classe et n'avez pas accès au correcteur d'orthographe. Si vous savez que ces signes diacritiques correspondent à une prononciation et que vous connaissez cette prononciation, vous pouvez deviner les accents et l'écriture. Par exemple, quand on dit « j'ai vécu » on entend bien le son /e/ et le son /k/. Vous pouvez donc deviner qu'il y a un accent sur le *e* et qu'on ne peut pas avoir de cédille sous le *c*.

Voici quelques règles phonétiques qui peuvent vous aider pour l'écriture :

- *e* sans accent en général ne se prononce pas. Si on le prononce, on le prononce /ø/ comme dans *le, ce, te*, etc. Cela veut dire que si vous entendez le son /e/ (é) c'est que le *e* a un accent aigu, et si vous entendez le son /ɛ/ (è), c'est soit qu'il y a un accent, soit qu'il y a deux consonnes.
- *é* se prononce /e/ (été);
- *è* se prononce /ɛ/ (brève);
- *ê* se prononce /ɛ/ (être) en français standard ou /ɛ/ diphtongué en français canadien.

L'accent circonflexe sur le *ê* et le *â* en changent la prononciation en français canadien. Notez, par exemple, la différence de prononciation, entre *patte* et *pâte*.

L'accent circonflexe sur le *ô* en change aussi la prononciation par exemple dans *notre*, par rapport à *le nôtre*. Ces différences dépendent grandement des régions. Par contre, l'accent sur le *î* et le *û* n'en change pas la prononciation. *Sur* et *sûr* se prononcent pareil.

L'ACCENT AIGU (é)

L'accent aigu se place :

- seulement sur la lettre *e;*
- sur la première syllabe d'un mot : **é**lève, **é**vident;
- sur la deuxième syllabe si la syllabe suivante ne contient pas de *e* muet : am**é**nager;
- sur la dernière syllabe si le verbe est un participe passé du premier groupe (chant**é**, aim**é**);
- sur certains préfixes : d**é** (poser), m**é** (prendre), pr**é** (venir), p**é**ri (durale), n**é**o (natal).

L'ACCENT GRAVE (è, à, ù)

L'accent grave se place :

- sur les lettres *e, a, u;*
- avant un *e* muet (s'il n'y a pas deux consonnes) : l**è**ve, s**è**vc, ob**è**se (sauf dans le mot *médecin*, que l'on prononce pourtant /ɛ/);
- dans les mots qui se terminent **au singulier** par un *s* : acc**è**s, proc**è**s, apr**è**s, d**è**s, déc**è**s;
- sur le *a* pour différencier certains mots : **a** (*has*) et **à** (*at*), **la** (*the*) et **là** (*there*);
- sur le *a* de quelques mots particuliers : déj**à**, voil**à**, au-del**à**;
- sur le *u*, uniquement dans le mot o**ù** (*where*).

L'ACCENT CIRCONFLEXE (ê, î, â, ô, û)

L'accent circonflexe se place sur les lettres *e, i, a, u, o :*

- pour les conjugaisons :
  des verbes en **-aître** (naître, connaître, paraître, paître [*graze*], etc.), lorsque la lettre après le *i* n'est pas un *s* : il na**î**t, je para**î**trai, tu conna**î**tras, ils pa**î**tront;

- du présent de l'indicatif pour distinguer certains verbes : je crois (*believe*) et je croîs (*grow*) ;
- du passé simple pour les 1re et 2e personnes du pluriel : nous arrivâmes, vous finîtes et la 3e personne du pluriel de certains verbes irréguliers du 3e groupe : ils crûrent ;
- pour différencier des homophones :

  sur (*on*) et sûr (*sure*), mur (*wall*) et mûr (*ripe*), du (*of the*) et dû (*owed, due*), notre (*our*) et le nôtre (*ours*), votre (*your*) et le vôtre (*yours*) ;
- pour marquer la disparition d'une lettre (souvent un *s*) : hôpital, île, tâche ;
- On retrouve d'ailleurs ces lettres disparues en français dans d'autres langues : *hospital, island, task*. Comprendre ce phénomène aide à se souvenir de la place de l'accent.

D'après le rapport sur les rectifications de l'orthographe de 1990, à moins qu'il ne serve à différencier des mots ou des temps (en cas d'homographie), l'accent circonflexe **n'est plus obligatoire sur les lettres *i* et *u*.** On peut maintenant écrire, par exemple, « fraiche » au lieu de « fraîche » (ancienne orthographe). Toutefois, il est correct et accepté de conserver l'ancienne orthographe et de garder l'accent circonflexe sur le *i* et le *u*.

Dans ce manuel, nous avons choisi d'utiliser l'ancienne orthographe.

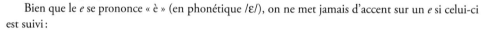

Remarque
Pas d'accent aigu, grave ou circonflexe sur le *e*

Bien que le *e* se prononce « è » (en phonétique /ɛ/), on ne met jamais d'accent sur un *e* si celui-ci est suivi :

- d'une consonne double dans les noms, adjectifs et conjugaisons.

Exemples

belle, tablette, intéressant, qu'il vienne, ils jettent, ils appelleront

- de deux consonnes.

Exemples

reste, escalier, perte, secte

- de la lettre *x*, qui se prononce comme deux consonnes /ks/.

Exemples

exercice, extraordinaire, circonflexe

Comprendre ce phénomène aide à vous souvenir de la place ou de l'absence de l'accent. Considérez les verbes conjugués suivants : je m'appelle, j'appellerai, nous appelons. Le *e* se prononce « è » (/ɛ/) quand il est suivi de deux consonnes. Cela permet à la fois de bien prononcer quand vous voyez le mot écrit et de ne pas faire de fautes à l'écrit avec les accents. Il n'y a aucune raison de rajouter un accent, puisqu'avec deux consonnes la lettre est déjà prononcée « è ».

LA CÉDILLE (ç)

La cédille s'utilise devant les lettres *a, o, u* (les mêmes lettres que l'on trouve dans le mot *août*) pour indiquer que le *c* se prononce /s/ et non pas /k/.

Exemples

français, garçon, leçon, reçu

LE TRÉMA (ë, ï, ü)

Le tréma indique que les deux voyelles se prononcent séparément. Autrement, elles ne formeraient qu'un seul son, par exemple, le son /wa/ (oi).

Exemples

maïs, Loïc, Moïse, Noël, héroïne

D'après la réforme de l'orthographe, le tréma s'écrit maintenant sur le *u* pour le féminin des adjectifs se terminant par « gu » (ce qui est plus logique) alors qu'il était avant sur le *e*.

Exemples

Nouvelle orthographe : *aigüe, ambigüe, contigüe*
Ancienne orthographe : *aiguë, ambiguë, contiguë*

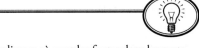

INVITATION À RÉFLÉCHIR

1. En quoi connaître la prononciation peut vous aider avec l'orthographe?
2. Pouvez-vous expliquer certaines règles concernant les accents?
3. Trouvez les signes diacritiques manquants dans les mots suivants. Certains mots ne demandent pas de corrections. Expliquez vos choix d'après les règles sur les accents. Decu, ils s'appellent, escalier, nous epelerons, héroine, espéré, evident, rancon, mosaique, ambigue, vecue, Noel, interessant, çitrouille, lecon.
4. Expliquez où sont les fautes dans les mots suivants et pourquoi ce sont des fautes (d'après les règles sur les accents de ce chapitre) : êxcédent, èxercice, voiçi, èléve, il s'appèlle, nous jètterons, nous vimes, accês, succés, Nöé, Moise, neonatal, prenatal.
5. Prenez un ancien devoir pour lequel vous n'avez pas utilisé le correcteur d'orthographe ou celui d'un camarade de classe et concentrez-vous sur les accents. Trouvez les fautes s'il y en a et corrigez-les en utilisant les règles ci-dessus.

La ponctuation

La ponctuation rend la lecture plus compréhensible et plus facile tout en marquant le rythme. La ponctuation permet aussi de refléter certaines émotions ou intonations qu'on trouverait à l'oral. C'est la ponctuation qui différencie les phrases suivantes :

Elle est déjà partie? (Question à réponse oui/non, la voix monte.)
Elle est déjà partie. (Réponse, intonation qui descend.)
Elle est déjà partie! (Un sentiment tel que le regret.)
Elle est partie… (et voilà le résultat)

Les signes de ponctuation s'utilisent, pour la plupart, comme en anglais. C'est la raison pour laquelle tous les détails de ponctuation ne sont pas mentionnés ici. Nous verrons ici les règles générales d'utilisation de ponctuation et surtout les utilisations différentes en français et en anglais.

LES ESPACES

Les règles concernant les espaces ne sont pas unanimes. Le plus simple est d'adopter les règles du correcteur d'orthographe en français de votre ordinateur qui ajoutera les espaces automatiquement ou signalera s'il y a un espace fautif.

Les règles sont les suivantes :

- Il y a **une espace** *après* tous les signes de ponctuation *sauf*

l'apostrophe	,
la parenthèse ouvrante	(
le crochet ouvrant	[
le trait d'union	-

- Il n'y a **pas d'espace** *avant*
  le point.
  la virgule,
  les points de suspension. . .
  la parenthèse fermante)
  le crochet fermant]
  le point-virgule   Ils sont partis; ils ne reviendront plus.
  le point d'interrogation   Comment peut-elle travailler autant?
  le point d'exclamation   Que vous êtes joli! Que vous me semblez beau!

C'est la pratique recommandée au Canada, tandis qu'en France et ailleurs on emploie une espace devant le point-virgule, le point d'interrogation et le point d'exclamation.

- Il y a **une espace** *avant*

les deux points :	Ils lui ont dit : « Nous viendrons bientôt. »
les guillemets « »	C'est ce qu'on appelle « la pérestroïka ».
le tiret —	Les deux amies — Aurélie et Simone — partirent ensemble.

INVITATION À RÉFLÉCHIR

Devant quels signes de ponctuation faut-il une espace ?
Après quels signes de ponctuation faut-il une espace ?
Pouvez-vous expliquer les différentes utilisations des espaces en français et en anglais ?

Les signes de ponctuation

LE POINT .

Comme en anglais, le point s'utilise à la fin d'une phrase, d'une idée. Dans la lecture à haute voix, on fait une grande pause (deux secondes). Il s'utilise aussi pour certaines abréviations (*M.* pour *Monsieur*).

LE POINT D'INTERROGATION ?

Comme en anglais, le point d'interrogation s'utilise à la fin des phrases qui expriment une question. Il ne s'utilise pas dans une question indirecte ou avec une inversion qui n'est pas une question.

Exemples

Je lui ai demandé : « De quoi parle-t-il? » (Question au style direct)
Je ne sais pas de quoi il parle. (Question au style indirect)
Aussi, est-il parti trop tard. (Inversion qui n'est pas une question)

LE POINT D'EXCLAMATION !

Le point d'exclamation s'utilise :

- Après une interjection (oh, aïe, hélas…);
- Dans les phrases comprenant un mot exclamatif (Comme elle est belle! Que de joie!);
- Si l'on veut mettre l'emphase sur les sentiments d'une phrase à l'impératif (Vas-y!) bien que la plupart du temps, **on n'emploie pas de point d'exclamation à l'impératif;**
- À la fin d'une phrase qui exprime des sentiments, des émotions : la joie, l'admiration, la surprise, le regret, l'exclamation, la colère, etc. (Quelle histoire! Bravo! Quelle tristesse!).

En anglais on évite d'utiliser des points d'exclamation puisqu'il est plutôt déconseillé de manifester des émotions dans un devoir qui se veut neutre. En français on peut les utiliser (sans en abuser) pour varier la ponctuation et les structures.

Exemple

Quand Emma est au bal parmi les gens de la haute société, elle croit être dans un rêve. Quel luxe! Quel bonheur pour elle!

LA VIRGULE ,

La virgule sépare les éléments de même nature ou de même fonction et les éléments mis en apposition. Elle marque une petite pause (d'une seconde ou un peu moins) dans la lecture à haute voix. On met une virgule :

- Dans les énumérations (autres qu'avec *et, ou, ni*).

Exemple

J'ai acheté du raisin, des œufs, du lait et du pain. (I bought grapes, eggs, milk, and bread.)

- Avant *et* et *ni* **seulement** s'il y a des différences entre les deux propositions telles qu'une différence de personne ou une différence de temps.

Exemples

Il est parti tôt et il est rentré chez lui. (Même sujet, même temps, pas de virgule)
Il est parti tôt, et elle l'a suivi. (La virgule marque le changement de sujet)

On ne met **pas de virgule** :
- Avant les pronoms relatifs *qui, que, dont, où.*

Exemples

Ariane est l'amie qui fait son doctorat de français.
Il a aimé le livre que je lui ai offert.
C'est le professeur dont je t'ai parlé.

- Pour les dates en français.

Exemple

le 10 novembre 2009 (November 10, 2009)

En anglais, la virgule sert à séparer les deux chiffres (10 et 2009). Puisqu'en français, il n'y a jamais deux chiffres consécutifs dans la date, une confusion de chiffre est impossible. Il n'y a donc aucune raison d'avoir une virgule en français pour les dates.

LE POINT-VIRGULE ;

Le point-virgule sépare des propositions qui sont étroitement reliées entre elles, contrairement au point qui sépare des propositions ou des phrases qui n'ont pas forcément de lien. Il sépare une même idée en sous-partie et demande une pause moyenne d'environ une seconde.

Exemples

Connaître des stratégies, c'est bien; les utiliser, c'est encore mieux.
Candide, comme son nom l'indique, est très naïf; il croit tout ce que Pangloss lui dit.

- On met un point-virgule entre deux propositions reliées par une conjonction de coordination (mais, donc, or, car) (**sauf avec *ou, et, ni***) et avant les adverbes et locutions qui expriment la cause, la conséquence et autres liens (cependant, néanmoins, en effet).

Exemples

Il sait que ce qu'il fait est immoral; pourtant, il ne peut pas s'en empêcher.
Elle s'ennuie beaucoup; néanmoins, elle ne veut pas s'occuper de sa fille.

- On l'utilise aussi pour une énumération avec des tirets.

Exemple

Pour bien écrire, il est important de :
- faire des recherches;
- réfléchir à l'avance;
- bien organiser son travail.

Remarque

En français, il est un peu maladroit de commencer une phrase ou une proposition par « et », que ce soit après un point ou un point-virgule (sauf pour produire un effet particulier). On éviterait une phrase telle que « Les recherches n'aboutissaient à rien; **et** les scientifiques étaient perplexes. »

On met plutôt les deux propositions dans une même phrase, surtout si elles sont courtes : Les recherches n'aboutissaient à rien **et** les scientifiques étaient perplexes » ou bien : Les recherches n'aboutissant à rien, les scientifiques étaient perplexes. » (Le participe présent permet d'éviter d'utiliser *et*.)

LES DEUX POINTS :

On peut dire « le » deux-points ou « les » deux points; « les » est le plus souvent utilisé.
On utilise les deux points pour :

- Une citation.

Exemple

Comme le dit Flaubert : « Emma, c'est moi. »

- Le style direct dans un dialogue;

  Il est possible de mettre la source d'abord et les mots rapportés après :

Exemple

Elle a dit : « Je suis fatiguée. »

- Toutefois, généralement, on met plutôt le dialogue d'abord et la source après, en faisant l'inversion (avec un trait d'union entre le verbe et le pronom sujet).

Exemples

« Je suis fatiguée », dit-elle.
« Je suis malheureuse », pensa-t-elle.

- On utilise les deux points et les guillemets dans le style direct mais pas dans le style indirect.

Exemples

Elle a dit : « Je suis fatiguée. » (Style direct)
Elle a dit qu'elle était fatiguée. (Style indirect)

- Une énumération.

Exemple

Vous pouvez amener qui vous voulez : enfants, conjoints et amis.

- Un lien logique entre deux propositions.

Exemple

Emma est faible : tous les hommes qu'elles rencontrent profitent d'elle.

• Une explication, une justification.

Exemple

Ce chien est plutôt paresseux : il dort beaucoup et préfère rester allongé sur le canapé.

L'HEURE

Pour exprimer l'heure en français, on compte les heures jusqu'à 24 heures. On n'aura donc pas besoin de préciser « *a.m.* » pour le matin ou « *p.m.* » pour le soir. On utilise le chiffre, suivi de l'abréviation *h* (pour « heure »). On met une espace avant et après le *h* du mot *heure* : 20 h 45.

Dans des contextes plus formels, au travail et dans toutes les situations qui demandent des horaires (précis), on a tendance à utiliser les chiffres jusqu'à 24 heures. Si on utilise les chiffres jusqu'à 24 heures, on utilisera les chiffres pour les quarts d'heures (quinze) et demi-heures (trente).

Exemple

Aujourd'hui je travaille de 15 h 15 (quinze heures quinze) à 20 h 30 (vingt heures trente).

Mais si on dit l'heure dans une conversation courante, on utilise seulement les douze premières heures, puis on dit « et quart », « et demie ».

Exemple

Quelle heure est-il? Il est 8 h 15 (huit heures et quart) (8:15 p.m.).

Le contexte est évident, on n'a pas besoin de rajouter « du soir ».

Exemple

ANGLAIS	10:30 A.M.	10:30 P.M.
Contexte non formel	10 h et demie On précise « du matin » seulement si le contexte n'est pas évident	10 h et demie On précise « du soir » seulement si le contexte n'est pas évident
Contexte formel Horaires de travail et de transports	10 h 30 (dix heures trente)	22 h 30 (vingt -deux heures trente)

Pour les horaires de train et d'avion il n'y a pas d'espace avant et après le *h* du mot *heure* : 20h45. On peut ainsi distinguer les heures de départ et d'arrivée de la durée du voyage : 1 hr 15 mn. On trouve parfois sur les horaires de transport le chiffre sans le *h* de heure : 20:40, surtout au Canada.

En dehors des horaires de transports, on utilise généralement le *h* en français, alors qu'on utilise deux points en anglais.

LES POINTS DE SUSPENSION ...

Les points de suspension s'utilisent pour indiquer :

• Un sous-entendu (avec des commentaires inachevés).

Exemple

Je lui avais pourtant bien dit…
(Les points de suspension voudraient dire ici : et voilà le résultat de ne pas m'avoir écouté.)

• Une liste incomplète.

Exemple

Elle aime tous les fruits : bananes, mangues, ananas…

• L'hésitation.

Exemple

Je pensais que… nous pourrions peut-être… nous revoir.

• Une interruption de dialogue.

Exemple

« Mes amis, nous nous réunissons aujourd'hui… ». Un cri retentit dans la salle.

• Une coupure de citation.
    Les points de suspension se placent entre crochets, on met une espace avant et après les crochets.

Exemple

Dans le conte La Barbe bleue, *de nombreuses descriptions de richesses mettent en relief l'avidité de la jeune femme : « […] n'étaient que promenades, que parties de chasse et de pêche […] les autres d'argent et de vermeil doré, étaient les plus belles et les plus magnifiques qu'on eut jamais vues ».*

LES GUILLEMETS « »

Les guillemets anglais et français ne sont pas les mêmes. En anglais on utilise des guillemets anglais " " que l'on appelle aussi petits guillemets ou guillemets dactylographiques. En français on utilise les guillemets droits « » qu'on appelle aussi guillemets chevrons.

    On utilise les guillemets pour :

• Citer les paroles de quelqu'un.

Exemple

Elle a dit : « Je ne sais pas quoi faire. »

- Mettre un mot en relief.

Le mot « gourmand » ne se traduit pas très bien en anglais.

Pour mettre un mot en relief, on peut aussi le mettre en italique :
Le mot *gourmand* ne se traduit pas très bien en anglais.

- Remplacer une traduction inexistante, quand les mots n'ont pas les mêmes connotations et/ou qu'on veut garder le mot dans cette langue pour des raisons linguistiques.

Exemple

Peut-on traduire l'expression française « être gourmand » par « to have a sweet tooth »?

- Mettre un mot d'une autre langue en relief, pour éviter de faire un anglicisme ou quand vous ne connaissez pas le mot en français et que vous n'avez pas accès au dictionnaire (devoir en classe).

Exemple

J'ai mangé des « butter tarts ».

Le mot « *butter tart* » n'est pas dans le dictionnaire français.

Remarque
Il est possible d'utiliser les guillemets anglais à l'intérieur d'une citation « "" » pour indiquer une citation à l'intérieur d'une citation.

LE TRAIT D'UNION -

On utilise le trait d'union pour :

- les mots composés (un sous-entendu);
- les acronymes basés sur des mots composés qui ont un trait d'union (les É.-U.);
- les inversions (vont-ils comprendre?);
- certains chiffres (vingt-deux).

LES TRAITS D'UNION ET LES CHIFFRES

D'après les règles traditionnelles, les nombres inférieurs à cent s'écrivent en lettres avec des traits d'union, sauf quand ils sont liés par *et*.

Toutefois, d'après les rectifications de l'orthographe de 1990, tous les chiffres, sans exception, peuvent s'écrire avec le trait d'union. Cela unifie et simplifie ainsi les règles.

Exemples

Il a cent-quatre ans ;
cent-quatre-vingt-huit ;
six-mille-trois-cent-quatre-vingt-dix-neuf ;
trente-et-un.

Remarque

En ce qui concerne le *s* des chiffres, la règle est la suivante :

Vingt et **cent** prennent un *s* seulement quand ils terminent le chiffre.

Exemples

quatre-vingts, six cents

S'il y a un autre chiffre après, ils ne prennent pas de *s*.

Exemples

quatre-vingt-quatre, sept cent cinquante

Mille ne prend jamais d'*s* au pluriel.

Exemples

trois mille, trois mille neuf cent

LE TIRET — OU –

On utilise le tiret pour :

- les énumérations;
- les mises en relief;
- les dialogues, pour changer d'interlocuteur;
- les pronoms personnels à la forme interrogative.

Si on utilise les tirets, on n'utilise pas les guillemets. Les guillemets servent à ouvrir et fermer un dialogue généralement court et à citer, alors qu'on utilise les tirets pour un dialogue de plus d'une réplique.

LES NOMS DES SAINTS

Quand on parle du saint lui-même, on ne met pas de tiret et pas de majuscule au mot *saint*. Par contre, un nom de saint dans le nom d'une fête ou un toponyme prend le tiret et la majuscule.

Exemples

Ils prient saint Antoine de Padoue quand ils ont perdu un objet.
Ils pensent que saint Laurent (l'homme) vivait au IIIe siècle.
Nous avons loué un chalet au bord du fleuve Saint-Laurent.
Au Québec on fête la Saint-Jean-Baptiste?

LES PARENTHÈSES ( )

Les parenthèses servent à préciser une idée qui est moins importante que les autres et pourrait être supprimée. Elles s'emploient beaucoup plus en français qu'en anglais. On mettrait souvent des virgules en anglais à la place des parenthèses.

Exemple

Elle marque une petite pause (d'une seconde ou un peu moins) dans la lecture à haute voix.

LES CROCHETS [ ]

Les crochets (*brackets*) sont assez peu utilisés en français. Ils s'emploient principalement pour isoler une partie d'une phrase qui est entre parenthèse. Ce serait un peu comme une parenthèse à l'intérieur d'une parenthèse.

Exemple

Citation de l'auteur (sources [p. 15–18])

Ils s'emploient aussi pour indiquer les coupures ou les modifications de citation [...]. Les points de suspension indiquent que la phrase n'est pas terminée.

En français, on utilise la virgule, le point-virgule, le point d'exclamation, le point d'interrogation et surtout les parenthèses plus qu'en anglais, mais on utilise rarement les crochets pour autre chose que pour les transcriptions phonétiques, et les interruptions de citations. Les virgules et les points ne sont pas toujours utilisés de la même façon en français et en anglais.

Les majuscules *(capital letters)*

Comme en anglais, les majuscules s'emploient pour les noms propres et les noms de nationalité. Toutefois, il existe certaines différences d'utilisation en français et en anglais.

Alors qu'on emploie la majuscule en anglais pour les adjectifs de nationalité et pour les langues, on emploie en français la minuscule.

Exemples

Ce Belge et cette Africaine parlent le français et aiment la cuisine chinoise.
(Adjectif: pas de majuscule)
Les francophones de Louisiane n'ont pas tous accès à des écoles francophones.
(Le mot francophone, *prend une majuscule en anglais.)*

On emploie aussi une majuscule:
• en début de vers en poésie classique;
• après les signes de ponctuation (! ,? et le point) quand ils terminent une phrase;
• pour les sigles (ONU);
• pour changer le sens d'un mot.

Exemple

Cela a été pour lui une renaissance.
La Renaissance italienne est riche en œuvres d'art.

Le mot *Renaissance* (avec une majuscule) a un sens différent du mot *renaissance* (*rebirth*).

• Les points cardinaux ne prennent pas de majuscule (le vent du nord, il habite au sud de Montréal) sauf s'ils indiquent une région (le Sud-Ouest), un pays, un état ou une province : les Territoires du Nord-Ouest.

- Les jours de la semaine et les mois prennent des minuscules : le lundi 11 janvier.
- Les pratiquants d'une religion prennent des minuscules en français : Les musulmans, les chrétiens et les juifs ont certains points en commun.

LES MAJUSCULES ET LES TITRES D'ŒUVRES

La règle la plus simple est de mettre une majuscule **uniquement au premier mot**, quel que soit le mot (article, nom, adjectif, etc.) et quel que soit la sorte de document (roman, nouvelle, etc.).

> Un homme et son péché
> Les héros de mon enfance

Par contre, on met une majuscule à l'article, à l'adjectif et au nom des titres de journaux et magazines (pour les différencier des titres de livre).

> Le Devoir; Le Monde Diplomatique
> Exception : L'actualité

Il existe aussi les règles suivantes dont la plus importante consiste à mettre une majuscule au nom et tout ce qui va avant le nom. Ces règles sont ici à titre indicatif, vous n'avez pas besoin de les apprendre, mais elles sont ici précisées au cas où vous trouveriez des titres ainsi écrits.

- Si le titre **commence par un article et constitue une phrase complète** (avec un verbe), on met une majuscule au premier mot (à l'article) mais pas au reste de la phrase.
  > De quoi t'ennuies-tu, Éveline?
  > Le jour n'a d'égal que la nuit

- Si le titre commence par **un article défini et ne constitue pas une phrase complète** (pas de verbe), on met une majuscule au nom et aux mots placés avant le nom (article et adjectif) et pas de majuscule après le nom.
  > Une Saison dans la vie d'Émmanuel
  > Les Héros de mon enfance

- Si le titre **ne commence pas par un article** on met une majuscule au premier mot.
  > Bonheur d'occasion
  > Nègres blancs d'Amérique

- Si le titre comprend un nom, une conjonction (et, mais...) et un autre nom, on met une majuscule aux deux noms.
  > La Détresse et l'Enchantement

Les règles sont le plus souvent les mêmes pour les journaux et périodiques. L'important est de suivre toujours les mêmes règles.

Remarque
En ce qui concerne les articles dans les titres :
S'il y a une préposition juste avant le titre et que le titre commence par un article, vous faites l'élision.

Exemple

*Référez-vous **au** Malade imaginaire.*

Le titre est *Le malade imaginaire*, et comme le verbe *se référer* demande la préposition *à*, on fait alors l'élision de l'article.

Mais si le titre contient des noms communs et les conjonctions *et, ou,* et lorsqu'il forme une phrase, vous gardez l'article tel qu'il est dans le titre, sans faire l'élision.

Exemple

*Référez-vous **à** Le rouge et le noir.*

Les abréviations

Les abréviations se font selon certaines normes. Voici quelques abréviations.

Les chiffres

premier/première	1er / 1re
deuxième	2^e
troisième	3^e

Les noms de personnes

Monsieur	M.
Messieurs	MM
Madame	Mme ou Mme
Mesdames	Mmes ou Mmes
Mademoiselle	Mlle ou Mlle
Mesdemoiselles	Mlles ou Mlles

Remarque

Généralement on met un point si on ne garde que la ou les premières lettres du mot (M. pour « Monsieur », etc. pour « et cetera »), mais on ne met pas de point si on garde le début **et** la fin du mot (Mme pour « Madame »).

QUELQUES ABRÉVIATIONS FRÉQUENTES EN ÉCRITURE

ABRÉVIATION	REMPLACE LE MOT
chap.	chapitre
ed.	éditeur, édition
p.	page
p ou pp (dépend des références)	pages
n°	numéro
vol.	volume

QUELQUES ABRÉVIATIONS FRÉQUENTES EN PRISE DE NOTES, AU TRAVAIL ET EN COURS

ABRÉVIATION	REMPLACE LE MOT OU LA SYLLABE
bp	beaucoup
c'est-à-dire	càd
#	différent, n'est pas
ê	être
ex	(par) exemple
gal	général
hô	homme
js	jamais
−	moins
ns	nous
ø	phi- (préfixe)
+	plus
 >	plus petit que plus grand que
±	plus ou moins
p/	pour
pq	parce que
qq qqs	quelque quelques
qqn	quelqu'un
qqch	quelque chose
quelconque	qcq
t° ou °	-tion (suffixe)
tjs	toujours
ts	tous
tt	tout
voc ou vocab	vocabulaire
vs	vous
vx	vieux

Exemples de prise de notes d'étudiant

En Gal, les hô ont tj qqch à dire.
La situa° est #. Par ex, vs devez lire tt le chap.

Ces abréviations servent à prendre des notes plus vite mais ne s'utilisent jamais dans un texte à soumettre à quelqu'un, notamment dans un devoir.

LES ABRÉVIATIONS/TRONCATIONS DE L'ÉCRIT VENANT DE L'ORAL

Sur les sites de clavardages et dans les messages SMS, on écrit comme on l'entend, en limitant au maximum le nombre de lettres, c'est ce qu'on appelle le langage « texto ». Par exemple, *k* remplace souvent *qu* comme dans ki, koi, kel, koman (comment). Certaines abréviations sont empruntées à l'anglais; LOL (Laughing Out Loud). Le but est de taper plus vite.

Exemples

C'est = c; elle = l; aime= m; qu'il = ki; plus = pu
Eske tu peu me tel? (Est-ce que tu peux me téléphoner?)

On retrouve ce genre de phénomène en anglais avec, par exemple, *4* pour « *for* », *u* pour « *you* ».

ABRÉVIATIONS, ACRONYMES, SIGLES

Alors que pour le sigle on épelle chaque lettre : N.-B. (Nouveau-Brunswick), avec l'acronyme, on ne prononce pas les lettres séparément, on prononce un seul mot comme dans *UQAM* (Université du Québec à Montréal) ou *cégep* (collège d'enseignement général et professionnel). Étant donné que les sigles et certaines abréviations sont prononcés comme des mots entiers, le plus souvent ces mots perdent les points pour devenir des mots « entiers ».

Résumé

La ponctuation du français est plutôt similaire à celle de l'anglais. Il y a pourtant quelques différences en ce qui concerne l'heure, la date, les pronoms relatifs, les adverbes et les conjonctions de coordinations, les citations, les titres et les majuscules pour les adjectifs de nationalité et les pratiquants de religion. On met deux points avant les guillemets en français.

Récapitulons

Considérez votre prochain devoir et cochez les cases si vous pensez qu'il répond à ces questions. ☑

☐ Ai-je bien observé les règles de ponctuation?

☐ Y a-t-il deux points avant les guillemets?

☐ Les adjectifs de nationalités ont-ils une minuscule?

☐ Y a-t-il un *e* avant deux consonnes (et non un accent aigu ou grave)?

☐ Ai-je bien observé les règles des majuscules pour les titres d'œuvre?

☐ Ai-je bien observé les règles pour les chiffres (*s* et tirets)?

☐ Ai-je bien observé les règles pour les abréviations et vérifié ce qui était douteux?

☐ Ai-je vérifié tout ce qui est différent en français et en anglais?

Exercices

1. Écrivez un petit texte en utilisant tous les signes de ponctuation en français.
2. Faites une liste des différences de ponctuation entre l'anglais et le français et donnez des exemples dans les deux langues.
3. Mettez les majuscules aux titres suivants (œuvres canadiennes).
   le bruit des choses vivantes
   la terre est trop courte
   vie et mort du roi boiteux
   gens du silence
4. Trouvez les fautes de ponctuation dans les phrases suivantes.

Madame de Staël a dit, « comprendre c'est pardonner ».
Mon professeur d'Anglais est Américain.
Ce Musulman est un américain très gentil.
Cette allemande parle allemand.
Elle se demande où elle va aller?
Elle lui a demandé : « où veux-tu aller ».
Le garçon qui, est arrivé en retard, est mon voisin et, il est vraiment gentil.
Ils ont gagné de la popularité grâce à leur facilité d'utilisation, et à l'internet.

Chapitre 9

LES ERREURS FRÉQUENTES

Introduction

S'il est inévitable de faire des fautes dans une langue seconde, il est toutefois possible d'en éviter la grande majorité.

Les étudiants croient parfois connaître certains mots ou expressions, parce qu'ils les ont utilisés pendant des années sans être corrigés ou pénalisés. En effet, pour ne pas décourager les élèves à l'école primaire et à l'école secondaire et pour les inciter à parler sans complexes et sans interruptions, les enseignants ne corrigent souvent que (*only*) les fautes empêchant la communication. Les étudiants sont ainsi convaincus de bien parler et ne se rendent pas compte du grand nombre de fautes qu'ils font, d'où la (mauvaise) surprise des notes qu'ils obtiennent lorsqu'un professeur fait attention à la forme. À l'université, il ne s'agit plus seulement de communiquer, mais il s'agit d'utiliser une langue de qualité, sans fautes grossières, sans anglicismes, une langue contenant du vocabulaire précis et spécialisé.

La catégorie qui crée le plus de fautes pour les étudiants de niveau intermédiaire et avancé, hormis les fautes d'étourderie (*careless mistakes*), est le transfert de la langue maternelle (l'anglais) à la langue cible (le français) : les anglicismes. Le gros problème est que même les meilleurs dictionnaires n'indiquent pas clairement que ces mots ont des sens différents ou partiellement différents. Autrement dit, l'utilisation du dictionnaire ne garantit pas d'éviter toutes les fautes d'anglicismes.

Nous verrons dans ce chapitre une traduction des principaux faux-amis, et les fautes les plus fréquentes dûes à l'interférence de l'anglais avec leurs corrections. Le classement des fautes est toujours un peu arbitraire dans la mesure où les fautes appartiennent souvent à plusieurs catégories en même temps. Par exemple, dire « je suis 20 » (au lieu de « j'ai 20 ans ») est à la fois un anglicisme, une faute de verbe et une expression idiomatique fautive dans laquelle il manque un mot.

Les corrections ont été faites de façon à rester le plus près possible de la phrase d'origine. Il y a bien sûr plusieurs possibilités de corrections mais c'est la première intuition de francophone qui a été retenue.

Les faux-amis

Un faux-ami est un mot d'une langue (anglais) qui ressemble à celui d'une autre langue (français), mais qui n'a pas le même sens.

Exemple

Mot français : corps (body)
Mot anglais : corpse (*cadavre*)

Il existe cependant des degrés de différences de sens entre les deux langues. Certains ont un sens complètement différent, d'autres un sens un peu différent, d'autres un sens restreint (un des sens est le même, mais pas les autres).

Les quelques «vrais» faux-amis, c'est-à-dire les mots qui n'ont pas du tout le même sens tels que *bride* (la mariée) / bride (*bridle*) ou *a pie* (une tarte) / une pie (*a magpie*) ne créent pas de problèmes parce que les élèves apprennent tout de suite qu'ils ont un sens complètement différent et il n'est pas possible de mal comprendre ou interpréter le sens.

Il ne viendrait à l'idée à personne de traduire «tu as un joli corps» (*you have a nice body*) par «*you have a beautiful corpse*»! Par contre, de nombreux étudiants traduisent *introduce* par «introduire» alors qu'*introduire* se traduit par «*insert, bring in*». Ou bien, ils traduisent *eventually* par «éventuellement» alors qu'*éventuellement* veut dire «*possibly*». Ces faux-amis «partiels» sont les plus fréquents et les plus problématiques et surviennent

- lorsqu'il y a un seul mot en anglais et plusieurs en français;
- ou bien lorsqu'un mot a un sens commun dans les deux langues alors que les autres sens diffèrent.

FAUX-AMIS AVEC PLUSIEURS SENS EN FRANÇAIS

En cherchant dans le dictionnaire bilingue, on trouve souvent comme traduction première le mot qui ressemble le plus au mot recherché. Le dictionnaire ne précise pas la traduction et l'utilisation les plus fréquentes. La seule façon de vous assurer que vous avez trouvé la bonne traduction est de lire tous les sens du mot avec les contextes différents, jusqu'à ce que vous trouviez le sens exact, et de vérifier ensuite dans le dictionnaire **unilingue**, pour vous assurer que vous avez bien compris l'utilisation et le sens de ces mots.

Lorsque deux mots se traduisent en français par un seul et même mot en anglais, la tendance sera d'utiliser le mot le plus proche de la langue maternelle qui est souvent un mot ayant été appris en premier. Si pour traduire un mot en anglais il existe un mot simple et fréquent, et aussi des mots plus rares et plus précis, l'apprenant ayant appris d'abord le mot simple aura tendance à utiliser ce mot simple dans tous les autres cas.

Exemple

Anglais : class
Français : classe et cours? tendance à utiliser «classe» à la place de «cours»

Le mot **cours** est synonyme de leçon : prendre un cours de français (*French class*).
Le mot **classe** représente soit l'endroit (la salle de classe), soit le groupe d'élèves.

> *Cet élève n'est pas en classe* (*présent dans cette salle*), *il est à l'infirmerie.*
> *Il est en classe de 6ᵉ* (he is in grade 6).
> *Il est le premier de la classe* (he is the top of the class).

Exemple

Anglais : room
Français : chambre, salle, pièce, place? tendance à utiliser «chambre» à la place de «salle, pièce ou salle»

Chambre : pièce qui occupe une fonction particulière
L'utilisation la plus fréquente est la chambre à coucher.
Va dans ta chambre (go to your [bed]room). *Une chambre double.*

Salle : pièce dans un lieu commun, un grand bâtiment
Salle de réunion (*dans une entreprise*), *salle d'attente* (waiting room)
Mais aussi pièce qui a une fonction particulière dans une maison : salle de séjour, salle de bain.

Pièce : dans une maison (ou appartement)
Sens général. *Combien de pièces avez-vous dans votre appartement? Trois pièces.*

Place : espace libre (*room, space*)
Il n'y a pas assez de place dans ma voiture.

L'apprenant aura tendance à utiliser le mot *chambre* à la place de *pièce* ou *salle*. Soit il utilisera un seul mot indépendamment du contexte, soit, s'il connaît plusieurs mots, il se trompera dans l'utilisation de ces mots. Dans tous les cas, ces mots créeront des problèmes.

FAUX-AMIS AVEC UN SENS EN COMMUN

Les faux-amis « partiels » sont souvent mal traduits ou mal utilisés. Si les mots ont un sens assez proche dans les deux langues ils peuvent être interprétés (à tort) comme ayant le même sens alors qu'ils ont des nuances différentes. L'apprenant croira que le mot a le même sens en français et en anglais, parce que quand il rencontrera ce mot dans une phrase en français, la différence ne sera pas assez visible pour lui faire prendre conscience des différences de sens. L'apprenant utilisera ce seul mot (le même qu'en anglais), ce qui sera alors un anglicisme.

Exemples

to develop / *développer*
serviette / *serviette de table*
candid / *candide*

Par exemple, si vous cherchez la traduction française de *confess*, vous risquez de trouver *confesser*, qui serait une traduction possible dans un sens très restreint, mais pas le mot qui serait le plus souvent employé. Vous pouvez utiliser *confesser* dans le sens très particulier de confesser ses péchés (*sins*) à un prêtre. Sinon, vous emploierez *avouer* ou *admettre*.

On peut dire que si le mot en anglais a plusieurs sens ou que le sens est abstrait, les mots ne se traduiront pas avec les mêmes mots (*confess* = *to confess to your friend, your sins to the priest, to admit...*). Il faudra systématiquement vérifier les traductions et les définitions des mots abstraits qui se ressemblent dans les deux langues dans le dictionnaire unilingue.

Par contre, si le mot n'a qu'un seul sens ou que c'est un mot plutôt concret, la traduction sera le plus souvent la même (*hamburger* = hamburger, *mask* = masque, *journalist* = journaliste).

Enfin, les fautes créées par le transfert d'une langue à l'autre sont ce qu'on appelle des fautes de « calque » (*loan translation*). Ce genre de faute arrive surtout dans les expressions contenant plusieurs mots ou dans les structures de phrases.

Exemple

He's driving home.
Il conduit à la maison.

Il faudrait dire ici : il va chez lui en voiture, ou il rentre chez lui (le moyen de locomotion est moins important en français, l'important étant de rentrer chez lui).

Voici une liste des anglicismes les plus fréquents par ordre alphabétique, mots qui ont un sens différent ou légèrement différent en français et en anglais.

ANGLAIS	FRANÇAIS	FRANÇAIS	ANGLAIS
to achieve	réussir, accomplir	achever	*to finish, end*
actually	en fait, effectivement	actuellement	*at present, presently*
an advertisement	une publicité (une pub)	un avertissement	*a warning*
to affect	toucher, influencer	affecter	*to feign, pretend*
an agenda	l'ordre du jour	un agenda	*an organizer, planner*
an agony	une angoisse, un supplice	une agonie	*death pangs*
to agree	être d'accord	agréable	*pleasant*
to adjourn	remettre, reporter, suspendre	ajourner	*to delay*
to apply (for a job)	faire une demande, poser sa candidature	appliquer	*to put, enforce, implement, administer*
to assist	aider	assister	*to attend*
assistance	l'aide, le secours	l'assistance	*the audience, public*
a heart attack	une crise cardiaque	une attaque (violente)	*an attack (act of violence)*
to attend	aller, assister à	attendre	*to wait for*
attractive	séduisant, attirant, attrayant	attractif/ve (une offre)	*attractive (an offer)*
the audience	les spectateurs, le public	l'audience	*the hearing (court)*

ANGLAIS	FRANÇAIS	FRANÇAIS	ANGLAIS
to avert	empêcher	avertir	to warn
the balance	l'équilibre	une balance	scales
a B.A.	une licence (université) (France) un bac (baccalauréat) (Canada)	un bac (baccalauréat) (France)	a (high school) diploma
benevolent	bienveillant	bénévole	volunteer
a camera	un appareil photo	une caméra	a movie camera
candid	sincère, franc	candide	ingenuous, naïve
chance	le hazard	la chance	luck
change	la monnaie; un changement	le change	the exchange
a character	un personnage	un caractère	a personality
a charade	une comédie	une charade	a riddle, word puzzle
charitable	caritatif (ve) Ce mot ne peut pas s'utiliser pour une personne : une organisation caritative (charitable, charity organization)	charitable : une personne charitable qui aide les autres	kind, generous
to charge	facturer, accuser	charger	to load; put someone in charge of something
a chariot	un char	un chariot	a wagon, cart, trolley
to chase	poursuivre, courir après	chasser	to hunt
combination	un mélange de	une combinaison	slip; (flying) suit
a comedian	un comique	un comédien	an actor
comfortable	à l'aise (pour une personne) : elle est à l'aise avec moi	confortable (pour des choses) : une chaise confortable	comfortable (for a thing): a comfortable chair
to be concerned	s'inquiéter	être concerné	to affect, concern, pertain to
to confess	avouer	se confesser, confesser ses péchés	to go to confession, to confess one's sins
(to be) confident	confiant, être sûr de	un confident	a confidant

ANGLAIS	FRANÇAIS	FRANÇAIS	ANGLAIS
I am confused	je ne comprends pas, je suis perdu(e)	(être) confus	(to be) muddled, embarrassed
a container	un récipient, un tupperware	un conteneur	a (garbage) container
to contemplate	envisager, penser à	contempler	to gaze
content	satisfait	content	pleased, glad
that's correct	exactement! c'est cela, c'est la bonne réponse, c'est juste, c'est exact	1. il est correct 2. ce n'est pas correct de sa part	1. he is honest, trustworthy 2. that was rude of him
a costume	un déguisement	un costume / un complet (français canadien)	a suit
to cry	pleurer	crier	to scream, shout
a cult	une secte	un culte	worship
to deceive	tromper	décevoir	to disappoint
a deception	une tromperie	une déception	a disappointment
to defend	protéger	défendre	to prohibit
a delay	un retard	un délai	a time limit, deadline
to deliver	livrer un paquet	délivrer	to set free, relieve
to demand	exiger	demander	to ask
a demonstration	une manifestation	une démonstration	a proof, display
to develop	créer, mettre en place (un projet)	développer	to expand, grow, develop
the diet	le régime	une diète	a starvation diet, a liquid diet (broth)
the directions	les directives	la direction	the right way; management
a dispute	une discussion, un litige	une dispute	argument, quarrel
drugs (medicine, remedy)	les médicaments	la drogue (sing.), les stupéfiants: cocaïne, héroïne, LSD	drugs (intoxicants)
in effect	en réalité	en effet	indeed
effective	efficace	être effectif effectif	to come into effect real
effectively	efficacement	effectivement	actually, really
to embrace	enlacer, étreindre	embrasser	to kiss

ANGLAIS	FRANÇAIS	FRANÇAIS	ANGLAIS
an engagement	les fiançailles (pluriel)	un engagement	a commitment
an essay	une dissertation, une composition	un essai	a testing, test; attempt
eventual	final	éventuel	possible
eventually	finalement	éventuellement	possibly
exciting	passionnant, saisissant	excitant	arousing, stimulating
expertise	compétence, adresse	une expertise	appraisal, valuation
extravagant	dépensier, gaspilleur	extravagant	wild, crazy, excessive
a fabric	un tissu, une étoffe	une fabrique	a factory
facilities	les installations	(avoir des) facilités	aptitude
famous	célèbre	fameux	first-rate, tasty (meal, wine)
		pas fameux	not very good
a fault	un défaut	une faute	a mistake, an error
the figure	la ligne	la figure	the face
the font	la police de caractère	la fonte	melting, thawing
formidable	redoutable, terrible	formidable	tremendous, fantastic
(in the) future	à l'avenir	futur (adj.)	future tense, future
genial	cordial, aimable	génial	inspired, of genius
gratuity	une prime	la gratuité	free (education)
the grief	le chagrin, la peine	le grief	the grievance
to harrass	harceler	harasser	to exhaust
to include	comprendre, compter	inclure	to insert, enclose, include
an inconvenience	un dérangement	un inconvénient	a disadvanage, drawback
an injury	une blessure	une injure	an insult, swearword
to introduce	présenter	introduire	to insert, bring in
an issue	un problème, une question	une issue	an exit
a journey	un voyage, un trajet	une journée	a day
to labour	travailler dur	labourer	to plough
large	grand, vaste, important	large	wide, broad
lastly	enfin, en dernier lieu	dernièrement	recently, lately
a lecture	un cours magistral	une lecture	a reading
the library	la bibliothèque	la librairie	the bookstore

ANGLAIS	FRANÇAIS	FRANÇAIS	ANGLAIS
a location	un endroit, un site, un lieu	une location	a rental
lunatic	fou	lunatique	moody
luxury	le luxe	la luxure	lewdness, debauchery
malice	la méchanceté, la malveillance	la malice	mischief, spite
a magazine	une revue (un magazine)	un magasin	a store
maniac	un fou de, fan de, fana de : un fou de golf, un fana(tique) de jazz	maniaque (adj.)	odd; fussy, finicky
a mark	une note	une marque	a brand name
material (fabric)	le tissu	le matériel	materials needed for an activity
medecine (drugs)	les médicaments	la médecine	medicine (science, faculty)
memories	les souvenirs	le mémoire la mémoire	a master's thesis the memory
money	l'argent	la monnaie	small change
mundane	banal, courant, terre-à-terre	mondain	society (adj.); socialite
to note	remarquer, constater	noter	to write down
to notice	s'apercevoir, remarquer	une notice	directions, instructions
to be a nuisance	(être) embêtant	une nuisance	pollution
onerous	pénible, lourd	onéreux	expensive, costly
outrageous	scandaleux; incroyable	outrageant	insulting
pain	la douleur	la peine	sorrow; judicial punishment
a palace	un palais	un palace	a luxury hotel
to pass (exam)	réussir	passer un examen	to write, take an exam
a patron	un protecteur, un mécène (qui aime et soutient les artistes)	un patron	owner, boss; pattern
patrons	la clientèle		
a photograph	une photo (photographie)	le photographe	the photographer

ANGLAIS	FRANÇAIS	FRANÇAIS	ANGLAIS
a phrase	une expression, un syntagme (nominal)	une phrase	a sentence
the physician	le médecin	un physicien	a physicist
a place	un endroit, un lieu	une place	square; seat, space
pleasant	agréable	plaisant	nice, amusing
a position	un poste	une position	(physical) position
a preservative	un agent de conservation, un conservateur	un préservatif	a condom
to pretend	faire semblant de	prétendre	to claim
to prevent	empêcher	prévenir	to warn, forestall
a process	le procédé	le procès	a trial
promiscuity	la promiscuité sexuelle	la promiscuité	crowding, lack of privacy
properly	correctement	proprement	cleanly, neatly
a prune	un pruneau	une prune	a plum
a puzzle	une énigme, un mystère	un puzzle (France) un casse-tête (Canada)	a jigsaw (puzzle)
to question	(s') interroger, (se) poser des questions	questionner	to question (with threat or violence), interrogate; to pester
raisins	les raisins secs	le raisin	(cluster of) grapes
to realize	se rendre compte	réaliser	to complete, fulfill
relief	le soulagement	le relief	topography
a representative	un représentant	représentatif (adj.)	representative
to rest	se reposer	rester	to stay
to resume	continuer, reprendre	résumer	summarize
to retire	prendre sa retraite	se retirer	to leave, withdraw
to return to return (books)	rentrer chez soi; rendre /rapporter (des livres)	retourner	to go back
to revise (a text)	corriger, modifier, revoir	réviser (sa leçon) faire réviser sa voiture	to review (one's lesson) to have one's car serviced
rude	impoli, mal élevé, insolent	rude	hard, tough
to save (money)	économiser de l'argent	sauver une vie	to save a life, to rescue
to save (time)	gagner du temps	—	—

ANGLAIS	FRANÇAIS	FRANÇAIS	ANGLAIS
to save (a file)	sauvegarder (un document)	—	—
a scientist	un scientifique	scientiste	Christian Scientist
sensible	sensé, raisonnable	sensible	sensitive
serious (disease)	grave	sérieux	reliable, conscientious; serious (not joking)
significant	considerable, important	signifiant	meaningful; signifier (linguistique)
		significatif	revealing
space	un endroit, la place	l'espace	space (universe)
splendid	magnifique, excellent	splendide	gorgeous; glorious
the stage	la scène, l'estrade; une étape	le stage	a training period
suddenly	soudain, tout à coup	soudainement	unexpectedly
to support	soutenir, aider	supporter	to stand, bear
supposed to	censé	supposer	assume, suppose
sympathetic	compatissant	sympathique	nice, friendly, likeable
a ticket (parking)	une contravention, une amende, un procès-verbal (un p.v.) (France)	un ticket de bus	a bus ticket
a lottery ticket	un billet de loterie		
train, plane ticket	un billet de train, d'avion		
tissue	le mouchoir en papier	le tissu	cloth, fabric
traffic	la circulation, un embouteillage	le trafic de stupéfiants	drug trafficking
		le trafic d'armes	arms dealing, gun-running
		le trafic aérien	air traffic
trivial	insignifiant, banal	trivial	coarse, vulgar
trouble	des ennuis	le trouble	n.: turmoil, agitation adj.: unclear, blurred, cloudy, turbid
versatile	polyvalent	versatile	fickle, unstable, moody
vex	contrarier, fâcher	vexer	offend, hurt
vicious	féroce, cruel, brutal, violent	vicieux	depraved, deviant, pervert(ed)
villain	traitre, coupable, bandit	vilain	naughty, bad boy; ugly

ANGLAIS	FRANÇAIS	FRANÇAIS	ANGLAIS
to visit (a person)	rendre visite, aller chez, aller voir	visiter un musée, un pays	*to visit a museum, a country*
volunteer	bénévole	volontaire	*voluntary, intentional*

Les mots d'emprunt

Il existe plusieurs sortes d'emprunts. Tout d'abord les mots qui ont été empruntés il y a longtemps et qui ne sont plus « reconnaissables » dans la langue d'emprunt. Ceux-ci appartiennent dorénavant à la langue cible. Des exemples de cela seraient « un paquebot » (*liner*) mot français emprunté à l'anglais « *packet-boat* » dont le mot « *packet* » avait lui-même été emprunté au français « paquet » ou « une redingote » qui a été emprunté à l'anglais « *riding-coat* ». En anglais, on trouve par exemple « *an apron* » qui vient du français « un napperon » ou « *trench-coat* » qui vient du mot « tranchée ». On ne voit plus qu'ils ont été empruntés.

On trouve ensuite les mots français d'emprunts qui ont clairement une origine étrangère de part leur sonorité. Parmi les mots d'origine étrangère, l'anglais occupe la première place avec environ 25 % des mots (soit environ 3 % du total de la langue française).

Ces mots d'origine anglaise (des emprunts à l'anglais) présents dans les dictionnaires de français ont parfois un sens différent du mot d'origine. Il en est de même pour les mots anglais d'origine française ou latine (*negligee, resumé*, etc.). Leur sens (et leur orthographe) a changé en même temps que la langue a évolué et ils ne veulent plus dire la même chose dans les deux langues (résumé = *summary*). Pour éviter les fautes, il vaut mieux considérer que les mots qui ont l'air d'être les mêmes ont souvent un sens différent et demandent à être vérifiés dans le dictionnaire.

Voici quelques exemples d'emprunts ayant des sens différents dans les deux langues :

FRANÇAIS	ANGLAIS
un flipper	*pinball machine*
un flirt	*brief romance*
le parking	*parking lot*
le play-back	*lip-synching*
le pressing	*dry cleaner*
un smoking	*tuxedo*
le square	*public garden*
les W.C. / les waters	*toilet, lavatory, washroom, bathroom*

(W.C. est l'abréviation de *water-closet*(s))

Étant donné l'omniprésence de l'anglais sur le continent nord-américain, la norme linguistique canadienne est parfois différente de celle de l'Académie française. Des mots empruntés à l'anglais, utilisés et autorisés en France, ne le sont pas toujours au Canada. On utilise des mots français à la place des mots anglais quand c'est possible, en français canadien.

On trouve alors les exemples suivants :

FRANCE ET AUTRES PAYS FRANCOPHONES	QUÉBEC ET CANADA FRANCOPHONE
la baby-sitter	la gardienne
le feed-back	la rétroaction
les rollers	les patins alignés
le parking	le stationnement
le pop-corn	le maïs soufflé
le stop (panneau sur la route)	l'arrêt
le week-end	la fin de semaine
les W.C. (les toilettes)	la toilette

Il est intéressant de remarquer que les mots français utilisés au Canada (qui remplacent les mots anglais utilisés en France), soit existent mais ont un sens différent en français de France, soit n'existent pas (maïs soufflé) et créeraient de la confusion pour des Français (de France).

Voici quelques exemples de mots français utilisés au Canada qui existent en France mais ont un sens différent. Les mots suivants (utilisés en français canadien alors qu'on utiliserait des mots anglais en français de France) ont le sens suivant en français de France :

Gardienne : plutôt utilisé pour gardienne d'immeuble = concierge : *apartment manager.*
Le mot *gardienne d'enfant* existe mais s'utilise moins que baby-sitter ou nounou (nourrice).
La fin de semaine : le jeudi et le vendredi (le samedi et dimanche font partie du week-end).
La toilette (sing.) : faire sa toilette (*to wash up*).

À cause de ces différences d'utilisation qui risqueraient de créer ici de la confusion et demanderaient quelques explications, nous n'aborderons pas le sujet des anglicismes « acceptés » en France ou les anglicismes acceptés au Canada, mais seulement les anglicismes qui ne sont acceptés **ni** en France, **ni** au Canada.

Les anglicismes

Voici une liste des fautes les plus fréquentes avec les corrections correspondantes. Travailler cette liste permettra de ne pas refaire les fautes que font parfois même les meilleurs étudiants.

NOMS

FAUTES D'ANGLICISMES	CORRECTIONS
son **amante** (mot vieilli)	sa **fiancée** / la **femme qu'il aime**
les **avertissements** à la télé	les **publicités** à la télé
une **bataille** contre sa maladie	une **lutte** (une bataille est physique = guerre)
les **caractères** (Angélique et Hubert)	les **personnages** (Angélique et Hubert)
Jean est dans la **chambre** 102.	Jean est dans la **salle** (d'une institution) 102.
Le salon est la plus grande **chambre**.	Le salon est la plus grande **pièce** (d'une maison).

FAUTES D'ANGLICISMES	CORRECTIONS
C'est un gros **change** pour moi.	C'est un gros **changement** pour moi.
La **combinaison** de la guerre et de la famine...	Le **mélange** de la guerre et de la famine...
Il suit les **directions** des médecins.	Il suit les **conseils / directives** des médecins.
Il fait la **diète**.	Il fait le **régime**. (diète = *to only drink broth*)
Il **n'y a pas d'échappe.**	Il **est impossible de s'échapper.**
Il n'y a pas assez d'**espace**.	Il n'y a pas assez de **place**.
Il a changé **son esprit**.	Il a changé **d'avis**.
L'étudiant **va à l'école de droit.**	Il **étudie le droit** / il **fait son droit** (Québec). L'étudiant va en **fac de droit** (en France). (Une « école » veut dire l'école primaire ou l'école secondaire.)
Cet **étudiant** est au cégep.	Cet **élève** est au cégep. (Les « élèves » vont à l'école primaire et secondaire. Les « étudiants » vont à l'université.)
les **gens du village** / les **citoyens du village**	les **villageois**
les **humains**	les **êtres humains**
voir **la grande image** (*big picture*)	voir une situation dans son ensemble / avec objectivité
d'une **manière** naïve	de **façon** naïve
les **mémoires** de la petite fille	les **souvenirs** de la petite fille
C'est la **place** où les jeunes vont.	C'est l'**endroit** (le **lieu**) où les jeunes vont.
Il n'est plus l'homme qu'il était **à un point**.	Il n'est plus l'homme qu'il était (avant).
la **prescription** du docteur	l'**ordonnance** du docteur
Il y a un sens de pitié.	**Ils ressentent** de la pitié.
Il a le sens de culpabilité.	**Il se sent coupable / il a des remords.**
Cela donne **un sens** de bonheur.	Cela donne **une impression** de bonheur.
(beaucoup de) temps	**souvent / à plusieurs reprises**
Dans ces deux **travaux**...	Dans ces deux **œuvres / romans / livres**

INVITATION À RÉFLÉCHIR

Travail en paire

Une étudiante pose une question ayant pour but d'utiliser les mots les plus difficiles, l'autre répond à la question en utilisant le vocabulaire. Ensuite, vous inversez les rôles. La personne qui posait la question va maintenant répondre à la question.

Exemple

Question : Tu ne trouve pas qu'il est trop gros?
Réponse : Oui, il a besoins de faire le régime (he needs to go on a diet).
ou
Question : Il est grand ton appartement?
Réponse : Non, je n'ai pas assez de place (I don't have enough room/space).

ADJECTIFS

FAUTES D'ANGLICISMES	CORRECTIONS
Le texte **s'agit** du thème de la mort.	Le texte **traite / parle** de la mort.
	Dans le texte, il s'agit du thème de la mort.
	(*S'agir* est un verbe qui a pour seule personne le « *il* » impersonnel [*it*].)
être **en amour avec** quelqu'un	être **amoureux de** quelqu'un
Il **fait certain de faire le mieux qu'il peut.**	Il **s'efforce de faire de son mieux.**
Je suis **confidente** qu'il viendra.	Je suis **sûre** qu'il viendra.
La guerre est un thème **commun.**	La guerre est un thème **souvent présent.**
Il **est confortable** dans cette pièce.	Il **se sent bien / se sent à l'aise** dans cette pièce.
Il est très **fameux.**	Il est très **célèbre.** (La nourriture est fameuse.)
Le film était très **mal** (adverbe).	Le film était très **mauvais** (adjectif).
une male odeur (mal : adverbe invariable)	**une mauvaise** odeur (adjectif)
Il est l'exemple **parfait** de l'échec.	Il est l'exemple **même** de l'échec.
Il y a **plusieurs** auteurs qui...	Il y a **certains** auteurs qui...
	(plusieurs = *several*)
Ce n'est **pas sain.**	C'est **malsain.**
une maladie **sérieuse**	une maladie **grave**
un problème **sérieux**	un problème **grave**
un crime **terrible**	un crime **horrible / atroce**

VERBES

FAUTES D'ANGLICISMES	CORRECTIONS
Cela **a l'abilité** de lui montrer la réalité.	Cela **peut** lui montrer la réalité.
J'**attende** cette fac **pour** un an.	Je **vais** à cette fac **depuis** un an.
	assister à un cours, un concert
Ils **prennent avantage** de lui.	Ils **profitent** de lui.
Il **se concerne** de sa rate.	Il **s'inquiète** de sa rate.
Il veut **confesser ses actions** au juge.	Il veut **avouer ses crimes** au juge.
	(on confesse ses péchés au prêtre)

FAUTES D'ANGLICISMES	CORRECTIONS
Je suis **confusé**.	Je **ne comprends pas / je suis perdu**.
Il **est correct** quand il dit...	Il **a raison** quand il dit...
Demandez des questions au professeur.	**Posez** des questions au professeur.
Voltaire **démontre** les horreurs de la guerre.	Voltaire **montre** les horreurs de la guerre. Le mathématicien **démontre** (fait la preuve d') un théorème. L'avocat **a démontré** (prouvé) qu'ils s'étaient trompés.
Cela **démontre** comment l'auteur utilise...	Cela **montre** comment l'auteur utilise...
Elle **est en déni...**	Elle **refuse d'admettre / d'accepter...** Il **nie le fait que...**
Elle **départe** à la fin des cours.	Elle **partira / part** à la fin des cours.
Pangloss a **développé** cette philosophie.	Pangloss a **créé** cette philosophie.
J'**écoute** qu'elle est malade.	J'**ai entendu dire** qu'elle **était** malade.
Il **est effrayé** que quelqu'un l'entendra.	Il **a peur** que quelqu'un l'entende. (avoir peur / doute + subjonctif)
On **enseigne** Candide que tout va bien.	On **dit à** Candide que tout va bien.
Pangloss **enseigne** Candide l'optimisme.	Pangloss **enseigne** la théorie de l'optimisme à Candide. **ou** Candide **apprend** la théorie de l'optimisme avec son maître Pangloss.
Je **suis** fini.	J'**ai** fini.
Je **suis** chaud.	J'**ai** chaud.
Je **suis** 24 ans.	J'**ai** 24 ans.
Je **suis** peur.	J'**ai** peur.
Je **suis** faim et je **suis** soif.	J'**ai** faim et (j'**ai**) soif.
Je **suis** 1 m 68.	Je **mesure** 1 m 68.
J'**étude** le français à l'université.	J'**étudie** le français à l'université.
Il **expérience** des difficultés.	Il **connaît** des difficultés / Il **rencontre** des difficultés.
Ce travail va discuter le décor dans Madame Bovary.	**Nous étudierons le rôle du décor** dans Madame Bovary.
Ça **ne fait pas de sens**.	Cela ne veut rien dire. Cela **n'a pas de sens**. Cela **n'a ni queue ni tête. Cela ne rime à rien.**
La décision qu'il **fait**.	La décision qu'il **prend**.
La publicité **fait** le produit plus attirant. Cette nouvelle me **fait** triste.	La publicité **rend** le produit plus attirant. Cette nouvelle me **rend** triste.

FAUTES D'ANGLICISMES	CORRECTIONS
J'ai **fait** un rendez-vous **au** médecin.	J'ai **pris** un rendez-vous **chez le** médecin.
Ils **habitent** une double vie.	Ils **vivent** une double vie.
En incluant ce détail on comprend mieux sa personnalité.	**Avec / grâce à** ce détail on comprend mieux sa personnalité.
introduire une personne à une autre	**présenter** une personne à une autre
Ceci **inclue** les deux personnages.	Ceci **comprend** les deux personnages.
Je **mange** mon dîner.	Je **prends** mon dîner. (On **mange** un aliment (concret). On prend un repas [abstrait].)
Je **manque** mon mari.	Mon mari **me manque**.
Il **met le point sur...**	Il **souligne** le fait que...
Quand il **est mort**, on apprend que...	Quand il **meurt**, on apprend que...
On **note** qu'il agit différemment.	On **remarque** qu'il agit différemment.
Comme **noté** au début...	Comme **mentionné** au début / comme **on a pu le remarquer...**
Il **pense** qu'il est malade.	Il **se croit** malade. (La phrase est grammaticalement correcte mais elle est un peu lourde et c'est plutôt une structure calquée sur l'anglais, même si on peut l'utiliser aussi en français. Il vaudra mieux utiliser d'autres verbes et structures et garder le verbe « penser » pour des cas où il y a une véritable « réflexion ».)
Je **prends** mon parapluie **à la** classe.	J'**emporte** mon parapluie **en** classe.
Il **ne prend pas la responsabilité.**	Il **n'assume pas ses responsabilités.**
prendre un cours	**suivre** un cours
Il **prend** de l'expérience.	Il **acquiert** de l'expérience.
Il **ne peut pas** croire qu'il est coupable.	Il **refuse de** croire qu'il est coupable.
Il **prétend** d'être malade.	**Il fait semblant** d'être malade. (prétendre = *to claim*)
Il **questionne** la philosophie de P.	Il **remet en question / s'interroge sur** la philosophie de P. Les **soldats** questionnent les **prisonniers**. Les **policiers** questionnent les **suspects**. (questionner = poser des questions en utilisant une certaine pression, ou poser de nombreuses questions : *to pester*)
Il **réalise** que c'est trop tard.	Il **se rend compte** / il **comprend** / il **s'aperçoit** / que c'est trop tard.

FAUTES D'ANGLICISMES	CORRECTIONS
Nous allons **regarder** pourquoi.	Nous allons **considérer / étudier / analyser** pourquoi.
Il refuse de **retourner** la lettre.	Il refuse **de lui rendre / remettre** la lettre.
Il retourne à sa maison.	**Il rentre chez lui.**
La maladie **ruine sa vie.**	La maladie **lui gâche la vie / lui empoisonne l'existence.**
Mon ami m'a **suggesté** de prendre ce cours.	Mon ami m'a **suggéré** de prendre ce cours.
Il est **supposé d'**être malade.	Il est **censé** être malade.
Il a **visité** ses amis.	Il **est allé voir** ses amis.
Il a **visité** sa grand-mère.	Il **a rendu visite** à sa grand-mère.
Il **visite** sa famille le week-end.	Il **rentre chez lui** le week-end. (On « visite » un pays, un musée, une galerie d'art. On « visite » les malades à l'hôpital. Sinon, on évite le mot « visiter » qui est un anglicisme.)
Ils **ont une vue** sur la vie.	Ils **considèrent la vie / ils ont un point de vue** sur la vie.

VERBES CRÉANT DES DIFFICULTÉS PARTICULIÈRES

Étant donné que les verbes *manquer* (*miss*) et *plaire* (*like*) et ceux qui se trouvent dans ce tableau se construisent de façon presque opposée ou inversée en français et en anglais, ces verbes vont systématiquement créer des problèmes pour les anglophones.

Exemples

They miss him.	*Il leur manque.*
I miss my husband.	*Je **m'ennuie de** mon mari.* (*plus recherché*)
Girls like him.	*Il plaît aux femmes.*
The text is about love.	*Le texte parle d'amour.*
He left.	*Il est parti.* (*Quitter demande un complément d'objet direct : « Il a quitté sa femme. »*)
We are more likely to buy this item.	*Il y a plus de chances que nous achetions ce produit.*

INVITATION À RÉFLÉCHIR

Travail en paire

Une étudiante pose une question ayant pour but d'utiliser les mots les plus difficiles, l'autre répond à la question en utilisant le vocabulaire.

Exemple

Question : Tu vois souvent tes parents?
Réponse : Non, ils me manquent beaucoup (I miss them a lot).
ou bien
Question : Tu vois souvent tes parents?
Réponse : Oui, je suis allé les voir la semaine dernière (I visited them last week).

LE SUBJONCTIF

Avant d'étudier le subjonctif, les étudiants ne l'emploient pas. Puis, comme ils sont conscients des difficultés liées à son emploi, ils évitent souvent de l'employer, par peur de se tromper et aussi parce qu'ils ne l'utilisent pas en anglais; le concept leur est peu familier.

Enfin, la dernière étape est de l'employer quand il ne faudrait pas. S'il n'y a qu'un seul sujet on utilise l'infinitif, mais s'il y a deux sujets différents on utilise le subjonctif :

Exemples

I'm afraid **I** will be late.	*J'ai peur d'être en retard.*
(*même sujet :* **I**)	
I'm afraid **she** will be late.	*J'ai peur qu'elle **soit** en retard.*
(*deux sujets :* **I** *et* **she**)	
*Elle se maquille pour **qu'elle se sente mieux.***	*Elle se maquille pour **se sentir mieux.***
(*Faute car « elle » est le même sujet*)	(*Forme correcte avec l'infinitif*)

Sembler
Après *sembler* on utilise le *subjonctif.*

Exemple

Il **semble** que les femmes **aient** (subjonctif) du mal à obtenir des postes élevés.

Il est + adjectif + subjonctif

Exemples

Il est incroyable qu'il **soit parti**.
Il est surprenant qu'elle **soit** heureuse.
Il est extraordinaire qu'il **ait** tant d'argent.
Il est incroyable qu'il **ait réussi** son examen avec si peu de travail.

ADVERBES

FAUTES D'ANGLICISMES	CORRECTIONS
Dernièrement, il utilise...	**Enfin**, il utilise... (dernièrement = *lately*)
Hamlet meurt **éventuellement** à l'acte V.	Hamlet meurt **finalement** à l'acte V. (éventuellement = *possibly*)
Elle veut le **voir encore**.	Elle veut le **revoir**. Il vaut mieux utiliser le préfixe : **re** plutôt qu'*encore* quand c'est possible.

FAUTES D'ANGLICISMES	CORRECTIONS
	Encore veut aussi dire « *still* » et « *yet* » : « il le voit encore » qui veut dire *he still sees him.*
malgré le fait qu'ils sont pauvres...	**bien qu'ils soient** pauvres / malgré leur pauvreté (*malgré le fait que* est « lourd »)
Il veut jouer son rôle **proprement.**	Il veut jouer son rôle **correctement.** (propre = *clean*) Cet enfant mange **proprement.**
On restera plus **long** dans le magasin.	On restera plus **longtemps** dans le magasin.
en contraste	**par contre**
contrairement	**par contre** (contrairement à ce que pense..., lui il agit...)
d'une façon bizarre	**bizarrement**
Cela montre **juste comme** il est égoïste.	Cela montre **bien à quel point** il est égoïste.
C'est **juste** un stratagème.	C'est **seulement** un stratagème.
C'est **juste** son imagination.	Ce **n'**est **que** son imagination.
Non seulement **veut-il se suicider mais...**	Non seulement **il veut se suicider mais...** (Pas d'inversion en français alors qu'il y a inversion en anglais.)
Il mange **seulement** de la viande.	Il **ne** mange **que** de la viande.
Soudainement, il a décidé de partir.	**Soudain,** il a décidé de partir. (soudain = vite, d'un seul coup, brusquement, *suddenly*)
Soudainement, il est mort.	Il est mort **subitement** (soudainement). (soudainement = d'une manière rapide et imprévue, *unexpectedly*)

Selon *Le Petit Robert*, *soudain* désigne la brusquerie, la rapidité d'un fait; *soudainement* caractérise la manière dont l'action se déroule. *Soudainement* est le contraire de « graduellement, progressivement », alors que *soudain* est le contraire de « lentement ».

On utilise assez peu le mot *soudainement* en français. La plupart du temps, on emploiera *soudain*. Voir *Le Petit Robert* 2002, pp. 2459–2460. À la place de « soudainement », on utilisera plutôt « subitement » : Il est mort subitement.

INVITATION À RÉFLÉCHIR

Travail en paire

Une étudiante commence une phrase, l'autre continue la phrase. Puis vous inversez les rôles.

Exemple

Personne 1 : Il est incroyable qu'elle _____
Personne 2 : Il est incroyable qu'elle soit partie (subjonctif passé).

LA PLACE DES ADVERBES

Certains adverbes (aussi, donc, peut-être, encore) peuvent se placer dans différentes positions dans une phrase. Selon leur place, le sens est légèrement différent et toutes les places ne sont pas possibles. La place utilisée en anglais est différente de la place possible en français. L'interférence de l'anglais crée donc des fautes pour la place de ces adverbes. Le plus simple est de mettre tous les adverbes à la même place que l'adverbe de négation « pas », car à cette place, les structures seront toujours correctes.

Exemples d'adverbes à la mauvaise place

Il est malade aussi. (He is sick too.)

Peut-être il est malade. (Maybe he is sick.)

On place les adverbes juste après le verbe dans les temps simples (temps qui n'ont pas d'auxiliaire : présent, futur, imparfait...) et on met les adverbes entre l'auxiliaire et le participe passé dans les temps composés (passé composé, plus-que-parfait, futur antérieur, etc.).

Exemples de position correcte d'adverbes

TEMPS SIMPLES	TEMPS COMPOSÉS (AVEC UN AUXILIAIRE)
Il n'est pas malade.	Il n'a pas été malade.
Il est peut-être malade.	Il a peut-être été malade.
Il est aussi malade.	Il a aussi été malade.
Il est encore malade.	Il a encore été malade.
Il est donc malade.	Il a donc été malade.

INVITATION À RÉFLÉCHIR

Travail en paire

Une étudiante dit une phrase, l'autre répond en utilisant un adverbe. Puis vous inversez les rôles.

Exemple

Personne 1 : Il n'est pas venu au travail aujourd'hui.
*Personne 2 : Il est **peut-être** malade.*

EXPRESSIONS

FAUTES D'ANGLICISMES	CORRECTIONS
On va au restaurant? Oui, je l'aime.	Oui, ça me plairait. / Oui, j'aimerais bien.
à l'avis de Molière	selon / d'après Molière

FAUTES D'ANGLICISMES	CORRECTIONS
après **que sa femme meurt...**	après **la mort de sa femme...**
... comme conséquence il se sépare des autres.	**... ce qui a pour conséquence** que / **c'est pour-quoi** il se sépare des autres.
Comme maire, il a du pouvoir.	**En tant que** maire, il a du pouvoir.
Il fait cela **en effort** de cacher.	Il fait cela **afin de** se cacher.
Il **fait un effort** de dissimuler les indices.	**Il s'efforce de** dissimuler les indices.
en la plupart **des moments**	la plupart **du temps**
à la **quatrième scène**	à la **scène quatre** (de l'acte I)
au premier acte	à **l'acte un**
Il devient mieux.	**Son état s'améliore.**
Il devient pire.	**Son état s'empire / se détériore.**
n'importe quoi il fait	**quoi qu'il fasse**
Il fait **le meilleur pour le protéger.**	Il fait **de son mieux pour le protéger.**
Les deux (Béline et Angélique) **veulent** aider Argan.	Elles (Béline et Angélique) **veulent toutes les deux** aider Argan.
Après un **temps,** il est trop tard.	Après un **moment,** il est trop tard.
Dans le temps de Voltaire, la vie était différente.	**Au temps / à l'époque** de Voltaire la vie était différente.
C'est le même dans *L'avare.*	**Il en est de** même dans *L'avare.*
Il veut cela pour **son avantage.**	Il veut cela pour **arriver à ses fins.**
Il fera **n'importe quoi il peut.**	Il fera **tout ce qu'il peut.**
Les gens qui sont avec eux les trahissent.	**Leur entourage** les trahit.
Il y a des temps qu'il pense qu'il va mieux.	Il pense **parfois** qu'il va mieux.
Il **était** malheureux **pour le reste de** sa vie.	Il **a été** malheureux **toute** sa vie. (La plupart du temps, quand on a «tout», on utilise le passé composé et non l'imparfait. Par exemple : j'ai travaillé toutes les vacances, il a plu tout l'été, il a cru cela toute sa vie, etc.)
une fille **pleine de beauté**	une fille **très jolie**

INVITATION À RÉFLÉCHIR

Une personne trouve une faute dans la liste suivante, l'autre la corrige en faisant une phrase correcte.

Exemple

Personne 1 : **Il y a des temps** *qu'il pense qu'il va mieux.*
Personne 2 : *Il pense* **parfois** *qu'il va mieux.*

Grammaire

LA DATE

LES ERREURS POSSIBLES		FORME CORRECTE
5 décembre 2010	(ne pas oublier « le »)	
le 5 décembre, 2010	(pas de virgule)	
le 5 **D**écembre 2010	(pas de majuscule au mois)	
Le **0**5 décembre 2010	(jamais de 0)	le 5 décembre 2010
décembre 5, 2010	(jour, mois, année)	
le 5 decembre 2010	(ne pas oublier l'accent)	

ARTICLES

PAS D'ARTICLES

FAUTES D'ANGLICISMES	CORRECTIONS
Il est **un** veuf.	Il est veuf.
Ils sont **des** morts.	Ils sont morts.
Il veut devenir **un** docteur.	Il veut devenir docteur.
Il n'est pas **un** invalide.	Il n'est pas invalide.
Il n'a pas **des** enfants.	Il n'a pas d'enfants.

Avec une négation, on dit « pas **DE** » (et **PAS D'** + **voyelle**)

EXEMPLES	CORRECTIONS
Elle ne veut pas **un** cadeau.	Elle ne veut pas **de** cadeau.
Elle n'a pas **des** enfants.	Elle n'a pas **d'**enfants.
Elle n'a pas **de l'**argent.	Elle n'a pas **d'**argent.

Sauf si le nom est précisé avec un pronom :

Exemples

*Elle ne veut pas **du** cadeau **que** je lui ai offert.*
*Elle n'a pas **l'**argent **qu'**elle me doit.*

INVITATION À RÉFLÉCHIR

Travail en paire

Une étudiante dit une phrase, l'autre répond en utilisant l'article qui convient. Puis vous inversez les rôles.

Exemples

Personne 1 : Est-ce que ta mère est infirmière?
Personne 2 : Non, ma mère est professeur. (pas d'article avec les professions)

Personne 1 : Est-ce que tu as un enfant?
Personne 2 : Non, je n'ai pas d'enfant. (pas d'article avec la négation)

PAS D'ARTICLES

FAUTES D'ANGLICISMES	CORRECTIONS
le bonheur **sur la terre**	le bonheur sur terre (pas d'article)
Elle a ni **d'**argent, ni **d'**enfant.	Elle n'a ni argent, ni enfants. (pas d'articles avec *ni*)
d'une manière ironique	de **façon** / **manière** ironique
sans **un** miroir	sans miroir (pas de préposition après *sans*)

ADJECTIF POSSESSIF EN ANGLAIS / ARTICLE DÉFINI EN FRANÇAIS

Il ferme **ses** yeux.   Il ferme **les** yeux.

ARTICLE INDÉFINI

Elle lui dit qu'il n'est pas lâche.   Elle lui dit qu'il n'est pas **un** lâche.

PRÉPOSITIONS

PAS DE PRÉPOSITIONS

Il préfère **d'**utiliser un euphémisme.   Il préfère utiliser un euphémisme.

À

FAUTES D'ANGLICISMES	CORRECTIONS
commencer **de** faire quelque chose	commencer **à** faire quelque chose
encourager quelqu'un **de** faire quelque chose	encourager quelqu'un **à** faire quelque chose
Elle ressemble la petite fille.	Elle ressemble **à** la petite fille.
Il demande la petite fille.	Il demande **à** la petite fille.
Il participe **dans ces activités.**	Il participe **à ces activités.**
Il pense **d'**eux.	Il pense **à** eux.
en le paradis	**au** paradis
en la 18 siècle	**au XVIII**e siècle
échapper **les** cauchemars	échapper **aux** cauchemars échapper **au** malheur, échapper **à la** honte **mais** s'échapper **de** l'asile psychiatrique

En français, on distingue le sens abstrait (échapper à la pauvreté) du sens concret, physique (s'échapper de prison, s'échapper de la cage [de + lieu]) en utilisant une préposition différente (**à** pour un sens abstrait et **de** pour un sens concret) mais aussi en utilisant un verbe pronominal (s'échapper) pour le sens concret.

DE

FAUTES D'ANGLICISMES	CORRECTIONS
Huis clos **par** J.-P. Sartre	*Huis clos* **de** J.-P. Sartre
un personnage **dans** l'intrigue	un personnage **de** l'intrigue
sur l'autre côté	**de** l'autre côté / d'un autre côté
sur le côté public	**du** côté public
C'est différent **que le** sien.	C'est différent **du** sien.
Il essaie **à cacher ses sentiments.**	Il essaie **de cacher ses sentiments.**
la responsabilité **pour** ses actes	la responsabilité **de** ses actes
responsable **pour** la mort de...	responsable **de** la mort de...
discuter quelque chose	discuter **de** quelque chose
Il est **dans une** mauvaise humeur.	Il est **de** mauvaise humeur.
pas **de** tout	pas **du** tout

EN, DANS, AVEC

FAUTES D'ANGLICISMES	CORRECTIONS
à la même **fois**	**en** même **temps**
par montrer aux autres	**en** montrant aux autres
dans l'enfer	**en** enfer
en *Huis clos*	**dans** *Huis clos*
Il veut que sa fille **marie** un médecin.	Il veut que sa fille **se marie avec** un médecin / Il veut que sa fille **épouse** un médecin.

AUTRES PRÉPOSITIONS

FAUTES D'ANGLICISMES	CORRECTIONS
Elle est trop jeune **de** travailler.	Elle est trop jeune **pour** travailler.
Il sera jugé **sur** ses actions.	Il sera jugé **pour** ses actions.
Il se fâche **avec** sa femme.	Il se fâche **contre** sa femme.
Il est obsédé **avec** les médicaments.	Il est obsédé **par** les médicaments.
Sa femme est morte **pour** six mois. J'ai travaillé **pour** deux ans ici.	Sa femme est morte **depuis** six mois. **J'ai travaillé pendant** deux ans ici. (passé composé avec *pendant*, action terminée) **ou**

FAUTES D'ANGLICISMES	CORRECTIONS
	Je **travaille** ici **depuis** deux ans.
	(présent avec *depuis*, continue dans le présent)
pour quelques instants	**pendant** quelques instants
pendant la pièce (*L'avare* de Molière)	**dans** la pièce (*L'avare* de Molière)

Si l'action continue dans le présent, on utilise *depuis* avec le présent (« je *continue* à travailler ici »). « Pour » est un anglicisme.

PRÉPOSITIONS EN ANGLAIS DEMANDANT UNE STRUCTURE DIFFÉRENTE EN FRANÇAIS

FAUTES D'ANGLICISMES	CORRECTIONS
un homme **avec une** maladie	un homme malade
un homme **avec** une canne	un homme **qui porte** une canne
un homme **avec** des problèmes psychologiques	un homme **qui a des** / **qui souffre de** problèmes psychologiques

PRÉPOSITIONS EN FIN DE PHRASES

Attention à ne pas mettre les prépositions à la fin des phrases.

Exemple

la fille qu'il travaille avec (faux)	la fille avec laquelle il travaille (juste)

PRONOMS PERSONNELS

Les pronoms personnels sont une source de difficulté importante parce que les différences entre pronoms COD (complément d'objet direct), COI (complément d'objet indirect), et pronoms disjoints ou toniques n'existent pas en anglais.

PRONOMS COD PAS DE PRÉPOSITION		PRONOMS COI PRÉPOSITION À + PERSONNE		PRONOMS TONIQUES-DISJOINTS, AUTRES PRÉPOSITIONS (*DE, POUR*, ETC.) ET CERTAINS VERBES AVEC À + PERSONNE	
me	(*me, myself*)	me	(*to me, to myself*)	moi	(*me*)
te	(*you, yourself*)	te	(*to you, to yourself*)	toi	(*you*)
le / la	(*him / it / her*)	lui	(*to him / to her*)	lui	(*him*)
				elle	(*her*)
se	(*to himself / herself*)	soi	(*oneself*)	se	(*himself / herself / oneself*)
nous	(*us, ourselves*)	nous	(*to us, to ourselves*)	nous	(*us*)
vous	(*you pl., yourselves*)	vous	(*to you, to yourselves*)	vous	(*you pl.*)
les	(*them*)	leur	(*to them*)	eux	(*them masc. pl.*)
				elles	(*them fem. pl.*)

FAUTES AVEC LES PRONOMS

PRONOMS PERSONNELS COD (COMPLÉMENT D'OBJET DIRECT : VERBES SANS PRÉPOSITIONS)

EXEMPLES	CORRECTIONS
Il **lui** protège.	Il **le** protège.
Il veut **lui** aider.	Il veut **l'**aider.
Ils **lui** traitent.	Ils **le** traitent.
Elle **lui** croit.	Elle **le** croit.
Ils vont **lui** oublier.	Ils vont **l'**oublier.
On **lui** juge.	On **le** juge.
Comme **dit** Dr Freud...	Comme **le dit le** Dr Freud...

PRONOMS PERSONNELS COI (COMPLÉMENT D'OBJET INDIRECT : VERBES AVEC LA PRÉPOSITION À)

EXEMPLES	CORRECTIONS
Il **le** donne.	Il **lui** donne.
Il **la** dit.	Il **lui** dit.
Il parle **à elle**.	Il **lui** parle.
Tout ce qui reste **pour eux** c'est l'espoir.	Tout ce qui **leur** reste c'est l'espoir.
Il met un mouchoir sur **son** visage.	Il **lui** met un mouchoir sur **le** visage.
Il marche sur **son** pied.	Il **lui** marche sur **le** pied.
C'est trop difficile pour **eux** de changer.	**Il leur est** trop difficile de changer.

LES PRONOMS PRONOMINAUX (*JE ME, TU TE, IL SE...*)

EXEMPLE	CORRECTIONS
la découverte de **soi-même**	la **découverte de soi**
de convaincre **lui-même**	de **se** convaincre
ils doivent se parler **l'un l'autre**	ils doivent **se** parler (se = *each other*)
punir **l'un l'autre**	**se** punir

IL EST / C'EST

EXEMPLE	CORRECTIONS
C'est facile de faire des excuses.	**Il est** facile de faire des excuses. (il est + de)
C'est dommage que personne ne le sache.	**Il est** dommage que personne (il est + que) ne le sache.

ACCORD DES PRONOMS

Les noms qui sont au singulier mais qui comprennent plusieurs personnes peuvent créer des difficultés. Certains ont tendance à utiliser des pronoms pluriels alors qu'ils doivent être au singulier (c'est ce qu'on appelle *une syllepse*).

EXEMPLE	CORRECTIONS
la foule... leurs	la foule... ses
	ou
	les gens... leur
la famille... leurs	la famille... ses
	ou
	les membres de la famille... leur
la police... leurs	la police... ses
	ou
	les policiers... leur
le gouvernement... leurs	le gouvernement... ses
	ou
	les politiciens... leurs

CE, C'EST

C'est + adjectif invariable : toujours masculin singulier.

EXEMPLE	CORRECTION
(cette photo) C'est très **belle**.	(cette photo) C'est très **beau.**

Attention aux pronoms

Les pronoms s'accordent avec leur antécédent.

Exemple de faute de pronom

Nous sommes partis en avance mais on est arrivé en retard.

Nous et *on* ne sont pas les mêmes pronoms. On ne les utilise pas l'un pour l'autre, d'une phrase à l'autre. Vous garderez le même sujet et le même pronom dans une phrase.

Phrase corrigée avec le bon pronom

Nous sommes partis en avance mais nous sommes arrivés en retard.
ou
On est parti en avance mais on est arrivé en retard.

« L'un l'autre » s'emploie uniquement s'il y a une confusion possible, par exemple, confusion entre un verbe réfléchi (*myself*) et un verbe réciproque (*each other*).

Exemple

Ils se sont rasés.

On ne sait pas si cela veut dire : *They shaved themselves* ou *They shaved each other* et par conséquent on rajoute « l'un l'autre » pour exprimer *They shaved **each other***. Les apprenants ont parfois tendance à utiliser « l'un l'autre » pour traduire *each other*, même si ce n'est pas nécessaire en français. Par exemple, dans « Ils se parlaient l'un à l'autre » il n'y a pas de confusion possible. *Each other* en anglais est déjà traduit par le **se**.

NOMBRE

Généralement, si chaque personne n'en a qu'un seul (une seule vie, une seule maladie), on utilise le singulier, même s'il y a plusieurs personnes, sauf si le mot est toujours pluriel (funérailles, fiançailles…). Le fait qu'il y ait plusieurs personnes est déjà précisé dans l'adjectif (leur). Comme en anglais on utilise plutôt le pluriel (*their lives, their families*), cela crée des fautes de transfert.

FAUTES D'ANGLICISMES	CORRECTIONS
leurs vies	**leur** vie
leurs familles	**leur** famille
leurs identités	**leur** identité
les maladies des personnages	**la** maladie des personnages
sa funéraille	**ses** funérailles (toujours pluriel)
les morales	**la** morale (généralement singulier)

L'orthographe

Si les fautes d'orthographe sont probablement les moins graves, plusieurs fautes de cette catégorie finissent par compter parce qu'elles donnent l'impression que le devoir est négligé. Les mots de la liste ci-dessous ne sont pas très nombreux, et ce sont des mots fréquents dont vous connaissez déjà une grande partie, mais il est utile de les regarder souvent pour ne pas oublier comment ils s'écrivent en français et en anglais !

ANGLAIS	FRANÇAIS
a**bb**reviation	a**b**réviation
a**dd**ress	a**d**resse
alc**ohol**	alc**oo**l
anno**u**nce	ann**o**ncer
ba**gg**age	ba**g**age
characteri**z**e	**c**aractéri**s**er
conniv**a**nce	conniv**e**nce
correspond**e**nce	correspond**a**nce
desir**e**	dési**r**
dictio**n**ary	dictio**nn**aire
embassy	**a**mbassade
envelo**p**e	envelo**pp**e

ANGLAIS	FRANÇAIS
environment	environnement
essential	essentiel
example	exemple
exercise	exercice
fertilize	fertiliser (verbes en –ize, –iser)
future	futur
gallop	galoper
guarantee	garantie
government	gouvernement
hazard	hasard
literature	littérature
marriage	mariage
medicine	médecine
mirror	miroir
persistent	persistant
personal, personality, personally	personnel, personnalité, personnellement
professional	professionnel
profile	profil
rampart	rempart
recommend	recommander
recruitment	recrutement
responsibility	responsabilité
rhyme	rime
traffic	trafic

Résumé

Il est utile de travailler ce chapitre et de le revoir souvent pour éviter de nombreuses fautes et pour ne pas oublier ce qui a été appris et corrigé. Chercher les mots et vérifier les renseignements importants dans les dictionnaires et dans des livres de grammaire : genre, nombre, prépositions, pronoms, etc. évitera la plupart des fautes. Les fautes d'étourderie (*careless mistakes*) sont évitées si vous relisez le devoir avec attention au moins deux fois à haute voix.

En ce qui concerne le vocabulaire (et prépositions), de nombreuses fautes sont des anglicismes. C'est pourquoi si les mots, expressions et structures sont similaires à l'anglais, vous vérifiez dans le dictionnaire. Il est profitable de noter dans un cahier les fautes et les corrections, comme dans ce chapitre, pour ne plus les refaire.

Enfin, déraciner (*eradicate*) les fautes ancrées (*fixed, rooted*) depuis des années demande de faire des efforts considérables et de répéter plusieurs fois les expressions qui ont été utilisées de nombreuses fois avec des fautes. Savoir que tel ou tel mot se dit de telle façon n'est pas suffisant, vous devrez pratiquer les exercices du site web de ce manuel plusieurs fois, et refaire les exercices quelques semaines plus tard pour ne pas oublier ce qui a été appris.

Exercices

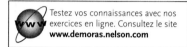

Testez vos connaissances avec nos exercices en ligne. Consultez le site **www.demoras.nelson.com**

Chapitre 10

VOCABULAIRE UTILE

Introduction

La qualité, la variété et la précision du vocabulaire jouent un rôle important en mettant en relief les idées. Il peut toutefois être difficile de trouver du lexique appartenant au style littéraire. Ce chapitre fournit du vocabulaire utile qui vous permettra d'améliorer la qualité de votre composition.

Les listes de mots et expressions ne sont pas exhaustives, il en existe beaucoup d'autres. Toutefois elles sont assez nombreuses pour couvrir la plupart des concepts (ajouter, contraster, concéder, énumérer, etc.). Vous pouvez sélectionner certaines expressions que vous aimez bien et qui vous semblent utiles et les utiliser autant de fois que possible. Puis, une fois que vous les utilisez avec facilité, vous pouvez en utiliser d'autres, et ainsi de suite, jusqu'à ce que vous les connaissiez toutes. Vous pouvez aussi utiliser certaines de ces expressions à l'oral.

Le vocabulaire en langue seconde

Il est déjà difficile d'utiliser du vocabulaire varié, précis et recherché en langue maternelle, mais c'est d'autant plus un défi en langue seconde (L2). Le vocabulaire en L2 est forcément plus réduit et se limite souvent à la conversation de tous les jours. Cela a pour conséquence que le vocabulaire des apprenants du français L2 utilisé dans les compositions est trop général (trop vague), se limitant aux mots les plus fréquents, les familles de mots sont plus réduites et les répétitions nombreuses.

Un logiciel d'utilisation gratuite fournit une analyse du vocabulaire : VocabPprofil (http://www.lextutor.ca/vp/fr/).

Ce logiciel indique à quelles catégories les mots appartiennent. Il existe quatre catégories : K1, les 1000 mots les plus fréquents; K2, les 1001 à 2000 mots les plus fréquents; K3, les 2001 à 3000 mots les plus fréquents et *Offlist*, les mots n'appartenant à aucune de ses catégories.

Vous pouvez tester la variété et la «qualité» de votre vocabulaire, en copiant votre texte dans la fenêtre. Le logiciel vous donnera alors un rapport de la fréquence des mots utilisés, ainsi que d'autres informations utiles. Le logiciel ne «reconnaît» pas des expressions se composant de plusieurs mots («il est grand temps», «prenons comme point de départ»), et les classe dans la catégorie K1 parce que chaque mot pris séparément appartient à cette catégorie; par contre il «reconnaît» parfaitement les mots isolés.

En langue seconde, la tendance est d'utiliser un plus grand pourcentage (que les locuteurs natifs) de la catégorie K1, parfois K2, mais très peu des catégories K3 et *Offlist*. Par exemple, le mot *dire* appartient à K1, les mots *évoquer, examiner, illustrer* à K2, *soulever* à K3, et *aborder* et *se pencher* à *Offlist*. Ce chapitre vous propose du vocabulaire qui vous permet d'éviter les mots de la catégorie K1, mots trop simples et généraux, et d'utiliser à la place des mots et expressions des autres catégories.

Voici donc du vocabulaire plus précis, plus recherché et moins fréquent classé par situation de communication.

Vocabulaire par situation de communication

REMARQUES GÉNÉRALES (1RE PARTIE DE L'INTRODUCTION)

1. On **constate** (*one can notice, ... is visible*) une nette amélioration des compétences chez les étudiants de première année.
2. Cet article **fait l'objet** (*is the object of*) de nombreuses controverses.
3. **Rappelons les faits** (*let's recall the facts*). L'introduction doit contenir trois parties.
4. *La Gazette* **rapporte que** (*reports that*) peu d'étudiants obtiennent des bourses.
5. **La question est de savoir si** (*the question is whether*) ces choix sont dûs principalement à la famille ou à la société.
6. Peut-on lire l'ouvrage d'un artiste quand on sait qu'il a commis un crime? **Telle est la question** (*that is the question*).
7. Le problème **soulevé par** (*raised by*) cet article est un problème international.
8. **Un problème souvent évoqué** (*a much-discussed problem*) dans la littérature est celui du dilemme entre l'amour et l'honneur.

ANNONCER LE SUJET (2E PARTIE DE L'INTRODUCTION)

1. **Il serait utile d'examiner** (*it would be useful to examine*) les motifs de ces actions.
2. **Pour illustrer** (*in order to illustrate*) cette différence, **il suffit de prendre l'exemple** (*we only need to take... as an example*) du bal.
3. La présence des livres **marque l'importance du** (*underlines the importance of*) rêve chez les femmes.
4. L'étude de l'espace nous **permettra peut-être de mieux saisir** (*may give us a better understanding of*) le sentiment d'enfermement d'Emma.
5. **Pour illustrer** (*to illustrate*) cette théorie, il suffit de considérer les différents lieux.
6. **Selon** (*according to*) Emma l'amour **serait encore** (*is still*) possible. (Le conditionnel indique une nuance de doute.)

ANNONCER LE PLAN (3ᴱ PARTIE DE L'INTRODUCTION)

1. **Prenons comme point de départ** (*let us take ... as a starting point*) les symboles dans le texte, puis nous étudierons les répétitions de mots.
2. **En premier lieu, examinons** (*first, let us examine*) les obstacles liés à la langue auxquels font face les immigrants, puis concentrons-nous sur les problèmes culturels.
3. **Il convient tout d'abord de se pencher sur** (*we should first turn our attention to*) les circonstances de la publication avant d'étudier les réactions du public.
4. Nous **examinerons** : *we will look at*
5. Nous **aborderons** : *we will address*
6. Nous **nous pencherons sur** : *we will turn our attention to*
7. **Tout d'abord** (*first of all*)... **ensuite** (*then*)...

CONSTRUIRE UN PARAGRAPHE : PRÉSENTER UNE IDÉE

1. On peut **avancer** (*one can propose*) différentes opinions sur ce point.
2. **Plusieurs arguments** (*several arguments*) viennent **renforcer** (*support*) cette idée.
3. **Avant d'aborder** (*before tackling*) la question suggérée par la critique, **mentionnons brièvement** (*let us mention briefly*) l'article de ce journaliste.
4. **Examinons** (*let us examine*) le motif de ses actions **ainsi que** (*as well as*) certaines circonstances qui expliquent son comportement.

INVITATION À ÉCRIRE

Faites une introduction en utilisant le maximum de vocabulaire ci-dessus.

Sujet : La féminité est-elle innée ou un artifice de la société?

L'argumentation

EXPRIMER SON ACCORD

1. **Il faut reconnaître que** (*one has to recognize that*) les résultats sont inespérés.
2. Le rapport de cet étudiant est **exact en tous points** (*is accurate in every respect*).
3. **Heureusement** (*fortunately*), le roman se termine sur une note d'humour.
4. **On comprend fort bien** (*... is perfectly understandable*) son comportement.
5. **Il était grand temps que** (*it was high time that*) les lois changent.

INDIQUER LA RAISON, LA CAUSE

1. **Pour cette raison** (*for this reason*) l'humour est efficace.
2. L'argumentation est importante, **étant donné que** (*since*) le contenu est faible.
3. Molière était très malade lui-même et détestait les docteurs; **ceci explique bien** (*this explains*) pourquoi il a écrit *Le malade imaginaire*.
4. Sa réputation de débauché **tient à** (*is due to*) ses nombreuses aventures sentimentales.

5. **Parmi** (*among*) les causes de la dépression d'Emma se trouvent la déception et l'ennui.
6. **Pour** (*in order to*) tromper l'ennui, elle se réfugie dans des aventures sentimentales.
7. **À cause de** (*because of*) leur manque d'instruction et de formation, les femmes ne pouvaient pas travailler.
8. **Grâce au** (*thanks to*) succès de l'opération, il pourrait retrouver l'estime d'Emma.
9. **Vu que** (*given, since*) l'opération a échoué, Emma le méprise encore plus.
10. Ce ne sont pas ses problèmes d'argent qui la rendent la plus malheureuse **mais plutôt** (*but rather*) l'isolement, le manque de communication et le manque d'amour.
11. **Puisqu'**il (*since*) n'y a plus de solution, la seule **issue** (*way out*) est la mort.
12. **Faute de** (*lacking any*) solutions, il ne lui reste que la mort.

EXPRIMER SON DÉSACCORD

1. Ces faits **sont en contradiction avec** (*contradict*) le dernier chapitre.
2. Dire que le taux de suicide est faible est **loin de la vérité** (*is far from the truth*).
3. **On ne saurait approuver** (*one couldn't approve of*) l'avortement comme forme de contraception.
4. **Il est regrettable que** (*it is regrettable that*) la critique ait été si sévère.
5. **On voit mal comment** (*it is hard to see how*) une femme intelligente pourrait être heureuse dans de telles conditions.
6. **Bien que** (*although*) les traitements **soient** (*are*) normaux pour ceux de l'époque, ils sont tout de même ridiculisés.
7. **Quand bien même** (*even if*) Charles aurait réussi l'opération, Emma ne l'aimerait pas davantage.
8. À tous ceux qui blâment Emma pour sa conduite, **on peut répondre** (*one can reply*) que la véritable coupable est la société qui a créé une telle vie pour les femmes.

INVITATION À ÉCRIRE

Faites trois paragraphes en utilisant le maximum de vocabulaire ci-dessus pour exprimer l'accord, le désaccord et la cause.
Sujet : La féminité est-elle innée ou un artifice de la société ?

ANNONCER UNE AUTRE PARTIE, UNE AUTRE IDÉE

1. **Il faut maintenant s'interroger** (*we must now examine*) sur les raisons du conflit.
2. **Venons-en maintenant** à l'analyse (*now let us come to*) de la rhétorique.
3. **Ce qui vaut** (*what goes for...*) pour le personnage principal **s'applique également** (*applies equally to*) à tous les autres.
4. **Il convient maintenant d'analyser** (*now we should analyze*) certains points soulevés par l'auteur.
5. **Après avoir étudié** (*after studying, having studied*) les symboles, **considérons maintenant** (*let us now consider*) le vocabulaire.

6. **Après avoir examiné** (*having looked at*) les noces à la campagne, comparons à présent le bal au château.

7. **Plus encore que** (*even more than*) les héros, ce sont les personnages secondaires qui présentent l'opinion de l'auteur.

RÉFUTER UN ARGUMENT

Certaines des expressions suivantes peuvent aussi s'utiliser pour contraster et comparer.

1. Argan semble malade et faible. **Pourtant** (*and yet*) on voit que ce n'est pas le cas quand Toinette le fait courir.

2. **Quels que soient** (*whatever*) les efforts d'Emma pour changer sa conduite, sa destinée semble tracée pour elle, **jusqu'aux** (*even when it comes to*) mendiants qui passent sur son chemin.

3. **Tout en reconnaissant que** (*while recognizing that*) la littérature peut être un sujet difficile, il faut **tout de même** (*nevertheless, however*) **admettre que** (*admit that*) c'est une grande source d'informations et de plaisir.

4. **Si** l'on supposait depuis longtemps que les hommes pensaient différemment des femmes, **ce n'est que récemment que** (*if... it is only recently that*) les recherches ont prouvé que leur cerveau fonctionne différemment de celui des femmes.

5. **Même si** les mariages étaient à l'époque des mariages arrangés, **toujours est-il que** (*although... nevertheless*) c'était réprouvé par beaucoup, y compris par Molière lui-même.

6. Nombreux sont les régimes politiques qui font travailler les jeunes enfants. **Néanmoins,** (*nevertheless*) beaucoup d'autres régimes s'y opposent.

7. L'opinion de cet auteur est justifiée, **cependant** (*however*) il n'a pas de crédibilité auprès de la plupart des lecteurs.

8. **Malgré tout** (*in spite of everything*), il lui est impossible de trouver le bonheur.

9. **En dépit de** (*despite*) son mauvais caractère et de la façon dont il traite les autres, Argan a tout de même un côté attachant.

10. **Tandis que** (*while, whereas*) son entourage fait tout pour lui faire entendre raison, les médecins confirment ses pensées et craintes.

11. **Alors que** (*although, whereas*) l'on pourrait croire que l'auteur se moque des hypocondriaques, c'est en réalité des médecins qu'il se moque.

12. **Même si** (*even if*) l'on peut croire que le texte est humoristique le texte est, au contraire, dramatique.

13. **Contrairement** (*... distinct from [those of]*) au roman classique, le nouveau roman impose ses propres règles.

14. Argan est souvent odieux. **En revanche,** (*on the other hand*) certains de ses traits de caractères sont attendrissants.

15. **Certes** (*admittedly*) les règles d'accord du français sont nombreuses, **toutefois** (*however*) il est possible de se souvenir de la plupart.

16. **En fait,** (*in fact*) le marketing olfactif n'est pas très honnête puisqu'il vise l'inconscient du consommateur. **Ceci dit** (*granted*), c'est le cas pour la plupart des techniques de vente et des publicités.

17. **Quoi qu'il en soit** (*be that as it may*) les spécialistes trouveront toujours des méthodes pour faire vendre d'avantage.

CONTRASTER ET COMPARER

1. **Certains** (*some people*) pensent qu'il est vraiment malade, **d'autres** (*others*) au contraire pensent qu'il fait semblant de l'être pour profiter de la situation.
2. **Alors que** (*while, whereas*) certains critiques avancent que cette satire s'adresse avant tout aux médecins, **à l'inverse** (*in contrast*) d'autres proclament qu'elle s'adresse aux gens naïfs et crédules.
3. Son deuxième roman est **bien inférieur à** (*is far inferior to*) son premier.
4. **Par rapport à** (*compared with*) d'autres auteurs, Rousseau avait des difficultés à s'exprimer comme il le mentionne lui-même dans *Les confessions.*
5. **Il n'y a pas de comparaison possible entre** (*there is no possible comparison between*) ces deux œuvres.

INVITATION À ÉCRIRE

Faites trois paragraphes en utilisant le maximum de vocabulaire ci-dessus pour annoncer une partie, réfuter un argument et contraster.

Sujet : Le travail rend les gens heureux.

ÉTABLIR DES PARALLÈLES

1. **D'une part** (*on the one hand*) ele veut être vertueuse car elle croit en Dieu, **d'autre part** (*on the other hand*) elle ne peut résister à la tentation.
2. **D'un côté,** (*on the one hand*) il y a ceux qui donnent l'impression de l'aider mais ne le font pas et **de l'autre** (*on the other hand*), il y a ceux qui l'accablent ouvertement.
3. **De même que** (*in the same way that*) nous ressentons une certaine mélancolie, nous ressentons **aussi** (*also*) une certaine allégresse.
4. Charles représente tout ce qu'Emma a voulu quitter : l'ignorance, la médiocrité, la bêtise. **Il en va de même pour** (*the same can be said of*) les lieux.
5. **Nous ne pouvons dissocier** (*we cannot ignore the link between*) ces deux facteurs.

AJOUTER, DÉTAILLER

1. **De plus** (*what is more, moreover, furthermore*), les descriptions sont très exagérées.
2. **En outre** (*besides, furthermore*), le rôle les personnages secondaires est important.
3. **On peut également** (*also, as well*) remarquer des changements physiques.
4. **À cela s'ajoutent** (*to this we can add*) les problèmes d'argent.
5. **En ce qui concerne** (*as far as... is concerned*) sa fille, celle-ci a peu d'importance dans sa vie. **D'ailleurs** (*besides, moreover*), sa fille lui rappelle sa condition de femme.
6. **Qui plus est** (*what is more*) elle n'a aucun regret en le quittant.
7. Rodophe est beau et riche **de surcroît** (*on top of that, moreover*).
8. Emma s'ennuie à la campagne. **Par ailleurs** (*in addition*) elle rêve à tout ce qu'elle a lu dans les romans.
9. Elle ressent d'abord le besoin de sortir de sa condition. **À ceci s'ajoute** (*to this can be added*) l'envie de compenser pour tout ce qu'elle n'a pas eu quand elle était au couvent.

10. Plusieurs procédés stylistiques créent un effet d'horreur **parmi lesquels** (*including, notably*) on peut compter les hyperboles.
11. **Pour ce qui est des** (*as for the*) personnages, ils ont tous des points en commun.
12. **Quant aux** (*as for the*) aventures amoureuses, elles ne lui apportent que des déceptions.

ÉNUMÉRER

1. **Parmi** (*among*) les horreurs de la guerre on trouve entre autres : les morts, les blessés et les mutilés.
2. **Tout d'abord** (*first of all*), analysons le rôle du climat. **Puis** (*then*) considérons le rôle du relief et de la végétation. **Enfin** (*finally*), étudions ce qui constitue l'effet de mystère.
3. **En premier lieu** (*in the first instance*), il convient de s'intéresser aux hyperboles et superlatifs, **en second lieu** (*in the second instance*) aux effets stylistiques tels que les allitérations.
4. Le texte se divise en trois parties : **premièrement** (*first*), la description de la situation, **deuxièmement** (*second*) les événements et **troisièmement** (*third*) la retraite.
5. **Du** (*from*) nord **au** (*to*) sud, **tous** (*all*) les points cardinaux participent à la création du pays.

INVITATION À ÉCRIRE

Faites trois paragraphes en utilisant le maximum de vocabulaire ci-dessus pour établir des parallèles, ajouter / détailler et énumérer.
Sujet : Le travail rend les gens heureux.

CONCÉDER

1. Écrire un texte sans faute de grammaire **semble** (*seems*) presque impossible. C'est **pourtant** (*and yet it is*) le cas pour bon nombre de Francophones.
2. **Quels que soient** (*whatever*) ses efforts pour rester fidèle, elle n'y parvient pas.
3. **Tout en reconnaissant que** (*while recognizing that*) l'adultère est inacceptable, **on doit néanmoins admettre que** (*one must, however, admit that*) les problèmes existent.
4. **Si** (*if*) l'on supposait que seuls les êtres humains étaient capables de langage **ce n'est que récemment qu'**on (*it is only recently that*) a découvert que les primates le peuvent aussi.
5. **Il est vrai que** (*it is true that*) les images sont un peu violentes **mais c'est justement** (*precisely, exactly*) cette violence qui **donne toute sa force** (*gives its strength*) au roman.
6. **Certes** (*certainly*) le protagoniste est égoïste, **toutefois** (*however*) sa naïveté et sa crédulité le rendent attendrissant.

SOULEVER UNE QUESTION (*RAISE A QUESTION*)

1. Une question **qui soulève** (*provokes, brings up*) des débats est celle de l'éducation.
2. Nous pouvons nous **poser la question :** (*we might ask ourselves whether*) les filles apprennent-elles mieux si elles se trouvent dans un milieu exclusivement féminin?
3. **On peut même se demander** (*one can even wonder*) s'il ne le fait pas **exprès** (*on purpose*).
4. **Cela nous pousse** (*urges, prompts*) **à nous demander** (*ask ourselves*) s'il est malade.
5. Cette ponctuation **attire l'attention** (*draws the attention*) du lecteur.

6. Cette histoire **nous met en garde contre** (*warns against*) **les méfaits** (*damaging effects*) de l'isolement.

7. Il convient de **s'interroger sur** (*examine, look at*) le rôle du champ lexical de l'eau.

EXPRIMER LA CAUSE VERS LA CONSÉQUENCE

1. C'est son manque d'expérience qui lui a **causé** (*caused, brought about*) des problèmes.
2. Cette héroïne a **créé** (*made*) de nombreux problèmes à son entourage.
3. C'est la trahison et l'abandon de Rodolphe qui a **déclenché** (*triggered, sparked, launched*) chez elle l'idée du suicide.
4. Le fait qu'elle **ait trompé** (*cheated on*) son mari a **entraîné** (*brought about*) de graves conséquences.
5. Un simple regard a **fait naître** (*created, aroused*) en elle le rêve.
6. La violence **engendre** (*causes*) la violence.
7. Son discours a **produit** (*produced, made, brought about*) un effet spectaculaire.
8. Sa publication a **provoqué** (*provoked, caused, brought about*) l'indignation du public.

DE CAUSE À EFFET

1. Avoir des effets **positifs, néfastes, nocifs, pervers** : To have positive, harmful/disastrous, damaging, pernicious effects.
2. Avoir des **conséquences multiples, indirectes, désastreuses, fâcheuses, catastrophiques** : To have multiple, indirect, disastrous, unfortunate/regrettable, catastrophic results.

INVITATION À ÉCRIRE

Faites trois paragraphes en utilisant le maximum de vocabulaire ci-dessus pour concéder, soulever une question et exprimer la cause ou la conséquence.

Sujet : L'esclavage existe même dans les pays développés.

EXPLIQUER LA PROVENANCE

1. Elle **est issue d'une** (*is born of, stems/comes from*) famille de nobles.
2. Les événements économiques **sont liés aux** (*are related to*) événements politiques.
3. L'idée **est née d'une** (*arose, was born, sprang up from*) discussion avec son mari.
4. Ce livre **provient d'une** (*comes from*) collection particulière.
5. Leurs relations tendues **proviennent d'une** (*due to, be the result of*) manque de respect.
6. **Il résulte de** ceci (*the result is*) que la mort est inévitable.

FAIRE DES SUPPOSITIONS

1. Si l'on trouve des os géants dans cette région, **on peut supposer** (*one can assume*) que jadis les dinosaures y habitaient.
2. Il est **peu probable** (*it is unlikely that*) qu'on découvre le remède contre le cancer.
3. **Il pourrait y avoir** (*there could be*) une connotation religieuse.

4. **On évoque la possibilité de** (*there is talk of*) monter l'une des pièces de cet auteur africain.
5. L'ampleur de la catastrophe **permet de penser qu' il y a eu** (*leads one to think that there were*) des milliers de victimes.

L'ARGUMENTATION

1. **C'est la raison pour laquelle** (*this is the reason why*) le lecteur peut **réfuter** (*refute*) un argument.
2. Une série de syllabes inversées **semble indiquer l'usage** (*seems to indicate the use of*) de l'anagramme.
3. **Qu'entend-il par** (*what does he mean by*) ce mot?
4. Certains arguments sont **irréfutables** (*irrefutable, indisputable*).
5. **En revanche** (*on the other hand*), certains arguments sont **contradictoires** (*contradictory*).
6. **Par contre** (*on the other hand*), **un critère** (*a criterion*) important dans le style de l'auteur est son utilisation abusive de superlatifs **en même temps** (*at the same time*) que l'humour.
7. **La critique** (*criticism*) est **à la fois** (*at the same time, both*) sévère et **impitoyable** (*merciless*).
8. **Le processus** (*the process*) de création dépend du **cadre** (*the framework*) dans lequel il se trouve pour **émettre** (*voice, put forward*) cette **hypothèse** (*hypothesis*).

DONNER DES EXEMPLES

1. **Prenons le cas** (*let us take the case/example of*) du budget de l'éducation de la France.
2. Le cas de l'épidémie de la vache folle **est un exemple frappant** (*is a striking example*) des problèmes associés à l'élevage du bétail.
3. L'augmentation de la taxe provinciale **illustre bien** (*is a good illustration of*) les problèmes politiques.
4. D'autres allégories sont **significatives** (*significant*).
5. Les changements de temps **constituent** (*constitute, represent, build up*) des **repères** (*landmarks*) pour les changements temporels.
6. Les verbes au passé simple **apparaissent** (*appear*) au début du roman.
7. **C'est la raison d'être de** (*the reason for*) ce changement de ton : on passe du ton comique au ton tragique.
8. Ce passage relève **à la fois** (*both*) du comique et du tragique.

INVITATION À ÉCRIRE

Faites trois paragraphes en utilisant le maximum de vocabulaire ci-dessus pour exprimer la provenance, la supposition et l'argumentation.

Sujet : Le pourcentage de prix Nobel par habitant représente la qualité d'éducation d'un pays.

LES CITATIONS

1. Voici **un extrait** (*excerpt, extract*) de **la nouvelle** (*short story*).
2. Cette **citation** (*quotation*) se réfère à la mythologie grecque.
3. **Le passage** (*passage*) **cité ci-dessus** (*quoted above*) fait référence à la bible.

4. Quelques synonymes des verbes **croire, dire** et **penser** :

L'auteur,
Le personnage principal,
Le narrateur

affirme que	*maintains, claims, says*
ajoute que	*adds*
apprend que	*learns*
annonce que	*announces, tells*
avance que	*puts forward, suggests*
conclut que	*concludes*
confie que	*confides, shares*
déclare que	*announces, states, declares, claims, says*
est convaincu que	*be convinced*
estime que	*considers, judges, reckons*
explique que	*explains*
juge que	*considers, finds, thinks*
met en évidence	*shows, emphasizes, reveals*
prétend que	*claims*
révèle que	*reveals, displays, shows*
souligne que	*stresses that*
soutient que	*upholds, supports, maintains*

Il convient aussi de varier un peu les structures :

Comme le souligne (*emphasizes, stresses*) le personnage principal :	« ..... ».
Comme le fait remarquer (*points out, draws attention to*) le protagoniste :	« ..... ».
Il suffit de prendre pour exemple (*as an example*) :	« ..... ».
Comme le constate (*notes, remarks*) Harpagon :	« ..... ».
Selon (*according to*) Emma :	« ..... ».

AUTRES FAÇONS DE CITER

1. **Selon les paroles** (*in the words of...*) de l'auteur : « la lecture devrait être une passion ».
2. Selon l'auteur **lui-même** (*the author himself*) : « ..... »
3. **Nous trouvons cette remarque <u>de</u>** (*we find this remark by. . .*) l'auteur : « la vie est trop courte » fort intéressante.
4. **Comme le fait remarquer** (*as... points out*) Jacques Bertrand : « il est nécessaire d'avoir d'excellentes relations de travail ».
5. Les adjectifs compliqués et longs **ont pour but** (*aim to*) **de mettre l'emphase sur** (*emphasize, focus on*) l'absurdité de la situation.
6. Les vers huit et neuf **renvoient aux** (*refer to*) vers douze et treize.
7. Ce mot **fait référence** (*refers to*) au mot qui avait déjà été utilisé à la page 53.

PRÉSENTER, COMMENTER LE POINT DE VUE DE L'AUTEUR

1. Comme le **suggère** Molière (*as Molière suggests*), les médecins sont souvent prétentieux.
2. Comme le **souligne** l'auteur (*emphasizes*), on ne peut pas faire confiance à ses proches.
3. Comme l'**évoque** Voltaire (*as Voltaire suggests*), le bonheur est tout près de nous.

4. Comme **le laisse entendre** (*as... makes clear to us*) le romancier, certains détails n'ont pas atteint le public.
5. Le **dramaturge** (*playwright*) **fait allusion à** (*alludes to*) la politique de l'époque.
6. L'**écrivain** (*writer*) **fait un rapprochement entre** (*brings together, associates*) l'ennui et l'adultère.
7. Le poème **exprime** (*expresses*) les souvenirs de l'auteur.
8. Le poète **sous-entend** (*implies*) que le lac est le témoin de ses amours.
9. L'écrivain **emploie** (*uses*) le vocabulaire de la marine.
10. L'auteur **attire notre attention** (*draws our attention*) sur le personnage principal.
11. **Selon** (*according to*) l'auteur, le mobile du crime était l'argent.
12. L'article **signale** (*points out*) que la clé peut **représenter** (*portray, represent*) plusieurs symboles.
13. Les arguments de Toinette sont **tout à fait convaincants** (*are totally convincing*).

Vocabulaire littéraire

VOCABULAIRE GÉNÉRAL

Le lecteur (*reader*), un chef-d'œuvre (*masterpiece*), une œuvre (*work*), la poésie (*poetry*), un poète, la prose. Une intrigue (*plot*) une histoire (*story*). Le film, la chanson. Un obstacle.

LE GENRE LITTÉRAIRE

Une fable, une légende, une ode, une nouvelle (*short story*), un poème, un récit (*narrative*), un roman (*novel*), un sonnet, un conte (*tale, story*).

LE STYLE LITTÉRAIRE

Le genre : classique, réaliste, romantique, contemporain (*contemporary*), postmoderne, symboliste (*symbolist*), romanesque (*novelistic*), médiéval. Un texte comique, créatif, poétique, dramatique. Le lyrisme (*lyricism*).

LA STRUCTURE

1. L'œuvre **se divise en** (*is divided into*) trois **parties** (*parts*) et dix chapitres.
2. Le poème **est écrit en** (*is written in*) alexandrins.
3. Les **trois premières** (*first three*) strophes **symbolisent** (*symbolize*) le bonheur. (Attention à l'order des mots.)
4. Les dix dernières pages **contiennent** (*contain, have*) des **indications** (*hints*) de ce qui se déroule ailleurs.
5. **On le retrouve aussi** (*we can also find it*) dans le dernier chapitre.
6. Ce poème **comprend** (*contains*) treize fois le mot « avec ».
7. Le mot « avec » **est présent** (*is present, appears*) cinq fois en dix lignes.
8. La deuxième page **apporte des informations** (*presents information*) **concernant** (*concerning, relative to*) l'apparence physique de l'héroïne.
9. Dans le second paragraphe **on trouve** (*we find, there is*) un oxymore.
10. **Nous rencontrons** (*we encounter, we meet*) le personnage le plus important du roman à la page 35.
11. **Un vers** (*a verse, a line of poetry*), dans **la strophe suivante** (*next stanza*), dans **le vers précédent** (*preceding line*), **tout au long de** (*all through*), **la pièce de théâtre** (*play*), **le dénouement heureux** (*happy ending*).

LE LIEU

1. **L'intrigue** (*the plot*), **le décor, le cadre** (*the setting*) **se situe** (*is set, takes place*) dans un lieu extraordinaire.
2. La scène **reflète** (*reflects, shows*) la vie parisienne au XVIIIe siècle.
3. L'action **se passe** (*takes place, happens*) à Paris.
4. L'histoire **se déroule** (*takes place, happens, occurs, unfolds, develops*) au XXe siècle.
5. La dispute **a lieu** (*takes place, occurs*) quand leurs regards se croisent.
6. Une épidémie **est survenue** (*took place, occured, arose*) en plus de la famine.

LE RÉCIT

Les **synonymes d'«aller»**: se diriger vers, faire route vers, s'acheminer vers, rouler vers, s'embarquer pour, s'envoler pour, prendre la route pour, partir pour, se rendre à...

Les **synonymes de «quand»**: dès que, aussitôt que (*as soon as*), une fois que (*once*), depuis le moment où...

Les **synonymes de «résultat»**: effets, séquelles, suites, fruit...

INVITATION À ÉCRIRE

Faites une analyse de la chanson «Mon pays» de Gilles Vigneault en utilisant le maximum de vocabulaire ci-dessus, en citant et en montrant le point de vue de l'auteur et le style littéraire.

L'ÉTUDE LITTÉRAIRE

1. **Une métaphore, un procédé** (*a device*), **la rime** (*rhyme*), **le rythme** (*rhythm*).
2. Les adjectifs **ont des connotations religieuses** (*have religious connotations*).
3. **Le champ sémantique/champ lexical** (*semantic field*) est celui de la mort.
4. Le héros **représente l'archétype** (*represent the archetype*) de l'homme heureux.
5. Les objets usuels sont **personnifiés** (*personified*).
6. **On peut alors dire qu'il y a là** (*one can say that we find here*) une volonté d'accorder de l'importance aux objets autant qu'aux personnes.
7. Le mot «blé» **révèle** (*reveals*) un changement de saison et un changement de ton.

LES PROCÉDÉS DE L'AUTEUR

dépeindre	*to picture, to comment on*
divertir, distraire	*to entertain*
employer	*to use*
évoquer	*to evoke*
faire référence à	*to refer to*
illustrer	*to illustrate*

s'intéresser à	*be concerned with*
mélanger	*mix*
mettre l'accent sur	*highlight, emphasize, stress, point out*
mettre en évidence	*show, reveal*
mettre en valeur	*emphasize*
se moquer de	*make fun of*
préciser	*specify*
refléter	*reflect*
l'accent	*the stress*
Il s'exprime dans un style châtié.	*He uses a polished style.*

L'AUTEUR **décrit** (*describes*) les sentiments et les craintes du héros.
dépeint (*depicts*) la vie à la campagne.
évoque (*evokes*) le milieu ouvrier.
brosse le tableau (*paints a picture*) d'une femme infidèle.
situe (*locates, situates*) **la trame** (*the frameworks*) de son récit à Rouen.
propose (*suggests, puts forward*) une solution au problème de l'école.
suggère (*suggests, puts forward*) une alternative à l'école traditionnelle.
pose, porte, jette un regard sévère sur (*takes a critical look at, looks critically at*) l'adultère.
souligne (*underlines, stresses*) les conséquences désastreuses de la naïveté.
fait ressortir (*makes... stand out, brings out*) l'absurdité de la situation.
fait référence aux (*refers to*) bigotes de l'époque.
fait allusion aux (*alludes to, hints at*) médecins de l'époque.
se moque des (*makes fun of*) médecins de son temps.
s'inspire d'une (*is inspired by*) histoire vraie.

POUR COMMENTER UN TEXTE

1. Verbes généraux: **décrire** (*describe*), **envisager de** (*consider*), **établir une comparaison entre** (*make a comparison between*), **exercer une influence sur** (*have an influence on*), **révéler** (*reveal*), **traiter** (*deal with*).
2. Ce roman **est un chef-d'œuvre** (*masterpiece*) du genre fantastique.
3. L'écriture de Marcel Pagnol **rappelle** (*recalls, reminds, is reminiscent of*) un peu celle de Daudet.
4. C'est probablement à cause des références au midi de la France, **tant** (*both, as well as*) dans le vocabulaire **que** dans la culture. En revanche, le style de Pagnol rappelle un peu la façon dont les enfants s'expriment.
5. Une histoire **passionnante** (*fascinating, exciting*), **captivante** (*captivating*), **extraordinaire** (*extraordinary, exceptional, outstanding*), **émouvante** (*touching, moving*).
6. Un passage **clé** (*key*), **banal** (*mundane, not compelling*), **captivant** (*thrilling, captivating*), cynique, décon- certant, **déroutant** (*disturbing*), **détaillé** (*detailed*), **émouvant** (*moving*), **imagé** (*vivid*), **lugubre** (*gloomy*),

morbide, optimiste, **passionnant** (*exciting*), pessimiste, poignant, réaliste, représentatif, **révélateur** (*revealing*), **subtil** (*subtle*), touchant, **émouvant** (*moving*), **vivant** (*vivid*), **vraisemblable** (*believable*).

7. Ces effets stylistiques permettent de **garder l'attention des lecteurs jusqu'à la fin** (*keep the readers' attention till the end*) du roman.

LE THÈME

1. Dans ce poème, **il s'agit de** (*the poem is about*) (*s'agir* demande un « il » impersonnel) la fuite du temps.
2. Le roman **fait référence à** (*refers to*) la religion et à la médecine de l'époque.
3. **Le thème** (*theme, subject*) de ce poème est l'amour perdu.
4. **Le sujet** (*topic*) de ce roman est la vie de couple et la condition des femmes.
5. Cette comédie **aborde** (*takes up, tackles*) le thème de la mort.
6. Ce poème nous **offre** (*offers, presents*) de nombreux exemples de cacophonie.
7. Ce texte **raconte** (*tells, narrates*) les mésaventures d'une jeune fille.
8. Cette tragédie **relate** (*relates, recounts, narrates*) les aventures d'un jeune homme naïf.
9. Cette pièce **remet en question** (*questions, casts doubt on*) cette éducation.
10. Ce livre **traite de** (*deals with*) l'absurdité de l'optimisme.
11. Ce roman **retrace** (*relates, recounts, traces*) la vie d'une femme au XVIIIᵉ siècle.
12. Cette nouvelle **évoque** (*evokes*) les péripéties d'un adolescent.
13. Le roman de... **met en scène** (*presents*) un couple bien particulier.
14. Le passage **présente** (*presents, portrays*) le maire comme étant un homme odieux.
15. Le passage **relève de** (*belongs to, comes/falls within*) la comédie.
16. Le passage **constitue** (*makes up, constitutes*) une partie du changement spirituel du narrateur.
17. Le dialogue **met en lumière** (*sheds light on, brings to light*) la vraie personnalité de l'héroïne.
18. Le dialogue **met en relief** (*brings out, underlines*) les difficultés de la vie conjugale.
19. On peut aussi **relever** (*notice, note*) les thèmes de la religion et du bonheur.

L'ÉTUDE DES PERSONNAGES

Un personnage (mot **toujours masculin**) (*a character*), une personne (mot **toujours féminin**) (*a person*). L'état d'âme (*the mood*), le point de vue (*state of mind, the viewpoint*), se consacrer à (*devote oneself to*).

ADVERBE + ADJECTIF

1. Ils sont **follement/éperdument** (*madly, passionately*) amoureux.
2. Il est **gravement** (*seriously*) malade.
3. Un innocent a été **injustement** (*unfairly*) puni.

VERBES ET EXPRESSIONS

1. L'héroïne **est dotée d'**une (*endowed with*) intuition presque anormale.
2. **Le personnage principal** (*main character*) **se caractérise par** (*is characterized, distinguished by*) son **humeur changeante** (*mood swings*).
3. Les protagonistes **se reconnaissent à** (*are characterized by*) leurs infirmités.
4. Le narrateur **semble** (*seems, appears to*) intervenir dans toutes les situations difficiles.

5. **Comme si** (*as if*) les situations ordinaires **ne l'intéressaient pas** (*did not interest him*) (comme si + imparfait)...
6. Tout être humain peut se reconnaître **à travers** (*in, through*) cette femme.
7. **Quant aux** (*as for*) personnages secondaires, ils soulignent les qualités du héros.
8. Le dernier personnage est banal **voire même** (*or even, if not, indeed*) insignifiant.
9. Rodolphe est un **personnage clé** (*key character*) du roman.
10. L'absence de ponctuation **correspond à** (*corresponds to*) l'absence de repères temporels.

BUTS, RÊVES ET DIFFICULTÉS DES HÉROS

1. Le personnage principal **atteint** (*reaches*) son but.
2. Le héros du roman **réalise** (*fulfills, achieves*) son rêve.
3. Les protagonistes parviennent à **résoudre** (*solve*) leurs problèmes.
4. L'héroïne **rencontre** (*meets with, encounters, comes up against*) des obstacles.
5. Les héros **surmontent** (*overcome*) les difficultés.
6. Emma et Charles **sont tous deux** (*are both*) victimes des circonstances et du destin.

GROUPES DE MOTS – VOCABULAIRE GÉNÉRAL

NOM + ADJECTIF

1. Un air (*look*) joyeux (*cheerful, merry, joyful*), effrayant (*frightening*), lugubre (*gloomy, dismal*), moqueur (*mocking*), menaçant (*threatening*)
2. Un ami intime (*close friend*)
3. Une bête immonde (*ugly, hideous*)
4. Un travail acharné (*unremitting, strenuous*)
5. Un bien / un droit inaliénable (*inalienable*)
6. Un bruit sourd (*muffled, muted*), assourdissant (*deafening*)
7. Un calme imperturbable (*unshakable*)
8. Une conduite impeccable (*perfect, faultless*), irréprochable (*irreproachable*)
9. Un crime immonde (*sordid, hideous*)
10. Une envie irrésistible (*compelling*)
12. Une idée géniale (*inspired, brilliant*), ingénieuse (*ingenious, clever*), nouvelle (*new*)
13. Une joie ineffable (*beyond words*); indicible (*inexpressible, unspeakable, indescribable*)
14. Un obstacle insurmontable (*insurmountable, insuperable*)
15. Un ton lugubre (*mournful, funereal voice*)
16. Une maison lugubre (*gloomy*)
17. Une musique, un cri lugubre (*mournful*)
18. Des émotions vives (*intense, keen, vivid*)
19. Un régime draconien, des mesures draconiennes (*strict, drastic*)
20. Un ton cynique (*cynical*), moqueur (*mocking*), sarcastique (*sarcastic*)
21. Des propos incohérents (*incoherent*)
22. Une question / une réponse incongrue (*incongruous, unseemly, inappropriate*)
23. Un profond silence (*complete silence*)
24. Une tension dramatique (*dramatic*), insupportable (*unbearable*)

VERBE + COD

1. Se fixer (*set oneself*), atteindre des objectifs (*target*)
2. Atteindre son but (*reach one's goal, achieve one's aim*)
3. Tenir, respecter, honorer (*fulfill, honour*) ses engagements (*promises*)
4. Manquer à (*fail to honour*) ses engagements (*commitments*)
5. Transgresser (*infringe, contravene*) une règle, un code
6. Transgresser (*disobey, go against, contravene*) un ordre
7. Transgresser la loi (*break the law*)
8. Démentir (*contradict, refute, deny*) des propos (*remarks, words*)
9. Tenir des propos blessants (*say hurtful things, make hurtful remarks*)
10. Tenir des propos insensés (*insane, demented*), extravagants (*wild, crazy*)
11. Colporter (*peddle, spread*) des ragots (*gossip*)
12. Garder ou tenir quelque chose secret (*keep something secret*)
13. Des informations tenues/classées secrètes (*classified information*)
14. Confier un secret à quelqu'un (*confide a secret to someone*)
15. Un secret de Polichinelle (*an open secret*)
16. Éventer (*let out*), trahir (*betray, give away*), divulguer (*divulge, disclose*), ébruiter (*divulge, disclose*) un secret
17. Rompre (*break*) des liens, un contrat, le silence, ses chaînes
18. Tenir parole (*keep one's word*)
19. Émettre (*put forward, propose*), soutenir (*construct, support, prove, establish*) une thèse
20. Contester (*challenge, dispute, contest*) une théorie

VERBE + COI

1. Faillir à (*fail to keep*) sa parole, sa promesse
2. Manquer à son devoir (*fail in one's duty*)
3. Il manque à tous ses devoirs (*neglect his duties*)
4. Il manque à ses promesses (*go back on his promises, fail to keep his word*)
5. Rechigner à faire quelque chose (*make a fuss about doing something*), faire quelque chose en rechignant (*do something reluctantly*)
6. Revenir sur (*go back on, reconsider*) sa décision / sa parole

VERBE + ADVERBE

1. Il a largement (*has plenty of*) le temps.
2. Il sait pertinemment (*knows well*) que cela ne sert à rien.
3. Il a refusé catégoriquement (*refused point blank, categorically*).
4. Il sait parfaitement (*knows perfectly*) que c'est faux.

INVITATION À ÉCRIRE

Écrivez une histoire en utilisant le maximum de vocabulaire ci-dessus.

Sujet : Il y a un énorme malentendu entre au moins deux personnages. Vous expliquerez les raisons du quiproquo et ses conséquences en utilisant l'humour.

NUANCER

1. **Au terme de cette analyse**, **il faut cependant faire remarquer** (*having reached the end of this analysis, however, it must be pointed out*) que si l'on compare les deux œuvres, les deux maladies sont similaires. **Alors que** (*whereas*) dans la première…, il y a **par contre** (*by contrast*) dans la deuxième…

2. **Il faudrait également examiner** (*it is equally necessary / also necessary to examine*) les différences entre ces deux concepts philosophiques.

3. Mais **le meilleur moyen** (*the best way*) de vérifier si l'auteur a vraiment voulu dire cela c'est de faire des recherches.

4. Enfin, **nous devons nous poser la question suivante :** (*finally, we must ask whether*) est-il possible de faire de la publicité sans manipuler le consommateur?

EXPRIMER LA CONSÉQUENCE

1. C'est **donc** (*therefore*) la raison de son succès. (*donc* s'utilise plutôt après le verbe)

2. **C'est pourquoi** (*this is why*) ils ne comprennent pas qu'ils parlent d'un autre sujet.

3. **Ainsi** (*so, thus*), l'auteur parvient-il à nous faire partager les émotions intenses que ressentent les personnages. (*ainsi* + inversion)

4. **De là** (*hence*) nous pouvons en conclure que le suspect n'est pas le coupable.

5. **Cela fait que** (*this is how*) nous comprenons mieux ce qui s'est passé.

6. Il fait tout pour prouver qu'il est pauvre **de sorte que** (*so that, in such a way that, so much that*) personne ne lui demande de l'argent.

7. L'auteur utilise l'humour **de façon à ce que** (*so that*) nous acceptions sa critique.

8. Son manque d'éducation et d'instruction la rendent vulnérable à ses propres impulsions. **D'où** (*hence*) les risques encourus lorsqu'elle est attirée par un jeune homme.

9. Il court après une illusion. **Il s'ensuit qu'il** (*it follows that*) ne peut être que déçu.

CONCLURE

1. Le problème **se résume donc à ceci** (*the problem, then, comes down to this*) : est-il possible d'être heureuse sans amour, sans reconnaissance et sans but?

2. **En fin de compte** (*when all is said and done*), on peut dire que les médecins de l'époque sont moins scrupuleux qu'aujourd'hui.

3. **En somme** (*in short*), la destinée triomphe sur tout.

4. **En définitive** (*when all is said and done*), on ne peut pas échapper à son destin.

5. L'expérience des deux dernières années **démontre que** (*demonstrates that*) la société est en pleine évolution.

6. Il convient de **mettre l'emphase** (*emphasize*) sur le rôle des répétitions dans ce texte.

7. **Pour conclure** (*in conclusion*), on peut dire que ce roman a marqué son temps.

8. **Somme toute** (*all in all*), c'est un classique de la littérature car c'est un roman qui transcende les pays et les siècles.

Résumé

Lire et relire ce chapitre est un premier pas dans l'amélioration du vocabulaire.

Lors de la relecture de vos devoirs, vous vérifierez que les mots et phrases sont correctement utilisées. Pour vous assurer que vous avez employé du vocabulaire précis et spécialisé, vous pouvez souligner ou mettre d'une autre couleur, tout le vocabulaire nouveau, recherché et vérifié, pour voir combien il y en a dans votre texte. Plus il y en a, mieux c'est. Un texte au vocabulaire riche en sens, précis, varié et recherché et des mots et phrases de liaisons bien employés rehausseront la qualité des idées et du texte.

Récapitulons

Considérez votre prochain devoir et cochez les cases suivantes. ☑

☐ Avez-vous utilisé des phrases «recherchées» d'introduction?

☐ Avez-vous utilisé des phrases pour la construction des paragraphes?

☐ Avez-vous utilisé des phrases pour les citations?

☐ Avez-vous utilisé des phrases pour présenter les idées de l'auteur?

☐ Avez-vous utilisé des phrases pour la construction des paragraphes?

☐ Avez-vous utilisé des phrases pour les mots et phrases de liaison?

☐ Avez-vous utilisé des phrases pour concéder, réfuter, annoncer, etc.?

☐ Avez-vous utilisé des phrases pour la conclusion?

Exercices

Faites une phrase avec les mots suivants.
Exemple : Ce doberman a un air menaçant.

1. Un air joyeux, lugubre
2. Un obstacle insurmontable
3. Une bête immonde
4. Un droit inaliénable
5. Un bruit assourdissant
6. Un calme imperturbable
7. Une conduite irréprochable
8. Des émotions vives
9. Un travail acharné
10. Une idée géniale
11. Une joie ineffable
12. Tenir des propos incohérents
13. Une question incongrue
14. Un secret de Polichinelle
15. Savoir pertinemment
16. Une tension insupportable
17. Refuser catégoriquement
18. Respecter ses engagements
19. Éventer ou ébruiter un secret
20. Émettre une hypothèse
21. Se fixer des objectifs
22. Transgresser la loi
23. Démentir des propos
24. Rechigner à faire quelque chose
25. Colporter des ragots
26. Trahir un secret
27. Rompre le silence
28. Revenir sur sa décision
29. Faillir à son devoir
30. Manquer à ses obligations

ÉCRITURE

1. Prenez un ancien texte et soumettez-le à VocabProfil. Que remarquez-vous?

2. Soulignez tous les mots appartenant à la catégorie K1 (sauf les articles, prépositions et autres mots « inévitables »).

3. Réécrivez-le en utilisant au moins vingt mots et expressions de ce chapitre pour remplacer les mots de la catégorie K1 par des mots des catégories K2 ou plus.

Testez vos connaissances avec nos exercices en ligne. Consultez le site **www.demoras.nelson.com**

Chapitre 11

ENRICHIR LE VOCABULAIRE

Introduction

On pourrait comparer le travail du vocabulaire un peu à l'étude d'un nouveau morceau de musique. Il est certainement plus facile et agréable de jouer un morceau qu'on connaît très bien car on n'a pas besoin de le travailler. Cependant, jouer toujours le même morceau aurait pour résultat de ne plus progresser et même de régresser. Plus on aura appris de morceaux différents, plus il sera facile d'en apprendre des nouveaux et plus on sera compétent. Il en est de même avec l'acquisition du vocabulaire. C'est en faisant des efforts et en utilisant des structures et mots nouveaux que les progrès auront lieu.

Après avoir revu et travaillé les « grandes parties » du devoir, c'est-à-dire, les points essentiels tels que l'organisation, le contenu (idées, sources et citations) et la grammaire, et ainsi élaboré une deuxième version du devoir, vous pouvez maintenant vous concentrer sur les « détails » pour une troisième version, et travailler la qualité du vocabulaire. Le but de ce chapitre est de vous donner quelques pistes à suivre pour que vous sachiez comment améliorer votre vocabulaire. Si chaque mot, en soi, n'est pas très important, les centaines de mots s'ajoutent les uns aux autres et finissent par jouer un rôle important.

Enrichir le vocabulaire

Lorsque les mots sont simples, l'idée semble simple. Lorsque les mots sont plus recherchés et sont plus rares, ils donnent l'impression que l'idée est plus complexe.
Comparez :

1. Il lui a dit un secret.
2. Il a divulgué un secret important.

La phrase 1 donne l'impression que c'est un enfant qui a dit un secret à un autre enfant, ou quelque chose de peu important parce que le mot *dire* est très simple. Par contre, la phrase 2 donne l'impression qu'il s'agit de quelque chose d'important. On imagine un espion, un homme politique, une personne de pouvoir, divulguer un secret national, ce qui aurait des conséquences graves.

Comparez :

1. Elle n'est pas venue au travail parce qu'elle était malade.
2. Elle n'est pas venue au travail sous prétexte qu'elle était malade.
3. Elle n'est pas venue au travail car elle était souffrante.

Les mots *malade* et *souffrante* sont des synonymes. Pourtant, l'impression que l'on a dans ces deux phrases est un peu différente. Dans la phrase 1, elle n'avait qu'un simple rhume, une angine. Peut-être même qu'elle n'était pas malade du tout et que c'était une excuse. Dans la phrase 2, c'est clairement une excuse, elle n'était pas malade (à cause de « sous prétexte que »). Dans la phrase 3, elle était vraiment malade, avec beaucoup de fièvre, elle ne pouvait pas se lever, elle a une vraie raison de ne pas être venue travailler.

Si un seul mot peut ainsi changer l'impression d'une petite phrase, vous pouvez facilement imaginer l'impact qu'auraient sur le lecteur le vocabulaire et la structure des phrases d'un texte entier.

REMPLACER LES MOTS VAGUES PAR DES MOTS PLUS PRÉCIS

Il est évidemment plus difficile d'exprimer une idée dans une langue seconde que dans sa langue maternelle. En langue seconde, on se concentre surtout sur le contenu et moins sur la précision et la qualité du vocabulaire que dans sa langue maternelle. Pourtant, c'est justement à cause de ces limites qu'il est encore plus important de travailler le vocabulaire, parce qu'on ne peut pas complètement faire confiance à son intuition. De nombreuses fautes peuvent être évitées en utilisant un dictionnaire et en suivant les conseils de ce guide (notamment le chapitre 9).

Alors que les mots vagues s'appliquent à de nombreux cas (gagner une course, gagner de l'argent, gagner au loto…), les mots plus précis s'utilisent dans des cas plus restreints (remporter une victoire, une élection, un prix). La plupart du temps, l'apprenant de langue seconde connaît les mots généraux (gagner), mais connaît moins bien les mots plus précis (remporter). La tendance des apprenants d'une langue seconde est d'utiliser des mots plus simples et fréquents, moins de mots recherchés, rares et spécialisés, et de répéter les mots plus souvent. La qualité du vocabulaire en est fortement diminuée.

Pour déterminer quels mots sont trop vagues, il existe plusieurs « trucs ». Plus les mots sont généraux, moins ils sont spécialisés et adaptés à une écriture académique. Il suffit de réfléchir quelques secondes et d'essayer de trouver des sens différents aux mots.

Par exemple, pour le mot *faire* on trouvera dans le dictionnaire : faire le ménage, faire la vaisselle, faire une photo, faire la tête, faire de la peinture, etc. On trouvera plusieurs pages pour « faire, avoir, être… ». Un grand nombre d'entrées est un signe qu'il vaudrait mieux, si possible, utiliser un mot plus précis.

Une autre façon de déterminer le niveau de « précision » est de vous demander depuis combien de temps vous connaissez un mot. Plus vous connaissez un mot depuis longtemps, plus le mot est vague et simple et plus il importe de trouver un meilleur mot.

Parmi les mots vagues, on trouve, entre autres : *être, avoir, chose, faire, monde, homme, femme, quelqu'un*. Bien qu'il soit impossible d'éviter *être* et *avoir* en tant qu'auxiliaires et dans certains autres cas, il est possible de les éviter la plupart du temps. Pour trouver des mots plus précis, vous considérez le contexte et les nuances des mots et de leurs remplaçants. Voici quelques possibilités de remplacements :

CHOSE

Ils ont des **choses** en commun.	Ils ont **des points** en commun.
Il y a de mauvaises **choses** dans le monde.	Il y a **du mal** partout.
Toutes **les choses** que dit Pangloss...	**Tout ce que dit** Pangloss...
Ils font **des choses** pendant la guerre.	Ils **agissent** pendant la guerre.
Il y a **des choses** ironiques.	On trouve **des passages** ironiques.
La guerre n'est pas **quelque chose** qui...	**La guerre ne produit** rien de bien.
Des choses miraculeuses arrivent.	**Des miracles** arrivent/surviennent.
Il sent que **chaque chose** est triste.	**Il se sent** triste.
On voit ces **deux choses** dans le texte.	On voit ces **deux philosophies** dans le texte.
Ça sent comme **quelque chose** de plaisant.	Cela a **une odeur** agréable. / Cela sent bon.
La publicité fait acheter **des choses.**	La publicité fait acheter **des produits.**
	La publicité **pousse à la consommation.**

ÊTRE

Quand le verbe *être* est suivi d'un **groupe nominal** (groupe de mots dans lequel il y a un **nom**), on peut utiliser un verbe plus précis à la place.

Exemple de phrase avec *être* + nom

Les docteurs sont un symbole d'intelligence.

Exemple de phrase où on a remplacé le verbe *être*

Les docteurs symbolisent l'intelligence.

FAIRE

Quand le verbe *faire* est suivi d'un groupe nominal, on peut utiliser le verbe de la même famille que le nom (agir-action, peindre-peinture) et un adverbe à la place de l'adjectif (bizarre-bizarrement).

Il **fait** des actions bizarres.	Il agit bizarrement.
Il **fait** ses actions sans réfléchir.	Il agit sans réfléchir (machinalement).
Il **fait** de la peinture.	Il peint.

HOMME / FEMME

Quand le verbe *être* est suivi des mots *homme* ou *femme* + adjectif, vous pouvez enlever le verbe *être*, le mot *homme* (ou *femme*) et utiliser l'adjectif directement après le pronom personnel.

Il **est un homme** occupé.	Il est occupé.
Elle **est une femme** sûre d'elle	Elle est sûre d'elle.
Il n'**est pas un homme** très observateur.	Il n'est pas très observateur.

MONDE

Quand vous le pouvez, soit vous enlevez le mot *monde*, s'il ne rajoute rien au sens de la phrase, soit vous le remplacez par un autre mot. Enfin, s'il est important dans la phrase, vous le gardez en vous assurant qu'il est bien utilisé.

Tout **le monde** qu'il connaît est parti.	Tous ceux qu'il connaît sont partis.
Dans **ce monde**, il y a beaucoup de problèmes.	De nombreux problèmes existent.
Ces problèmes affectent l'état **du monde**.	Ces problèmes touchent / concernent le monde entier.

QUELQU'UN

Il est l'exemple de **quelqu'un qui est** malheureux.	Il symbolise / représente le malheur.

INVITATION À ÉCRIRE

Prenez un ancien devoir et travaillez le vocabulaire d'après les conseils ci-dessus.

LES ADJECTIFS

Des phrases volontairement courtes alternées avec des phrases plus longues peuvent créer de la variété dans le texte notamment au niveau du rythme et du style. Toutefois, si toutes les phrases sont très courtes, il y a de fortes chances pour qu'elles manquent de précision. Un texte contenant trop de phrases courtes (et simples) donne l'impression que les idées sont simples. Les apprenants du français L2 utilisent souvent trop peu d'adjectifs et encore plus rarement deux adjectifs pour modifier un nom.

Exemple de phrase « simple »

Voltaire utilise l'humour.

La phrase est vague, on ne sait pas trop de quoi il s'agit, il n'y a pas d'explications. Dans quelle œuvre? Quelle sorte d'humour? Pourquoi? Dans quel cas?

Exemple de phrase « enrichie »

Dans Candide, *Voltaire utilise l'humour **noir** dans sa satire de la guerre. Il caricature les descriptions avec tant de détails **sordides** et d'exagérations **incroyables** que cela en devient drôle.*

Comparez :

J'ai fait un rêve.	J'ai fait un rêve **atroce**.
Cette journée...	Cette **triste** journée...

VARIER LES ADJECTIFS

Non seulement il est utile d'utiliser des adjectifs pour préciser et enrichir le texte mais il est également utile de varier les adjectifs. Employer différentes sortes d'adjectifs permet de rendre le texte plus intéressant et agréable à lire.

Il existe plusieurs sortes d'adjectifs: interrogatifs (**quel**), possessifs (**mon**), démonstratifs (**ce**), numéraux (**un, deux**), cardinaux (**premier, deuxième**), indéfinis (**tout, aucun**), qualificatifs (**beau, rouge**), participiaux (**énervé**).

Parmi les adjectifs qualificatifs, on trouve de nombreux suffixes. Par exemple: -eux, -teux, -esque, -asque, -ique, -atique... La plupart des adjectifs peuvent se former à partir des noms. Une bonne partie des adjectifs qui en anglais se terminent par « *-cious* » font en français « -ce »:

ferocious	féroce
tenacious	tenace
voracious	vorace
precocious	précoce; etc.

Certains adjectifs qui en anglais se terminent par « *-cious* » font en français. « -cieux » ou « -tieux »:

precious	précieux
pretentious	prétentieux
pernicious	pernicieux; etc.

De nombreux adjectifs qui en anglais se terminent par « *-able* » sont les mêmes en français (regrettable) et lorsqu'on a « *-ist* » en anglais on a, la plupart du temps, « -iste » en français (social-iste, écologiste). Les adjectifs participiaux se forment sur des participes passés (comme en anglais: *surprised, interested, unexpected…*), et s'emploient comme attributs ou épithètes, ou se mettent en apposition.

Exemples

Énervés, ils sont partis en claquant la porte. Ils étaient énervés.
Le professeur surpris regarda les élèves d'un air perdu.

VARIER LA PLACE DES ADJECTIFS

Les adjectifs qui se placent généralement avant le nom sont les adjectifs de « BRAGS », ce sont les adjectifs courts et fréquents:

Beauty	beau
Age	vieux, jeune
Goodness	bon
Size	petit, grand

Les adjectifs longs se placent généralement après le nom.

Exemples

Un petit garçon tenait un grand cartable. (adjectifs courts avant le nom)
L'entreprise a réalisé des bénéfices extraordinaires. (adjectifs longs après le nom)

Pour mettre l'emphase sur l'adjectif plutôt que le nom, il est possible de placer l'adjectif avant le nom.

Exemple

Un aimable garçon a réalisé d'extraordinaires bénéfices.

Les adverbes

Les adverbes permettent de préciser le sens des phrases. Comme les adjectifs, les adverbes sont des modifieurs. Les adverbes modifient les verbes (il travaille **lentement**), les adjectifs (un livre **vraiment** intéressant) et d'autres adverbes (c'est **très** bien). Ils ajoutent de la précision à ces mots. Comparez :

les cheveux ondulés	les cheveux **naturellement** ondulés
une bouche ouverte	une bouche **grande** ouverte
une petite bouche	une bouche **décidemment très** petite
un homme désespéré	un homme **complètement** désespéré
Il se rappelle tous les événements.	Il se rappelle **confusément** tous les événements.

Remarque

Il ne faut pas abuser des adverbes, surtout les adverbes longs en -ment, car ils alourdissent le style.

INVITATION À ÉCRIRE

Écrivez une histoire d'après le sujet 11 de la partie I (raconter une histoire) en annexe A : Vous êtes dans un lieu différent, inconnu et vous entendez toutes sortes de bruits qui vous font peur. Travaillez le vocabulaire d'après les conseils ci-dessus.

UTILISER UN VOCABULAIRE IMAGÉ

Pour utiliser le meilleur vocabulaire possible et choisir un mot judicieusement, posez-vous la question suivante : « Puis-je trouver un mot plus précis, plus représentatif ? »
Comparez :

Il y avait du **bruit** dehors. (On ne sait pas de quoi il s'agit, on n'imagine pas très bien la situation.)	On entendait le **ronflement** (*roar*) des moteurs. Tout à coup la porte se mit à **grincer** (*creak*). Des coups de révolver **détonnèrent** (*detonate*).

Un synonyme n'a jamais exactement le même sens, il y a systématiquement une nuance différente. C'est cette nuance que vous voulez saisir.

Exemples

On entendit le crissement (screeching) *des pneus avant l'explosion.*
Le champagne pétillait (bubble) *dans les flutes en cristal.*

On peut utiliser des mots qui décrivent d'habitude des animaux (bruits, groupes d'animaux) ou des bruits de machines, **dans un autre sens**, pour créer une image particulière.

Exemples

une horde (horde) *d'étudiants*
une nuée (« cloud », swarm, horde) *de gens*
Quand il entrait, un bourdonnement (buzz, hum) *se faisait entendre dans la foule.*

De même, les cris des animaux peuvent représenter les bruits que font les êtres humains, en prenant le symbole de l'animal. Par exemple, on dit que les amoureux sont des tourtereaux (*turtledoves*, ici *lovebirds*). Les tourtereaux roucoulent (*coo*). On peut donc dire que les amoureux roucoulent. On veillera à éviter les mots et expressions pouvant avoir des connotations sexistes ou racistes. Enfin, on s'assurera que ce qui se dit en anglais se dit aussi en français, en vérifiant dans le dictionnaire. Par exemple, on ne peut pas traduire « *lovebirds* » par « oiseaux d'amour ».

Les caractérisations, descriptions ou comparaisons inattendues et « fortes » sont celles qui frappent le plus le lecteur.

Exemples

1. le petit garçon criait
2. le petit garçon hurlait
3. le petit garçon hurlait de rage

L'exemple 3 produit plus d'effet que les exemples 1 et 2.

INVITATION À ÉCRIRE

Écrivez une histoire d'après le sujet 36 de la partie I (raconter une histoire) en annexe A, une situation embarrassante. Travaillez le vocabulaire d'après les conseils ci-dessus.

LES NUANCES ET CONNOTATIONS DES MOTS

Plus le mot est précis, plus il a de connotations et de nuances particulières. Parmi les nuances que l'on veut apporter on compte les notions de

• positif / négatif;

Exemples

Neutre : un teint clair
Positif : un teint laiteux (qui a l'aspect et la couleur du lait)
Négatif : un teint blême (d'une blancheur maladive)

• toujours le cas / spécifique à une situation;

Exemples

Toujours le cas : il est chanceux (il est né sous une bonne étoile)
Spécifique à une situation : il a eu de la chance (cette fois-ci)

- état naturel / résultat d'une action ou situation;

Exemples

État naturel : il a le teint mat (c'est sa couleur naturelle)
Résultat d'une action : il est bronzé (après être allé au soleil)

- connotations se rapportant à l'objet de comparaison;

Exemples

rouge cerise
rouge feu
La cerise peut symboliser la joie. Le feu représente une couleur mais aussi la chaleur et même l'enfer et le diable.

- absence d'émotions, de jugement / présence d'émotions, de jugement.

Si l'on veut attacher des connotations à des mots, on peut trouver des synonymes qui ont une valeur affective :

l'enfant	le petit bonhomme
le bébé	le petit rossignol
le chat	le pauvre animal

Il vaut mieux éviter d'utiliser des expressions marquant une opinion personnelle telles que « je pense que », « à mon avis » et utiliser à la place des expressions plus impersonnelles pour exprimer une opinion de façon plus indirecte. Ce sont les arguments et les exemples choisis qui indiqueront l'opinion de l'auteur. Utiliser des mots ayant des connotations émotives est aussi une façon de présenter indirectement son opinion.

Exemple de phrase « neutre »

Argan se fait manipuler par les docteurs.

Exemple de phrase « avec des connotations »

Le naïf et crédule Argan se fait manipuler par des docteurs sans scrupules.

Bien que l'idée soit plus ou moins la même, le deuxième exemple semble indiquer que l'auteur prend la défense d'Argan. Ces connotations sont exprimées par des adjectifs et compléments de nom.

LE TON

Le ton et le style d'un texte changent le sens des mots et même les idées du texte. Une phrase banale peut devenir dramatique, triste ou drôle selon les détails et les connotations du texte. Le message s'en trouve transformé.

Considérez les phrases « simples », puis les phrases « travaillées » et « détaillées ». Quelles sont vos impressions avant et après?

Exemple 1

1a. La mère et la fille se disputaient pendant une heure tous les soirs sans qu'on sache pourquoi.
1b. Le ton de la dispute entre la mère et la fille partait en crescendo et, comme lors d'une vente aux

enchères (auction), *c'était à celle qui criait le plus fort. Après une heure d'opéra, elles repartaient soulagées. Le rituel recommençait chaque soir, sans que personne ne puisse comprendre au juste quelles étaient les causes de leur dispute.*

Exemple 2

2a. L'enfant se trompait de nom de dinosaure, il disait : « pachiléphalosaure » au lieu de pachycéphalosaure ce que ses parents trouvaient mignon.

2b. Le petit gamin pas plus haut que trois pommes inventait des noms de dinosaures basés sur des suffixes réels qu'il inversait ou confondait. Il les prononçait alors d'un air si assuré, si fier et si content de lui qu'on aurait cru que ces noms existaient vraiment : « pachiléphalosaure » (le vrai nom étant pachycéphalosaure). Les parents attendris de voir leur petit garçon se tromper de nom ne pouvaient s'empêcher de sourire.

Les détails, la précision du vocabulaire (adjectifs, adverbes, mots à valeur expressive et autres), participent au ton du texte. C'est le ton qui fait réagir le lecteur. Même si vous voulez rester neutre dans les devoirs, un ton aux légères connotations expressives rendra le texte plus personnel et plus agréable à lire.

LES AFFIXES (PRÉFIXES ET SUFFIXES)

Les affixes sont des « parties » de mots qui changent le sens, la nature ou la connotation d'un mot. Les préfixes se placent en début de mot : **pré**conçu, **in**dénombrable, **sur**réaliste. Les suffixes se placent après le radical : dénombr**able**, campagn**ard.**

Ces affixes jouent un rôle à plusieurs niveaux. Ils changent le sens d'un mot : opér-ateur / opér-ation; la nature d'un mot : monde = nom, mondain = adjectif; et les nuances d'un mot : bonne = gentille / bonnasse = gentille, crédule et un peu bête (*stupid*).

Les affixes permettent de modifier le ton d'un texte, en utilisant par exemple des termes péjoratifs qui donneront un ton sarcastique ou ironique, ou des termes qui vont créer des impressions particulières. Par exemple, « marâtre » a une valeur émotive beaucoup plus forte que « mère » et « verdoyant » crée une impression plus vive que « vert ».

Il est donc important de connaître différents affixes pour pouvoir les reconnaître et mieux comprendre un texte écrit ou oral en devinant, au moins en partie, le sens d'un mot inconnu, mais aussi pour être plus précis et plus varié dans vos textes. On trouve une liste des affixes au début de la plupart des dictionnaires unilingues. Voici, à titre d'exemple, quelques suffixes pour varier la forme et le sens des adjectifs :

SUFFIXE	SENS	EXEMPLE
-able	que l'on peut...	permutable (*which can be changed, swapped, switched*)
-ain	qui est à, qui fait partie de, qui à la propriété de	mondain (*society, social*), manitobain (*Manitoban*)
-ant	qui a, qui fait	charmant (*charming*), méprisant (*contemptuous, scornful, disdainful*)
-ard	(péjoratif) qui a la propriété de	campagnard (*rural, rustic, country*)

SUFFIXE	SENS	EXEMPLE
-asse	(péjoratif) qui est	fadasse (*dull, insipid*), bonasse (*meek*)
-(e)âtre	qui est	rougeâtre (*reddish*), verdâtre (*greenish*), saumâtre (*brackish, briny*)
-(e)aud/e	qui est	noiraud (*dark, swarthy*), rougeaud (*red-faced*)
-elet	qui est	aigrelet (*sourish, vinegarish, shrill*)
-esque ou -asque	qui rappelle, qui tient de	titanesque (*titanic*), livresque (*bookish, literary, academic*), romanesque (*storybook, romantic, novelistic*)
-et / -ette	petit (petite), mignon	doucet, doucette (*meek, mild*)
-eux	qui a	poussiéreux (*dusty*), terreux (*earthy*)
-ible	qui est susceptible, capable de	risible (*laughable, silly*), accessible
-ichon	qui est + adj. + diminutif (un peu)	palichon (*pale*), maigrichon (*skinny, scrawny*)
-ique	qui est en rapport avec	biblique (*biblical*)
-issime	qui est très	richissime (*fabulously rich*), rarissime (*extremely rare*)
-ot	qui est + adj. + diminutif (un peu)	pâlot (*a bit pale*)
-ret	qui est + adj. + diminutif (un peu)	guilleret (*perky, bright*)

SUFFIXES POUR FORMER DES VERBES À VALEUR DIMINUTIVE

SUFFIXE	VERBE
-ailler, -asser	rêvasser (*daydream*), traînasser (*dawdle, delay*)
-iller	mordiller (*nibble*), mâchouiller (*chew at/on*)
-iner	dodeliner (*nod*)
-ocher	flânocher (*to hang about/around*)
-onner	mâchonner (*munch, chew*)
-oter	pianoter (*tinkle away on a piano, tap one's fingers*)

Vous pouvez aussi utiliser (rarement) des adjectifs de même nature (qualificatifs, participiaux…) et de même structure (basés sur les mêmes affixes) pour créer une impression particulière.

Exemple (commentaire sur *Madame Bovary*)

*Quand Emma va au bal, elle se trouve dans un état extat**ique**. Ces rêves roman**esques** reviennent en force. **Quel** bonheur! Cet univers féér**ique** et enivr**ant** lui fait oublier un instant **son** mari et **sa** vie médiocres.*

*Malheureusement, ce bonheur illus**oire** ne fait que souligner son quotidien déris**oire**.*

Remarque

Vous pouvez aussi trouver des mots qui ont les mêmes suffixes et qui riment (illusoire, dérisoire) pour produire certaines impressions telles que l'ennui, pour rapprocher ou opposer certains mots ou certaines idées. Selon la position dans le texte, l'utilisation de ces suffixes peut produire un effet humoristique, sarcastique ou dramatique. La répétition produit en général un effet plutôt humoristique, surtout si les répétitions sont exagérées.

Exemple

Une jupe de longueur indéfinissable aux motifs méconnaissables donnait une impression indescriptible.

Si vous êtes assez aventureux, vous pouvez créer vos propres mots en ajoutant des affixes à certains mots. Par contre, il vaut mieux savoir à partir de quelle base (nom, adjectif, etc.) vous pouvez créer de nouveaux mots et le sens de ces affixes. Par exemple, certains verbes se forment à partir d'adjectifs : blanc – blanchir. Pour cela, vous pouvez consulter des ouvrages de références tels qu'un grand dictionnaire unilingue ou aller sur certains sites qui vous proposeront une liste assez complète d'affixes et de leur sens tel que http://orthonet.sdv.fr/pages/lex_formant.html.

Voici des exemples de mots créés avec des affixes (des néologismes) :

MOT DE LA MÊME FAMILLE	NÉOLOGISME (ADJECTIF CRÉÉ)
chouchou : *darling;* chouchou du professeur : *teacher's pet;* chouchouter : *pamper, coddle*	chouchouteur / teuse (celui ou celle qui chouchoute)
grillage : *wire netting, wire mesh, wire fencing* grillager : *put wire netting on*	grillageur / geuse (en forme de grillage) et grillageur (celui qui pose les grillages)
coussin : *cushion;* coussinet : *(little) cushion*	coussineux / neuse (comme un coussin)
rhumatisme : *rheumatism;* rhumatismal : *rheumatic* rhumatisant : *rheumatic*	rhumatismique (en rapport aux rhumatismes)

Vous pouvez mettre les néologismes entre guillemets (pour souligner que ce sont des mots créés) et le devoir devient ainsi très personnalisé et plus vivant si ces affixes sont bien utilisés. Il s'agit donc d'alterner les mots courts et les mots longs, les différents affixes, l'ordre et la position des adjectifs, les sortes d'adjectifs et le nombre d'adjectifs.

Les registres de langue

LANGUE ÉCRITE VS LANGUE ORALE : DU VOCABULAIRE RECHERCHÉ

Les mots et expressions employés à l'oral sont souvent de style familier ou de style standard. À l'écrit, on privilégie le style soutenu. Cela veut dire que les expressions typiques de l'oral doivent être remplacées par des expressions plus recherchées. Par exemple, on remplacera « alors » par « c'est la raison pour laquelle » et « ça » par « cela ». Vous vous efforcerez d'utiliser le maximum de vocabulaire utile du chapitre 10 ce qui évitera de chercher dans le dictionnaire et évitera de faire des erreurs tout en rehaussant la qualité du vocabulaire et du style.

Distinguer la langue orale de la langue écrite est une question particulièrement pertinente au Canada. En effet, les francophones minoritaires (qui parlent le français avec leur famille, à la maison, mais l'anglais le reste du temps), ne sont pas toujours conscients des différences de registres de langue. Ceci est d'autant plus le cas pour les non-francophones et les étudiants venant d'écoles d'immersion où la langue orale et la communication sont les priorités. On peut entendre des expressions en français dans des films, des chansons, des conversations avec des amis, apprendre ces expressions en passant du temps en région francophone sans se douter que ces expressions sont familières et inacceptables à l'écrit. On pourrait appeler ces différents registres des langues « parallèles ». Chaque registre a un rôle qui lui est propre. Mais ces registres ne peuvent pas s'utiliser l'un à la place de l'autre.

La meilleure façon d'apprendre du vocabulaire recherché et d'améliorer la langue écrite est de lire, d'écrire et d'avoir des corrections et commentaires très précis sur vos devoirs écrits. Les cours de littérature sont particulièrement utiles pour améliorer le français écrit et le registre soutenu.

Les registres de langue constituent une sorte de continuum. Ils sont interreliés, comme présenté dans le tableau ci-dessous :

Figure 11.1 *Les registres de langue*

affectée	soutenue	standard	familière	très familière	vulgaire	très vulgaire

L'argot et la langue populaire sont en réalité des catégories à part réservées à des groupes particuliers. On peut trouver l'argot de la police, de la prostitution, etc. L'argot a des connotations négatives parce qu'il était (et est encore) utilisé par des criminels ou des personnes de « mauvaise moralité » ou ceux qui travaillaient avec ces gens.

Le français populaire est plutôt la langue que parle « le peuple », la langue peu éduquée, qui est surtout marquée géographiquement. Les autres registres peuvent être employés par n'importe qui, selon la situation. Par exemple, un ministre ou un écrivain pourrait utiliser la langue familière dans une conversation non formelle.

Les trois registres les plus utilisés sont les langues soutenue, standard et familière. On trouve la langue soutenue (ou recherchée) à l'écrit ou dans un discours formel (discours politique ou religieux). La langue familière est employée à l'oral, elle est riche en expressions imagées visant, entre autre, à exprimer des émotions et à produire des réactions chez l'interlocuteur. La langue standard est un peu comme un lien entre la langue soutenue et la langue familière.

La langue standard est généralement celle qu'on apprend à l'école dans les cours de français langue seconde. Si celle-ci est suffisante pour les niveaux débutant et intermédiaire, elle est insuffisante dans des devoirs universitaires de niveau avancé. Quant à la langue familière elle est à proscrire, sauf utilisée dans des cas particuliers que nous verrons plus tard. Les francophones minoritaires, les étudiants issus du système d'immersion et les personnes ayant appris le français en parlant (sans cours formels) ont souvent tendance à un peu trop utiliser la langue familière à l'écrit au détriment de la langue recherchée.

Dans la langue orale, de nombreux indices participent à la communication : éléments linguistiques, phonétiques, sémiotiques, kinésiques et contextuels. Parce que de nombreuses informations sont redondantes (ne + pas = deux négations) et parce que de nombreux indices sont présents à l'oral et non à l'écrit, les normes sont beaucoup moins strictes à l'oral qu'à l'écrit et ces normes sont différentes. Par exemple, on omet la négation (ne) à l'oral (« je comprends pas »), on fait à l'oral des élisions qui sont interdites à l'écrit (« t'arrives » pour « tu arrives »), on peut se permettre des régionalismes (*des bibites, c'est plate, le truck*) et presque tout est acceptable du moment que le destinataire comprend le message.

À l'oral, il s'agit de communiquer de façon efficace, rapide avec un minimum d'effort et avec tous les moyens possibles (voix, intonation, gestes, expressions du visage, imitations de voix et gestes…). L'individualité et l'appartenance à certains groupes sont encouragées. On utilise les expressions à la mode, les nouveaux mots. L'utilisation de certains mots familiers marque, entre autre, l'appartenance à une région linguistique, à un groupe d'âge, à un groupe social et indique le désir de montrer qu'on est moderne, qu'on s'adapte à son temps ou parfois aussi qu'on se rebelle contre certaines normes.

On ne peut pas parler de langue « inférieure » ou « supérieure », « fausse » ou « juste », mais plutôt de registre approprié à une situation donnée. Plutôt que de dire ou penser qu'une expression est « incorrecte », il vaudra mieux considérer qu'elle n'est pas appropriée aux exigences d'un devoir écrit de niveau universitaire mais qu'elle est tout à fait appropriée dans d'autres situations.

Il est nécessaire de savoir à quel registre de langue les mots appartiennent. Si on emploie beaucoup certains mots à l'oral cela indique que ce sont probablement des mots appartenant au registre familier. Il faudra donc les remplacer par de nouveaux mots et expressions et vérifier le registre des mots dans le dictionnaire. Lorsque les mots sont familiers, c'est indiqué par un astérisque (*).

Pour mieux comprendre ces registres et leur utilisation, en voici quelques exemples en français et en anglais. Il n'y a pas forcément un mot dans chaque catégorie. Le plus souvent, chaque mot familier a au moins un équivalent en langue standard mais le contraire n'est pas toujours vrai.

QUELQUES EXEMPLES DE REGISTRES EN ANGLAIS

SOUTENU, FORMEL NIVEAU « ÉLEVÉ »	STANDARD NIVEAU MOYEN	FAMILIER, INFORMEL NIVEAU SIMPLIFIÉ
I do not know.	I don't know.	I dunno.
it is, I am	it's, I'm	it's, I'm
a great deal	a lot	lots of
outstanding	great	awesome
it is terrible	it's awful	it sucks
How do you do?	How are you?	What's up? (ou s'up)

QUELQUES EXEMPLES DE REGISTRES EN FRANÇAIS

SOUTENU, FORMEL	STANDARD	FAMILIER, INFORMEL
Je ne veux pas.	Je n'veux pas.	J'veux pas.
Où allez-vous?	Où est-ce que tu vas?	Tu vas où?
Que fait-il?	Qu'est-ce qu'il fait?	Il fait quoi?
amusant	drôle	marrant, rigolo
de nombreux…	beaucoup de…	un tas de, plein de…

SOUTENU, FORMEL	STANDARD	FAMILIER, INFORMEL
ainsi	comme cela	comme ça
ainsi, c'est la raison pour laquelle	c'est pourquoi, ce qui explique	alors
Il n'y parvient pas.	Il n'y réussit (arrive) pas.	Il y arrive pas.
Il se moque des autres.	Il se fiche des autres.	Il se fout des autres.

Quand vous parlez, vous pouvez utiliser le registre que vous voulez. Avec des proches, des personnes du même âge, vous utilisez le registre familier. Dans vos devoirs écrits, il est préférable d'utiliser le registre soutenu. Au lieu de dire « aujourd'hui », vous direz : « de nos jours », au lieu de dire « beaucoup de », vous direz : « de nombreux », etc.

Voici quelques exemples de correspondance de mots en registres standard et soutenu.

REGISTRE STANDARD	REGISTRE SOUTENU
Il **y a** des solutions.	Il **existe** des solutions.
Il **est nécessaire** d'étudier...	Il **importe** d'étudier...
C'est un homme **très** honnête.	C'est un homme **fort** honnête.
beaucoup de...	de nombreux..., un grand nombre de...
Il (n') y a rien qui peut lui prouver...	Rien ne peut lui prouver...
Il n'y arrive pas.	Il n'y parvient pas. / Il n'y réussit pas.
Qu'est-ce qu'il fait?	Que fait-il?
Il se fiche des autres.	Il se moque des autres.

LES ADVERBES DE TEMPS

ADVERBES « COMMUNS » (STANDARD)	SYNONYMES « RECHERCHÉS » (SOUTENUS)
maintenant, aujourd'hui	à l'heure actuelle, de nos jours, à notre époque
pendant	lors des, au cours des, au fil de l'histoire
date passée	en 1964, dans les années 50, au début des années 40, à cette époque-là, au temps des troubadours, au début du siècle, au milieu du XXᵉ siècle, à la fin du Xᵉ siècle, au moment où la guerre éclate, quand les événements de septembre 2001 ont eu lieu

LES ADVERBES DE QUANTITÉ

ADVERBES « COMMUNS » (STANDARD)	SYNONYMES « RECHERCHÉS » (SOUTENUS)
pas	pas du tout, aucunement
peu	guère
aussi	de même, pareillement, également

ADVERBES « COMMUNS » (STANDARD)	SYNONYMES « RECHERCHÉS » (SOUTENUS)
très	fort, de plus
beaucoup, vraiment	particulièrement, véritablement
sûrement	sans aucun doute, indubitablement
plutôt, assez	de préférence

Même si d'habitude on évite d'utiliser le registre familier, il est tout de même possible de l'utiliser pour produire un effet d'authenticité ou pour souligner la langue orale, dans des dialogues.

Exemple

Le jeune homme excédé s'écria : « M'enfin, Katie, qu'est-ce tu fous? »
(What the heck are ya doin'?)

Dans cette phrase, les mots « excédé » et « s'écria » en plus de l'utilisation du passé simple, marquent clairement l'appartenance au registre soutenu. La phrase suivante sera acceptable. Il ne faudrait tout de même pas abuser de ces mots familiers et s'assurer que le reste du texte est écrit en style recherché.

ÉVITER LES RÉGIONALISMES

Il est naturel à l'oral de s'adapter à son environnement. Au Québec, on utilise certains canadianismes tels que *un char, un chum, le fun, magané, plate*, certains anglicismes (*tomber en amour*) et des mots empruntés à l'anglais (*cute, good, hot*).

Dans différentes régions de France, une partie de la population parle les langues locales : le breton, l'alsacien, le basque, le corse, l'occitan, etc., et les personnes qui parlent le français, parlent un français influencé par les langues locales autant dans le vocabulaire que dans la prononciation. Par exemple, dans le sud de la France, on dira en langue familière : *barjo* (fou), *péguer* (coller), *pitchoun* (petit) qui sont des mots d'origine occitane.

Français standard ne veut donc pas dire *français de France*. On peut parler le français standard à Montréal, Ouagadougou (Burkina Faso) ou Bruxelles et ne pas parler le français standard à Paris, Nice ou Strasbourg (France). Dans tous les pays francophones, il existe différents registres de langue. Les registres standard et soutenu sont assez proches, indépendamment des pays. C'est-à-dire que le français standard écrit de France, du Canada, ou d'Afrique comprend peu de différences. Le français oral standard tel que le parlent les hommes politiques, les prêtres ou les journalistes est assez proche, quel que soit le pays. Ce qui est vraiment différent, par contre, c'est le français familier et le français populaire (que parle le peuple dans la rue) parce que le français familier a moins de normes et permet ainsi plus de variation notamment avec les régionalismes.

Vous éviterez donc les régionalismes pour plusieurs raisons : d'une part ils s'éloignent du français standard, d'autre part, si votre professeur n'est pas d'origine canadienne il risquera de ne pas comprendre et de ne pas accepter les termes qui ne sont pas dans le dictionnaire « standard ». Enfin ce qui est trop « marqué » appartient souvent au registre familier, c'est-à-dire un registre inapproprié au style académique.

INVERSION ET REGISTRE

Comment trouver des expressions de registre soutenu? On peut dire que plus une structure est
« compliquée » plus elle demande des efforts et plus elle a de chances d'appartenir au registre
soutenu.

Exemples

Il va où?   *(familier)*
Où est-ce qu'il va?   *(standard)*
Où va-t-il?   *(soutenu)*

C'est pourquoi si vous utilisez des questions dans votre devoir, vous utiliserez l'inversion plutôt
que *est-ce que*. De même, les expressions demandant l'inversion (expressions utilisées dans des phrases
déclaratives comme en anglais : *not only did she graduate...*) appartiennent au registre soutenu.

Rappel : La place normale des adverbes est à la position de la négation « pas ».

Il est toujours en retard. Il a régulièrement de bonnes notes. Il n'a pas de bonnes notes.

Les adverbes suivants se placent en début de phrase et demandant l'inversion :

Aussi *n'est-il* pas surprenant de le voir courir.
À peine *est-il parti* qu'elle se jette dans les bras d'un autre.
Du moins *aura-t-il* eu la chance de ne plus souffrir.
Encore *faut-il* se demander pourquoi elle agit ainsi.
Peut-être Argan *fait-il* semblant d'être malade pour tester les personnes qui l'entourent.
Sans doute *est-ce* par ennui qu'Argan aime voir les docteurs.

Il est incorrect d'utiliser ces mots en début de phrase, sans faire l'inversion :
« **Peut-être il** sera en retard » est une phrase **incorrecte.**

Remarque

Certains mots ou certaines structures demandent l'inversion en anglais mais pas en français.

Exemples

Not only was he sick, but his wife was away.
Non seulement il était malade, mais sa femme était partie.

Had he known what she did, he would not have trusted her.
S'il avait su ce qu'elle avait fait, il ne lui aurait pas fait confiance.

Was he ever mad!
Il était fou de rage.

Adverbes pour lesquels la place change le sens

Il est possible de ne pas utiliser l'inversion si ces mots sont utilisés à la place régulière des adverbes,
c'est-à-dire après le verbe. Une place différente peut parfois changer le sens de la phrase, mais marque
toujours l'appartenance à un autre registre de langue : le registre standard.

Exemples

Aussi (thus, this is why) *s'inquiète-t-il de l'avenir de sa fille. (Registre recherché)*
Il s'inquiète **aussi** (also, too) *de l'avenir de sa fille. (Registre standard)*
(Sens différent pour les deux phrases)

À peine (as soon as) *son mari était-il parti qu'elle téléphonait à son amant. (Registre standard)*
Il fait **à peine** (barely) *jour. (Registre standard)*
(Sens différent pour les deux phrases)

Encore (yet) *aurait-il fallu qu'elle le sache. (Registre recherché)*
Il fait **encore** (still) *jour. (Registre standard)*
(Sens différent pour les deux phrases)

On cherchera donc à employer des expressions demandant l'inversion en veillant au sens.

LE PASSÉ SIMPLE

Toujours dans la question du registre de langue, si vous allez écrire un texte narratif au passé, il vaut mieux utiliser le passé simple, car c'est un temps plus littéraire et plus soutenu que le passé composé.

Généralement, on n'impose pas aux étudiants de l'utiliser et on leur demande seulement d'être capables de le reconnaître dans la lecture. Pourtant, le passé simple est le temps du passé que les francophones utilisent dans la plupart de leurs rédactions. Le passé simple est le temps de **l'écrit formel**.

S'il peut être difficile de l'utiliser en classe, il est très facile de l'utiliser pour un devoir à la maison puisque vous n'avez qu'à aller sur les sites de conjugaisons. Par exemple, vous allez sur http://www.leconjugueur.com et vous n'avez qu'à taper vos verbes. C'est-à-dire que chercher une vingtaine de verbes ne devrait pas prendre plus que quelques minutes ou quelques secondes.

Pourquoi utiliser le passé composé, si vous pouvez utiliser, avec peu d'efforts, un temps plus recherché? Là aussi, ce n'est pas une obligation, mais c'est un plus qui, sans aucun doute, produira une bonne impression sur le lecteur.

Rappelons que le temps le plus employé pour toutes les analyses, critiques, commentaires et explications de texte est le **présent**. Le passé (dont le passé simple) ne s'utilise que pour une narration au passé (racontez une aventure qui vous est arrivée…) ou une biographie.

INVITATION À ÉCRIRE

À partir des éléments ci-dessus, écrivez une histoire d'après le sujet 44 de la partie I (raconter une histoire) en annexe A : Vous assistez à une dispute inattendue. La dispute a des motifs futiles (*trivial*) et se termine bien.

Résumé

Travailler le vocabulaire demande un peu de temps mais cela en vaut la peine.

Améliorer son vocabulaire dans une langue seconde (ou étrangère) permet aussi d'améliorer son vocabulaire et son style dans sa langue maternelle. Plus vous passez du temps à travailler le vocabulaire et le style, moins vous avez besoin d'en passer, parce que ce sont toujours les mêmes étapes et toujours les mêmes problèmes et procédés. Comme pour toute compétence, c'est en rédigeant plusieurs devoirs que vous commencerez à maîtriser certaines techniques et à faire des progrès visibles. Toute amélioration, aussi faible soit-elle, sera toujours cela de gagné.

Récapitulons

Considérez votre prochain devoir et cochez les cases suivantes. ☑

☐ Le texte contient-il des mots nouveaux?

☐ Y a-t-il des mots trouvés dans le dictionnaire?

☐ Les mots utilisés sont-ils les meilleurs que je puisse trouver?

☐ Ai-je utilisé au moins un mot nouveau dans chaque paragraphe?

☐ Les idées sont-elles mises en valeur autant qu'il est possible par le vocabulaire?

☐ Les mots vagues (*chose, être…*) ont-ils été remplacés par des mots plus *précis?*

☐ Ai-je utilisé des mots recherchés et précis pour remplacer les mots simples?

☐ Ai-je utilisé des mots demandant l'inversion?

☐ Les adjectifs et adverbes sont-ils nombreux et variés?

☐ Les mots sont-ils précis et spécifiques à la situation?

☐ Le vocabulaire est-il imagé?

☐ Les mots ont-ils des connotations expressives?

☐ Le ton utilisé reflète-t-il l'impression que je veux donner?

☐ Les préfixes et suffixes sont-ils variés?

☐ Le registre est-il soutenu?

☐ Ai-je utilisé le passé simple?

☐ Le vocabulaire est-il recherché et adapté à une situation particulière?

Exercices

1. Remplacez les mots de registre standard ou familier par des mots de registre soutenu.

Registre standard	Registre soutenu
Il y a beaucoup de	_____
Comme ça	_____
Alors	_____
Il y a rien qui peut lui prouver…	_____
Il n'y arrive pas	_____
En plus,	_____
Il se fiche des autres	_____
On verra	_____
Plein d'autres	_____

2. Déterminez le registre des expressions suivantes et donnez leur équivalent dans un autre registre.

C'est dégueulasse, ce truc-là.	_____
Des fois, c'est plate.	_____
En plus, ça pue.	_____
Qu'est-ce qu'il fabrique?	_____
C'est le fun.	_____
C'est ma blonde.	_____

3. Cherchez les mots suivants dans le dictionnaire et expliquez la différence entre les mots avec et sans suffixes:

rêvasser et rêver	_____
traînasser et traîner	_____
mordiller et mordre	_____
mâchonner et mâcher	_____
mâchouiller et mâcher	_____

   Qu'en déduisez-vous sur la valeur et l'utilisation de ces suffixes?

4. Trouvez des mots ayant les préfixes suivants:

péri (autour)	_____
auto (de soi-même)	_____
para (contre)	_____
néo (nouveau)	_____
dis (séparé de)	_____
extra (extrêmement et hors de)	_____
multi (nombreux)	_____
post (après)	_____
pré (devant)	_____
simili (semblable)	_____

5. Trouvez des mots ayant les suffixes suivants qui ne sont pas dans la liste ci-dessous (n° 6):

algie (douleur)	_____
crate (qui a le pouvoir)	_____
mane (qui a la passion de)	_____
phage (qui mange)	_____
cide (qui tue)	_____
fique (qui produit)	_____
forme (qui a la forme de)	_____

pède (qui a des pieds)   _____

vore (qui se nourrit)   _____

6. D'après le sens de ces affixes, déterminez le sens des mots suivants, sans chercher dans le dictionnaire :

francophile   _____

autobiographie   _____

néonatologie   _____

multirisques   _____

fructivore   _____

frigorifique   _____

anthropophage   _____

filiforme   _____

bureaucrate   _____

quadrupède   _____

7. Cherchez les mots suivants dans le dictionnaire bilingue et dans le dictionnaire unilingue. Dites pour quelles situations vous pourriez les employer pour autre chose que pour les animaux et faites une phrase avec chacun d'eux dans un sens imagé. Dans quel dictionnaire avez-vous trouvé les renseignements les plus utiles? Quels sont ces renseignements utiles?

Les cris des animaux

Babiller (oiseaux : pie, merle) _____

Barrir (l'éléphant) _____

Bêler (mouton) _____

Beugler (taureau, bœuf) _____

Bourdonner (bourdon, guêpe) _____

Braire (âne) _____

Coasser (la grenouille, le crapaud)

_____

Croasser (le corbeau) _____

Glapir (le lapin, le renard) _____

Glousser (la poule) _____

Hennir (cheval) _____

Jacasser (la pie) _____

Meugler (les bovins, la vache) _____

Miauler (chat) _____

Mugir (les bovidés) _____

Ronronner (le chat) _____

Roucouler (colombes et certains oiseaux) _____

Rugir (lion et fauves) _____

8. Remplacez les verbes soulignés par des verbes utilisés pour les cris d'animaux.
   1. Le chanteur chante en poussant des cris, chante très fort.
   _____
   2. Les bébés font des petits bruits, prononcent des syllabes.
   _____
   3. J'ai les oreilles qui résonnent.
   _____
   4. Le vent fait beaucoup de bruit.
   _____

9. Déterminez le sens des verbes suivants après les avoir trouvés dans un dictionnaire bilingue. Faites une phrase en utilisant chacun d'entre eux. La phrase devra expliquer la particularité de chaque verbe.

Clapoter   _____

Claquer   _____

Cliqueter   ——————————

Craquer   ——————————

Crépiter   ——————————

Crisser   ——————————

Détonner   ——————————

Éclater   ——————————

Exploser   ——————————

Grincer   ——————————

Pétarader   ——————————

Pétiller   ——————————

Résonner   ——————————

Retentir   ——————————

Ronfler   ——————————

Vibrer   ——————————

Vrombir   ——————————

10. Voici un passage de *Madame Bovary* de Gustave Flaubert (Paris : Éditions Gallimard Folio Classique, 1972), la description de la pièce montée (le gâteau de mariage).

Quels procédés pouvez-vous trouver?

On avait été chercher un pâtissier à Yvetot, pour les tourtes et les nougats. Comme il débutait dans le pays, il avait soigné les choses; et il apporta, lui-même, au dessert, une pièce montée qui fit pousser des cris. A la base, d'abord, c'était un carré de carton bleu figurant un temple avec portiques, colonnades et statuettes de stuc tout autour, dans des niches constellées d'étoiles en papier doré; puis se tenait au second étage un donjon en gâteau de Savoie, entouré de menues fortifications en angélique, amandes, raisins secs, quartiers d'oranges; et enfin, sur la plate-forme supérieure, qui était une prairie verte où il y avait des rochers avec des lacs de confitures et des bateaux en écales de noisettes, on voyait un petit Amour, se balançant à une escarpolette de chocolat, dont les deux poteaux étaient terminés par deux boutons de rose naturels, en guise de boules, au sommet. (55)

11. À partir de ce même passage, décrivez deux des éléments suivants. Vous choisissez ceux que vous préférez. Vous essaierez d'imiter le style et les procédés du texte ci-dessus et d'utiliser les techniques vues dans ce chapitre.

Un bel arbre de noël.

Un manteau ridicule.

Un meuble original.

Une plage de rêve.

Des yeux bizarres.

Un sourire magique.

Vos chaussures préférées.

12. Trouvez des synonymes plus recherchés pour les mots suivants :
   1. il est mort ——————
   2. il est endormi ——————
   3. les funérailles ——————
   4. penser ——————
   5. elle est enceinte ——————
   6. il est vieux ——————
   7. elle est grosse ——————
   8. perdre ——————
   9. plusieurs fois ——————
   10. essayer ——————

Chapitre 12

LES DERNIÈRES RETOUCHES

Introduction

La première version de votre composition terminée, vous allez maintenant vérifier le contenu (idées et organisation, exemples, sources et citations) et la forme (la grammaire et le vocabulaire). Cela constitue la deuxième version de votre devoir.

L'idéal est, si vous le pouvez, d'attendre un peu avant de revoir votre texte. Si vous attendez un peu, ne serait-ce qu'1/2 h, pour un travail à la maison, votre cerveau continue à fonctionner après avoir terminé le travail. En le regardant un peu plus tard, vous remarquerez d'autres éléments que vous n'auriez pas remarqués si vous aviez travaillé sans période de « repos ». Pour un travail en classe, limité par le temps, cela peut être utile de vous laisser du temps pour la vérification, d'attendre 10 minutes, d'écrire autre chose, de penser à autre chose, puis de revenir au travail un peu plus tard. Cela permet d'avoir plus de recul et de repérer plus facilement des fautes de langue et autres problèmes du texte.

Si, après avoir relu votre devoir, le contenu et la forme vous paraissent bons, vous pouvez alors faire un peu de « rangement » (*tidying up*) : vous corrigerez les fautes qui n'avaient pas été remarquées auparavant et travaillerez les structures de phrases en allégeant le devoir. C'est la troisième version du devoir.

Entre la première version et la version finale, plusieurs étapes sont nécessaires. Même les plus grands écrivains francophones raturent (*cross out*) et passent beaucoup de temps à changer ce qu'ils avaient écrit lors d'une première version. Si c'est le cas pour des « spécialistes en écriture » francophones, c'est d'autant plus le cas pour des non-francophones et des non-spécialistes de l'écriture. Cela va prendre un peu plus de temps, mais cela en vaut vraiment la peine. Puisque vous avez déjà écrit votre devoir, et y avez consacré du temps, autant le faire le mieux possible.

Le contenu et la structure

Il semble logique de vous concentrer d'abord sur le contenu et la structure : les idées, la logique, l'argumentation, l'organisation, les mots de liaison, etc. avant de vous concentrer sur la langue. Si vous travaillez d'abord la grammaire, le vocabulaire et le style et plus tard le contenu, vous risquez de vous rendre compte qu'il y a des problèmes au niveau des idées, de l'argumentation et de l'organisation, que telle ou telle partie n'a pas de raison d'être, que telle partie est hors-sujet et qu'il manque des explications ici ou là pour une autre partie. Il faudrait alors réécrire une partie du devoir et tout le travail sur la langue aurait été inutile. Commençons donc par le contenu et la structure.

LE PLAN, LES IDÉES, LA STRUCTURE

Si vous faites votre travail longtemps à l'avance, vous aurez plus de temps pour réfléchir à ce que vous avez écrit. Si vous reprenez votre texte quelques jours plus tard, vous remarquerez des éléments que vous n'aviez pas remarqués auparavant. Vos idées auront peut-être évolué. Entre temps, vous aurez peut-être trouvé un meilleur exemple, une meilleure citation. Vous pourrez ainsi considérer votre travail avec plus de recul.

Pour vous assurer que le contenu et la structure sont satisfaisants, vous regardez les parties et paragraphes de votre texte et vous leur donnez un titre qui les résume bien. Ceci permet de tester la logique et l'organisation du devoir.

Vous vérifiez que le plan et les idées du texte correspondent. Si les idées ne correspondent pas à ce que vous aviez prévu, vous pouvez faire le plan « à l'envers » (*backward*) et vous assurer que les idées se suivent de façon logique.

Il est très utile de faire lire votre travail à quelqu'un d'autre car une tierce personne remarque souvent ce qui est incohérent, illogique ou contradictoire, en plus des fautes. Les spécialistes des centres d'écriture peuvent vous faire remarquer des problèmes d'organisation, de logique, de citation ou autre.

Un camarade de classe peut vous donner un avis honnête : est-il impressionné par la qualité de votre devoir, ou plutôt ennuyé ? Comprend-il clairement ce que vous avez voulu prouver ? Demandez-lui de vous résumer les idées de chaque paragraphe et partie. Plus il le fait facilement, plus cela indique que votre texte est clair et bien construit. L'idéal est de demander à plusieurs personnes. Si plusieurs personnes font les mêmes commentaires, ces commentaires sont probablement justifiés.

INVITATION À ÉCRIRE

Relisez un devoir terminé et examinez avec attention tous les points ci-dessus.

LES PARTIES ET LES PARAGRAPHES

Si votre devoir est bien organisé, les idées principales (*topic sentences*) de chaque partie seront au début des paragraphes et vous donneront le titre de chaque partie. Si vous devez chercher les idées ailleurs que dans les premières parties de paragraphe, que les idées sont mélangées, qu'il y a plusieurs idées, c'est que votre texte manque d'organisation. La priorité est de refaire tout ce qui manque d'organisation jusqu'à ce que vous ayez vos paragraphes construits de la façon suivante :

1. idée principale (**quoi**);
2. illustration : explication, exemple, citation, statistiques… (**comment**);
3. conclusion du paragraphe : ce qui explique pourquoi, d'où (*whence, owing to what, from what origin*)… (**pourquoi**).

Au début, il vaut mieux vérifier tous les paragraphes en vous posant toujours les mêmes questions. Où sont les idées principales, les exemples et illustrations? Y a-t-il bien une conclusion, une déduction logique qui ne répète pas la même chose que ce qui a été dit?

L'INTRODUCTION ET LA CONCLUSION

Une fois que vous avez vérifié l'organisation générale du devoir, vous pouvez alors vérifier l'introduction et la conclusion en passant par les mêmes étapes que pour le développement. Vous vérifiez que l'introduction a bien les trois parties : accroche du lecteur qui lui donne envie de lire le devoir, explication et définition du sujet et présentation des parties du plan. Tout ce qui a été abordé dans l'introduction se retrouvera d'une façon ou d'une autre dans le texte mais sans être répété.

De même, vous vérifiez que la conclusion a, elle aussi, les trois parties : qu'elle résume bien les idées essentielles du devoir et amène à une déduction logique. Vous pouvez, à ce moment-là, avancer des opinions un peu plus personnelles, montrer les limites du devoir ou rajouter un élément nouveau. Enfin, la dernière partie de la conclusion va élargir le sujet, ouvrir sur un sujet directement lié au devoir mais plus général. Vous voulez que le lecteur ait, à la fin de la conclusion, le sentiment que le sujet a été abordé de façon approfondie et originale et peut-être même appris quelque chose de nouveau, que ce soit au niveau des idées, des exemples, des citations ou autre, et, de préférence, que le lecteur ait aimé lire le texte.

INVITATION À ÉCRIRE

Relisez un devoir terminé et examinez avec attention tous les points ci-dessus.

LES EXEMPLES ET CITATIONS

Vérifiez que les exemples illustrent bien les idées principales annoncées en début de paragraphes. Vérifiez vos citations et sources. Vous vérifiez d'où les sources ont été tirées, la page, la bibliographie et le protocole de citation.

LA LONGUEUR

Vérifiez que la longueur du devoir (le nombre de mots) est appropriée en allant à « *tools* », puis à « *word count* ». Si le devoir est trop long vous le raccourcissez, s'il est trop court vous le rallongez en développant un peu les explications, en deuxième partie de paragraphe. Vous regardez aussi la longueur de l'introduction, du développement, des parties et paragraphes et de la conclusion.

L'introduction et la conclusion doivent faire à peu près 10 % du devoir, les parties doivent être de longueur à peu près égale et les paragraphes doivent aussi être de même longueur, pour que le devoir soit équilibré. Si une partie est un peu trop courte, c'est cette partie que vous développerez en priorité. Vous pouvez peut-être trouver un exemple, une citation pour illustrer une idée. Si tout est équilibré mais que le devoir reste trop court, vous pouvez soit rajouter une partie, soit rajouter des sous-parties. Normalement, on accorde plus ou moins 10 % au nombre de mots demandé. Ce n'est que si votre devoir fait moins de 10 % du nombre de mots demandé que vous chercherez à le rallonger.

Si le devoir est trop long, vous regardez d'abord toutes les parties et paragraphes, introduction et conclusion. Si une partie est plus longue que les autres, c'est celle-là que vous raccourcirez en premier. Si les citations sont trop longues, vous les coupez avec [...]. Vous pouvez peut-être reformuler des phrases, de façon à dire la même chose en moins de mots, en enlevant ce qui est répétitif ou ce qui n'est pas absolument nécessaire.

Récapitulons : Le contenu

Considérez votre prochain devoir et cochez les cases si vous pensez qu'il répond à ces questions. ☑

- ❏ Le texte est-il bien organisé en parties et paragraphes?
- ❏ Chaque paragraphe a-t-il trois parties?
- ❏ L'introduction a-t-elle trois parties?
- ❏ La conclusion a-t-elle trois parties?
- ❏ Puis-je donner facilement un titre à chaque partie?
- ❏ Y a-t-il des phrases de liaison entre les parties?
- ❏ Ai-je bien vérifié toutes les citations?
- ❏ Y a-t-il des phrases d'introduction dans l'introduction?
- ❏ La longueur des parties, paragraphes, introduction et conclusion est-elle appropriée?
- ❏ Le texte paraît-il logique et organisé?
- ❏ Le texte est-il agréable à lire?
- ❏ Le lecteur peut-il apprendre quelque chose (si le sujet le permet)?

Le français

Si le contenu et la structure vous satisfont, vous pouvez maintenant vous concentrer sur le français. Étant donné que dans une langue seconde vous ne pouvez pas toujours vous fier à votre intuition, vous vérifierez le maximum d'informations dans le dictionnaire, dans des ouvrages spécialisés et vous utiliserez toute l'aide que vous pouvez trouver. La priorité, c'est d'éviter les fautes les plus grossières. Vous pouvez déjà en éviter quelques-unes avec un correcteur d'orthographe et de grammaire.

LES RESSOURCES ÉLECTRONIQUES

LE CORRECTEUR D'ORTHOGRAPHE

Le correcteur d'orthographe corrige les fautes d'orthographe, les fautes de frappe (*typos*), ainsi que certaines fautes de ponctuation, d'accent et de grammaire et fautes d'étourderie (*carelessness*).

Sélectionnez la langue *avant de commencer à taper* et vérifiez si le correcteur est bien installé dans la langue cible (français). Si le correcteur français est bien installé et que les fautes sont bien repérées et de bonnes solutions proposées, vous pouvez taper le reste du texte, en vérifiant de temps en temps.

Le correcteur automatique ne vous dit pas si vous vous trompez de mot (*use the wrong word*), particulièrement en cas d'homophones : a/à, leur/leurs, sa/ça. Vous ne pouvez pas lui faire entièrement confiance, « accepter » n'importe quoi. Le correcteur ne fait que proposer et c'est vous qui devez choisir, bien réfléchir avant de corriger une faute éventuelle et vérifier dans le dictionnaire « traditionnel » en cas de doute.

Bien qu'il y ait une partie correcteur de grammaire dans le correcteur d'orthographe (qui s'intitule « *spelling and grammar* »), le correcteur d'orthographe ne repère pas beaucoup les fautes de grammaire des non-francophones. Il est utile pour cela de faire appel à un autre correcteur de grammaire.

LES CORRECTEURS DE GRAMMAIRE

Il existe des correcteurs de grammaire très performants qui peuvent repérer de nombreuses fautes. Vous trouverez gratuitement sur l'internet une version simplifiée du correcteur le *BonPatron* : http://bonpatron.com/. Celui-ci est maintenant réduit à un paragraphe à la fois. Vous pouvez y insérer un texte entier pour une somme modique (*modest),* qui permet aussi d'avoir (d'après ce que la compagnie dit) une version plus complète.

Parmi les correcteurs les plus performants (payants) il existe : *Antidote* et le *Correcteur 101.* Ces logiciels permettent de repérer des fautes de mode, de temps, d'accord, de genre, de conjugaisons, de prépositions, d'orthographe et bien d'autres. *Antidote* semble être légèrement supérieur à ses concurrents.

L'un de ces logiciels est parfois installé dans les laboratoires de langue ou dans les bibliothèques des universités. C'est toujours une bonne idée de vous renseigner sur les programmes installés sur les ordinateurs et dans les bibliothèques.

Si vous n'avez pas accès à ces correcteurs et que vous souhaitez en acheter un, il vaut mieux vous renseigner avant. Si ces correcteurs peuvent repérer de nombreuses fautes et sont une aide précieuse, ils ne sont pas toujours très faciles d'utilisation. Aussi, si vous souhaitez en acheter un, est-il préférable de l'essayer avant de l'acheter. On en trouve souvent dans les écoles ou centres francophones qui vous laisseront probablement en essayer un.

Enfin, le correcteur n'est pas une solution miracle. S'il y a trop de fautes dans votre composition, le correcteur ne « comprendra » pas la phrase et ne reconnaîtra pas ce qui ne va pas, ce qui est le sujet, la forme verbale ou le complément. C'est la raison pour laquelle il vaudra mieux d'abord chercher les mots dans le dictionnaire et vérifier vous-même votre texte plusieurs fois, pour que le logiciel ait plus de chances de le « comprendre » et d'y apporter des suggestions de corrections.

LA GRAMMAIRE

LES ACCORDS

Il est très important de vérifier la grammaire et **surtout les accords**. Un texte qui a un contenu et des idées de haut niveau, qui est très bien organisé avec des recherches et des citations, dans lequel il y a de nombreuses fautes de grammaire ne peut pas être un devoir de qualité. Les fautes d'accord et les fautes de formes verbales sont celles qui doivent être éliminées en priorité parce que ce sont les plus choquantes.

De plus, les francophones sont souvent moins indulgents pour les fautes de langue que les non natifs. D'une part, les francophones repèrent plus de fautes, d'autre part, ces fautes les font réagir plus qu'elles ne le font pour les non natifs. Ceci est dû en partie à l'éducation à l'école qui comprend une forte composante grammaticale et littéraire et à la notion de norme linguistique qui est plus encrée chez les francophones. L'anglais étant souvent utilisé comme *lingua franca*, les anglophones ont tendance à être plus axés sur la communication et sont souvent plus indulgents quant à la précision de la langue que les francophones. Il n'en demeure pas moins que les fautes de langue et de grammaire auront un impact négatif sur tous les professeurs de français, quelle que soit leur langue maternelle.

Il est utile de vérifier la grammaire à plusieurs reprises car vous ne remarquerez pas forcément toutes les fautes la première fois. Vous faites une première correction, puis vous vérifiez plusieurs autres fois tout le devoir de façon plus précise et approfondie : genre, nombre, accords, articles, pronoms, prépositions, etc. Vous pouvez, soit lire le texte plusieurs fois, et à chaque fois vous concentrer sur un type d'erreur, soit relire plusieurs fois et faire attention à tout de façon linéaire. Cela dépend de la personnalité de chacun.

Dans les fautes de grammaire, il y a une hiérarchie des fautes. Une faute d'accord est une faute grave, une faute d'orthographe l'est beaucoup moins. Il est logique de vous concentrer d'abord sur les fautes considérées comme les plus *graves*.

LES FAUTES DE GRAMMAIRE LES PLUS GRAVES

Voici les fautes les plus graves (pour la plupart des professeurs) par ordre décroissant :

- Fautes d'accord (sujet-verbe, article, adjectif-nom, accords des participes passés)

EXEMPLE	CORRECTION
Ils sont gentil.	Ils sont gentils.
Une nouvel histoire.	Une nouvelle histoire.

- Fautes de forme verbale (infinitif au lieu d'un participe passé, verbe conjugué au lieu d'un infinitif, participe passé au lieu d'un infinitif, etc.)

EXEMPLE	CORRECTION
L'usine est bloquer.	L'usine est bloquée.

- Fautes de conjugaison

EXEMPLE	CORRECTION
Ils poursuient les voleurs.	Ils poursuivent les voleurs.

- Fautes de genre

EXEMPLE	CORRECTION
C'est une problème.	C'est un problème.

- Fautes de mode

EXEMPLE	CORRECTION
Il faut qu'elle sait la vérité.	Il faut qu'elle sache la vérité.

- Fautes de temps

EXEMPLE	CORRECTION
Je sortirai quand il fait beau.	Je sortirai quand il fera beau.

- Fautes de pronom

EXEMPLE	CORRECTION
Elle lui regarde.	Elle le regarde.

- Fautes de préposition

EXEMPLE	CORRECTION
Elle cherche pour de l'argent.	Elle cherche de l'argent.

- Fautes d'article

EXEMPLE	CORRECTION
Elle n'a pas de l'argent.	Elle n'a pas d'argent.

Toutes les autres fautes auraient à peu près la même *valeur*: place des adjectifs, adjectif au lieu d'article, etc. et seraient des fautes de grammaire moins graves.

Il est très important de vérifier **les accords** de manière systématique: tous les verbes, tous les articles et tous les adjectifs. Il arrive que les étudiants ne comprennent ou ne connaissent pas certaines règles d'accord, mais la plupart du temps, ils font des fautes plutôt parce qu'ils ne passent pas assez de temps à vérifier les accords ou qu'ils croient que c'est un « détail » peu important. Ils sous-estiment souvent l'effet que ces fautes produisent sur le lecteur. Pour pouvoir vraiment saisir l'impact de ces fautes, on peut les comparer avec des fautes similaires en anglais. Que penseriez-vous d'un devoir en anglais dans lequel on trouverait des phrases telles que:

Exemple de texte fautif en anglais

He have buyed lot of present for chrismas for is families.
He wanted to took he's childs to the cinemas but he canned not goes because it where clothed.

Il n'y a ici que deux phrases, imaginez tout un devoir ainsi écrit! Bien sûr c'est exagéré, mais cela permet de comprendre l'impact des fautes graves sur le lecteur. Le lecteur est tellement distrait par les fautes qu'il ne sait même plus quelles étaient les idées. Quel que soit le contenu, l'impression ne peut pas être positive. Chaque fois que vous écrirez en français, si vous pensez à ces phrases en anglais, cela vous rappellera qu'il est important de corriger les fautes d'accord et de verbes.

VÉRIFIER LES FORMES VERBALES

Pour vérifier les formes verbales, procédez de façon méthodique. Déterminez les éléments suivants :

- De quelle forme verbale s'agit-il ? Infinitif, verbe conjugué, participe passé ?
- S'il s'agit d'un verbe conjugué, quel est le mode ? (ex. : subjonctif)
- Quel est le temps de ce mode ? (ex. : subjonctif passé)
- Si c'est un temps composé, quel auxiliaire va avec ce verbe ?
- Si c'est un temps composé, quelles sont les règles d'accord ?

Exemple

J'ai acheté cette voiture. (cette voiture = COD)
La voiture que j'ai achetée (accord du participe passé avec le COD « voiture » placé avant le verbe)

VÉRIFIER LES ACCORDS

Une façon de vérifier les accords et formes verbales est de vous poser les questions suivantes :

- Y a-t-il un sujet ? (Sinon, c'est peut-être un infinitif, un participe présent, un participe passé ou un impératif.)
- Quel est le sujet ?
- Est-il masculin, féminin, singulier ou pluriel ?
- Quels modes et temps faut-il utiliser ?
- Quel auxiliaire va avec ce verbe ?
- Quelles sont les règles d'accord avec cet auxiliaire et ce verbe ?

L'idéal serait de prendre l'habitude de vous poser les mêmes questions, à chaque fois que vous écrivez (ou parlez). Au début, cela prend un peu de temps, mais avec un peu de pratique vous pourrez le faire assez vite.

Après les formes verbales vous vérifiez les accords dans le groupe nominal : article, nom, adjectif. Ensuite, vous vérifiez tout le reste : les articles, les pronoms, les prépositions...

Vous pouvez procéder par catégorie : vérifier toutes les formes verbales, puis tous les adjectifs et noms, puis tous les articles, tous les pronoms, etc. Vous pouvez choisir l'ordre qui vous paraît le plus logique. Puis, vous reprenez le texte, en vérifiant tout de manière linéaire : l'article, le nom, l'adjectif, le verbe, la préposition, etc.

Voici un exemple de paragraphe suivi de questions à vous poser pour éviter les fautes les plus grossières et quelques réflexions en rapport aux questions posées.

Exemple (paragraphe contenant des erreurs)

Ceux qui font des études à l'université sont souvent posé la question: Pourquoi les études universitaires? L'éducation de n'importe quelle genre a un valeur. On est posé souvent le question: c'est quoi le but des études universitaires?

Questions à vous poser :

- La première phrase est-elle à la voix passive ? Puis-je la mettre à la voix active ?
- Quel est le genre du mot *genre* ? Vous vérifiez dans le dictionnaire si le correcteur d'orthographe ne repère pas les fautes de genre et que vous ne connaissez pas les règles sur le genre. Le genre de ce mot est masculin.

- L'adjectif *quelle* est-il bien accordé avec le mot *genre* qui est masculin singulier?
- *Valeur* est-il un mot masculin ou féminin?
- *Question* est-il un mot masculin ou féminin?
- L'article est-il bien accordé?

Les fautes de genre produisent une impression d'autant plus négative que

- Cela fait partie des règles élémentaires sur le genre : les mots se terminant en « tion » sont féminins;
- C'est un mot très fréquent que l'on trouve régulièrement dans les exercices (« répondez à la question… »);
- Il est facile de vérifier dans le dictionnaire.
- Les correcteurs d'orthographe et de grammaire corrigent ce genre de faute;
- L'article avant le mot *question* était plus haut au féminin et il est maintenant au masculin. Cela prouve que l'étudiant n'a probablement pas relu son devoir.

Récapitulons : La grammaire

Considérez votre prochain devoir et cochez les cases si vous pensez qu'il répond à ces questions. ☑

- ☐ Ai-je vérifié tous les accords?
- ☐ Suis-je sûr du genre des mots?
- ☐ Est-il possible de vérifier d'autres informations?
- ☐ Ai-je vérifié les prépositions et les pronoms?
- ☐ Ai-je vérifié dans un manuel de grammaire ou dans des cours précédents, les informations concernant l'utilisation des modes et des temps?
- ☐ Les structures ne sont-elles pas trop calquées sur l'anglais?
- ☐ Si oui, que puis-je faire pour utiliser des structures plus idiomatiques?
- ☐ Ai-je utilisé des structures, expressions et règles vues dans mes cours?
- ☐ Ai-je consulté mes anciens devoirs pour ne plus refaire les mêmes fautes?
- ☐ Ai-je consulté le chapitre 9 de ce manuel (les fautes les plus fréquentes)?

LE VOCABULAIRE

Il est impératif de vérifier systématiquement les mots qui ont l'air d'être les mêmes en français et en anglais. Vous consultez d'abord le chapitre 9 (les erreurs les plus fréquentes), puis vous vérifiez tout le reste dans un grand dictionnaire. Il vaut mieux éviter les petits dictionnaires trop souvent incomplets pour un niveau universitaire.

Plutôt que de trouver un synonyme approximatif et un mot « facile », vous cherchez le mot exact dans le dictionnaire bilingue. Vous cherchez systématiquement les expressions de plus de deux mots (*he pulled a gun on me* = il a sorti un revolver et l'a braqué sur moi), les expressions idiomatiques ayant un sens abstrait (*you've made your point* : vous avez dit ce que vous aviez à dire), les mots comprenant des prépositions (*to make up for* = compenser; *on the radio* : à la radio) et les mots « difficiles » (*reluctantly* : en rechignant *ou* à contre cœur). Vous vérifiez aussi les expressions que vous croyez connaître. Vous risquez de ne pas être conscient de certaines fautes. Vous vérifiez tout ce que vous pouvez dans le dictionnaire.

Récapitulons : Le vocabulaire

Considérez votre prochain devoir et cochez les cases si vous pensez qu'il répond à ces questions. ☑

☐ Le texte contient-il des mots nouveaux que j'ai cherchés dans le dictionnaire?

☐ Le vocabulaire est-il précis et spécifique?

☐ Y a-t-il des mots qui sont les mêmes qu'en anglais?

☐ Si oui, les ai-je vérifiés dans le dictionnaire ou dans la liste de faux-amis?

☐ Le vocabulaire est-il le plus recherché possible?

☐ Ai-je utilisé des mots que je connais depuis longtemps?

☐ Si oui, serait-il possible d'en trouver des plus spécifiques?

☐ Y a-t-il du vocabulaire spécifique pour chaque partie du devoir?

☐ Y a-t-il des mots et phrases de liaison?

☐ Les idées sont-elles mises en valeur autant qu'il est possible par le vocabulaire?

ALLÉGER LE DEVOIR

Après avoir corrigé les fautes les plus graves, il convient à présent d'enlever tout ce qui n'est pas nécessaire, lourd ou répétitif, ce qui peut être retiré sans que le sens ne change beaucoup. Cela permettra de « nettoyer » (*clean up*) le devoir et de mieux mettre en relief les idées les plus pertinentes. Voici quelques idées pour alléger le devoir.

RACCOURCIR LES PHRASES

Si vous pouvez exprimer exactement la même idée en cinq mots et en dix mots, vous choisirez de n'en employer que cinq au lieu de dix. Vous « économisez » les mots. Vous vous posez la question suivante : « Comment puis-je dire la même chose de façon plus concise? » Voici quelques exemples de phrases longues et lourdes qui ont été « allégées ».

Exemple de phrase « longue et lourde »

Je pense que c'est magnifique qu'il y a des écoles d'immersion françaises qui offrent le français comme sujet commençant à partir de la quatrième année. (25 mots)

Exemple de phrase allégée

Il est bénéfique d'étudier le français dans les écoles d'immersion dès la quatrième année. (14 mots)

La phrase contient presque la moitié des mots et dit la même chose.

Exemple de phrase « longue et lourde »

Il y a peut-être des parents qui ne sont pas d'accord pour que le gouvernement utilise l'argent des contribuables quand leurs enfants n'étudient pas le français. (26 mots)

Exemple de phrase allégée

Certains parents désapprouvent le principe de payer pour ce que leurs enfants n'utilisent pas. (14 mots)

- Remplacer les mots « lourds » et longs
  Par exemple, vous pouvez remplacer les adverbes qui se terminent par -ment par un adverbe plus court.

Exemple 1

*Il est parti **rapidement**.*
*Il est **vite** parti.*

Exemple 2

*Elle est **tellement** contente qu'elle en parle à tout le monde.*
*Elle est **si** contente qu'elle en parle à tout le monde.*

SUPPRIMER LES PROPOSITIONS SUBORDONNÉES

Une proposition subordonnée relative est une proposition (*clause*) qui est reliée par un pronom relatif (qui, que). Lorsque qu'une phrase comprend le verbe *être*, un mot vague (homme, femme, chose, etc.) et un pronom relatif (qui) vous pouvez tous les enlever : le verbe *être*, le mot vague et le pronom.

Exemple

Bertrand est l'homme qui parle aux animaux.

Exemple de phrase allégée

Bertrand sait parler / parle aux animaux.

ENLEVER LE PRONOM ET L'ANTÉCÉDENT S'ILS NE RAJOUTENT RIEN OU SONT ÉVIDENTS

Exemple

Molière, qui est un auteur bien connu dans le monde entier, traite souvent du thème de l'amour.

Exemple de phrase allégée

Molière traite souvent du thème de l'amour.

« Qui est un auteur bien connu dans le monde entier » est une proposition subordonnée beaucoup trop vague qui ne rajoute rien. On peut donc l'enlever.

Exemple

Jean Chrétien, l'homme canadien qui est devenu Premier ministre du Canada en 1993, est un politicien qui a été élu une autre fois en 1997 et aussi en 2000. (29 mots)

Exemple de texte allégé

Jean Chrétien, devenu Premier ministre en 1993, a été réélu en 1997 et en 2000. (15 mots)

ENLEVER LES PRONOMS ET LES AUXILIAIRES POUR NE GARDER QUE LES PARTICIPES PASSÉS

Par contre, on doit garder l'auxiliaire de la proposition la plus importante.

Exemple

*François Mitterrand **a été** blessé en 1940, **a été fait** prisonnier **et il** s'est évadé en décembre 1941. (18 mots)*

Exemple de texte allégé

*François Mitterand, **blessé** en 1940, **s'est évadé** en décembre 1941. (10 mots)*

On suppose que pour s'évader il faut d'abord être prisonnier, ce n'est donc pas la peine de le préciser.

ENLEVER LES PRONOMS ET PROPOSITIONS RELATIVES ET LES REMPLACER PAR DES ADJECTIFS

Exemples

Un appartement dans lequel il y a beaucoup de lumière.
Une montagne sur laquelle il y a de la neige.
Ce tableau qui est sur le mur.

Exemple de phrases allégées

Un appartement lumineux.
Une montagne enneigée.
Le tableau accroché au mur.

ENLEVER LES PRONOMS ET PROPOSITIONS RELATIVES ET LES REMPLACER PAR DES PRONOMS

Exemples

On croyait qu'il était malade. > On le croyait malade.
On disait qu'elle était folle. > On la disait folle.

REMPLACER DEUX ADJECTIFS PAR UN SEUL

Exemples

Grand et mince > élancé
Petit et costaud > trapu

REMPLACER « QUAND + SUJET + (AUXILIAIRE) VERBE » PAR UN GÉRONDIF

Exemple

*Elle a été triste **quand elle a appris** la nouvelle. (10 mots)*

Exemple de phrase allégée

*Elle a été triste **en apprenant** la nouvelle. (8 mots)*

ENLEVER LES EXPRESSIONS D'OPINION

D'une part, le texte se veut neutre (on donne son opinion de façon indirecte, dans les idées elles-mêmes), d'autre part, ces expressions ne rajoutent rien. Voici les principales expressions à éviter. À chaque fois que vous les trouverez, vous les enlèverez, sauf si elles rajoutent vraiment du sens à la phrase.

Il est évident que le problème d'Argan est qu'il est hypocondriaque.	Le problème d'Argan est qu'il est hypocondriaque.
On ne peut nier que le crime est horrible.	Le crime est vraiment horrible.
Il est intéressant de voir que les héros sont des victimes.	Les héros sont des victimes.
Il est clair qu'Argan n'est pas vraiment malade.	Argan n'est pas malade.
On voit que le moulin représente la vie.	Le moulin représente la vie.
On peut noter que c'est la psychologie du malade qui...	C'est la psychologie du malade qui...
Je crois qu'apprendre deux langues est utile.	Apprendre deux langues est utile.
On peut constater / On peut avancer que le bilinguisme est une force.	Le bilinguisme est une force.
Il est vrai que le bilinguisme est une force.	Le bilinguisme est une force.
Il convient de souligner que le bilinguisme est une force.	Le bilinguisme est une force.
Il est indéniable que le bilinguisme est une force.	Le bilinguisme est une force.
Il est significatif que / Il est certain que le bilinguisme est une force.	Le bilinguisme est une force.
La première constatation qui s'impose c'est que le bilinguisme est une force.	Le bilinguisme est une force.

Toutefois, si ces expressions sont vraiment utiles dans le contexte, vous pouvez les utiliser.

Exemple

*Les frais de scolarité coûtent très cher. **Il convient tout de même de souligner que** la plupart des étudiants de deuxième et troisième cycles ont un poste d'assistant et que les étudiants de premier cycle ont droit à de nombreuses bourses, des prêts d'étudiants et à des emplois spéciaux pour les étudiants* (work study). *C'est pourquoi les frais de scolarité ne sont pas une vraie entrave à l'éducation.*

Dans ce cas, la phrase souligne effectivement une idée, c'est pourquoi on peut la garder.

ÉVITER LES EXPRESSIONS PERSONNELLES AVEC *JE*

« Je crois que, je pense que, à mon sens, d'après moi, selon moi », etc. : non seulement ces mots ne rajoutent rien au sens et alourdissent la phrase tout en prenant de la place, mais le devoir doit rester neutre en évitant les opinions personnelles exprimées de façon trop directe.

ENLEVER LES EXPRESSIONS CONTENANT LE MOT *VIE*

L'important **dans la vie / dans nos vies,** c'est de faire ce qu'on peut.	L'important, c'est de faire ce qu'on peut.
Il n'a pas eu d'impact **sur la vie de** personne.	Il n'a compté pour personne.
Il ne peut pas se cacher **toute sa vie.**	Il ne peut pas se cacher éternellement.
On est seul **dans la vie.**	L'être humain est toujours seul.
Il veut aider pour que **la vie** des personnes soit mieux.	Il veut aider les autres.

ENLEVER LES EXPRESSIONS CONTENANT LE MOT *FAIT*

Il insiste sur **le fait** qu'elle épouse un docteur.	Il veut qu'elle épouse un docteur.
En dépit de **ce fait...**	Malgré cela...
Malgré le fait qu'il est naïf...	Bien qu'il (+ subj.) soit naïf / malgré sa naïveté...
Il ne se soumet pas **au fait** qu'il n'est pas malade.	Il refuse d'admettre qu'il n'est pas malade.

Remarque

Attention aux allégements. Vous ne pouvez pas enlever n'importe quoi. Vous pouvez enlever les pronoms sujets, les auxiliaires s'ils sont les mêmes mais **vous devez répéter les prépositions et les conjonctions.**

EXEMPLE	TEXTE ALLÉGÉ
Elle est arrivée en retard, **elle** a bu une bière et **elle** est partie à 4 h.	Elle est arrivée en retard, a bu une bière et est partie à 4 h. (omission du **pronom sujet**)
Il **a** pris sa douche, **il a** mangé, **il a** préparé ses affaires et **il a** dit au revoir.	Il a pris sa douche, mangé, préparé ses affaires et dit au revoir. (omission de l'**auxiliaire** et du **pronom sujet**)
Il est arrivé en retard, il a apporté de la bière et il a tout bu.	Il est arrivé en retard, a apporté de la bière et l'a toute bue. (omission du **sujet** il)
Elle a peur **des** ascenseurs, **de** l'orage et **des** avions.	Elle a peur **des** ascenseurs, **de** l'orage et **des** avions. (répétition de la **préposition**)
Il a dit **qu'**il fallait se dépêcher et **qu'**il ne nous attendrait pas.	Il a dit **qu'**il fallait se dépêcher et **qu'**il ne nous attendrait pas. (répétition de la **conjonction**)

Remarque

On enlève le pronom sujet et l'auxiliaire, seulement si ce sont **les mêmes sujets** et **les mêmes auxiliaires.** Dans « il est arrivé, il a apporté et il a bu », il y a deux auxiliaires différents, c'est pourquoi on enlève le pronom *il* (qui est le même) mais on garde les auxiliaires.

Pour les conjonctions, on les enlève en même temps que le sujet, si c'est **le même sujet** et **la même conjonction.** Par contre, on répète la conjonction si les sujets sont différents (et qu'on doit donc garder les sujets).

EXEMPLES

Il a dit qu'il arriverait en retard, **qu'il** achèterait de la bière et **qu'il** nous l'apporterait.	Il a dit qu'il arriverait en retard, achèterait de la bière et nous l'apporterait. (omission de la **conjonction** *que* et du **sujet** *il*)
Elle a dit **qu'il** fallait se dépêcher et **qu'elle** ne nous attendrait pas.	Elle a dit **qu'il** fallait se dépêcher et **qu'elle** ne nous attendrait pas. (répétition de la **conjonction**)

ENLEVER LES RÉPÉTITIONS

Les répétitions ont un impact négatif sur le lecteur. D'une part, elles sont énervantes; d'autre part, elles donnent l'impression que les idées et le vocabulaire de l'auteur sont limités. Mais pour pouvoir les enlever, encore faut-il être conscient qu'elles existent. Pour les repérer, il existe plusieurs techniques.

Si vous n'avez pas accès à un ordinateur (pour un devoir en classe, par exemple), Vous pouvez d'abord lire le texte plusieurs fois, en ne regardant que les mots isolés, sans considérer le sens ou quoi que ce soit d'autre. Vous **cherchez les répétitions des mots** en rapport avec le sujet, surtout les mots trop souvent employés : *alors, donc, cependant, chose, gens, faire, être, avoir…* Puis, vous pouvez chercher **les répétitions de groupe de mots** : *l'auteur dit que, on voit que…* Enfin, vous enlevez les répétitions de phrases entières.

Pour faire attention à la forme et trouver les répétitions, vous pouvez lire le texte « à l'envers », en partant de la fin et en lisant des groupes de mots ou des mots individuels. Ainsi, le cerveau ne cherche plus une logique chronologique d'une phrase par rapport à l'autre, et un sens global, mais plutôt des éléments isolés dans des phrases. Lire à haute voix peut aussi aider à trouver certains éléments, que ce soient les répétitions ou les fautes d'orthographe ou de grammaire.

Si vous avez accès à un ordinateur, vous pouvez soumettre votre texte au logiciel (gratuit) *VocabProfil* en allant sur http://www.lextutor.ca/vp/fr/.

En analysant tous les mots utilisés, par catégorie et avec des couleurs différentes, vous repèrerez les mots répétés, ainsi que la variété du vocabulaire.

Après avoir trouvé les répétitions, vous trouvez des pronoms, vous changez les structures, vous mettez plusieurs petites phrases dans une plus grande phrase et vous trouvez des synonymes.

UTILISER DES PRONOMS

L'utilisation des pronoms permet non seulement d'enlever les répétitions, mais aussi de montrer que vous connaissez bien la grammaire, tout en variant le texte. Parmi les pronoms, on compte, entre autre, les pronoms relatifs : *qui, que, dont, où, ce dont, ce qui, ce que*, etc.; les pronoms personnels : *le, la, les, lui, leur, y, en;* les pronoms démonstratifs : *celui-ci, celle-ci, ceux qui, ce dernier* (*the latter*); les pronoms indéfinis : *aucun, tous, tout*, etc.

Exemples de phrases avec des répétitions

Paul ouvre le tiroir. Il vide tout ce qu'il y a dans le tiroir par terre. Puis il remet tous ses jouets dans le tiroir. (25 mots)

L'infarctus est une maladie grave. J'ai très peur de cette maladie. (11 mots)

Phrases corrigées en utilisant un pronom

Paul ouvre le tiroir. Il **en** *(pronom) vide le contenu par terre puis il remet tous ses jouets* **dedans** *(pronom). (18 mots)*

L'infarctus est une maladie grave **dont** *(pronom) j'ai très peur. (9 mots)*

UTILISER DES SYNONYMES

Vous pouvez aussi utiliser des antonomases ou des périphrases (voir annexe C) qui sont des synonymes ou des expressions qui qualifient la personne ou l'objet. Par exemple, pour ne pas répéter « Marie », vous pouvez dire : « cette dame », « cette jeune femme », ainsi que les pronoms *celle-ci, cette dernière, elle, qui*, etc. tout en vous assurant que le sens est le même.

Exemple de phrase avec des répétitions

J'entends aboyer **un chien**. *Je regarde par la fenêtre et je vois* **un chien. Ce chien** *est tout noir.* **Ce chien** *a l'air perdu. Moi, j'aime beaucoup* **les chiens**, *surtout* **les chiens** *gentils comme* **les chiens** *de compagnie. (38 mots)*

Exemple de phrase allégée

J'entends aboyer. Je regarde par la fenêtre et je vois un chien tout noir qui a l'air perdu. Moi, j'aime beaucoup les animaux de compagnie tels que les caniches. (29 mots)

Dire « aboyer un chien » est redondant puisque seuls les chiens aboient. *Animal* est synonyme de *chien*. On utilise le pronom relatif *qui*.

Récapitulons : Le style

Considérez votre prochain devoir et cochez les cases si vous pensez qu'il répond à ces questions. ☑

❐ Y a-t-il des répétitions?

❐ Ai-je allégé le texte autant que possible?

❐ Ai-je utilisé des mots ou expressions qui ne rajoutent rien et des expressions personnelles?

❐ Les phrases sont-elles assez courtes?

Résumé

Nous avons vu ici quelques-unes des étapes par lesquelles passer pour améliorer la qualité d'un devoir : le contenu, l'organisation, le vocabulaire, la grammaire et le style. Bien que ces étapes soient séparées en sous-parties, elles sont toutes intimement liées : vous pouvez alléger une structure et vérifier en même temps la grammaire tout en changeant le vocabulaire.

Ces parties sont vues séparément parce qu'elles représentent des difficultés particulières. Vous pourrez les traiter ensemble ou bien les traiter séparément, selon ce que vous trouvez plus facile et plus logique. L'ordre est aussi variable, l'important est que tous ces points soient traités à un moment donné.

Si vous n'arrivez pas toujours à maîtriser certaines étapes, telles que trouver les répétitions ou les maladresses, il peut être utile de travailler avec un autre étudiant du même niveau. On voit souvent chez les autres ce qu'on ne voit pas chez soi; cela permet de vous familiariser avec certains problèmes et de mieux les voir ensuite dans votre propre copie.

Exercices

1. Corrigez les fautes de grammaire.

À partir du paragraphe suivant posez plusieurs questions pour repérer les fautes, puis corrigez-les. Comparez vos questions et vos corrections avec vos voisins. Faites d'abord des corrections rapides en repérant les fautes les plus grossières (accords et verbes), puis faites de recherches pour corriger toutes les autres fautes.

Pour être égale dans le marché des travailles il faut de l'éducation mais pour vraiment avancer, le plus d'éducation qu'on a, le plus vite qu'on va avancer. Les travaux qui se concentre sur les recherches peut compter que les diplômés vont bien savoir comment faire des recherches, les assembler, puis déterminer qui sont valables. C'est important ces jours-ci avec l'internet que les personnes qui font des recherches sait comment voir la différence entre les information vrai ou faux.

2. Enlevez les répétitions.

Réécrivez le texte suivant en enlevant les répétitions, ce qui est redondant ou ce qui ne dit rien de précis et en y ajoutant des précisions. Comparez avec la version corrigée de ce même texte à la fin de ce manuel. Les principales répétitions sont indiquées en gras.

Les **êtres humains** peuvent **sentir** et reconnaître plus de dix milles **odeurs** différentes. **L'odorat** est **le sens le plus fort** que **les êtres humains** possèdent. Parce que **c'est le sens le plus fort**, les médias utilisent **l'odorat** comme nouvelle **méthode** publicitaire. Les compagnies ont des **méthodes** spéciales pour séduire les acheteurs sur l'internet, pour leur permettre de **sentir** les **odeurs** du **produit** avant d'acheter les **produits**. Ce rapport analyse l'influence des arômes lors de vos achats. Ainsi, nous étudierons les nouvelles techniques que les compagnies utilisent avec **les odeurs**, pour savoir si utiliser les **odeurs** avec un message subliminal est moral et acceptable.

Les êtres humains peuvent **sentir les odeurs** et se souviennent de 65 % de ces **odeurs** après un an, mais ils ne peuvent pas se souvenir de 50 % des images après trois mois. **Les êtres humains** ont la capacité de **sentir** beaucoup et très souvent. Des cinq sens, **l'odorat est l'un des plus forts**. C'est si **fort** que quand les gens **sentent une odeur** cela leur rappelle des souvenirs. Anatomiquement, « **l'odorat est**, avec le goût, le sens qui agit le plus directement sur les zones cérébrales responsables des émotions ». Les **odeurs** causent des **sensations fortes**. Les compagnies utilisent une nouvelle **technologie** qui s'appelle le Digicode, pour profiter de cette fonction naturelle. Avec cette **technologie**, lorsqu'on fait notre magasinage sur l'internet, on peut utiliser notre **odorat** pour **sentir** le produit qu'on veut acheter.

Ainsi, pour **les personnes** qui sont sourdes et aveugles, les compagnies comme Sony commencent à créer une machine qui peut stimuler la partie du cerveau qui est responsable de l'**odorat** et **aider** ces **personnes**. Ceci **aide** parce qu'ils pourraient voir l'image créée par les odeurs. La **technologie** peut **aider** les personnes qui ne peuvent pas éprouver ces sensations ailleurs.

Par contre, quand les compagnies utilisent les **odeurs** de cette façon, n'est-ce pas une sorte d'image subliminale? Le « nose doctor » Hirsch, le fondateur d'un institut pour traiter les problèmes d'**odorat,** pense que cette manière d'utiliser les odeurs est une façon de nous manipuler.

En effet, l'**odorat** n'est pas différent d'autres techniques de vente, **ceci est un sens très fort**. Il est impossible de dire aux **compagnies** qu'elles ne peuvent pas l'utiliser parce que c'est la même chose que les **méthodes** qu'elles utilisent maintenant. Les **compagnies** exploitent ce système et on ne s'en rend même pas compte. Cette nouvelle **technologie** est très prometteuse. Mais, c'est frustrant parce qu'ont se fait exploiter par les **compagnies** et on ne peut pas faire grand chose. On doit regarder les médias avec un œil critique et enseigner à nos enfants de penser pour eux-mêmes et pas à travers l'influence des médias. (442 mots)

Chapitre 13

━━━━━

Améliorer le style

Introduction

Travailler le style est peut-être la partie la plus agréable du devoir. On pourrait comparer cela à la décoration d'une maison dans le but de la vendre : on veut que les acheteurs potentiels aient la meilleure impression possible. Une fois que la maison est propre et rangée, on y ajoute les petites touches personnelles et les détails; un coussin ici, une plante là, une lampe ici, un vase avec des fleurs sur la table, des tableaux au mur, de belles serviettes (*towels*) dans la salle de bain, ainsi que des odeurs dans toute la maison : une odeur de citronnelle dans la salle de bain pour une impression de fraîcheur et de propreté, une odeur de vanille ou de pain frais cuit au four dans la maison, etc.

Il existe plusieurs techniques pour trouver du meilleur vocabulaire, pour améliorer le style et les structures, pour rendre le texte intéressant, original et agréable à lire et produire l'impression la plus positive possible en évitant la monotonie. De la même façon qu'il est possible d'apprendre des techniques sur comment faire un bon C.V. et comment réussir un entretien d'embauche, il est possible d'apprendre les techniques qui participent à créer une impression positive sur le lecteur. En voici quelques-unes.

Varier les constructions

Une fois que vous avez vérifié le contenu, la grammaire et le vocabulaire, il s'agit maintenant de vérifier les structures de phrase.

LA STRUCTURE DES PHRASES

Pour souligner les émotions, vous pouvez utiliser une ponctuation variée : la négation, l'interrogation et l'interro-négation.

Comparez les phrases suivantes :

1a. Exemple de phrase « banale »

Il était triste et désespéré en voyant cette femme morte.

1b. Exemple de phrases exclamatives

Quel désespoir! Quelle tristesse! Elle était morte! Quel effroi!

2a. Exemple de phrase « banale »

On ne peut vivre heureux en feignant d'être malade.

2b. Exemple de phrase interrogative

Est-il possible de vivre heureux en feignant d'être malade?

3a. Exemple de phrase « banale »

L'héroïne n'a pour seule issue possible que le suicide.

3b. Exemple de phrase interro-négative

*Le suicide **n'est-il pas** la seule issue possible?*

LA LONGUEUR DES PHRASES

Si le devoir ne contient que (*only*) des phrases très courtes, cela donne l'impression que les idées sont très simples et cela rend le devoir monotone. Parce qu'en anglais on conseille aux étudiants de construire des phrases plutôt courtes, et aussi parce que les étudiants utilisent peu de pronoms, ils construisent souvent des phrases trop courtes, construites sur le même modèle sujet-verbe-complément et dans le même ordre. Les étudiants pensent aussi que puisqu'il leur est conseillé de construire des phrases courtes en choisissant les constructions comprenant moins de mots, il est toujours positif d'utiliser des phrases courtes.

Toutefois, être concis ne veut pas dire utiliser uniquement des phrases courtes et simples. Il s'agit donc de construire des phrases plus longues, plus complexes et plus précises comprenant des adverbes et des adjectifs, divers compléments circonstanciels (de temps, de lieu, de manière…), ainsi que des pronoms qui relient plusieurs propositions.

Considérez les phrases suivantes. Quelles sont vos impressions?

Exemple de phrases courtes et simples

J'ai fait un rêve. J'ai rêvé que j'étais une vieille femme. J'avais les cheveux blancs et courts. Mon nez était pointu et laid. J'ai eu très peur. Aussi, j'étais très maigre, partout.

Cette succession de phrases courtes, simples et monotones crée l'impression que les idées sont simples, qu'il n'y a pas de rapport entre les idées et que le devoir manque d'organisation. Varier les structures met en relief les idées.

Le fait d'alterner phrases courtes et longues permet de varier le style ainsi que les sensations du lecteur.

Comparez les paragraphes suivants :

Exemple 1

Il était désespéré (3 mots). Il ne pouvait pas oublier ce crime (7 mots). Ce crime était inexcusable (4 mots). Le souvenir le rendait fou (5 mots). Le souvenir le rendait malheureux (5 mots).

Exemple 2

Il était désespéré (3 mots). Longtemps il avait cherché à oublier ce crime inexcusable, mais il en était incapable (14 mots). Le souvenir l'accablait et le plongeait dans une profonde détresse (10 mots).

Les idées sont plus ou moins les mêmes dans les deux paragraphes. Pourtant, dans le paragraphe 2, le vocabulaire est un peu plus recherché et précis (inexcusable, l'accablait, plongeait, détresse); il y a une alternance entre phrases courtes et phrases longues, ce qui varie le rythme.

INVITATION À ÉCRIRE

Créez un petit texte en utilisant le maximum de techniques expliquées ci-dessus.

LE RAPPORT ENTRE LES PHRASES

Si le lien entre ces phrases n'est pas clairement exprimé, le lecteur ne comprend pas bien le texte. Les phrases pourraient se trouver dans un ordre différent sans que cela change beaucoup puisqu'il n'y a pas de logique. Par contre, un texte bien construit a une suite logique qui est exprimée par des conjonctions, des locutions ou tout mot ou phrase de liaison. Si le texte est bien construit, on ne peut pas vraiment en changer l'ordre.

Exemple

Je me suis réveillée à sept heures. J'ai vite pris ma douche. J'ai lu mon courrier électronique. Je suis partie sans déjeuner. J'ai mal commencé la journée.

Le lecteur ne comprend pas bien ce qui se passe. Pourquoi a-t-elle vite pris sa douche? Est-ce normal pour elle? Pourquoi est-elle partie sans déjeuner? Est-ce son habitude? Pourquoi la journée a-t-elle mal commencé? On peut changer l'ordre de ces phrases sans que cela n'en change le sens.

Considérez maintenant le même texte auquel il y a maintenant un lien logique entre les phrases.

Exemple de texte retravaillé

Je me suis réveillée à sept heures au lieu de six. J'ai donc pris ma douche très vite. Bien que manquant de temps, j'ai quand même lu mon courrier électronique car j'attendais plusieurs messages urgents. Étant maintenant beaucoup trop en retard, j'ai dû partir sans déjeuner, alors que d'habitude je prends un petit déjeuner copieux. Quand je ne mange pas le matin, je n'ai pas d'énergie. J'ai été fatiguée et stressée toute la journée. Quelle mauvaise journée!

Le texte est plus long et plus précis. Le lecteur imagine la scène et comprend mieux ce qui s'est passé. Grâce aux détails le texte fait (un peu) réagir le lecteur qui peut même s'identifier au personnage, parce qu'il peut partager ses émotions. L'ordre des idées paraît plus logique parce qu'il y a des mots et phrases qui les relient entre elles.

LA SYMÉTRIE

On appelle *symétrie* l'équilibre entre deux mots, deux propositions (*clauses*), deux groupes de mots ou deux phrases. Pour qu'une phrase soit symétrique ou équilibrée, les mots doivent avoir un sens assez proche, être de même nature (deux verbes, deux adjectifs et non pas un verbe et un adjectif), de même fonction (deux compléments d'objet) et de même structure quand les conjonctions indiquent un rapport proche (et).

Ce qui n'est pas symétrique est jugé comme incorrect et maladroit, au mieux comme une faute de style, au pire comme une faute de vocabulaire ou de grammaire. Les écrivains peuvent faire exprès d'utiliser des structures asymétriques ou même parfois agrammaticales pour produire certains effets tels que l'anacoluthe, le chiasme, la polyptote ou la syllepse mais laissons les entraves (*infringement*) aux règles aux « spécialistes »!

Vous observerez la symétrie dans le fond comme dans la forme. Vous éviterez les structures « boiteuses » (*cumbersome, clumsy*), c'est-à-dire les structures qui penchent (*lean*) plus d'un côté que de l'autre; vous éviterez les structures incorrectes lorsque les mots n'ont pas un sens assez proche ou encore qu'un des mots est d'une autre nature.

1. Exemple de symétrie

Il est beau et intelligent.

Beau et *intelligent* sont tous les deux des adjectifs (qualificatifs), ces deux adjectifs ont tous les deux un sens « positif » et ils sont employés de la même façon: seuls, en position d'attribut (verbe copule: *être*).

2a. Exemple de manque de symétrie

Il est beau et méchant.

Le problème est ici au niveau du sens. Si on utilise la conjonction *et*, on suppose que les sens sont similaires. Sinon, on emploierait une conjonction indiquant une opposition tellequue *mais, pourtant, toutefois,* etc. Il y a donc un conflit entre le sens de *et* et le sens des deux adjectifs.

2b. Phrase corrigée (symétrique)

Il est beau et intelligent.
ou
*Il est beau **mais** (il est) méchant.*

3a. Exemple de manque de symétrie

Les Canadiens aiment les vacances et sortir.

Le problème est ici au niveau de la nature des mots. Si on utilise la conjonction *et*, on suppose que les deux mots seront de même nature: deux noms ou deux verbes. Ici, on a un nom (les vacances) et un verbe (sortir). La phrase a besoin, soit de deux noms, soit de deux verbes pour être symétrique.

3b. Phrase corrigée

Les Canadiens aiment les vacances et les sorties. (deux noms)
Les Canadiens aiment sortir et partir en vacances. (deux verbes)

4a. Exemple de manque de symétrie

Mon ami maîtrise bien l'anglais et brillamment le français.

Soit on fait **deux propositions bien séparées**, étant donné que l'adverbe « brillamment » va mal avec « maîtriser » (si on maîtrise une langue, c'est qu'on la parle brillamment, il serait donc pléonastique de dire « maîtrise brillamment »), soit on change une partie d'une proposition pour qu'elle soit symétrique, soit on utilise un adverbe pour « anglais » et pour « français » en rajoutant un verbe à « brillamment » (*maîtriser* ne convient pas).

4b. Phrase corrigée

Mon ami maîtrise bien l'anglais et le français.
ou
Mon ami parle brillamment l'anglais et le français.

5a. Exemple de manque de symétrie

La menthe sert à parfumer les maisons et en cuisine.

La structure est « bancale » (*unsound*) parce que « les maisons » est un COD (complément d'objet direct) alors que « en cuisine » est un complément circonstanciel. Les deux mots ont des fonctions différentes. On changera la phrase pour avoir la même fonction.

5b. Phrase corrigée

La menthe peut être utilisée pour parfumer les maisons et pour aromatiser certains plats.
ou
La menthe sert à parfumer les maisons et à aromatiser les plats.

On ne se rend pas toujours compte qu'une phrase manque de symétrie, parce qu'on a l'image dans sa tête et qu'on rectifie inconsciemment ce qui est incorrect, même en relisant. Il est parfois nécessaire qu'une tierce personne fasse remarquer les erreurs à l'auteur du texte. Toutefois, il est utile de vérifier de façon systématique la symétrie des phrases à chaque fois que vous utilisez des conjonctions (mais, et, ni…), c'est-à-dire de vérifier que les mots sont de même nature, de même groupe de sens et de même structure.

INVITATION À ÉCRIRE

Créez des phrases ayant une structure déséquilibrée.
Reprenez les mêmes phrases et transformez-les pour qu'elles soient équilibrées.

LE DISCOURS DIRECT ET INDIRECT

Il existe trois sortes de discours :

1. **Le discours direct** rapporte les propos exacts, tels qu'ils ont été donnés par le locuteur

Exemple de style direct

« Je vais oublier. Cette histoire est terminée », se disait-il.

2. **Le discours indirect** rapporte les propos de l'auteur de façon indirecte, par l'entremise d'une tierce personne. Ce discours demande alors des changements de personne, de temps, et d'expressions de temps (ex. : demain > le lendemain).

Exemple de style indirect

Il se disait que cette histoire était terminée et qu'il allait l'oublier.

3. **Le discours indirect libre** est comme une superposition du discours direct et indirect. Comme dans le discours direct on préserve la ponctuation et les interjections et on n'utilise pas de verbe déclaratif (dire, croire, penser…). Comme dans le discours indirect, on change les personnes (le « je » du style direct, devient « il » ou « elle »), on observe la concordance des temps et on modifie les expressions de temps (ex. : demain > le lendemain, hier > la veille, etc.). Ce style est très utilisé dans la narration, à l'écrit et dans la langue littéraire. Il permet de mieux exprimer les sentiments des personnages car la ponctuation reflète leurs émotions.

Exemple de style indirect libre

Il allait tout oublier. Cette histoire était terminée.
Qu'allait-il faire?

La plupart du temps, il vaut mieux utiliser le discours indirect (ou discours rapporté) mais lorsque le contexte le permet, vous pouvez utiliser le discours direct pour rendre le texte plus vivant.

Exemple : Charles Perrault, *Le Petit Chaperon rouge* (1697)

Il était une fois une petite fille de village, la plus jolie qu'on aurait pu voir; sa mère en était folle, et sa grand-mère plus folle encore. Cette bonne femme lui fit faire un petit chaperon rouge, qui lui seyait si bien que partout on l'appelait le Petit Chaperon rouge.

Un jour sa mère ayant cuit et fait des galettes, lui dit :

« Va voir comment se porte ta grand-mère, car on m'a dit qu'elle était malade. Porte-lui une galette et ce petit pot de beurre. »

Le style direct interrompt la narration pour rendre le style plus vivant.

INVITATION À ÉCRIRE

Racontez une petite histoire d'une vingtaine de lignes en alternant les styles direct et indirect.

L'INVERSION DE MOTS

Un mot placé en début de phrase qui n'est pas à sa place « normale » met en relief un adjectif, un complément d'objet ou tout autre mot ou proposition.

Phrase « normale »

Un beau et grand jeune homme aux cheveux blonds sortit tout à coup de la pièce.

Phrase avec inversion d'adverbe et de verbe

Tout à coup, sortit de la pièce un beau et grand jeune homme aux cheveux blonds.

Phrase « normale »

Le pauvre homme déprimé et découragé ne savait plus où demander de l'aide.

Phrase avec inversion des adjectifs participiaux

Déprimé, découragé, le pauvre homme ne savait plus où demander de l'aide.

Phrase « normale »

Il était bel et bien surpris.

Phrase avec inversion + pronom de répétition (*l'*)

Surpris, il l'était bel et bien.

Varier le rhythme des phrases

LA POSITION DES SYNTAGMES

Pour que les structures ne soient pas toujours prévisibles (sujet-verbe-complément) et ainsi créer un léger effet de surprise, vous pouvez changer l'ordre normal de la phrase en mettant le complément d'objet, l'attribut ou un complément circonstanciel d'abord, à la place du sujet. L'élément qui sera placé en premier sera alors mis en relief. La place des mots apporte des nuances de sens en plus d'en changer le style.

Exemples de phrases ayant des mots à différentes places

1. *Son chien était enfermé depuis trois jours.*
2. *Depuis trois jours, son chien était enfermé.*
3. *Cela faisait trois jours que son chien enfermé aboyait désespérément.*

La phrase 1 est assez neutre parce que les groupes de mots sont à leur place « normale ». La phrase 2 met un peu plus l'emphase sur la durée (trois jours). La phrase 3, met vraiment l'accent sur le temps (trois jours), le fait que ce soit triste pour le chien, ce qui est rappelé avec « désespérément ». La phrase 3 produit un effet plus fort que les deux autres.

DES ÉNUMÉRATIONS SIMPLES

Les énumérations amplifient l'impression de quantité.

Exemples

Tout l'accable : son mari, sa fille, ses amants, sa situation financière, ses dettes et ses mensonges.
Hommes, femmes et enfants : tous la regardaient avec mépris (contempt).

LA RÉPÉTITION

Il s'agit ici de répétitions « voulues » (voir annexe C pour l'anaphore). On choisit de répéter des mots pour produire un effet particulier.

Exemples de répétitions « voulues »

Non, il ne pouvait pas se le pardonner. Non, il ne pouvait pas l'oublier.

Il était désespéré. Longtemps il avait cherché à oublier ce crime, ce crime inoubliable, inexcusable, mais il en était incapable. Le souvenir l'accablait.

Les répétitions des mots « ce crime » et du suffixe **-able** permettent au lecteur de ressentir le retour perpétuel de ces sentiments et de mieux comprendre et ressentir la culpabilité du criminel.

L'EMPHASE

Il existe plusieurs façons de mettre en relief certains éléments de la phrase. L'une d'entre elles est la position des mots et la place (en début de phrase) avec *ce que, ce qui,* etc. Pour exprimer des émotions, sensations et désirs, les mots les plus expressifs viennent en premier avec une forme emphatique (c'est que, cela… que, voilà… que…).

Exemples de phrases emphatiques

C'est le *maire, cet homme respecté,* **qui** *avait commis ce crime. Après avoir tout fait pour dissimuler son crime,* **le voilà qui** *envoie une lettre expliquant ses agissements.* **C'est à** *cette journée atroce* **qu'**il pensait sans cesse. C'est pourquoi il voulut arrêter le calvaire et se rendre à la police.*

L'emphase suggère aussi que c'est d'autant plus inattendu et inacceptable que ce soit lui le criminel (c'est le maire… qui). Tandis que si la phrase avait été, « le maire avait commis ce crime » elle aurait été plus neutre et moins chargée d'émotions, de nuances et de sous-entendus.

Les formules emphatiques produiront plus d'effet si elles contiennent des pronoms :

Ce qui (sujet) : ***Ce qui*** *crée cette impression, c'est l'utilisation abusive d'inversions.*
Ce que (COD) : ***Ce que*** *l'auteur veut souligner, c'est l'absurdité de la guerre.*
Ce dont (COI avec *de*) : ***Ce dont*** *l'héroïne a besoin, c'est de soutien et de compassion.*
Ce à quoi (COI avec *à*) : ***Ce à quoi*** *l'auteur fait référence, c'est la guerre de Cent Ans.*

Remarque
Attention à ne pas utiliser ces structures trop souvent car elles alourdissent le style.

Les modes et les temps

Bien que le présent de l'indicatif (le présent littéraire) soit le temps le plus approprié pour écrire des compositions et des commentaires littéraires, il est possible d'utiliser exceptionnellement quelques autres modes et temps : présent, futur, imparfait de l'indicatif, conditionnel, infinitif, subjonctif, participe passé, etc. pour mettre en relief certains éléments, actions et concepts.

Exemples de phrases ayant différents modes et temps

futur simple :   *C'est pourquoi il se suicidera.*
futur proche :   *Elle va enfin trouver le repos dans la mort.*

(On emploie le futur plutôt à la fin d'un texte, ou quand la fin du texte est proche. Le futur simple est plus recherché que le futur proche.)

conditionnel passé :   *Serait-il arrivé un malheur? (Exprime un doute.)*
conditionnel présent :   *Devrait-elle se contenter de cette vie insipide?*
conditionnel + interro-négation :   *Ne pourrait-elle pas trouver une échappatoire?*

Les temps permettent aussi de faire le lien entre les phrases et de rendre le texte plus logique. Par exemple, un temps marquera la simultanéité, un autre l'antériorité. Le subjonctif et le conditionnel indiquent le doute ou l'irréel. L'infinitif et le participe présent permettent d'éviter de nommer le sujet, et de rendre ainsi le ton plus impersonnel. Les modes et temps doivent être choisis judicieusement.

Exemple de phrases ayant les même temps, phrases séparées

L'auteur est allé en France. Il a fait des études universitaires en France. Il a eu des problèmes avec la critique. Il a quitté la France.

Le lien entre les phrases est peu clair. Le lecteur ne comprend pas exactement ce qui se passe.

Exemple de phrases reliées par les modes et les temps et certains mots

Après avoir fait des études universitaires en France, et ayant eu des problèmes avec la critique, l'auteur est parti aux États-Unis où il a finalement connu le succès.

Le texte est maintenant plus clair et plus logique.

LA VOIX ACTIVE

Le plus souvent, les voix passives sont à éviter parce qu'elles alourdissent le style avec des mots supplémentaires (la préposition *par* et l'auxiliaire *être*) et changent partiellement le sens de la phrase. Si elles sont déjà déconseillées en anglais, elles le sont d'autant plus (*all the more*) en français.

Vous emploierez la voix passive uniquement dans des cas très particuliers :

• pour mettre l'accent sur le résultat;
>   *Une décision a été prise. (Peu importe qui l'a prise.)*

• pour mettre le complément d'objet direct (COD) en relief (et non le sujet);
>   *La vitre a été cassée.*

- pour les descriptions de lieu;
  La ville est entourée de remparts. La route est couverte de neige.

- pour les événements historiques;
  La France a été envahie par les Allemands. La ville a été bombardée.

- pour souligner l'impuissance du sujet.
  Une vieille dame a été attaquée. (Elle n'a rien pu faire.)

En fait, la voix passive s'emploie souvent pour plusieurs de ces cas en même temps, par exemple, pour mettre l'accent sur le résultat et aussi l'impuissance du sujet. Dans tous les autres cas, **vous éviterez les voix passives.**

De plus, les voix passives sont souvent problématiques car si elles sont mal utilisées, il y alors non seulement une faute de style, mais aussi une faute de grammaire.

EXEMPLES DE VOIX PASSIVES
GRAMMATICALEMENT INCORRECTES   **CORRECTIONS**

1. J'ai été offert un beau cadeau.	On m'a offert un cadeau.
2. La leçon a été étudier.	La leçon a été étudiée.

1. On ne peut pas construire une voix passive avec un COI (verbe qui a la préposition *à*).
2. Après un auxiliaire, on utilise le participe passé et non l'infinitif.

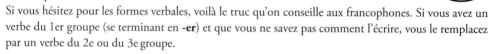

Remarque

Si vous hésitez pour les formes verbales, voilà le truc qu'on conseille aux francophones. Si vous avez un verbe du 1er groupe (se terminant en **-er**) et que vous ne savez pas comment l'écrire, vous le remplacez par un verbe du 2e ou du 3e groupe.

Exemple 1

Elle a été mangée. Vous remplacez manger *par un autre verbe, par exemple, écrire.*
↳ *Elle a été* écrite.
Écrite est au participe passé, cela indique donc que *manger* doit être au participe passé.

Exemple 2

Je veux manger. Vous remplacez manger *par un autre verbe, par exemple, dormir.*
↳ *Je veux* dormir.
Dormir est à l'infinitif, cela indique donc que *manger* doit être à l'infinitif.

Vous devez utiliser des **voix actives à la place des voix passives**. Si vous ne connaissez pas le sujet ou que celui-ci n'est pas important, vous traduisez la voix passive par *on*.

Exemple

Cet outil est utilisé. → *On utilise cet outil.*

Quelques exemples de voix passives transformées en voix actives :

VOIX PASSIVES	VOIX ACTIVES
Le naturalisme est défini comme « une représentation réaliste de la nature ».	Le naturalisme se définit comme « une représentation réaliste de la nature ».
C'est décrit comme un enfer.	C'est l'enfer.
Il n'est jamais dit la vérité.	On ne lui a jamais dit/on ne lui dit jamais la vérité.
S'il était trouvé coupable, il serait condamné.	Si on découvrait (apprenait) qu'il est coupable, il serait condamné.
Le thème de la guerre peut être vu dans ce roman.	Ce roman traite de la guerre.
Sa maladie peut être vue comme une façon de manipuler les autres.	On peut considérer sa maladie comme étant une façon de manipuler les autres.
Ce type de maladie est comparé à la lèpre.	On peut comparer cette maladie à la lèpre.
Il est concerné par ses maladies.	Il s'inquiète/se préoccupe de ses maladies.
Il a été forcé de le faire.	Il a dû le faire.
Ils sont forcés d'ouvrir les yeux.	Ils doivent ouvrir les yeux.
Ce siècle est aussi appelé le siècle des lumières.	Ce siècle s'appelle aussi le siècle des lumières.
Il y a des sentiments qui sont associés à certaines odeurs.	On associe des sentiments à certaines odeurs.

Les formes pronominales s'emploient principalement quand il s'agit d'une chose, que le fait est toujours vrai et connu de tous (tous ceux qui connaissent le domaine).

Exemples

*Voix passive : Le poisson **est mangé** cru au Japon.*
*Forme active avec forme pronominale : Le poisson **se mange** cru au Japon.*
Voix passive : Le verbe attacher ***est écrit*** *avec deux t.*
Forme active avec forme pronominale : Le verbe attacher ***s'écrit*** *avec deux* t.

INVITATION À ÉCRIRE

Écrivez un petit texte en utilisant l'inversion, l'énumération, l'emphase, des temps et modes variés et la voix active.

LES TOURNURES IMPERSONNELLES

Certains verbes demandent toujours un sujet impersonnel (il pleut, il faut, il s'agit, etc.), d'autres demandent des sujets personnels. Il est toutefois possible d'utiliser des formes impersonnelles avec certains verbes personnels.

Alors qu'une phrase « normale » telle que « un homme arrive » met l'emphase sur le sujet, la forme impersonnelle met plutôt l'emphase sur la situation ou sur le résultat, un peu comme la voix passive. Au niveau du style, la forme impersonnelle est un peu plus recherchée que la voix passive. Il y a aussi une légère nuance de sens.

Comparez les phrases suivantes :

Une catastrophe est arrivée.
Il est arrivé une catastrophe.

Dans les formules impersonnelles, l'agent n'a plus de place donc le sujet du verbe n'est pas important. Ce qui est important ici, c'est le résultat. Comme l'emphase est sur le résultat et que les mots n'ont pas leurs place et fonction « normales », cette structure (***il*** impersonnel avec verbe personnel) est aussi une forme emphatique. La deuxième phrase est plus dramatique que la première.

Ajouter des détails

ÉTOFFER LES PHRASES POUR TRADUIRE CERTAINES PRÉPOSITIONS ANGLAISES

Les prépositions ont un sens plus fort en anglais qu'en français et ne sont pas toujours employées de la même façon dans les deux langues. C'est la raison pour laquelle on trouve des verbes tels que : *go on, go out, go off, go across*, etc. C'est la préposition qui donne le sens au verbe en anglais. Par contre, en français, on aura le plus souvent recours à des verbes différents pour traduire les prépositions anglaises.

Exemples

Anglais : to walk across the road
Français : ***traverser*** *la rue*
Anglais : to climb up the stairs
Français : ***monter*** *les escaliers*
Anglais : She swam across Lake Champlain.
*Français : Elle **a traversé** le lac Champlain **à la nage**.*

Autrement dit, à chaque fois que vous voulez traduire une expression comprenant une préposition, il est impératif de la chercher dans le dictionnaire. Si elle a un sens « fort », on utilise un nom ou un verbe à la place de la préposition en français.

De plus, contrairement à l'anglais, en français, les prépositions sont « statiques » sauf les prépositions *vers* et *jusqu'à*. Cela veut dire qu'elles ne peuvent pas traduire un déplacement d'un lieu vers un autre, le déplacement s'exprimera alors par le verbe. En français, on ne peut pas utiliser n'importe quel verbe suivi de la préposition *à* (ou d'autres prépositions) pour exprimer le déplacement. Par exemple, on ne peut pas dire « elle a marché à la porte » ou « elle a marché vers la porte » pour traduire « she walked to the door ».

On ne peut pas utiliser de prépositions avec des verbes tels que *marcher, conduire, courir, déménager* pour traduire le déplacement d'un lieu vers un autre. Les prépositions anglaises de changement de lieu demandent des verbes en français. Pour marquer le déplacement, on utilise plutôt les verbes *aller*, ou *se rendre*, suivi du moyen de locomotion pour traduire « *to* » et un verbe de même sens que la préposition anglaise (*across* : traverser; *down* : descendre; *out* : sortir, etc.).

Considérez les phrases anglaises suivantes, les traductions littérales impropres, suivies de traductions correctes.

PHRASE INCORRECTE	PHRASE CORRECTE
*She walked **to** the door.*	
Elle a **marché à** (**vers**) la porte.	Elle s'est **dirigée** vers la porte.
I drove to work.	
J'ai **conduit au** travail.	Je suis **allé** (me suis **rendu**) au travail **en voiture.**
She moved to Vancouver.	
Elle a **déménagé à** Vancouver.	Elle est **allée** vivre à Vancouver.
	Elle s'est **installée** à Vancouver.

AJOUTER DES PRONOMS

On a tendance à utiliser plus de pronoms en français qu'en anglais, notamment avec les verbes *dire, parler, savoir.*

Exemples

Anglais : You have to tell me.
*Français : Tu dois m'**en** parler.*
ou
*Tu dois me **le** dire.*

Anglais : As the author says…
*Français : Comme **le** dit l'auteur…*

Anglais : He knows.
*Français : Il **le** sait.*

On utilise le pronom *en* avec les mots exprimant la quantité (un peu, beaucoup, etc.)

Anglais : Take some.
*Français : Prenez-**en** un peu.*

Anglais : Give me two.
*Français : Donnez m'**en** deux.*

PEINDRE UN TABLEAU AUX COULEURS VIVES

Une bonne description permet au lecteur de s'imaginer exactement ce que vous dites et de peindre votre description dans un tableau.

Exemple de phrase vague

Elle est belle.

Le lecteur ne sait pas de quel genre de beauté il s'agit. Le concept de la beauté étant assez arbitraire, le lecteur peut imaginer plusieurs sortes de beauté.

Phrases « enrichies »

Elle a la beauté de la jeunesse : une peau hâlée, des cheveux bruns soyeux, de belles dents blanches et une taille de guêpe (hourglass figure).

Elle sait se mettre en valeur : elle trouve toujours un vêtement qui souligne ses formes généreuses et des couleurs qui rehaussent son teint mat.

Son petit nez retroussé, ses cheveux blonds, sa peau blanche et son sourire angélique la font ressembler à une poupée de porcelaine.

Exemple de phrase vague

Il ne se sent pas bien.

Le lecteur ne sait pas s'il s'agit d'un état physique, moral, passager ou qui dure depuis déjà quelque temps. Le présent s'applique pour une action qui se passe dans le présent, mais aussi pour une action qui a commencé depuis déjà un moment (*he's not been well*).

Phrases « enrichies »

Il a attrapé la grippe : il est couché avec 39° de fièvre, tousse et éternue sans arrêt.
Il est déprimé depuis que sa femme l'a quitté ; il pense même au suicide.

AJOUTER DES COMPLÉMENTS DU NOM, DE L'ADJECTIF ET DU VERBE

Pour donner plus de précision aux noms et verbes, les étudiants préfèrent souvent utiliser des adjectifs et des adverbes et utilisent trop peu d'autres déterminatifs et modifieurs. Les compléments du nom, de l'adjectif et du verbe permettent de varier le texte, préciser certaines nuances et construire des structures de niveau plus élevé, plus idiomatique et souvent d'un style plus recherché.

Exemples

Il y avait du silence.	*Il y avait un silence de mort.*
Elle était rouge.	*Elle était rouge de honte.*
Il tremblait.	*Il tremblait de peur.*
La femme pleurait.	*La femme pleurait à fendre l'âme.*
Elle était malheureuse.	*Elle était malheureuse comme les pierres.*
Elle portait une jolie robe.	*Elle portait une jolie robe de soie aux couleurs chatoyantes.*

On forme les compléments de noms avec la préposition *à* pour

- Les caractéristiques physiques, habillement, décor
  un homme au long nez, un vieillard à la barbe blanche, une jeune fille au teint de pêche, une salle de bain aux murs roses

- L'usage (la fonction, l'utilisation)
  une coupe à champagne, une cuillère à thé, un verre à vin, une planche à repasser

- La manière
  parler à voix basse, aller à toute vitesse, chanter à tue-tête
  (Répond à la question « comment? »)

- Un ingrédient important (mais pas le seul) dans un plat
  une tarte aux pommes (c'est le plus important, mais il y a d'autres ingrédients), une soupe à l'oignon (il y a aussi de l'ail, du bouillon de poulet…)

On forme les compléments de noms avec la préposition *de* pour :
- La possession
  le chat de ma voisine, l'ami de mon frère

- Les caractéristiques morales
  un écrivain de grand talent, un homme de courage
  (Répond à la question « quelle sorte de…? »)

- La cause
  il est mort de froid, il pleure de douleur, elle saute de joie
  (Répond à la question « pourquoi? »)

- Le contenu
  une tasse de café, un verre de vin, une assiette de soupe
  (Répond à la question « qu'y a-t-il dedans? »)

- Les mesures
  un mètre de haut, une distance de 100 km, maigrir de 20 kg

- La matière (brute)
  une maison de paille, un collier de perles, une rivière de diamants

- Un ingrédient qui compose entièrement un plat ou une chose
  une salade de tomates (il n'y a que des tomates), une soupe de poisson, un jus de pomme

On forme les compléments de noms avec la préposition *en* pour
- La matière (travaillée)
  une robe en coton, une bague en or

- Pour les vêtements, on peut utiliser les prépositions *en* et *de*, mais on utilise surtout *en* : une veste en jean, des chaussures en cuir, des bottes en caoutchouc.

AJOUTER DES COMPLÉMENTS CIRCONSTANCIELS

Pour préciser et varier le contenu et les structures des phrases, vous pouvez utiliser des compléments circonstanciels de lieu, de temps, de manière, d'accompagnement ou toute autre proposition venant rajouter des informations et des détails.

Exemples

J'ai fait un rêve.   *La semaine dernière, j'ai fait un rêve atroce.*
Il ne pouvait oublier.   *Malgré ses efforts, il ne pouvait oublier ce crime impardonnable.*

Il a de la fièvre.   *Cela fait une semaine qu'il est couché avec 39° de fièvre.*
Ils la regardaient.   *Ils la regardaient tous avec mépris.*

AJOUTER DES COMPARAISONS, ANALOGIES ET MÉTAPHORES

Les comparaisons et les analogies aideront le lecteur à mieux imaginer et visualiser certains concepts et ainsi mieux comprendre une idée.

EXPRESSIONS UTILES POUR LA COMPARAISON
ADJECTIF + UN NOM

analogue à...	*analogous, similar to*
égal à...	*equal to*
équivalent à...	*equivalent to*
identique à...	*identical to, the same as*
pareil à...	*similar to, like, the same as*
similaire/semblable à...	*similar to*
tel...	*like*
tel que...	*such as*
suivant...	*according to*
selon...	*according to*
à l'exemple de...	*following the example of, like*
à l'instar de...	*following the example of, like*
ainsi que...	*as well as*
de même que...	*it is the same for*
par rapport à/comparé à...	*in comparison with, in relation to, with respect to*

Exemple de comparaison (citation)

Le poète est semblable au prince des nuées. (Baudelaire)

Les métaphores permettent de faire réagir le lecteur en créant chez lui des impressions plus fortes (voir annexe C sur les figures de style).

Exemple

le chemin de fer → le ruban de métal

Le chemin de fer devient alors un élément noble en devenant « le ruban de métal ».

Exemple

la neige → le manteau blanc

La neige insignifiante devient alors un élément romantique en devenant « un manteau blanc ». Considérez les phrases suivantes et expliquez vos réactions.

Elle est maigre.   *Elle est maigre comme un clou.*
Il est blanc.   *Il est blanc comme un linge.*
Il est rouge.   *Il est rouge comme une tomate.*

Par exemple, vous pouvez comparer les couleurs aux :

- fleurs : lavande, jonquille, pivoine…
- légumes ou fruit : tomate, aubergine, citron, rose, bonbon…
- oiseaux : serin, geai, corbeau, canari…
- pierres précieuses : émeraude, turquoise, saphir, jade…

Exemples :

Cette femme se teint les cheveux. Elle a les cheveux noir corbeau.
Ses yeux bleu turquoise la rendaient inoubliable.
Ses dents blanches avaient l'éclat d'un diamant.

Certains noms de couleur sont d'ailleurs formés directement sur le nom qu'ils qualifient en omettant la couleur qui est sous-entendue : (jaune) citron, (bleu) turquoise. Vous pouvez aussi préciser les nuances des couleurs : bleu clair, bleu marine, bleu vif… Par contre, pour les comparaisons, il faut faire attention car les éléments de comparaisons sont souvent différents en français et en anglais.

Exemples

They are like two peas in a pod. *Ils se ressemblent comme deux gouttes d'eau.*
He's as red as a beet. *Il est rouge comme une tomate.*

NUANCER TOUT EN EXPLIQUANT

Lorsqu'on émet une opinion, on veut que la phrase soit précise, mais on veut aussi que la phrase soit « nuancée » pour signaler que ce n'est pas forcément le cas pour tout le monde.

Exemple de phrase trop générale

Les automobilistes sont dangereux.

Cette phrase est problématique au niveau de l'argumentation : on ne peut pas dire que *tous* les automobilistes sont dangereux. Elle est aussi problématique au niveau de la structure : la phrase est très simple. On va donc rajouter un adverbe pour nuancer et rajouter une explication.

Phrase « enrichie »

*Les automobilistes sont **parfois étourdis** (absent-minded). Certains parlent sur leur téléphone portable, d'autres cherchent un endroit et ne regardent pas devant eux (et encore moins derrière) et beaucoup pensent à une question qui les préoccupe ; enfin, il arrive que plusieurs de ces facteurs soient réunis rendant les automobilistes franchement dangereux.*

INVITATION À ÉCRIRE

Écrivez un petit texte en utilisant des nuances, des compléments, des comparaisons, des métaphores et des explications, et en utilisant le maximum de détails.

Travailler le style

Cette partie peut être particulièrement agréable car c'est un travail unique et original sur la langue, mais aussi sur ses propres pensées. Ce genre d'exercice peut s'appliquer à n'importe quelle situation de communication. Elle consiste à déterminer avec plus de précision, les effets que l'on veut obtenir, les émotions que l'on veut que le lecteur ressente. Voici quelques techniques qui produisent certains effets.

ONOMATOPÉES ET INTERJECTIONS

Utiliser des onomatopées et des interjections rend le texte plus vivant et plus authentique. On les utilise souvent dans le style direct entre guillemets.

Certaines onomatopées sont plutôt utilisées par les enfants (pin-pon, tchou-tchou) et sont particulièrement efficaces pour décrire un enfant ou le bruit qu'il imite. Certaines onomatopées sont les mêmes en français et en anglais (bang, blablabla, crac, ding-dong, tchou-tchou, vroum-vroum).

Il est prudent de toujours vérifier les traductions des onomatopées car elles sont souvent différentes d'une langue à l'autre et parfois certaines onomatopées existent dans une langue mais pas dans une autre. Par exemple, le bruit du camion de pompiers est « pin-pon ». La traduction du dictionnaire *Collins et Robert* est « sound made by two-tone siren ».

Voici une liste d'onomatopées et interjections fréquemment utilisées :

aïe	*ouch, ow*
aïe, aïe, aïe	*oh my, oh dear, oy*
areu areu	*goo-goo*
badaboum (chute)	*crash, bang, wallop*
berk ; beurk	*yuk*
bip	*beep*
boum (explosion)	*boom, bang*
chut	*shhh, shush*
clac	*slam, snap, crack*
dring (téléphone)	*ring, ding, ding-a-ling*
hummm (qu'on prononce : [m])	*hmmm*
miam miam	*yum, yum-yum*
ouf	*phew, whew*
oust(e) (pour une personne)	*shoo*
pscht (pour un animal)	*shoo*
paf	*bam, slap, wham*
pan (coup de feu)	*bang*
pouah	*ugh, yuk*
patatras (construction qui s'écroule)	*crash*
plouf	*splash*
tic-tac	*tick-tock*
toc toc toc	*knock-knock*

On peut aussi les utiliser comme des noms pour varier le style.

Exemples d'utilisation d'onomatopées

« Beurk! », fit-il en recrachant les épinards.
On entendit un grand boum.
Le tic-tac du réveil l'empêchait de dormir.

L'IRONIE

L'ironie consiste à dire le contraire de ce qu'on pense ou exprime, pour mieux mettre en relief une idée. Elle peut être utilisée pour se moquer de quelque chose ou de quelqu'un, pour faire réagir le lecteur, soit en le surprenant, soit en le faisant rire. L'ironie est très employée en littérature. On en trouve par exemple dans *Candide* de Voltaire ou dans *Les fables* de La Fontaine.

L'ironie peut se manifester de différentes façons : une histoire naïve, un personnage naïf (Candide), une parodie de personnes (que l'on retrouve souvent dans les pièces de Molière), d'histoires ou de personnages, une histoire ou des personnages trop parfaits, ou encore avec des exagérations dans les descriptions ou le style.

DES EXAGÉRATIONS, TROP DE DÉTAILS POUR L'HUMOUR ET LE RIDICULE

Pour varier un peu le style et rendre le ton un peu humoristique, on peut exagérer les descriptions. Si on en donne trop, cela rend la scène ridicule et drôle à la fois.

Exemple d'exagérations dans les détails

La dame d'une cinquantaine d'années portait une étrange jupe qui était à la fois serrée au ventre et évasée (flared) *aux jambes. On pouvait remarquer sur cette jupe de couleur indéfinissable entre le beige, le blanc sale et gris, des tâches qui semblaient être des éclaboussures* (stain, smear) *de friture de cuisine. Cette petite dame à la jupe tachée cadrait* (match) *bien avec sa cuisine qui était elle-même couverte de graisse.*

Voici un passage tiré de *Candide* où les descriptions trop précises et trop longues traduisent l'ironie :

Candide, chassé du paradis terrestre, marcha longtemps sans savoir où, pleurant, levant les yeux au ciel, les tournant souvent vers le plus beau des châteaux, qui renfermait la plus belle des baronnettes.

Le vocabulaire est exagéré : « Le paradis terrestre […] pleurant […] levant les yeux au ciel » ainsi que les superlatifs « le plus beau des châteaux » et « la plus belle des baronnettes ». Ce passage est amusant parce que tout y est exagéré et il reflète bien l'ironie. Vous pouvez imiter ce genre de descriptions dans vos textes.

L'INATTENDU

Qu'il s'agisse d'un texte simple ou d'un texte plus complexe, le procédé est le même : si on s'attend à un événement ou une conclusion logique et qu'on trouve autre chose, cela provoque un effet de surprise. Ceci est particulièrement utile dans des thrillers ou des polars (*detective novel*). L'élément de surprise est utile pour garder l'intérêt du lecteur jusqu'à la fin et rendre le texte plus intéressant, et ce, quel que soit le style du texte.

Exemple de phrase marquée par l'inattendu avec « mais »

L'immense doberman grognait et aboyait comme une bête enragée (rabid). *Il se jeta sur l'inconnu terrorisé qui voyait sa dernière heure arrivée **mais** le colosse finit par le lécher, à la surprise de l'homme blanc de peur.*

Avec la description du chien, on s'attend à ce qu'il morde ou même qu'il tue l'inconnu. Toutefois, il se passe autre chose ce qui rend la description qui est pourtant banale, relativement intéressante : l'animal féroce lèche l'inconnu.

Si la surprise est vraiment contraire à la logique, au sens commun, ou à ce qu'on pourrait attendre dans une telle situation, on a alors un effet comique. On trouve un exemple de comique créé par l'inattendu au début du chapitre 8 de *Candide* :

J'étais dans mon lit et je dormais profondément, quand il plut au ciel d'envoyer les Bulgares dans notre beau château de Thunder-ten-tronckh; ils égorgèrent mon père et mon frère, et coupèrent ma mère par morceaux. Un grand Bulgare, haut de six pieds, voyant qu'à ce spectacle j'avais perdu connaissance, se mit à me violer; cela me fit revenir, je repris mes sens, je criai, je me débattis, je mordis, j'égratignai, je voulais arracher les yeux à ce grand Bulgare, ne sachant pas que tout ce qui arrivait dans le château de mon père était une chose d'usage : le brutal me donna un coup de couteau dans le flanc gauche dont je porte encore la marque.

– Hélas! J'espère bien la voir, dit le naïf Candide.
– Vous la verrez, dit Cunégonde; mais continuons.
– Continuez », dit Candide.

La pauvre Cunégonde a vu toute sa famille se faire massacrer dans des conditions atroces. Puis, elle se fait violer par un homme monstrueux qui en supplément lui donne un coup de couteau dans le ventre. Elle a tout perdu : sa famille, son argent, sa virginité, son honneur, peut-être même sa capacité d'enfanter. Elle raconte tout cela à son grand amour, celui qui l'a cherchée dans le monde entier et qui a renoncé à tout pour elle.

On s'attendrait à ce qu'il compatisse à ses malheurs, qu'il soit effondré, désespéré d'entendre de telles horreurs, qu'il essaie de la réconforter et qu'il lui montre son amour et sa compassion, ce dont elle aurait besoin dans la situation. Et que lui dit-il? « Hélas! J'espère bien la voir ». Cette phrase est aussi bizarre qu'incongrue (*inappropriate*).

Puis on s'attendrait à ce que Cunégonde soit vexée (*hurt*) et humiliée que son histoire n'ait provoqué chez Candide comme seul intérêt le désir de voir sa cicatrice. On s'attendrait à ce qu'elle soit folle de rage en voyant qu'il se moque totalement de ses souffrances. Mais non! Le comique continue puisqu'elle lui dit qu'elle aimerait terminer son histoire, comme si ce n'était pas grand chose. L'humour et l'ironie sont donc présents à différents niveaux, entre autre dans l'inattendu de la situation et des remarques des protagonistes. Bien que le contenu de l'histoire soit horrible, l'impression générale est que c'est drôle.

INVITATION À ÉCRIRE

Écrivez un paragraphe, travaillez le style en utilisant l'ironie, des interjections et onomatopées, la surprise et des exagérations d'après les explications et exemples ci-dessus. Utilisez le maximum de figures de style en annexe C.

Résumé

Exprimer une idée a pour but principal de communiquer une idée au destinataire, ici, le lecteur ainsi que de provoquer chez lui certaines émotions et réactions. La façon de s'exprimer est très importante. Dans *Cyrano de Bergerac* d'Edmond Rostand, par exemple, on voit le rôle des mots dans la séduction. Travailler le style permet de mettre en relief les idées et de produire de plus grandes impressions sur le lecteur. Nous avons vu ici quelques procédés stylistiques tels que l'emphase, l'ironie, l'utilisation de différents types de structures.

Si vous voulez améliorer le style de vos écrits, vous pouvez vous demander à chaque fois que vous lisez votre texte comment vous pourriez mieux exprimer ce qui a été dit, comment varier le rythme et les structures, et comment produire certains effets sur le lecteur.

Récapitulons

Considérez votre prochain devoir et cochez les cases ☑

❏ Les phrases sont-elles de longueurs variées?

❏ Les mots sont-ils toujours dans le même ordre?

❏ La ponctuation est-elle variée?

❏ Le lien entre les phrases est-il bien fait?

❏ Ai-je utilisé plusieurs modes et temps?

❏ Y a-t-il de l'inattendu ou tout est très prévisible?

❏ Ai-je utilisé de l'ironie?

❏ Quels effets ai-je voulu produire sur le lecteur?

❏ Quelles techniques ai-je utilisé pour y parvenir?

❏ Ai-je utilisé des exemples précis?

❏ Ai-je utilisé des comparaisons, des métaphores?

❏ Quelles techniques littéraires ai-je utilisé?

❏ Quelles impressions produit mon texte, pourquoi?

Exercices

1. Changez tout ce qui peut être amélioré dans ce devoir. Puis, comparez votre production avec le texte retravaillé se trouvant dans le corrigé. Qu'observez-vous?

2. Écrivez un petit texte en utilisant le maximum de procédés de ce chapitre.

3. Prenez un ancien devoir et travaillez uniquement le style en utilisant les méthodes suggérées. Demandez à une personne qui comprend bien le français de lire la première version et la dernière version corrigée. Demandez-lui de décrire ses impressions par rapport aux deux textes.

Qu'a-t-elle compris de différent dans le deuxième texte? Ressent-elle des émotions dans le deuxième texte qu'elle n'avait pas ressenties dans le premier? Quelles sont ses impressions générales?

4. Dans quelles circonstances de la vie de tous les jours (travail, communication orale…) pouvez-vous utiliser les techniques vues dans ce chapitre? Donnez des exemples précis.

Texte original :

*C'était une nuit blanche pour moi, mais quand je me suis finalement endormie, j'ai fait un rêve. Je rêvais que j'étais une vieille femme. J'avais les cheveux blancs et courts. Mon nez était pointu et laid. J'avais **beaucoup** de peau partout qui me semblait comme un gâteau fondu. J'ai eu **très** peur. Aussi, j'étais **très** maigre, partout; les jambes, les mains, les pieds, même les doigts de pieds. Ce n'était pas une bonne vision. Dans mon rêve, j'avais **une cuillère**, puis je battais un petit garçon avec **la cuillère**. Cela m'a dit que j'étais folle. J'étais **très** fâchée contre le petit garçon, puis je criais: « Tu es méchant, tu es laid, tu es avare! » Alors, je me suis réveillée.*

*Je pense que ce rêve veut dire que j'ai **beaucoup** de problèmes dans ma vie. Je ne suis pas comme cela normalement. Je suis très affectueuse, sensible et polie. (153 mots)*

CONCLUSION

Vous avez vu dans ce manuel comment organiser vos idées et les exprimer de façon aussi efficace et convaincante que possible. Vous pouvez appliquer les principes de ce livre non seulement à vos compositions mais aussi à toutes formes d'écrit, que ce soit un courriel à vos amis ou collègues de travail, un rapport, une présentation, un résumé, une lettre de motivation (*cover letter*) ou tout document écrit. Les lecteurs ne pourront comprendre votre texte et l'apprécier à sa juste valeur que s'il est clair, organisé, bien présenté et dans une langue de qualité.

Lorsque les professeurs lisent une composition, ils s'attendent à y trouver certains éléments. S'ils sont présents, ils seront plus à même (*more likely*) d'avoir une impression positive quels que soient les problèmes rencontrés dans le texte. C'est pourquoi il est indispensable de vous assurer que ces critères sont présents, de bien les comprendre et de maîtriser les compétences nécessaires pour répondre à ces exigences.

La composition forme un tout. Il y a d'abord les points importants (idées, contenu, argumentation, sources, citations, grammaire, vocabulaire), puis de nombreux détails qui ajoutés les uns aux autres finiront par être eux aussi importants : originalité, personnalité, style, vocabulaire, registre de langue, longueur des parties et paragraphes, ponctuation, orthographe, informations, intérêt, émotions provoquées chez le lecteur, prise en compte du destinataire, etc.

Ce qui fait souvent la différence entre les devoirs, c'est le temps passé à enlever tout ce qui est négatif et à rajouter tout ce qui est positif, et le temps passé à vérifier dans les dictionnaires et autres ressources, à travailler les détails et le style. Améliorer un texte demande des efforts même pour les meilleurs étudiants et même pour les francophones.

Être francophone ne garantit pas toujours de mieux écrire que des anglophones. Les étudiants anglophones qui ont appris toutes les règles de grammaire peuvent parfois mieux les connaître que des francophones qui les ont apprises à l'école primaire et risquent de les avoir oubliées, ou utilisent une langue orale qui n'est pas toujours appropriée à l'écrit. De plus, les francophones n'étudient jamais toutes les règles de grammaire, car certaines sont censées être « naturellement » apprises, telles que le genre, l'utilisation des temps et des modes (passé composé vs imparfait).

Il arrive souvent que la grammaire des étudiants anglophones soit meilleure que celle des francophones. De plus, les professeurs de langue, francophones ou non, seront particulièrement sensibles aux étudiants non-francophones qui ont bien appris leurs leçons, utilisé ce qu'ils ont appris et parviennent à utiliser correctement des structures difficiles (concordance des temps, style indirect, subjonctif, etc.).

De nombreux non-francophones ont connu un vif succès dans le monde francophone et dans le monde entier en écrivant en français tels que le Chilien Pablo Neruda ou le Tchèque Milan Kundera. Certains ont même remporté des prix littéraires : l'Irlandais Samuel Beckett qui a écrit le célèbre *En attendant Godot* (1948-49) a reçu le prix Nobel de littérature en 1969. Le Franco-américain Jonathan Littell a reçu le prix Goncourt en 2006 et l'Afghan Aticq Rahimi a également reçu le prix Goncourt en 2008. La Canadienne anglophone Nancy Huston, née à Calgary, a commencé à apprendre le français à l'âge de 20 ans et elle a connu un énorme succès dans le monde francophone en écrivant en français. Elle a reçu, entre autres, le Prix du Gouverneur général en 1993, le Prix Louis-Hémon en 1994 et le Prix Femina en 2006.

Écrire dans une autre langue que sa langue maternelle permet parfois de se libérer de certaines contraintes, de certains tabous, influences ou habitudes. Écrire dans une autre langue permet parfois plus de créativité et permet d'utiliser la langue et son esthétique sous un angle différent de celui des natifs.

Avec quelques clés en main, vous pouvez consulter des ouvrages plus spécialisés pour chaque type d'exercice (résumé, compte rendu, etc.), des ouvrages de grammaire et de vocabulaire et des œuvres littéraires. Une façon d'améliorer votre style est d'observer comment procèdent les grands écrivains et d'essayer de les imiter. Plus vous lirez, mieux vous pourrez écrire. Mieux vous pourrez vous exprimer, mieux vous lirez. Lecture et écriture sont intimement liés.

On pourrait comparer l'écriture à un sport ou à la musique. Même l'étudiant le plus doué ne pourra pas atteindre un haut niveau tant qu'il ne maîtrisera pas les bases et les techniques de la matière. Il faut d'abord savoir déchiffrer, connaître la théorie, la position des doigts, faire des gammes et connaître les classiques du genre avant de devenir un spécialiste de jazz ou de blues. Il s'agit ensuite de travailler et de pratiquer.

Il en est de même pour l'écriture : après avoir appris quelques principes de base, après avoir acquis quelques automatismes, il est alors possible d'étendre vos connaissances et compétences. La lecture permet de comprendre les idées des autres, l'écriture permet de faire comprendre ses idées aux autres, tout en s'explorant soi-même. L'écriture peut être une grande source de plaisir et de découverte de soi.

ANNEXE A

Sujets de composition

Les sujets ci-dessous peuvent avoir des niveaux différents, selon les exigences. Par exemple, on pourrait demander à un niveau plus avancé d'utiliser le passé simple, l'imparfait et le plus-que-parfait, alors qu'on utiliserait seulement le passé composé et l'imparfait à un niveau moins élevé. On pourrait demander du vocabulaire plus spécialisé et plus recherché à un niveau plus élevé, ainsi qu'un devoir plus long.

I. Raconter une histoire

Pour la plupart des sujets suivants, vous pouvez utiliser « je » puisque vous allez parler de vous.

1. Un professeur original

Vous avez eu ou aimeriez avoir un professeur différent des autres. Expliquez en quoi il est différent et pourquoi c'est bien qu'il soit différent.

2. Une grande peur pour rien

Expliquez une grande peur en détail. À la fin de l'histoire, il s'avère que le personnage s'était trompé, et avait oublié un détail important; bref, tout se termine bien.

Vous mettrez en relief le suspense.

3. Vos expériences et souvenirs quand vous avez commencé à apprendre le français

4. Un mensonge

Vous vous trouvez dans une situation ou vous devez mentir. Racontez pourquoi vous devez mentir, le mensonge lui-même et les résultats de celui-ci.

5. Une injustice drôle

Racontez un événement dans lequel vous avez été victime d'une injustice. L'injustice doit porter sur quelque chose de suffisamment peu important pour que cela soit drôle.

Vous mettrez en relief l'humour et les sentiments de frustration et d'humiliation ou tout autre sentiment négatif. L'histoire doit bien se terminer.

6. Votre saison préférée

Décrivez une saison en détail (le paysage, les activités, les sentiments qui y sont associés) et comparez-là avec les autres saisons en expliquant pourquoi vous la préférez.

7. Une déception drôle

Vous soulignerez la différence entre ce qui paraissait avant l'événement lui-même et la différence de la réalité, largement au dessous des attentes.

8. Une rencontre ou un rendez-vous incroyable

Vous rencontrez un ami ou un(e) ancien(ne) petit(e) ami(e) (*boyfriend, girlfriend*) et il y a des événements inattendus. Le rendez-vous devient alors très bizarre, presque surréaliste.

9. Un rêve bizarre

Racontez un rêve bizarre : décrivez au moins trois sens parmi la vue, l'ouïe, le toucher, le goût et l'odorat. Vous mettrez en relief les sentiments du narrateur, le côté surréaliste de la situation et le suspense.

10. Une visite bizarre chez le médecin

Racontez une visite pendant laquelle tout est bizarre : le médecin lui-même, ce qu'il dit, ce qu'il fait et le lieu. Le tout sera drôle.

11. Des bruits bizarres

Vous êtes dans un lieu différent, inconnu et vous entendez toutes sortes de bruits qui vous font peur. Il s'avère que tous ces bruits n'étaient rien de grave, c'était surtout votre imagination. Les bruits étaient réels, mais c'est vous qui les aviez exagérés en imaginant des scénarios incroyables. Vous mettrez l'accent sur les détails, le suspense et l'humour.

12. Une note (*grade*) incroyable à un examen

Vous pensiez avoir fait un travail moyen ou même échoué à un examen et vous obtenez une note très élevée. Vous êtes agréablement surpris, très content et très fier.

Vous racontez l'examen (et son contenu), l'attente, le résultat, votre surprise et votre joie, votre fierté en l'annonçant à d'autres personnes.

13. Un quiproquo

Racontez une histoire dans laquelle il y a un énorme malentendu entre au moins deux personnages. Vous expliquerez les raisons du quiproquo et ses conséquences avec humour.

14. Des difficultés à l'université

Racontez des difficultés que vous avez rencontrées à l'université. Par exemple : un cours dans lequel vous ne comprenez presque rien, un professeur que vous n'aimez pas, des difficultés à trouver un endroit, une salle; la bibliothèque, etc.

15. Un problème de santé où il y a plus de peur que de mal

Racontez un problème de santé qui vous est arrivé ou qui est arrivé à quelqu'un que vous connaissez, où il y a eu beaucoup de souci, beaucoup de peur mais qui s'est bien terminé.

16. Un problème de communication dû à des différences culturelles et langagières

Deux personnes venant de deux cultures différentes et parlant des langues différentes ont des problèmes à communiquer.

17. Votre fête préférée de l'année

Noël, le jour de l'an, Rosh Ha-Shana, Halloween, Pâques, etc.

18. **Votre fierté**

Expliquez et racontez un événement dont vous êtes très fier. Lorsque vous y pensez, cela vous procure un vif plaisir, vous fait vous sentir fort, puissant et maître des événements.

19. **Une réconciliation heureuse**

Vous vous étiez disputé avec une personne (un membre de la famille, un ami, un petit ami, un voisin…), vous vous réconciliez et avez après cela une excellente relation.

Vous expliquerez les différents sentiments avant la réconciliation (peine, frustration, déception…) et après la réconciliation (joie, surprise, apaisement…).

20. **Un souvenir d'enfance : un moment privilégié avec un adulte**

Racontez un souvenir d'enfance dans lequel vous passez un moment privilégié, seul, avec un adulte que vous aimez bien : père, mère, grand-mère, oncle, voisin…

Vous expliquerez pourquoi c'était un moment privilégié, pourquoi vous étiez vraiment content, pourquoi ce moment est un souvenir mémorable.

21. **Une visite désagréable chez le dentiste**

Vous expliquerez en quoi la visite a été particulièrement désagréable (plus que d'habitude) : une anesthésie qui n'est pas efficace, un dentiste maladroit, une douleur aigüe, la bouche ouverte trop longtemps, etc.

22. **Un souvenir d'enfance : une odeur agréable**

Racontez un souvenir d'enfance agréable lié à une odeur. Vous expliquerez la situation, l'odeur elle-même et les sentiments que cette odeur provoquait à ce moment-là et ce qu'ils provoquent chez vous aujourd'hui.

23. **Le meilleur cours que vous ayez suivi**

24. **Une excuse pour ne pas avoir fait un travail ennuyeux**

25. **Une faiblesse qui est devenue une force**

Expliquez une faiblesse que vous aviez quand vous étiez plus jeune, faiblesse qui vous handicapait et qui est maintenant devenue une force.

26. **Une personne que vous admirez et qui a joué un rôle important dans votre vie**

27. **La personne la plus bizarre que vous ayez rencontrée**

Vous pouvez décrire des caractéristiques physiques ou bien la personnalité, la voix, la vie ou quoi que ce soit de cette personne.

28. **Vous regrettez d'avoir trop parlé**

29. **Une visite chez le coiffeur**

Vous sortez de chez le coiffeur, votre coupe ou votre couleur ne vous plaît pas du tout.

30. **Une chanson ou un CD qui vous rappelle beaucoup de souvenirs**

31. Le plus beau jour de votre vie

Décrivez en détail le plus beau jour de votre vie, expliquez en quoi il est différent et unique.

32. Un cadeau qui ne vous a pas plu

On vous a fait un beau cadeau, un cadeau qui coûte cher mais il ne vous plaît pas du tout. Soit vous êtes déçu parce que vous attendiez autre chose, soit c'est trop tard, vous vouliez cela mais maintenant vous n'en voulez plus. Votre texte sera assez amusant.

33. Un(e) ami(e) d'enfance

Décrivez votre meilleur(e) ami(e).

34. Une admiration d'enfant

Lorsque vous étiez enfant, vous enviiez une personne. Des années plus tard, vous discutez avec elle et comprenez que ce n'était pas du tout ce que vous aviez imaginé.

35. Votre vêtement préféré

De tous les vêtements que vous avez eus, décrivez celui que vous avez préféré. Vous expliquerez en quoi il était meilleur que les autres : son unicité et sa supériorité.

36. Une situation embarrassante

Vous vous trouvez dans une situation embarrassante parce que vous avez cassé quelque chose ou fait une bêtise.

37. Une blague ou un mensonge qui laisse un doute

Lorsque tout le monde apprend que l'histoire était un mensonge, des doutes restent sur la personne calomniée (*slandered*) jusqu'à ce qu'une autre histoire vienne enlever le doute.

38. Trois choses qui vous énervent beaucoup

Les situations ne doivent pas être personnelles, mais des situations que tout le monde rencontre tous les jours (faire la queue au magasin, se lever le matin…). Le ton sera humoristique.

39. Un défi surmonté

Racontez un événement dont vous êtes très fier parce que le défi était de taille (*big*) et vous avez réussi à le surmonter (*overcome*) malgré toutes les difficultés.

40. Un conte traditionnel ou un conte de fée basé sur des stéréotypes sexistes renversés

Imaginez un conte en inversant les stéréotypes sexistes que l'on connaît (femme faible, ignorante, peureuse, curieuse, incompétente, homme ou garçon intelligent, fort, rusé…).

41. Le début d'une passion

Expliquez un ou plusieurs événements qui ont fait naître une passion.

42. Une activité ou une chose que vous n'aimez pas alors que tout le monde l'aime

Cela peut être un souvenir d'enfance ou quelque chose de présent. Vous expliquerez pourquoi tout le monde l'aime et pourquoi vous, vous ne l'aimez pas.

43. **Votre professeur**

Vous décrirez le professeur (traits physiques et personnalité) de ce cours, sous son plus beau jour. Le portrait sera réaliste, ressemblant et flatteur!

44. **Une dispute**

Vous assistez à une dispute inattendue. La dispute a des motifs futiles (*trivial*) et se termine bien.

45. **Un vendeur malhonnête**

Un vendeur essaie de vous vendre un produit ridicule. Décrivez le vendeur, ses stratégies de vente et vos émotions. Vous pouvez faire un petit dialogue.

46. **Un petit voyage**

Racontez un petit voyage d'une journée ou deux, voyage très agréable.

47. **Un exercice difficile**

Vous devez faire un exercice (cela peut être en sport, musique, dessin, math, français…) et vous n'arrivez pas à le faire. Toutefois, avec des efforts, vous y arrivez.

48. **Décrivez la beauté idéale**

Pour vous, que veut dire la beauté parfaite? Décrivez uniquement la beauté physique.

49. **Votre plus bel anniversaire (*birthday*)**

50. **Imaginez ce que vous ferez quand vous aurez 70 ans.**

II. Sujets de réflexion-discussion

FEMMES ET FÉMINISME

1. Quels sont, selon vous, les avantages d'être une femme?
2. La féminité est-elle innée ou un artifice de la société?
3. Selon vous, les hommes et les femmes ont-ils les mêmes droits au Canada?
4. Les garçons et les filles sont-ils élevés de la même façon?
5. Quelles sont les difficultés que rencontrent les femmes au travail?
6. En quoi les normes de beauté des femmes sont-elles différentes de celles des hommes?
7. Pourquoi et en quoi l'apparence physique des femmes est-elle plus importante que celle des hommes?
8. Selon vous, qu'est-ce qu'une femme libérée?
9. Il faut avoir un enfant pour comprendre le vrai sens de la féminité.
10. La religion va-t-elle à l'encontre de la liberté de la femme?

LES RELATIONS

11. Le grand amour existe-t-il vraiment?
12. En quoi les relations entre les hommes et les femmes ont-ils changé depuis 50 ans?
13. Comment les sociétés occidentales considèrent-elles les personnes âgées?
14. Pourquoi les gens mentent-ils?
15. Peut-on aimer sans jalousie?

16. Peut-on aimer sans souffrir?
17. Quelles qualités doit avoir le compagnon idéal?
18. L'amour et l'amitié sont-ils incompatibles?
19. L'amitié entre un homme et une femme est-elle possible?
20. Croyez-vous au coup de foudre (*love at first sight*)?
21. L'amour est lié au manque et au besoin. Qu'en pensez-vous?
22. On ne peut pas vraiment aimer avant l'âge de 30 ans. Avant cet âge-là, ce n'est que de l'attirance physique.
23. Les mariages arrangés sont une réussite pour le bonheur des époux et de la famille.
24. La société de consommation va à l'encontre du mariage.

LE TRAVAIL
25. Quel est le rôle de l'apparence au travail?
26. En quoi le travail influence-t-il la vie privée?
27. Est-il acceptable que le salaire minimum soit si bas?
28. Est-il juste que les sportifs et les acteurs gagnent tant d'argent?
29. L'esclavage existe même dans les pays développés.
30. Le travail rend les gens heureux.
31. Le travail va à l'encontre de la liberté.

LE SURNATUREL
32. Quels sont les arguments en faveur de la réincarnation?
33. Les vrais voyants existent-ils?
34. Croyez-vous aux rêves prémonitoires?
35. Les personnes qui ont des enfants croient moins au surnaturel que les personnes qui n'en ont pas. Comment peut-on expliquer ce phénomène?

L'APPRENTISSAGE D'UNE LANGUE SECONDE
36. Les enfants apprennent-ils mieux et plus vite à parler une langue étrangère? Si oui, pourquoi?
37. Le français devrait-il être obligatoire jusqu'à la fin de l'école secondaire?
38. Quelles sont les compétences que l'on acquiert en étudiant la littérature d'une langue seconde?
39. Quelles sont les compétences que l'on acquiert en étudiant une langue seconde ou étrangère?
40. Quels liens directs peut-on établir entre l'étude d'une langue seconde et l'étude des mathématiques?
41. Quels sont les avantages et les inconvénients (*disadvantages*) des écoles d'immersion?
42. Que signifie maîtriser une langue?

L'ÉDUCATION
43. Quel est le rôle des études universitaires?
44. Quel serait un cours idéal?
45. Quelles sont les qualités que possèdent les bons étudiants?
46. Quels sont les facteurs les plus importants pour réussir dans ses études?
47. L'éducation entrave-t-elle la créativité?

48. En quoi les méthodes « traditionnelles » d'enseignement sont-elles plus efficaces que les méthodes « modernes »?
49. En quoi les méthodes « modernes » d'enseignement sont-elles plus efficaces que les méthodes « traditionnelles »?
50. Expliquez à des Européens le système d'éducation canadien.
51. Quels pays ont le plus de prix Nobel par habitant? Comment peut-on l'expliquer?
52. Pourquoi l'étude de la langue française et de la littérature est-elle si importante en France?

LA SANTÉ
53. Une bonne santé c'est avant tout être bien dans sa tête.
54. Nous abusons des médicaments.
55. Pourquoi les femmes vivent-elles plus longtemps que les hommes?
56. Le sexisme joue un rôle négatif sur les femmes et sur les hommes. Quels sont les stéréotypes sexistes qui participent à la diminution de l'espérance de vie des hommes?
57. Avoir des enfants est bon pour la santé des femmes.
58. Croyez-vous aux médecines douces? D'après-vous sont-elles efficaces et pourquoi?
59. Croyez-vous aux guérisseurs?
60. Pourquoi des femmes enceintes fument, boivent ou se droguent-elles?

L'ENFANCE ET L'ADOLESCENCE
61. Pourquoi l'adolescence est-elle un passage si difficile?
62. L'adolescence est une période extraordinaire.
63. Les enfants sont merveilleux.
64. On ne peut pas être heureux sans enfants.
65. Avoir des enfants est la plus belle chose au monde.
66. Il est difficile pour les femmes d'avoir des enfants après l'âge de 40 ans.

QUESTIONS GÉNÉRALES
67. Pourquoi les gens fument-ils?
68. Pourquoi les gens se font-ils faire des tatouages?
69. Les gens se droguent pour avoir des sensations fortes.
70. Qu'est-ce que le bonheur?
71. La télévision rend-elle les gens passifs?
72. Pour ou contre l'internet?
73. Les gens n'ont jamais été aussi seuls qu'aujourd'hui.
74. Il est préférable d'élever des enfants à la campagne.
75. La ville est un lieu dangereux.
76. Les Canadiens aiment la nature.
77. Les Canadiens sont pacifiques.
78. Le Canada est un pays où il fait bon vivre.
79. Commentez la phrase du célèbre chanteur Gilles Vigneault : « Mon pays ce n'est pas un pays, c'est l'hiver ».
80. Que veut dire être canadien?

III. Sujets généraux de littérature

Vous baserez votre réflexion sur vos lectures personnelles, sur des œuvres littéraires et sur vos recherches pour développer les sujets suivants.

1. Le bonheur dépend de soi et non des conditions extérieures.
2. En quoi la morale diffère-t-elle de la religion?
3. La religion aide les fidèles à être heureux.
4. L'amour naît du besoin ou de la peine.
5. L'amour est une abstraction irréalisable.
6. L'écriture des femmes est-elle différente de l'écriture des hommes?
7. Les auteurs femmes dans la littérature.
8. La féminité dans la littérature est inspirée par les fantasmes masculins.
9. Amour et littérature. Rêve ou réalité?
10. La vie sentimentale de l'auteur inspire son œuvre.
11. La littérature est la mémoire d'un peuple.
12. Le rôle de la mythologie dans la littérature.
13. L'enfance de l'auteur est présente dans son œuvre.
14. La mère de l'auteur joue un rôle central dans son œuvre.
15. Les contes pour enfants reflètent-ils les mœurs d'une société?
16. Toute œuvre littéraire ou artistique est inspirée d'une œuvre antérieure.
17. Écrire une biographie ne consiste pas seulement à raconter sa vie.
18. La littérature nous éloigne-t-elle du réel ou nous fait-elle prendre conscience de la réalité?
19. Qu'est-ce qui fait d'un personnage un héros?
20. Traduction et textes originaux. La traduction dénature-t-elle ou embellit-elle un texte original?
21. A quoi sert la poésie?
22. En quoi une correspondance privée devenue publique présente-t-elle un intérêt littéraire?
23. Faut-il être original pour écrire une œuvre originale?
24. Quels procédés littéraires vous paraissent les plus efficaces pour défendre une cause ou faire passer un message?
25. À quoi servent les aspects comiques dans les comédies de Molière?
26. «L'enfer c'est les autres» disait Jean-Paul Sartre, en 1943, dans *Huis clos*.
27. L'utilisation de la langue populaire ou de langue familière dans la littérature.
28. L'enfant dans la littérature.
29. La littérature de la révolution tranquille.
30. Qu'est-ce qui caractérise la littérature québécoise?

COMMENTAIRES DE TEXTE

Après avoir fait quelques recherches sur l'auteur et son œuvre, vous commenterez les passages suivants en étudiant les figures de style (en annexe C) et le style littéraire.

1. Annie Ernaux: *La place* (1984)

Le café-épicerie de la Vallée ne rapportait pas plus qu'une paye d'ouvrier. Mon père a dû s'embaucher sur un chantier de construction de la basse Seine. Il travaillait dans l'eau avec des grandes bottes. On n'était pas obligé de savoir nager. Ma mère tenait seule le commerce dans la journée.

Mi-commerçant, mi-ouvrier, des deux bords à la fois, voué donc à la solitude et à la méfiance. Il n'était pas syndiqué. Il avait peur des Croix-de-Feu qui défilaient dans L... et des rouges qui lui prendraient son fonds. Il gardait ses idées pour lui. Il n'en faut pas dans le commerce.

Ils ont fait leur trou peu à peu, liés à la misère et à peine au-dessus d'elle. Le crédit leur attachait les familles nombreuses ouvrières, les plus démunies. Vivant sur le besoin des autres, mais avec compréhension, refusant rarement de « marquer sur le compte ». Ils se sentaient toutefois le droit de faire la leçon aux imprévoyants ou de menacer l'enfant que sa mère envoyait exprès aux courses à sa place en fin de semaine, sans argent : « Dis à ta mère qu'elle tâche de me payer, sinon je ne la servirai plus. » Ils ne sont plus ici du bord de l'humilié.

Elle était patronne à part entière, en blouse blanche. Lui gardait son bleu pour servir. Elle ne disait pas comme d'autres femmes « mon mari va me disputer si j'achète ça, si je vais là ». Elle lui faisait la guerre pour qu'il retourne à la messe, où il avait cessé d'aller au régiment, pour qu'il perde ses mauvaises manières (c'est-à-dire de paysan ou d'ouvrier).

Quel est le style, le genre littéraire de ce texte? Quel âge semble avoir la narratrice?
Quels sentiments évoquent la narratrice?

2. Victor Hugo : « Demain, dès l'aube », poème extrait des *Contemplations* (1856)

Demain, dès l'aube, à l'heure où blanchit la campagne,
Je partirai. Vois-tu, je sais que tu m'attends.
J'irai par la forêt, j'irai par la montagne.
Je ne puis demeurer loin de toi plus longtemps.

Je marcherai les yeux fixés sur mes pensées,
Sans rien voir au dehors, sans entendre aucun bruit,
Seul, inconnu, le dos courbé, les mains croisées,
Triste, et le jour pour moi sera comme la nuit.

Je ne regarderai ni l'or du soir qui tombe,
Ni les voiles au loin descendant vers Harfleur,
Et quand j'arriverai, je mettrai sur ta tombe
Un bouquet de houx vert et de bruyère en fleur.

Expliquez comment le poète exprime sa souffrance.

3. Jean de La Fontaine : « Le Loup et l'Agneau », *Fables*, Livre 1, Fable 10 (1668)

La raison du plus fort est toujours la meilleure :
Nous l'allons montrer tout à l'heure.

Un agneau se désaltérait
Dans le courant d'une onde pure.
Un loup survient à jeun, qui cherchait aventure,

Et que la faim en ces lieux attirait.
« Qui te rend si hardi de troubler mon breuvage?
Dit cet animal plein de rage :
Tu seras châtié de ta témérité.
— Sire, répond l'agneau, que Votre Majesté
Ne se mette pas en colère;
Mais plutôt qu'elle considère
Que je me vas désaltérant
Dans le courant,
Plus de vingt pas au-dessous d'Elle;
Et que par conséquent, en aucune façon,
Je ne puis troubler sa boisson.
— Tu la troubles, reprit cette bête cruelle,
Et je sais que de moi tu médis l'an passé.
— Comment l'aurais-je fait si je n'étais pas né?
Reprit l'agneau; je tette encor ma mère
— Si ce n'est toi, c'est donc ton frère.
— Je n'en ai point.
— C'est donc quelqu'un des tiens :
Car vous ne m'épargnez guère,
Vous, vos bergers et vos chiens.
On me l'a dit : il faut que je me venge. »
Là-dessus, au fond des forêts
Le loup l'emporte et puis le mange,
Sans autre forme de procès.

À qui ou à quoi fait référence ce poème?
Quelles sont les métaphores?

4. Honoré de Balzac: L'agonie du Père Goriot, *Le Père Goriot* (1835)

Si elles ne viennent pas? répéta le vieillard en sanglotant. Mais je serai mort, mort dans un accès de rage, de rage! La rage me gagne! En ce moment, je vois ma vie entière. Je suis dupe! Elles ne m'aiment pas, elles ne m'ont jamais aimé! Cela est clair.

Si elles ne sont pas venues, elles ne viendront pas. Plus elles auront tardé, moins elles se décideront à me faire cette joie. Je les connais. Elles n'ont jamais su rien deviner de mes chagrins, de mes douleurs, de mes besoins, elles ne devineront pas plus ma mort; elles ne sont seulement pas dans le secret de ma tendresse. Oui, je le vois, pour elles, l'habitude de m'ouvrir les entrailles a ôté du prix à tout ce que je faisais.

Elles auraient demandé à me crever les yeux, je leur aurais dit : « Crevez-les! » Je suis trop bête. Elles croient que tous les pères sont comme le leur. Il faut toujours se faire valoir. Leurs enfants me vengeront. Mais c'est dans leur intérêt de venir ici. Prévenez-les donc qu'elles compromettent leur agonie. Elles commettent tous les crimes en un seul. Mais allez donc, dites-leur donc que, ne pas venir, c'est un parricide! Elles en ont assez commis sans ajouter celui-là. Criez donc comme moi : « Hé, Nasie! Hé, Delphine!

Venez à votre père qui a été si bon pour vous et qui souffre! » Rien, personne. Mourrai-je donc comme un chien? Voilà ma récompense, l'abandon. Ce sont des infâmes, des scélérates; je les abomine, je les maudis; je me relèverai, la nuit, de mon cercueil pour les remaudire, car, enfin, mes amis, ai-je tort? Elles se conduisent bien mal! Hein? Qu'est-ce que je dis? Ne m'avez-vous pas averti que Delphine est là? C'est la meilleure des deux. Vous êtes mon fils, Eugène, vous! Aimez-la, soyez un père pour elle. L'autre est bien malheureuse. Et leurs fortunes! Ah, mon Dieu! J'expire, je souffre un peu trop! Coupez-moi la tête, laissez-moi seulement le cœur.

En quoi ce passage est-il émouvant?

Comment le narrateur évoque-t-il l'amour qu'il porte à ses filles?

5. Réjean Ducharme: *L'avalée des avalés* (1965), pages 9–10

Mon père est juif, et ma mère catholique. La famille marche mal, ne roule pas sur des roulettes, n'est pas une famille dont le roulement est à billes. Quand ils se sont mariés, ils se sont mis d'accord sur une sorte de division des enfants qu'ils allaient avoir. Ils ont même signé un contrat à ce sujet, devant notaire et devant témoins. Je le sais: j'écoute par le trou de la serrure quand ils se querellent. D'après leurs arrangements, le premier rejeton va aux catholiques, le deuxième aux juifs, le troisième aux catholiques, le quatrième aux juifs, et ainsi de suite jusqu'au trente et unième. Premier rejeton, Christian est à Mme Einberg, et Mme Einberg l'emmène à la messe. Second et dernier rejeton, je suis à M. Einberg, et M. Einberg m'emmène à la synagogue. Ils nous ont. Ils sont sûrs qu'ils nous ont. Ils nous ont, ils nous gardent. Mme Einberg a Christian et elle le garde. M. Einberg m'a et il me garde. J'ai mis du temps à comprendre ça. Ça n'a pas l'air difficile à comprendre, mais, quand j'étais plus petite, je trouvais que ça ne tenait pas debout, que c'était impossible que mes parents ne puissent pas s'aimer et nous aimer comme je les aimais. M. Einberg voit d'un œil irrité son avoir jouer avec l'avoir de Mme Einberg. Il est sur des charbons ardents quand Christian et moi jouons ensemble. Il pense que Mme Einberg se sert de Christian pour mettre le grappin sur moi, pour me séduire et Mme Einberg dit que je suis son enfant au même titre que Christian, qu'une mère a besoin de tous les enfants qu'elle a eus, qu'un petit garçon a besoin de sa petite sœur et qu'une petite fille a besoin de son grand frère. Je fais semblant de jouer le jeu que M. Einberg prétend que Mme Einberg joue. Ça fait enrager M. Einberg. Il tombe sur le dos de Mme Einberg. Ils se querellent sans arrêt. Je les regarde faire en cachette. Je les regarde se crier à la figure. Je les regarde se haïr, se haïr avec tout ce qui peut y avoir de laid dans leurs yeux et dans leurs cœurs. Plus ils se crient à la figure, plus ils se haïssent. Plus ils se haïssent, plus ils souffrent. Après un quart d'heure, ils se haïssent tellement que je peux les voir se tordre comme des vers dans le feu, que je peux sentir leurs dents grincer et leurs tempes battre. J'aime ça. Parfois, ça me fait tellement plaisir que je ne peux m'empêcher de rire. Haïssez-vous, bande de bouffons! Faites-vous mal, que je vous voie souffrir un peu! Tordez-vous un peu que je rie!

Étudiez le rôle des répétitions.

Étudiez l'ironie.

6. Nancy Huston: *Lignes de faille* (2006)

Je tiens la main de m'man, sa main est avec moi à New York mais sa tête sillonne encore la planète: sans même nous demander comment on va, elle se met à parler à toute berzingue. Sa voix ne promet rien de bon alors je laisse les mots se produire là-haut, au niveau de la bouche des grandes personnes, pendant que moi je reste près du sol à étudier les milliers de pieds qui courent dans tous les sens. Je pense à ce qui se passerait si une bombe était lâchée sur JFK et que tous ces gens étaient soudain morts ou démembrés en train de patauger dans des flaques de sang. Ma chauve-souris me dit de monter le son des avions bombardiers le plus possible dans ma tête...

Qui est la narratrice? Quels sentiments évoquent la narratrice?
Que peut-on imaginer du reste du roman d'après ce passage?
Quelles sont les particularités de ce style littéraire?

Annexe B

Exemples de compositions

LE RÉSUMÉ
L'EXPRESS DU NORD

De Mathieu-Robert Sauvé, tiré de *L'actualité* du 15 novembre 2006, p. 70–72

Renvoyée deux fois de la polyvalente de Baie-Comeau, Julie Trembley est passée à l'école privée Jean-Paul II au milieu de sa 3ᵉ secondaire, en 2005. Le choc a été brutal pour cette rebelle aux yeux noirs : des règles strictes, des sanctions pour les devoirs oubliés, des cours de rattrapage obligatoires… et huit romans à lire pour le cours de français. Depuis septembre, l'école impose en plus le port de l'uniforme! «Au début, je pleurais en rentrant chez moi. Maintenant, il faudrait me payer cher pour que je retourne à la polyvalente», dit la jeune fille de 15 ans.

Située au sommet d'un cap qui surplombe l'estuaire du Saint-Laurent, à trois kilomètres du centre-ville de Baie-Comeau, l'école secondaire Jean-Paul II ne paie pas de mine. La peinture des murs extérieurs est écaillée et la cour de récréation a l'air d'un terrain abandonné. Mais Julie y a découvert que le secondaire n'était pas un long cauchemar. Que dans cette école de 265 élèves où la moitié des enseignants n'ont pas 30 ans, il y avait même quelques bonnes choses. «Ici, tout le monde se connaît, dit-elle. Si tu ne "files" pas un matin, tu ne fais pas trois pas sans que des professeurs ou la directrice s'informent de ton état d'esprit.» Elle aime aussi les sports, fortement encouragés, et… la

lecture. «Huit livres par année, c'est «pas si pire» que ça, finalement.»

Fondée par des parents de Baie-Comeau en 1987 et gérée par un conseil d'administration, Jean-Paul II – nommée en l'honneur du pape, venu au Québec en 1984 – est l'une des 10 écoles qui se sont le plus améliorées depuis 2001 dans le palmarès des écoles secondaires. Son taux d'échec aux examens officiels du Ministère est passé de 31 % à moins de 16 %. C'est en français que les résultats ont été les plus spectaculaires : alors que 6 élèves sur 10 obtenaient la note de passage en 2001, désormais, près des trois quarts «passent» (72,2 %). La cote globale a grimpé de 4 à 6,7 au cours de cette période, faisant bondir l'établissement du 414ᵉ rang au 150ᵉ. Il est aujourd'hui en tête des 12 écoles de la région.

Quand on demande à la directrice, Dorsay Talaï, les raisons de cette amélioration, cette petite femme pétillante de 34 ans est intarissable. Elle parle d'encadrement, de suivi individualisé, du «projet éducatif» centré sur le respect de l'individu. Et les mesures concrètes?

Dès 2002, on a mis sur pied des cours de rattrapage. Lors du passage de *L'actualité*, trois élèves avaient choisi d'abandonner la classe de maths pour suivre plutôt le programme du semestre à leur rythme, sous l'œil d'une éducatrice spécialisée, Jasmine Jean. Autre mesure : le « recyclage » à l'heure du dîner. « Quand un enfant saisit mal un aspect du cours de français ou de mathématiques, l'enseignant lui donne rendez-vous au recyclage pour lui expliquer des points précis. La rencontre peut durer quelques minutes, mais ça fait toute la différence », dit Dorsay Talaï.

À Jean-Paul II, il y a 22 élèves par classe, une moyenne bien inférieure à celle des écoles secondaires de la région (33 élèves). « Nous tenons à maintenir ce rapport. Cela permet une meilleure communication maître-élève », reprend la directrice. Et pas question de sécher les cours. Le personnel a resserré l'encadrement, au point d'appeler les jeunes chez eux pour les sortir du lit. L'ancienne réceptionniste, Claudette Valois, surnommée « Mamie », pouvait « virer la ville de Baie-Comeau à l'envers pour trouver un élève qui manquait à l'appel », relate en riant l'ex-directrice, Gaétane Tremblay, qui a pris sa retraite en juin dernier. La nouvelle réceptionniste, Lise Doucet, dont le fils Guillaume va à « JP2 », est tout aussi dévouée.

Il faut passer une heure dans la salle des professeurs pour mesurer le dynamisme qui émane de la jeune équipe. Tandis que James Laviolette, l'extraverti professeur d'anglais, récite de mémoire un extrait de *Hamlet*, Marie-Claude Letarte entre en coup de vent. Championne du monde de vélo de montagne en 2003 chez les 30-34 ans, elle gagne sa vie comme professeure d'éducation physique à Jean-Paul II depuis huit ans. « La plus belle job au monde », dit-elle avant d'enfiler son casque pour l'activité de l'après-midi, à laquelle prendront part une dizaine de jeunes : une course de six kilomètres dans les sentiers boueux et rocailleux du mont Ti-Basse. De son côté, la nouvelle responsable des activités sociales et culturelles, Marie-Claude Dubé, révise la pièce qu'elle monte avec les jeunes de la troupe Les mots en main : une « version cabaret » de *Romeo et Juliette*.

« Notre but est d'accompagner chaque élève jusqu'aux examens du Ministère, dit Dorsay Talaï. Nous ne laissons tomber personne. » Elle signale au passage que le secteur privé, en région, ne regroupe pas « la crème de la crème ». « Dans notre établissement, on n'accepte pas que les meilleurs. Nous avons même un certain nombre d'élèves qui éprouvent de la difficulté à l'école. Les parents choisissent de les envoyer ici pour qu'ils aient un meilleur encadrement, dans le but qu'ils obtiennent leur diplôme. » Il leur en coûte 2 495 dollars par année pour inscrire leur enfant.

Dans cette école à majorité masculine (57 % de garçons), on trouve une vingtaine d'Innus de la réserve de Betsiamites. Ils sont hébergés dans des familles d'accueil et retournent dans la réserve la fin de semaine. « Les cours sont plus difficiles que dans les écoles de mon village, mais j'ai des bonnes notes ici. Mes parents trouvent que ça vaut la peine », dit Stéphane Vollant, 14 ans.

On n'en menait pourtant pas large à Jean-Paul II en 1998, lorsque les inscriptions étaient tombées sous les 125 élèves. La pire année, en 2003, à peine 10 personnes ont obtenu leur diplôme. « On risquait la fermeture », dit Gaétane Tremblay, qui a consacré 38 ans à l'éducation. La parution du palmarès des écoles secondaires, en 2001, avait d'ailleurs causé un sérieux émoi. Jean-Paul II était alors en 422ᵉ position. « Ça nous avait fait mal, se souvient Gaétane Tremblay. Mais pour nous, c'était l'occasion ou jamais de mettre sur pied une relance. »

La directrice a alors eu l'idée de doter l'école d'un programme sport-études unique dans la région. « Nous partions de loin : nous n'avions même pas de gymnase assez grand pour jouer au basketball. Nous nous sommes débrouillés grâce à des ententes de partenariat. L'aréna de Hauterive et la Ville de Baie-Comeau sont devenus nos partenaires pour le hockey, le centre de ski Mont Ti-Basse pour la planche à neige et le ski, et la Baie-Comeau High School pour le basket. »

Encore aujourd'hui, Jean-Paul II est la seule école de la Côte-Nord à offrir les programmes d'élite de hockey et de patinage artistique. Les élèves qui en font partie consacrent 30 % de leur journée scolaire à la pratique de leur sport.

C'est le hockey qui a attiré Michaël d'Auteuil, de Sept-Îles. En pension dans une famille de Baie-Comeau, il ne retourne chez lui qu'une fois par mois. Défenseur pour le Dynamo Royal de la ligue Midget Espoir, il joue 42 parties par saison, sans compter les tournois. Il est sur la patinoire dès 7 h avec ses coéquipiers, du lundi au vendredi. Pour les sportifs d'élite comme lui, les cours ne commencent qu'à 10 h 30. « Les professeurs adaptent les cours en fonction de nos contraintes, dit-il. Par exemple, nous avons six romans à lire plutôt que huit. »

Le « programme sport-études », réservé à l'élite du hockey et du patinage artistique – 43 élèves en tout –, ne doit pas être confondu avec la « concentration sport-études », qui est beaucoup plus diversifiée : athlétisme, vélo de montagne, planche à neige, ski, basketball, randonnée pédestre. Dans la « concentration sport-études », les jeunes sont libérés tous les vendredis après-midi pour pratiquer leur sport. Au total, 90 % des élèves de l'école Jean-Paul II sont inscrits au programme ou à la concentration. « Ce virage sportif a assuré la survie de l'école », dit Marco Morin, professeur d'éducation physique à Jean-Paul II depuis 14 ans. « Aujourd'hui, c'est notre marque distinctive, et on vient de toute la Côte-Nord pour étudier ici. »

Inscrite à la concentration sport-études, Julie Trembley consacre son vendredi après-midi à des activités comme le vélo de montagne et la planche à neige. Elle s'est aussi jointe à la troupe de danse hip-hop Ladies royales. « Madame Talaï nous a trouvé un local et y a fait installer un miroir. C'est vraiment *cool*, cette école. »

« Madame Talaï », comme doivent l'appeler les élèves, vit une authentique histoire d'amour avec la Côte-Nord. Et l'expression « région éloignée » la fait bien rire. Éloignée de quoi, demande-t-elle ? Née en Iran, elle a grandi au Maroc jusqu'à l'âge de 12 ans, moment où sa mère décide d'émigrer au Canada. À… Chicoutimi.

La petite Dorsay prend vite l'accent du Saguenay. Pendant ses études universitaires, elle rencontre André Cormier, qui prépare une mission humanitaire en Pologne sous l'égide d'Oxfam. Après un an, elle part le rejoindre en 1993 et ils se marient l'année suivante, dans un village au sud de Cracovie.

Alors qu'ils souhaitent rentrer au pays, en 1996, on affiche deux postes d'enseignants à l'école Jean-Paul II. Ils sont embauchés.

C'est à André Cormier qu'on doit la politique de la lecture intensive, instaurée en 2000. Une politique adoptée unanimement par les autres professeurs de français. Et que plusieurs d'entre eux évoquent pour expliquer les excellents résultats dans cette matière depuis six ans. « C'est en lisant qu'on apprend notre langue », dit cet homme de 40 ans à la poigne solide, originaire de Sept-Îles. À ses élèves de 4ᵉ secondaire, il fait lire cette année *Fahrenheit 451* (de Ray Bradbury), *Balzac et la petite tailleuse chinoise* (de Dai Sijie), *Lorsque j'étais une œuvre d'art* (d'Éric-Emmanuel Schmitt), *Sa Majesté des mouches* (de William Golding), *Hygiène de l'assassin* (d'Amélie Nothomb), *Les fourmis* (de Bernard Werber), *L'attrape-cœurs* (de J.D. Salinger) et *Oliver Twist* (de Charles Dickens).

Cet ancien coopérant est demeuré sensible aux questions humanitaires. À la suite de l'inondation à Haïti et du tsunami en Indonésie, il a tenu à ce que l'école apporte sa contribution. Les élèves ont organisé des campagnes de financement et récolté environ 1000 dollars, somme qui a été envoyée aux rescapés.

COMPOSITION 1
Résumé de l'article « L'express du nord » – 500 mots

L'école privée Jean-Paul II impose une discipline très stricte, ce qui est un choc brutal pour les nouveaux arrivants. Bien que d'apparence peu attirante, l'ambiance y est sympathique car les professeurs ont moins de 30 ans, il n'y a que 265 inscrits et tout le monde se connaît.

Fondée par des parents d'élèves en 1987, l'école s'est beaucoup améliorée: son taux d'échec est passé de 31 % à 16 % et elle est passée du 414ᵉ rang au 150ᵉ. C'est maintenant l'une des meilleures de la région.

Les raisons de ce succès sont, entre autres, le suivi personnalisé (rattrapage et recyclage) et le respect de l'individu. Parce qu'il y a seulement 22 élèves par classe (33 dans les autres écoles), le personnel peut mieux contrôler leur travail et leurs présences et mieux communiquer avec eux.

Les professeurs sont compétents, originaux, passionnés et de formation et d'origines très diverses. Ils font tout pour que leurs élèves réussissent même si une bonne partie était au début en grande difficulté scolaire. Les parents savent que grâce à l'encadrement, à la discipline et aux grandes exigences de l'établissement, leurs enfants peuvent réussir mieux qu'ailleurs. C'est pourquoi ils sont prêts à payer 2495 dollars par an et des jeunes arrivent de toute la région.

En 1998, seuls 125 écoliers étaient inscrits et le lycée était au 422ᵉ rang dans le palmarès. En 2003, seuls dix d'entre eux ont obtenu leur diplôme. Il a donc fallu réformer l'établissement pour ne pas fermer. Avec peu de budget mais grâce à des ententes de partenariat, la directrice a créé un programme sport-études très original et très compétitif. Jean-Paul II est la seule à offrir des cours de hockey et patinage artistique à haut niveau avec des horaires adaptés ainsi qu'un programme académique allégé (six romans à lire au lieu de huit).

Le lycée propose un programme sport-études qui regroupe l'élite des sportifs – ceux-ci passent 30 % de leur journée à la pratique de leur sport – ainsi qu'une «concentration sport-études» dans laquelle on trouve une plus grande diversité de sports que ses concurrentes : athlétisme, randonnée, vélo, etc. Cette section laisse le vendredi après-midi de libre pour que les adolescents puissent pratiquer le sport. Ce sont ces deux programmes qui ont permis la survie, la réussite et la popularité de l'école.

Des activités académiques variées (une pièce de théâtre en anglais) et des activités extra-curriculaires telles que le hip-hop motivent et attirent les élèves. La qualité et la variété des programmes se trouvent également dans d'autres disciplines académiques. Depuis 2000, les élèves doivent lire huit romans par an dans le cours de français et les romans sont de genres et d'origines différents. C'est cette lecture intensive qui a permis de grands progrès et succès en français.

Enfin, en plus de la pratique du sport, des matières variées, de la qualité de l'enseignement général et de la qualité des professeurs, les lycéens contribuent aux causes humanitaires pour aider les rescapés de catastrophes naturelles.

COMPOSITION 2

Résumé du même article («L'express du nord») – 300 mots

L'école privée Jean-Paul II impose une discipline stricte mais l'ambiance y est sympathique car les professeurs ont moins de 30 ans, il n'y a que 265 inscrits.

Fondée par des parents en 1987, l'école s'est beaucoup améliorée : son taux d'échec a diminué et elle est l'une des meilleures de la région.

Les raisons de ce succès sont, entre autres, le suivi personnalisé (rattrapage et recyclage) et le respect de l'individu. Avec seulement 22 élèves par classe, les professeurs peuvent mieux contrôler leur travail et leurs présences et mieux communiquer avec eux.

Les professeurs sont compétents, originaux, passionnés. Ils font tout pour que leurs élèves réussissent même s'ils sont faibles au départ. Les parents savent que leurs enfants peuvent réussir ici mieux qu'ailleurs et sont prêts à payer 2495 dollars par an. Des jeunes arrivent de toute la région.

Il a fallu réformer l'établissement pour ne pas fermer, car il y avait peu d'inscrits et de mauvais résultats. Avec peu de budget mais grâce à des ententes de partenariat, la directrice a créé un programme sport-études original et compétitif. JP II est la seule à offrir des cours de hockey et patinage artistique à haut niveau ainsi qu'un programme académique allégé.

Le lycée propose un programme sport-études qui regroupe l'élite des sportifs ainsi qu'une «concentration sport-études» dans laquelle on trouve une plus grande diversité de sports que ses concurrentes : athlétisme, vélo, etc. Ce sont ces deux programmes qui ont permis la survie, la réussite et la popularité de l'école.

Des activités académiques et extracurriculaires attirent les élèves. La qualité et la variété des programmes se retrouvent également dans d'autres disciplines académiques. La lecture intensive permet de grands progrès et succès en français.

Enfin, les lycéens contribuent aux causes humanitaires pour aider les rescapés de catastrophes naturelles.

COMPOSITION 3

Résumé du film *Les choristes*.

Les choristes est un film dramatique français de 96 minutes, premier long-métrage réalisé par Christophe Barratier (2004) avec les acteurs Gérard Jugnot (Clément Mathieu), François Berléand (le directeur Rachin), Jean-Baptiste Maunier (Morhange enfant) et Jacques Perrin (Morhange adulte). Ce film est un remake du film de Jean Dréville, La cage aux rossignols (1945).

En 1949, Clément Mathieu, professeur de musique sans emploi, accepte un poste de surveillant au pensionnat «Au Fond de l'Étang», qui est aussi une sorte d'orphelinat et de maison de redressement pour jeunes garçons. Les élèves auxquels personne ne semble s'intéresser sont sévèrement punis et vivent dans des conditions difficiles semblables à celles d'une prison.

Clément Mathieu, homme sensible et psychologue, comprend vite que derrière leur comportement agressif, les jeunes garçons ont besoin d'être reconnus, de savoir qu'ils comptent pour quelqu'un, et de sentir que quelqu'un les aime.

Souhaitant partager sa passion ainsi qu'initier les jeunes garçons à une discipline qui leur est inconnue : la musique et le chant, Clément Mathieu parvient, non sans mal, à obtenir l'autorisation du directeur de former une chorale. Le directeur n'aime ni les enfants, ni la musique. Il ne donne sa permission, que dans le but de se faire bien voir auprès des mécènes. Il ne partage pas les opinions du surveillant et guette les occasions de le congédier.

Au début, les élèves sont un peu méfiants et ne savent pas comment réagir avec cet homme si différent des autres professeurs. Ils se moquent un peu de lui, mais deviennent vite proche de lui, ce qui renforce la jalousie et le mépris du directeur.

Le professeur de musique découvre un talent exceptionnel chez le jeune Pierre Morhange. La musique change la vie des pensionnaires qui ont maintenant une raison d'être fiers d'eux, et qui savent aussi que quelqu'un s'intéresse à eux : le professeur de musique, mais aussi tous les amateurs de musique. Clément Mathieu remplace les sévices corporels, les punitions et le cachot par des récompenses, dont celle de participer à la chorale et de pouvoir chanter en solo.

Un ancien pensionnaire, Mondain, qui avait voulu se venger d'avoir été accusé à tort d'un vol qu'il n'avait pas commis, ce qui avait causé son injuste expulsion, met le feu au pensionnat. Heureusement, il n'y a aucun blessé car les élèves étaient partis pour la journée. Toutefois, cela donne une bonne occasion au directeur de licencier Clément Mathieu.

Bien que les enfants soient enfermés dans une classe et ne puissent lui dire au revoir, ils lui chantent de leur plus belle voix le chant qu'ils avaient travaillé ensemble, et lui envoient sur des avions en papier des mots de remerciement et d'encouragement.

Le surveillant part la mort dans l'âme mais emmène avec lui (ce qui porte à croire qu'il l'adopte) le petit «Pépinot» qui attendait toujours derrière les grilles de l'école des parents qui ne viendraient plus.

Le compte rendu
COMPOSITION
Compte rendu du film *Les choristes* – 485 mots

Le chef d'orchestre Pierre Morhange apprend la mort de sa mère. Peu après les funérailles, un ancien camarade de classe, «Pépinot», lui rend visite et lui apporte le journal de leur ancien surveillant, Clément Mathieu.

En 1949, Clément Mathieu, professeur de musique sans emploi, accepte un poste de surveillant au pensionnat pour garçons à problèmes «Au Fond de l'Étang», dans lequel le directeur fait régner une discipline de fer.

Clément Mathieu est contre la violence, la répression et la punition et cherche à comprendre les enfants. Souhaitant partager sa passion avec eux, il leur fait découvrir un autre monde, en dehors des cours, en formant une chorale. La chorale est un véritable succès et donne la passion du chant et de la musique aux enfants en leur ouvrant une porte sur un monde inconnu.

Ce film a connu un énorme succès en France et à l'étranger. Il a reçu huit nominations aux césars du cinéma 2005, dont deux récompenses : le César de la meilleure musique et le César du meilleur son. Il a aussi reçu deux nominations aux Oscars du cinéma 2005 et deux nominations au BAFTA (British Academy of Film and Television Arts) 2005. Ce succès a redonné vie au chant choral et a propulsé les jeunes acteurs-chanteurs au sommet de la gloire.

Ce film réussit à la fois à nous faire réfléchir à des sujets tels que l'éducation, la discipline, le rôle des parents et des enseignants, à nous amuser grâce aux situations parfois cocasses et à nous toucher par la beauté de la musique.

Les choristes réussit à émouvoir le public grâce aux chants magnifiques dont certains ont été conçus spécialement pour le film et aux voix angéliques semblant venir de l'au-delà.

Il est aussi touchant de voir un homme de grand talent (magnifiquement interprété par Gérard Jugnot) si humble, si modeste, prêtant son talent aux enfants, pour lequel il ne reçoit ni salaire, ni reconnaissance. Ce type de personne ne connaît jamais la gloire, ni même le succès, car il ne cherche qu'à aider les autres.

Le scénario donne des répliques aussi amusantes que touchantes aux enfants; tous les personnages paraissent authentiques et la performance des acteurs (G. Jugnot) et surtout des jeunes acteurs, notamment Jean-Baptiste Maunier (Morhange enfant) et Maxence Perrin (Pépinot enfant), est exceptionnelle.

La photographie et les décors parviennent à créer une ambiance lugubre qui contraste avec la pureté des enfants et de leur voix, et l'optimisme général du film malgré une fin pourtant plutôt triste. Ce film est un véritable chef-d'œuvre à tous les niveaux d'où ses nominations dans tous les domaines.

Le récit

COMPOSITION

Sujet: Écrivez une histoire en utilisant le maximum de vocabulaire du chapitre 27 (le cinéma et la photo) du livre *Vocabulaire progressif du français* et des chapitres de grammaire du livre *Grammaire progressive du français* vus en classe.

« Maman, Maman, Maman! On peut aller au **cinéma** maintenant? **On passe** le nouveau **dessin animé** », demanda Carole, quand elle vit **l'affiche** collée sur le mur du supermarché. « Non », répondit sa mère, **sous prétexte qu'il** y avait trop de choses à organiser pour le **vernissage de l'exposition d'art** qui se déroulait ce soir-là. Tout le monde était trop occupé à admirer **les tableaux** de Tante Viviane et personne ne **semblait s'intéresser** à Carole alors que c'était pourtant son anniversaire ce jour-là.

« Oh! Elle a **un vrai don**, c'est impressionnant », disaient-ils tous, **en voyant** ne serait-ce qu'un simple **croquis**. Tout ce qu'elle avait créé était considéré comme **un chef-d'œuvre**. Tous les **critiques d'art** qui s'étaient trouvés en contact avec son travail étaient sortis de **la galerie** abasourdis.

Tante Viviane n'était pas seulement **une artiste**, elle était pratiquement une légende, **une star**, tout le monde la connaissait et l'admirait. Mais depuis quelques mois, elle était devenue insensible envers presque tout. Elle était collée devant **sa toile** et **son chevalet** avec **sa palette et des pinceaux** à la main et travaillait assidument avec de **la peinture à l'huile** sur **un tableau** que personne n'avait le droit de voir. Son entourage mourait d'envie de connaître la clé de ce mystère.

Viviane avait l'air préoccupé, inquiet. Le fait qu'un **réalisateur** fasse **un film** sur elle ne semblait pas lui procurer de joie ou de fierté. Elle n'était plus aussi contente qu'auparavant. Elle en discutait de temps en temps mais elle avait la tête ailleurs. Un **producteur** allait **tourner** une **comédie musicale** sur sa vie et son talent artistique mais cela semblait la laisser indifférente.

Carole ne comprenait pas pourquoi. **Si seulement un producteur pouvait** faire un film sur elle! Elle pouvait déjà l'imaginer. Ce serait **un dessin animé** parce que Carole trouve **les films** ennuyeux. Pour elle, **les films d'horreur** étaient les pires **car** ils lui faisaient peur. Le titre de **son dessin animé** serait « Carole et les bonbons rouges ». Non seulement elle aimait les bonbons, elle aimait aussi leur couleur. Tout serait en couleur, pas comme **les vieux films en** *noir et blanc*. *Elle y mettrait aussi beaucoup d'**effets spéciaux** comme dans **les films de science fiction** et **les films à grand public**. « Ça serait vraiment intéressant de faire un **dessin animé** », pensa-t-elle. Elle **était passionnée de dessin** et elle pourrait **dessiner** autant qu'elle le souhaitait.*

*Aujourd'hui, toute la famille parlait du film de Tante Viviane, du **palmarès** et des **affiches**. Même son chien, Choupinet, faisait plus attention à Tante Viviane qu'à elle. « Pourquoi personne ne parle de mon anniversaire? » se demandait Carole, triste et déçue. Personne ne lui avait souhaité bon anniversaire, et il ne semblait pas y avoir de fête prévue. Ils étaient tous trop occupés par **le film** et la soirée. Ils voulaient que la soirée soit **un succès** et le vernissage **un triomphe**.*

*Carole ne comprenait rien à leurs discussions d'adultes. Ils parlaient en chuchotant, comme s'ils voulaient lui cacher quelque chose. Chaque fois qu'elle demandait des explications, ils lui répondaient qu'ils ne pouvaient rien lui expliquer **sous prétexte** qu'elle était trop jeune. Elle était toujours trop petite, si petite qu'on en avait oublié son anniversaire. Même si elle venait d'avoir huit ans, elle était toujours trop petite. On avait même **failli** lui dire qu'elle ne pouvait pas aller **au vernissage** qui se déroulait **ce soir-là** et qu'elle devrait rester avec la gardienne. Heureusement, c'était un vendredi et **le lendemain** elle n'avait pas classe. Carole était de plus en plus en colère contre tout le monde, surtout Tante Viviane qui lui avait volé **la vedette**.*

*Le soir venu, Carole s'est habillée et tout le monde est parti pour être présent à l'ouverture des portes. Il y avait **une foule de gens** qui voulait voir Tante Viviane. Le seul problème était que personne ne savait où elle était. Elle avait disparu depuis l'après-midi. Où était-elle? Tout le monde commençait à s'affoler et à se demander si Viviane n'avait pas été kidnappée. Encore une fois, Tante Viviane avait réussi à attirer l'attention et toutes **les cameras** sur elle.*

*Carole ne pouvait plus cacher la tristesse qu'elle avait portée sur ses épaules **cette journée-là** comme un lourd sac à dos qui **l'empêchait** d'avancer et commençait à lui causer de **la douleur**. Non seulement tout le monde avait oublié son anniversaire, mais **en plus de cela**, plus personne ne faisait attention à elle, comme si elle était devenue invisible. Elle comprenait aussi que la famille **ait** d'autres choses à penser, mais une petite fille de cet âge-là **ne peut pas s'empêcher** d'être égoïste. Ce jour-là **resterait marqué d'une pierre blanche**, c'était peut-être la pire journée de sa vie.*

*Elle **était sur le point de** pleurer quand, tout à coup, Tante Viviane, sortie de **nulle part, vint** lui prendre la main. Furieuse, Carole **tenta de se libérer des griffes** de cette **traîtresse** égoïste; mais Tante Viviane était beaucoup trop forte **étant donné** qu'elle avait au moins trois fois son âge. Tante Viviane **amena** Carole devant un grand **chevalet** à l'intérieur de **la galerie d'art**, dans un salon privé où les lumières étaient éteintes. Sur ce **chevalet**, se trouvait **un tableau couvert d'un drap**.*

*« Merci d'être venue me soutenir ce soir, mon petit chou. Je sais que c'est une journée très importante pour toi. Tu as aujourd'hui huit ans. Avant que je **ne** laisse entrer qui que se soit, j'aimerais te montrer quelque chose », lui dit-elle, **tout en enlevant** le drap pour dévoiler **le tableau** qui était en dessous. « Au nom de toute la famille, j'aimerais t'offrir ce tableau ».*

*Le tableau représentait une petite fille qui **lui ressemblait comme deux gouttes d'eau**. **Au premier plan**, il y avait une petite fille qui portait une robe **multicolore** et qui tenait un ballon rouge dans les mains. **En arrière plan**, il y avait **un magnifique paysage** qui représentait la plage où toute la famille s'était réunie **l'année d'avant**. La petite fille **arborait** un large sourire et **rayonnait de bonheur**. **L'artiste** avait soigné chaque petit détail et dans chaque coup **de pinceau** on ressentait de l'amour. **Le tableau** avait été soigneusement **encadré** avec* *un cadre doré à l'or fin. Il y avait même un message qu'elle avait fait **graver** dans **le cadre**: «À ma nièce Carole, avec tout mon amour».*

*__A ce moment-là__, Carole **ressentit** plusieurs sentiments. **D'une part** elle se sentait coupable d'avoir mal jugé sa tante et sa famille, **d'autre part** ses frustrations précédentes faisaient place à une immense joie. Elle **avait envie de** pleurer, mais de joie, cette fois. Elle avait passé toute sa journée à croire que personne ne pensait à elle **alors que** Tante Viviane avait pensé à elle depuis si longtemps. Elle était émue par des attentions si délicates et une surprise si inattendue.*

*Juste au moment où elle croyait **avoir eu** assez d'émotions pour la soirée, «SURPRISE!!!» cria toute la famille réunie, cachée un peu plus loin. Sa mère entra alors avec un gros gâteau au chocolat **sur lequel** il y avait huit grosses bougies. Sur le gâteau était écrit: «Nous t'aimons». Ce fut une joie immense! Cette soirée montra à Carole à quel point sa famille l'aimait. Cela lui montra aussi qu'elle ne devrait jamais plus douter des sentiments de ses proches.*

*Dix ans ont passé. Carole a aujourd'hui 18 ans. Elle est elle-même une artiste connue. Elle s'est nettement inspirée de son idole, Viviane Montferrand, et se spécialise dans les portraits d'enfants. Chaque fois qu'elle regarde ce tableau, **il lui semble que** c'était hier qu'elle avait **ressenti** tant de joie, tant de fierté et tant d'amour.*

COMMENTAIRES

Cette composition est très bien faite pour plusieurs raisons. D'abord il y a eu beaucoup de recherche au niveau du vocabulaire. La personne a utilisé, comme c'était demandé, le maximum de vocabulaire et expressions vus en classe.

Le devoir est bien organisé en paragraphes. Les idées se suivent et sont logiques. Dès le début, le lecteur est attiré par le suspense et veut lire la suite. Il y a du mystère et une surprise à la fin. Le style est soigné avec de nombreux adjectifs, adverbes et compléments circonstanciels. Le texte comprend le style direct, indirect et indirect libre. Les structures, longueurs de phrases et la ponctuation sont variés. C'est une excellente composition.

Le sujet de discussion
COMPOSITION 1

Sujet: Qu'est-ce qui d'après vous, influence le choix de carrière des femmes?

Comme le souligne Martine Turenne dans le texte « Les métiers ont encore un sexe », « les filles continuent à s'inscrire en coiffure, en soins esthétiques, en secrétariat et en soin de santé » (3). En outre, rares sont les femmes qui ont des postes demandant de longues études et de grandes qualifications. Le problème n'est pas qu'elles choisissent certains secteurs typiquement « féminins », mais c'est qu'elles choisissent les professions les plus « basses » dans ces secteurs. Si elles choisissaient des emplois de médecin, chirurgien, directeur d'hôpital, ce ne serait pas du tout un problème. Aussi, faut-il se poser la question de savoir ce qui influence le plus le choix de carrière des femmes. Il sera question tout d'abord du rôle de la famille dans le choix de carrière des femmes, puis du rôle de la société.

Considérons d'abord l'influence de la famille. Les problèmes majeurs dans les choix de carrière des femmes sont que les métiers traditionnellement « féminins » demandent souvent peu de qualifications et sont peu payés. La cause en est principalement que les femmes font souvent moins d'études que les hommes.

Les parents jouent un rôle important dans le choix de carrière de leur fille. En effet, ils influencent cette dernière par leurs gestes, leurs actions et leur discours quotidiens. « Bien que plusieurs adolescentes semblent indifférentes aux opinions de leurs parents, la vérité est que, sans le montrer, elles écoutent ce qu'on leur dit. » Le rôle de la famille est beaucoup plus subtil qu'il n'y paraît. Par exemple, si les parents ne s'inquiètent pas que leur fille ne travaille pas bien à l'école, ils l'encourageront à se désintéresser de ses études et à se préoccuper plutôt de trouver un mari. Par contre, des parents exigeants qui parlent déjà de maîtrise et doctorat, d'études de droit ou de médecine avant même le début des études universitaires encourageront la jeune femme à poursuivre des études universitaires. Celle-ci considèrera que c'est normal de faire des études, n'envisagera même pas la possibilité de ne pas en faire. Le rôle de la famille est donc capital.

En plus du rôle que joue la famille sur l'inconscient de la personne, le soutien direct de la famille est également primordial. Si les parents ont tous les deux de bons emplois et de bons salaires et ont eux-mêmes fait des études supérieures, ils encourageront sans doute leurs filles à en faire autant. Ainsi, une famille d'avocats ou de médecins, encouragera-t-elle la jeune fille à faire des études et de préférence les mêmes études que les parents car ils pourront beaucoup l'aider dans ses études, lui donner des conseils, lui trouver des stages et lui fournir toutes les opportunités pour bien réussir professionnellement.

Malheureusement, le manque d'éducation va souvent de pair avec les autres problèmes de la société : pauvreté, alcoolisme, problèmes de maltraitance, grossesses non désirées, grossesses lorsque les femmes sont jeunes. Si bien que le modèle familial va être la première influence des filles. Une fille dont la mère ne travaille pas, qui est battue par son mari, dont les deux parents sont au bien-être social a très peu de chances de faire des études universitaires. N'ayant pas fait d'études, elle sera obligée de trouver un emploi sans qualifications, un travail mal payé et sans avenir. Non satisfaite professionnellement, elle

cherchera à se marier rapidement, aura probablement des enfants jeune et aura très peu de chances de sortir de ce cycle infernal.

Mais si la famille joue un rôle important, la société peut également jouer un rôle majeur. Dans certains pays communistes, par exemple, les femmes occupaient les mêmes postes que les hommes. Dans les pays d'Europe de l'Est, par exemple, on pouvait trouver autant de femmes médecins et ingénieurs, de femmes travaillant dans la construction des routes et dans les usines que d'hommes. Elles occupaient – pour la plupart – les mêmes emplois et avaient les mêmes salaires que les hommes. Les membres de la Nomenklatura étaient par contre des hommes, mais ceux-ci constituaient une faible proportion de la population. Si la majorité de la population est sur un pied d'égalité, même si ce n'est pas la totalité, c'est déjà une étape franchie dans l'égalité des sexes.

De même, quand pendant la Seconde Guerre mondiale, les pays en guerre avaient besoin que les femmes travaillent parce que les hommes étaient à la guerre, tous les efforts politiques et sociaux ont permis aux femmes de faire une formation accélérée gratuite, d'obtenir des postes d'ingénieur aéronautique, physicien, chimiste… de faire garder leurs enfants gratuitement dans des garderies et de gagner un salaire aussi élevé que celui de leur mari. Cela prouve que c'est théoriquement possible si le gouvernement a une politique qui le permet.

Ainsi, lorsque les pays veulent que les femmes fassent des études, occupent des postes élevés et gagnent autant d'argent que les hommes, ni la génétique, ni la personnalité des femmes, ni la famille ne sont des entraves à leur réussite. Si les femmes ne font pas autant d'étude que les hommes et ne gagnent pas autant qu'eux c'est en grande partie pour des raisons politiques. « En Finlande et au Danemark, 80 à 90 % des femmes travaillent à plein temps. En Finlande notamment, cas unique au monde, l'emploi des hommes et celui des femmes sont parallèles »

(Travailler dans un pays scandinave). *La raison en est que le gouvernement socialiste permet aux femmes de faire des études à peu de frais grâce à des bourses, des aides sociales et des garderies gratuites. Ainsi, ni la famille, ni l'argent ne les empêchent de faire des études et elles bénéficient au contraire de bourses spéciales pour femmes avec des enfants.*

Les facteurs sociaux-politiques sont donc au moins aussi importants que l'influence de la famille. Dans de nombreux pays occidentaux, y compris ceux qui prônent l'égalité des sexes, les femmes qui ont de jeunes enfants, n'ont souvent aucune aide du gouvernement, à moins d'avoir un salaire très bas (auquel cas, elles peuvent avoir la garderie gratuite ou à prix réduit). Au Canada, par exemple, les femmes touchent un congé maternité pendant une année, si elles ont travaillé le nombre d'heures suffisant l'année d'avant. Si elles ont deux enfants en deux ans, elles ne touchent rien la deuxième année. En même temps, il est peu rentable pour une personne ayant deux enfants (ou plus) en bas âge de travailler et payer la crèche ou une gardienne pour plusieurs enfants. Quant à faire des études dans ces conditions, c'est pratiquement impossible.

Si les femmes ont des enfants, elles n'ont ni le temps, ni l'argent, ni l'énergie pour faire des études. Elles sont peu encouragées et parfois même découragées par leur entourage proche qui considère souvent que leur place est auprès de leurs enfants.

La seule façon de briser ce cycle infernal serait de mieux éduquer les filles et de prendre des mesures politiques qui cessent de désavantager les femmes. Il n'est pas très utile de proposer des bourses en ingénierie ou dans d'autres disciplines traditionnellement « masculines » tant que les femmes ont tant de responsabilités familiales et si peu d'aide. Il faudrait d'abord commencer par enlever toutes les entraves à l'égalité des sexes.

Si les femmes n'avaient pas le handicap lié à leur rôle d'épouse ou de mère, elles auraient *plus de chances de faire des études et d'obtenir un meilleur emploi. Si toutes les garderies étaient gratuites et qu'il y ait des places dans les garderies; si les femmes avaient droit à une personne qui les aide quelques heures par jour pendant la durée de leurs études; s'il y avait des bourses spéciales pour les femmes qui ont des enfants, des bourses qui leur assurent une vie acceptable pendant toute la durée de leurs études; sans le souci des enfants, sans problèmes d'argent, les femmes pourraient alors faire des études aussi longues qu'elles le souhaitent et ainsi obtenir des diplômes et de meilleurs emplois. Le problème des femmes est donc lié au rôle prépondérant qu'elles occupent dans la famille. C'est une question socio-politico-économique.*

Bien sûr, il y a du progrès dans la condition des femmes dans de nombreux pays. Les hommes participent de plus en plus au soin des enfants. Les femmes ont de plus en plus de droits et reçoivent de plus en plus d'aides. Toutefois, la situation des Canadiennes est loin d'égaler celle des Finlandaises, par exemple, et elle est loin d'être satisfaisante, tant que les femmes continueront à être les principales victimes de pauvreté, d'injustices et d'abus en tous genres. On a besoin de plus de lois et de mesures pour protéger et encourager les femmes. Toutefois, en période de crise, le gouvernement tente, à juste titre, d'aider tous les individus qui en ont besoin : femmes et hommes.

Ouvrages Cités

Travailler dans un pays scandinave : Le rucher de l'emploi. *Activit@e emploi.* 2009. Web. 15 juillet 2009.

Turenne, Martine. « Les métiers ont encore un sexe ». *Entre les lignes.* Éd. Christiane Thérien. *Toronto : Holt, Rinehart and Winston, 1998. 3. Version imprimée.*

COMMENTAIRES

Les idées sont personnelles et originales, bien organisées par parties et paragraphes. On comprend bien les pensées de l'étudiant. La personne a bien défendu ses idées, ce qui était difficile à faire étant donné que les idées étaient très engagées, avec des exemples et citations. La progression logique du texte conduit le lecteur à une conclusion logique.

COMPOSITION 2

Sujet : Quel est, d'après vous, le but de faire des études universitaires ?

Il est important de se demander pourquoi on fait des études universitaires et en quoi cela peut nous aider à mieux réussir dans la vie. Étant donné la somme d'argent considérable dépensée et le temps passé à l'université, il est utile de savoir exactement ce que ces études nous apporteront et en quoi un diplôme universitaire est une garantie pour l'employeur.

Au cours de nos années à l'université nous avons besoin d'acquérir certaines compétences pour obtenir des notes acceptables et obtenir notre diplôme. Tout d'abord, nous acquérons des compétences intellectuelles : nous apprenons à trouver des informations et à les utiliser ; nous apprenons à résumer, comparer, analyser, communiquer, être capable d'exprimer nos pensées et de mieux comprendre celles des autres. Nous apprenons à analyser une situation de manière plus objective et plus cohérente. Nous apprenons à nous concentrer, à travailler sous pression en temps limité. Nous apprenons à penser.

En plus des compétences intellectuelles, nous acquérons des compétences sociales. Ces compétences se forment grâce aux travaux faits en cours et pour les cours, mais aussi grâce aux nombreuses activités extracurriculaires liées à l'université. Nous apprenons à travailler en groupe, à faire une présentation devant la classe. Nous rencontrons toutes sortes de gens, de tous âges et toutes origines sociales et ethniques. Nous nous faisons des amis, que ce soit en cours, à la résidence universitaire, dans les clubs ou ailleurs. Grâce à ces expériences, nous arrivons à

mieux nous comporter avec les autres et dans des situations diverses. Ces expériences sociales nous permettent de mieux nous connaître et de nous épanouir. Nous pouvons ainsi développer notre potentiel à différents niveaux.

Toutes ces compétences peuvent s'appliquer à d'autres situations, notamment au travail. Des milliers de personnes cherchent un emploi et de nombreux candidats n'en trouvent pas. Par contre, d'après ... [citer les sources exactes et la citation], « 90 % des diplômés trouvent un travail et un travail qui correspond à ce qu'ils recherchent ». Avoir un diplôme permet de trouver un travail, et de pouvoir progresser dans son travail. Le taux d'embauche est encore plus élevé et peut atteindre 100 % pour les médecins ou chirurgiens, pour n'en citer que quelques-uns.

Avoir un diplôme universitaire permet d'acquérir de nombreuses compétences et connaissances, de mieux se connaître et d'être plus objectif et ouvert sur le monde. Cela permet d'obtenir un poste à la hauteur de ses ambitions et de mieux réussir professionnellement. Toutefois un diplôme universitaire n'est pas forcément le seul critère de réussite professionnelle. De nombreux diplômés ne trouvent pas d'emplois (ou pas celui qu'ils veulent), et de nombreux employés obtiennent un très bon poste sans diplômes (Bill Gates). D'autres facteurs rentrent aussi en compte, dont l'expérience, la personnalité et les personnes qu'on connaît.

COMMENTAIRES

Le devoir est bien construit, les idées organisées en paragraphes. La conclusion résume le devoir, apporte des informations supplémentaires et ouvre sur un autre sujet. L'argumentation est bien menée, les exemples bien trouvés.

COMPOSITION 3

Sujet: Quel est, d'après vous, le but de faire des études universitaires?

De nos jours, faire des études est à la portée de presque tout le monde. Si la situation financière est difficile, il est possible d'étudier à mi-temps, de prendre des cours du soir et des cours d'été, ou des cours par correspondance, d'obtenir un prêt étudiant (student loan) *ou de travailler en même temps qu'on fait ses études. La question qui se pose est donc de savoir si cela vaut la peine de faire des études et d'investir autant de temps et d'argent. Qu'apportent des études universitaires? Les employeurs veulent-ils des diplômés d'université?*

Tout d'abord, un diplôme universitaire garantit aux employeurs que les personnes ont des connaissances générales puisqu'il faut suivre de nombreux cours obligatoires dans des domaines variés. Par exemple, un étudiant en histoire devrait connaître les principaux événements historiques, les causes et les conséquences et donc avoir une vision sur le monde différente des personnes qui n'ont pas fait ces études.

En plus des connaissances, les études forment la pensée, la discipline et l'organisation. Ce sont des qualités importantes pour toute activité et tout travail. En effet, il faut s'organiser pour passer cinq examens en trois jours. On a besoin de rigueur et de volonté. Il ne faut pas se décourager et on doit continuer malgré les échecs ou les épreuves. Pour pouvoir obtenir des notes convenables aux devoirs et examens, il faut avoir un esprit critique, être capable d'analyser des situations sous plusieurs angles et être capable de se concentrer sur ce qui est important.

En outre, ce qui est presque aussi important que les activités académiques, ce sont les activités en dehors des cours. Les étudiants peuvent rencontrer toutes sortes de personnes de tous âges, horizons et groupes ethniques. Ils peuvent participer à toutes sortes d'activités, partager un appartement avec plusieurs co-locataires…

bref, apprendre la vie. Quelques années plus tôt, ces mêmes jeunes gens vivaient encore chez leurs parents et n'avaient aucunes responsabilités et maintenant ils croulent sous les responsabilités. C'est donc le parfait apprentissage à la vie.

C'est la raison pour laquelle les employeurs préfèrent employer des diplômés d'université, même si les diplômes n'ont rien à voir avec l'emploi qu'ils occupent. Les compétences apprises peuvent être transférées à des activités professionnelles. Par exemple, écrire une composition demande de comprendre un problème, de savoir le gérer en peu de temps et de produire un travail aussi bon que possible en un minimum de temps. Pour cela, il s'agit de trouver des informations pertinentes à la question, savoir organiser ces informations et les présenter de manière aussi claire que possible pour que les destinataires les comprennent le mieux possible. Ces compétences sont transférables autant pour un poste de secrétaire chez 3M, qu'un poste d'institutrice ou d'orthophoniste (speech pathologist).

Les études universitaires sont utiles car elles développent capacités, compétences, maturité et savoir-faire encore plus que les connaissances pures. Elles permettent aussi d'acquérir une meilleure maîtrise de soi et confiance en soi, en plus d'apprendre à travailler en groupe et sous pression.

C'est la raison pour laquelle un diplôme est une nécessité sur le marché du travail où les employeurs ont le choix entre diplômés et non-diplômés. Toutefois un diplôme n'est pas le seul atout pour trouver un emploi, il faut avoir aussi de l'expérience, des relations, un bon C.V. et de préférence une bonne personnalité. Ceci s'acquiert en dehors de l'université bien que l'université puisse aussi y participer.

COMMENTAIRES

Tout est clair, logique, bien organisé en parties et paragraphes. Le devoir est bien fait. On comprend bien ce que l'étudiant a dit et on est d'accord avec ses idées qui sont justifiées grâce à une bonne argumentation.

COMPOSITION 4
Le choix de carrière des femmes

Sacha Guitry a dit : « La réussite, pour un homme, c'est d'être parvenu à gagner plus d'argent que sa femme n'a pu en dépenser » (Œnologie citations & humour). *Voilà, une citation qui contient deux stéréotypes pourtant représentatifs de notre société. Gagner beaucoup d'argent est synonyme de réussite pour les hommes. Les femmes considèrent-elles que la réussite c'est d'épouser un homme riche? Nous analyserons le rôle de l'éducation et de la société sur les choix de carrière des femmes.*

En premier lieu, examinons l'influence de la pression sociale sur les femmes. Les médias décrivent la femme idéale comme étant belle et fragile ayant besoin de la protection d'un homme. Si les femmes suivent cet exemple, elles choisiront des emplois qui reproduisent les rôles traditionnels des femmes d'épouse et de mère. Ces emplois consistent à servir ou aider les autres (infirmière) ou à s'occuper d'enfants (institutrice). Les médias jouent donc un rôle sur le choix professionnel des femmes.

De plus, la société s'attend à ce que les femmes restent à la maison pour garder les enfants. En effet, ce sont les femmes qui allaitent les bébés et s'occupent des jeunes enfants. Même lorsque les besoins physiques liés à la maternité et l'allaitement ne justifient plus que ce soient elles qui restent à la maison, ce sont encore elles qui occupent le rôle de personne (mère) au foyer, s'occupent des tâches ménagères et s'occupent de toute la famille. D'un côté, elles sont censées faire leur devoir de femme, de mère et d'épouse, d'un autre côté ce qu'elles font n'est pas du tout reconnu.

En effet, leur statut témoigne du manque de reconnaissance. Pendant qu'elles restent à la maison, elles ne gagnent pas d'argent. La somme modique qu'elles reçoivent pendant une année de congé maternité, si elles ont travaillé le nombre d'heures suffisant l'année d'avant, est la même que celle que reçoit une personne au chômage. Si une femme a deux enfants en deux ans, elle ne touchera rien la deuxième année car elle n'aura pas cotisé l'année d'avant. Le message est clair : s'occuper d'un bébé 24h/24, aux yeux de l'état, c'est la même chose que ne rien faire, puisqu'on a le même statut et gagne la même chose! Autrement dit, faire ce qui est le mieux pour son enfant et sa famille demande un sacrifice aux parents, et ce sacrifice, ce sont généralement les femmes qui le font au détriment de leur vie professionnelle.

Tout semble influencer les filles dans la même direction : l'éducation à l'école, les médias et la société. On encourage les garçons à explorer, à être curieux d'esprit, à être actifs physiquement et intellectuellement. On encourage les filles à être plus passives et à s'intéresser à des activités qui limitent leurs horizons.

Un proverbe anglais stipule que : « Le silence est le plus beau bijou d'une femme, mais elle le porte rarement » (Œnologie citations & humour). *Ce proverbe sous-entend qu'une femme devrait être ignorante, et rester muette, passive et soumise. Ceci n'est pas très loin de ce que préconisait Arnolphe dans* L'école des femmes, *pièce de Molière écrite en 1662. Cette pièce est une satire de l'éducation des femmes.*

Malgré tout cela, de plus en plus de femmes font des études et réussissent professionnellement. Il y a de plus en plus de femmes présentes dans toutes les sphères de la vie publique : dans les médias, la politique et les arts. On peut se demander à quoi ressemblerait le monde si les femmes occupaient la moitié des postes à responsabilité, notamment dans le domaine politique.

Ouvrages Cités

Molière, J.-B. Poquelin de. *L'école des femmes* (1662).

Œnologie citations & humour : Citations femmes. 1998-2006. Web. 15 juillet 2009.

COMMENTAIRES

Le devoir est bien organisé, clair, facile à comprendre. Les idées sont personnelles, originales. Il n'y a qu'une seule idée par paragraphe, les exemples sont pertinents, les citations intéressantes. Les liens entre les parties sont bien utilisés. Il est particulièrement pertinent d'utiliser les lectures faites dans d'autres cours et de citer des œuvres connues.

COMMENTAIRES GÉNÉRAUX SUR TOUS LES DEVOIRS

Si les conseils de ce manuel ont été suivis : langue soignée, vocabulaire recherché et précis, idées mûrement réfléchies, organisées en parties et paragraphes, citations et exemples bien choisis, paragraphes, introduction et conclusion bien construits et style travaillé, la composition sera forcément de bon niveau.

Annexe C

Les figures de style

Les figures de style (*stylistic devices*) renforcent la langue en la rendant plus expressive, et servent à exprimer, par exemple, l'analogie, l'opposition, la répétition, l'incongruité, la surprise, l'insistance, la redondance, l'exagération, etc.

En vous familiarisant avec elles, vous serez capable de les reconnaître quand vous analysez un texte, de les nommer et de comprendre l'effet qu'elles produisent. Il serait particulièrement efficace et impressionnant pour le lecteur que vous les utilisiez vous-mêmes dans vos textes.

Voici quelques-unes des figures de style les plus fréquentes, avec leur traduction anglaise et un exemple.

Allégorie (n.f.): *Allegory*

Concrétisation, personnification d'une idée abstraite en une image ou une description concrète.

Amour (Cupid) *avec son arc* (bow) *et ses flèches* (arrows) *(Le personnage avec son arc et ses flèches est l'allégorie du sentiment.)*

Allitération (n.f.): *Alliteration*

Répétition d'une consonne ou d'un groupe de consonnes identique dans des mots ou phrases qui se suivent.

La mare sombre aux reflets clairs
– Louis-Honoré Fréchette, « La forêt canadienne »

Anacoluthe (n.f.): *Anacoluthon*

Rupture ou discontinuité dans la construction syntaxique d'une phrase, construction inhabituelle ou changement de sujet.

(le mari) Content de sa journée, les enfants étaient fatigués.

Anadiplose (n.f.): *Anadiplosis*

Répétition d'un mot ou d'un groupe de mots à la fin d'une phrase et au début de la phrase suivante afin que les deux mots se fassent écho.

Je comprends le problème. Le problème n'est pourtant pas là.

Anaphore (n.f.): *Anaphora*

Répétition d'un mot ou d'un groupe de mots au début de vers ou de phase, produisant un effet de renforcement et de symétrie.

Moi, mes souliers [(…)]
Moi, mes souliers [(…)]
– Félix Leclerc,– « Moi, mes souliers »

Antanaclase (n.f.): *Antanaclasis, pun*

Utilisation du même mot avec deux sens différents.

[…] terrain vague
[…] des vagues de dunes […] les vagues
[…] vagues rochers
– Jacques Brel, « Le plat pays »

Antiphrase (n.f.): *Antiphrasis*

Expression d'une idée par son contraire par ironie ou euphémisme.

Ah, vous êtes propres! (Ce qui veut donc dire que les enfants sont sales.)

Antithèse (n.f.): *Antithesis*

Rapprochement, dans un même énoncé, de deux idées dont le sens est opposé pour mettre en valeur un contraste.

La jeune femme est belle, son mari est laid.

Antonomase (n.f.): *Antonomasia*

Emploi d'un nom commun à la place d'un nom propre, ou d'un nom propre à la place d'un nom commun ou emploi d'une périphrase à la place d'un nom.

Une déesse (pour designer une belle femme)

Aposiopèse (n.f.): *Aposiopesis*

Interruption d'une phrase (dans le discours direct) par un silence brusque (la suspension retarde la fin de la phrase ou la fin de la phrase est en sous-entendu).

« Vous rangerez votre chambre, sinon… »

Assonance (n.f.): *Assonance*

Assonance: répétition d'une même voyelle (ici, une voyelle nasale) dans une phrase ou un texte.

Tout tremble; en un instant…
– Louis-Honoré Fréchette, « Le Niagara »

Asyndète (n.f.): *Asyndeton*
Suppression, à effet stylistique, des mots de liaison (conjonctions, adverbes) dans une phrase ou entre deux phrases.

Hommes, femmes, enfants, tous la regardaient.

Catachrèse (n.f.): *Catachresis*
Utilisation d'un mot (ayant déjà un sens propre) pour autre chose ayant un sens différent. C'est une métaphore qui est fréquemment utilisée et qui donne un sens plus large au mot.

Une avalanche de problèmes.

Chiasme (n.m.): *Chiasmus*
Inversion syntaxique d'un terme dans la seconde proposition dans l'ordre inverse de celui attendu par la symétrie.

Mes souvenirs sont morts et morts sont les regrets.

Comparaison (n.f.): *Comparison*
Expression de similitude de façon explicite entre deux termes à l'aide d'un terme « comparant » (*comme, tel, semblable à,* etc.).

Il paraissait resplendissant tel un astre dans les ténèbres.

Ellipse (n.f.): *Ellipsis*
Omission volontaire d'un ou plusieurs éléments de la phrase pour raccourcir le texte.

Il est allé au restaurant puis au cinéma. (ellipse de « il est allé »)

Emphase (n.f.): *Emphasis*
Renforcement d'une image, d'une idée par l'accumulation ou la réitération.

C'est lui qui est le coupable. (La forme non emphatique serait « il est coupable ».)

Épanalepse (n.f.): *Epanalepsis, repetition*
Répétition d'un groupe de mots ou d'un vers à travers une ou plusieurs strophes.

Mon pays ce n'est pas un pays, c'est l'hiver
– Gilles Vigneault, « Mon pays » (Excerpt from "Mon Pays" by Gilles Vigneault ©Les Éditions Le Vent qui Vire, 1964.)

Épanadiplose (n.f.): *Epanadiplosis*
Reprise du même terme en début et en fin de phrase, paragraphe ou texte.

Les garçons seront toujours des garçons.

Euphémisme (n.m.): *Euphemism*
Adoucissement ou atténuation d'une expression jugée indécente ou déplaisante.

Je vais y réfléchir. (pour « non, cet article ne me plaît pas »)

Gradation (n.f.): *Gradation*

Succession d'idées ou de mots de plus en plus forts par degrés successifs.

Il était surpris, émerveillé, subjugué.

Hiatus (n.m.): *Hiatus*

Succession de deux voyelles, à l'intérieur d'un mot ou à la frontière de deux mots.

Ils vont à Agen.

Homéotéleute (n.f.): *Homeoteleuton, near rhyme*

Répétition d'une ou plusieurs syllabes homophones en fin de vers ou phrase.

Cette mer bleue et curieuse
Cette terre belle et furieuse

Hyperbole (n.f.): *Hyperbole*

Exagération d'une expression, pour produire une forte impression et mettre en relief une idée.

Un géant (pour un homme très grand)

Ironie (n.f.): *Irony*

Affirmation du contraire de ce que l'on veut dire dans le but de se moquer, de plaisanter, ou de mettre en valeur une idée.

Quelle belle journée! (alors qu'il pleut, qu'il y a du vent et qu'il fait froid)

Leitmotiv (n.m.): *Leitmotiv*

Mot ou idée qui revient régulièrement dans un discours, une conversation, une œuvre littéraire.

Dans « Le plat pays », le leitmotiv est « le plat pays qui est le mien ».

Litote (n.f.): *Litotes, understatement*

Figure consistant à dire moins pour exprimer plus.

Il est agréable. (pour « je l'aime »)

Métaphore (n.f.): *Metaphor*

Rapprochement de deux éléments, sans outil de comparaison, pour créer une image. Utilisation d'un terme concret dans un contexte abstrait.

[…] que ces rois de l'azur […] (pour les albatros)
– Charles Baudelaire, « L'albatros »

Métonymie (n.f.): *Metonymy*

Terme désignant un concept relié : l'effet par la cause, le contenu par le contenant, le tout par la partie, etc.

Allons faire un tennis! (pour une partie de tennis)

Néologisme (n.m.): *Neologism*

Mot ou expression de création ou d'emprunt récents.

> *« Avoir la niaque (le désir de gagner) » est une expression nouvellement créée (un néologisme) en France présente dans le* Larousse *à partir de 2005.*

Oxymore ou oxymoron (n.m.): *Oxymoron*

Rapprochement inattendu dans un même syntagme de deux mots semblant contradictoires, sémantiquement opposés.

> *Un petit géant*

Paradoxe (n.m.): *Paradox*

Pensée, propos, opinion apparemment contraire à l'opinion commune.

> *Il sourit car il est malheureux.*

Paralogisme (n.m.): *Paralogism, false syllogism*

Raisonnement faux fait de bonne foi (par opposition au sophisme qui est fait de mauvaise foi) en trois propositions (la majeure, la mineure et la conclusion), dans laquelle la conclusion est déduite de la majeure par l'intermédiaire de la mineure.

> *– Les enfants arrivent à apprendre une langue étrangère sans accent mais pas les adultes. (majeure)*
> *– L'apprentissage d'une langue dépend du cerveau. (mineure)*
> *– Donc le cerveau des adultes ne leur permet pas d'apprendre une langue sans accent. (conclusion)*

Parataxe (n.f.): *Parataxis*

Juxtaposition de phrases, sans mot de liaison (conjonction) expliquant le rapport qui les unit.

> *Je suis fatiguée, je vais me coucher (la conjonction « donc » est sous-entendue).*

Paronomase (n.f.): *Paronomasia*

Utilisation de paronymes (mots se ressemblant par leurs sons) mais dont le sens est différent.

> *Qui ne fait pas quand il peut ne fait pas quand il veut. (proverbe)*

Périphrase (n.f.): *Circumlocution, periphrasis, periphrase*

Expression formée de plusieurs mots, pour remplacer un mot unique, plus précis.

> *Le président français (pour Sarkozy)*

Personnification (n.f.): *Personification*

Action d'attribuer à un être inanimé les propriétés d'un être animé.

> *L'ennui le berçait.*

Pléonasme (n.m.): *Pleonasm*

Utilisation de deux mots ayant un sens identique (donc l'un des deux mots est redondant).

> *Un petit nain*

Polyptote (n.m.): *Polyptoton*
Emploi de plusieurs formes grammaticales d'un même mot dans une phrase.

Il est méchant et la méchanceté l'a transformé.

Prosopopée (n.f.): *Prosopopoeia, prosopopeia*
Procédé par lequel des absents, des morts ou des êtres inanimés ont la parole.

La peur lui conseillait de partir.

Prétérition (n.f.): *Paralipsis, paraleipsis*
Figure par laquelle on dit ne pas vouloir parler d'une chose mais on en parle quand même.

Je ne vais pas vous dire ce que vous savez déjà : vous devez étudier.

Redondance (n.f.): *Redundancy*
Réitération d'un énoncé, d'un mot sous des formes différentes (synonymes ou mots au sens très proche) pour mettre en relief une idée.

Il était las, épuisé, sans force.

Sophisme (n.m.): *Sophism*
Raisonnement qui n'est correct qu'en apparence (raisonnement faux), qui est conçu avec l'intention de tromper (le paralogisme est fait de bonne foi) en trois propositions dans laquelle la conclusion est déduite de la majeure par l'intermédiaire de la mineure.

- En ce moment il y a des soldes.   *(majeure)*
- Vous économisez de l'argent quand vous achetez des articles en solde.   *(mineure)*
- Vous économiserez de l'argent en achetant maintenant.   *(conclusion)*

Syllepse (n.f.): *Syllepsis*
Accord des mots en genre et en nombre selon le sens et non d'après les règles grammaticales.

Une personne me disait qu'il était content de partir. (Le mot personne *doit toujours être féminin, même si l'on parle d'un homme.)*

Syllogisme (n.m.): *Syllogism*
Argumentation logique en trois propositions (la majeure, la mineure et la conclusion), dans laquelle la conclusion est déduite de la majeure par l'intermédiaire de la mineure.

- Tout ce qui est rare est cher.   *(majeure)*
- L'or est rare.   *(mineure)*
- Donc l'or est cher.   *(conclusion)*

Symbole (n.m.): *Symbol*
Représentation d'une chose, d'un concept, d'une personne par analogie.

Le sceptre représente le pouvoir et l'autorité des empereurs et des chefs.

Synecdoque (n.f.): *Synecdoche*

Figure qui consiste à prendre le plus pour le moins, le tout par une partie, la matière pour l'objet.

Manger un morceau (pour manger un morceau de nourriture)

Zeugma ou zeugme (n.m.): *Zeugma*

Un mot (le plus souvent un verbe) prend deux compléments qui appartiennent à des registres sémantiques ou syntaxiques différents. Le manque de parallélisme a pour but de créer un effet humoristique ou ironique en produisant la surprise.

Il a fait la vaisselle et des grimaces à sa mère.

Correction des exercices

Chapitre 2
EXERCICE 1

Considérez les citations suivantes, qui sont suivies de la source originale; déterminez comment elles sont présentées et utilisées.

EXEMPLE A

L'étudiante a utilisé directement les sources (dont le français n'est d'ailleurs pas très bon) comme si c'était ses propres mots. Si l'on prend les paroles directes d'un auteur, on l'indique avec des guillemets et on indique que ce sont les idées de quelqu'un d'autre. Normalement, on donne une idée, puis la citation va expliquer, illustrer l'idée. Ici la citation remplace l'idée, ce qu'il ne faut pas faire.

EXEMPLE B

La citation est longue et compliquée. Elle n'illustre pas très bien l'idée et n'est pas vraiment en rapport direct avec le sujet. Cette citation n'est pas pertinente.

EXEMPLE C

a. L'étudiante a interprété le texte, en a (légèrement) changé le sens, en donnant l'impression que c'est ce qu'a dit l'auteur. Attention! Dans le texte original, les personnes «se déclarent» bilingues mais l'étudiante dit «sont» bilingues. Ce n'est pas la même chose! On peut se déclarer bilingue, sans vraiment l'être. Il est important de rester fidèle au texte, et ne rien en changer. Si on n'est pas sûr, il vaut mieux citer directement le texte.
b. Autre problème, l'étudiante dit: «les francophones qui sont bilingues dans 74% des cas […] 68% des anglophones ne sont pas bilingues». Lorsqu'on fait des comparaisons, il vaut mieux conserver les mêmes critères de comparaisons pour les deux parties et dire: 74% des francophones se disent bilingues contre 32% des anglophones.
c. La source ne semble pas très fiable (Leger Marketing). L'utilisation du conditionnel «seraient» marque le doute, ce qui confirme qu'il s'agit d'un simple sondage sans véritable contrôle et statistiques.

EXEMPLE D

La citation serait bonne et pertinente s'il y avait une phrase d'explication avant ou après. On ne peut pas simplement citer, sans rien expliquer.

Correction: Même si le pourcentage de Canadiens bilingues reste bas pour un pays bilingue, il est toutefois en augmentation. D'après Jennifer Macdonald, de la Commission de la fonction publique du Canada et Larry Vandergrift, de l'Institut des langues officielles et du bilinguisme : « La proportion de Canadiens et de Canadiennes qui sont bilingues est passée de 12 % à 18 % au cours des 30 dernières années » (2).

Toutefois on peut aussi considérer que d'après ces mêmes chiffres, si on continue à cette vitesse, le Canada ne sera bilingue à 100 % que dans très longtemps, à raison de 6 % d'augmentation en 30 ans. Autrement dit, l'interprétation des chiffres est assez subjective.

EXEMPLE E

Il y a eu une tentative d'explication, mais ceci n'est pas une véritable explication, ni une idée personnelle. Cette « explication » ne fait que dire la même chose que la citation en d'autres termes. Il s'agit d'avoir une idée personnelle, de l'expliquer avec ses propres mots, et de l'illustrer par la citation et non de redire la même chose que la citation.

Correction: Le Canada a fait de grands efforts pour devenir bilingue. Les écoles d'immersion et l'enseignement du français obligatoire en sont un exemple. Toutefois, il y a encore des progrès à faire pour uniformiser l'enseignement pour chaque niveau, école et province, mais aussi pour contrôler les niveaux des élèves. Tant que les directives restent aussi vagues, on ne peut contrôler ni les pratiques, ni les résultats. En effet, selon J. Macdonald et L. Vandergrift : « Il n'existe pas de programme commun d'enseignement des langues secondes. Il n'existe pas d'outil commun permettant d'assurer un contrôle objectif des progrès réalisés à l'égard de ce but. Il n'existe pas de cadre permettant d'établir des paramètres communs pour décrire et mesurer la compétence linguistique » (4).

EXEMPLE F

Bon exemple. La citation illustre bien l'idée, elle est pertinente et représentative.

EXEMPLE G

Bon exemple. L'étudiante a résumé et simplifié la source qui était longue et compliquée. Elle a signalé que l'idée n'est pas la sienne. C'est ce qu'on fait pour ne pas avoir trop de citations, surtout si celles-ci sont longues.

EXEMPLE H

L'interprétation des données n'est pas tout à fait juste. Si seulement 43,4 % des francophones se disent bilingues, c'est-à-dire moins de la moitié, on ne peut pas parler de bilinguisme pour les francophones non plus.

De plus, il ne semble pas vraiment y avoir d'idée personnelle. L'étudiante interprète (et de façon pas très juste) la citation. N'oublions pas que le rôle de la citation est d'illustrer une idée, mais non pas de la remplacer.

Correction: Le Canada fait des efforts pour devenir bilingue. Toutefois, les efforts restent encore insuffisants, notamment pour les anglophones. En effet, d'après Statistique Canada : « À l'échelon national, 43,4 % des francophones ont déclaré être bilingues, par comparaison à 9,0 % des anglophones. » Pour qu'un plus grand nombre de Canadiens soient bilingues, il faudrait que la deuxième langue soit obligatoire dans toutes les classes et en augmenter le nombre d'heures par semaine.

EXERCICE 2

Trouvez dans les exemples suivants des erreurs de « détails » dans le protocole de citation.

1. Fautes d'orthographe en recopiant (accents).

   « L'habitude de d**é**couper les mots est difficile **à** vaincre, surtout après l'**e**xposition **à** l'écrit orthographique. Il est donc souvent nécessaire de travailler l'enchaînement des mots comme une difficulté à part » (59).

2. Il manque la page.
3. Il ne faut pas utiliser les guillemets et il faut un retrait à l'alinéa pour une citation longue; il faut les crochets avec les points de suspension : [...]
4. D'abord on précise de quel(s) auteur(s) (Lauret) il s'agit; d'autre part, on ne peut pas reprendre les idées de l'auteur sans préciser qu'il s'agit de son idée, sinon, c'est du plagiat.

   Une meilleure façon de dire la même chose serait : Comme le mentionne Lauret (59) : « il est [...] nécessaire de travailler l'enchaînement des mots ».

Chapitre 11

1. Remplacez les mots de registre standard ou familier par des mots de registre soutenu

Registre standard	**Registre soutenu**
il y a beaucoup de	il existe de nombreux…
comme ça	ainsi
alors	c'est pourquoi / c'est la raison pour laquelle
il y a rien qui peut lui prouver…	rien ne peut lui prouver...
il n'y arrive pas	il n'y parvient pas / il n'y réussit pas
il se fiche des autres	il se moque des autres
on verra	nous verrons
plein d'autres	bon nombre de

2. Déterminez le registre des expressions suivantes et donnez leur équivalent dans un autre registre. Tous ces mots et expressions appartiennent à la langue familière. (Les expressions: "c'est plate, c'est le fun, c'est ma blonde" se disent au Canada et les autres en France)

C'est dégueulasse, ce truc-là.	Cela est dégoutant.
Des fois, c'est plate.	Parfois c'est ennuyeux.
En plus, ça pue.	D'ailleurs, cela sent mauvais.
Qu'est-ce qu'il fabrique?	Que fait-il?
C'est le fun.	C'est agréable. C'est amusant.
C'est ma blonde.	C'est ma petite amie.

4. Trouvez des mots ayant les préfixes suivants:

péri (autour)	périmètre
auto (de soi-même)	autodidacte
para (contre)	parapluie
néo (nouveau)	néologisme
dis (séparé de)	disjoint
extra (extrêmement et hors de)	extraordinaire
multi (nombreux)	multicolore
post (après)	a postériori
pré (devant)	prévenir
simili (semblable)	similicuir

5. Trouvez des mots avec les suffixes suivants qui ne sont pas dans la liste ci-dessous (n° 6):

-algie (douleur)	névralgie
-crate (qui a le pouvoir)	phallocrate
-mane (qui a la passion de)	mélomane
-phage (qui mange)	nécrophage
-cide (qui tue)	infanticide
-fique (qui produit)	calorifique
-forme (qui a la forme de)	informe
-pède (qui a des pieds)	bipède
-vore (qui se nourrit)	insectivore

Chapitre 12

1. Corrigez les fautes de grammaire.

Pour être performant sur le marché du travail il faut des diplômes. Pour gravir les échelons, les diplômes sont encore plus importants. Les recherches indiquent que les diplômés savent faire des recherches et les utiliser. Avec l'internet il est important de savoir faire des recherches et sélectionner les informations.

2. Enlevez les répétitions.

Commentaires:

Il vaut mieux enlever cette partie: «Les compagnies ont des méthodes spéciales pour séduire les acheteurs...» parce qu'elle est trop spécifique pour l'introduction qui doit être assez générale.

Les mots répétés ont été remplacés par des synonymes ou des pronoms. Ce qui disait peu a été enlevé. Le texte est plus précis, mais plus concis. Cela prouve qu'on peut dire plus en moins de mots. De cette façon, bien que les idées soient à peu près les mêmes, on a l'impression dans le deuxième texte que la personne a quelque chose à dire.

Texte retravaillé :

Les êtres humains peuvent reconnaître plus de 10 000 odeurs différentes. L'odorat étant le sens le plus fort, les médias s'en servent dans leurs nouvelles techniques de vente. Nous étudierons les nouvelles techniques olfactives que les compagnies utilisent pour savoir si les messages subliminaux par l'intermédiaire des odeurs sont éthiquement acceptables.

Les êtres humains peuvent se souvenir de 65 % des odeurs après un an, mais ils se souviennent de moins de 50 % des images après trois mois. Notre odorat fonctionne beaucoup et très souvent. De plus, les odeurs sont liées aux souvenirs. Anatomiquement, «l'odorat est, avec le goût, le sens qui agit le plus directement sur les zones cérébrales responsables des émotions». C'est pourquoi les odeurs créent des sensations fortes.

Une nouvelle technologie qui s'appelle le Digicode, profite de cette fonction naturelle. Elle permet de faire nos achats sur l'internet en pouvant sentir les produits que l'on veut acheter. Sony a créé une machine qui peut stimuler la partie du cerveau responsable de l'odorat et aider ainsi les personnes sourdes et aveugles qui ont vraiment besoin de leur odorat.

Par contre, on peut se demander si cette technique de vente n'est pas une sorte d'image subliminale et si ces techniques sont moralement acceptables. Le docteur Hirsch, «nez» de profession, pense que cette manière d'utiliser les odeurs est une façon de nous manipuler.

En fait, l'utilisation de l'odorat ne diffère guère des autres techniques de vente, puisque le but de toutes les techniques est le même : faire vendre le maximum de produits. La situation n'est donc pas dramatique, il suffit de faire preuve de contrôle et d'esprit critique, ce dont on a besoin dans toute société de consommation.

(284 mots)

Chapitre 13

1. Changez tout ce qui peut être amélioré dans ce devoir.

Commentaires :

Il y a ici des répétitions, des lourdeurs et des imprécisions. On ne comprend pas vraiment ___ la scène parce qu'elle manque de précision. Qui ___ oisin, un enfant qu'elle connaît? Pourquoi le ___ Pourquoi est-elle si en colère après lui? ___ eur, la peau qui pend et les cheveux ___ e reste.

La première étape consiste à enlever les répétitions et les détails qui ne rajoutent rien puis à rajouter des précisions et à travailler un peu le style.

Texte retravaillé:

Hier soir, quand je me suis finalement endormie, j'ai fait un rêve atroce. Non seulement j'étais une vieille femme très laide mais j'étais en plus très méchante. J'étais maladivement maigre, comme si je sortais d'un camp de concentration. Mon nez était long et crochu avec une verrue dessus qui me faisait ressembler à la sorcière du magicien d'Oz. Contrairement à cette sorcière, j'avais des cheveux blancs coupés très courts presque rasés. Non seulement j'étais complètement ridée mais le surplus de peau pendait. En plus de mon apparence hideuse, j'étais hargneuse et je cherchais à faire du mal à un petit garçon innocent qui n'avait pas cinq ans. Je ne le connaissais pas; je n'avais aucune raison de lui en vouloir, ce qui rendait mon comportement d'autant plus odieux. J'essayais de le battre avec une grosse cuillère en bois tout en le traitant de tous les noms.

J'ai été bien contente de me réveiller. Je crois que ce rêve montre que j'avais des soucis à ce moment-là. Le garçon représente peut-être mon petit garçon et cela montre peut-être que j'avais peur d'être une mauvaise mère. Heureusement, dans la réalité je suis équilibrée, douce et gentille.

(195 mots)

INDEX

457005